广州市医学伦理学重点研究基地成果

WEISHENG FAXUE

卫生法学

肖鹏 / 主　编

谭晓莉　李平龙 / 副主编

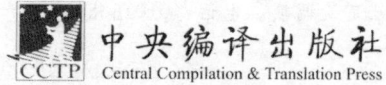

中央编译出版社
Central Compilation & Translation Press

图书在版编目（CIP）数据

卫生法学 / 肖鹏主编. — 北京：中央编译出版社，2013.3

ISBN 978-7-5117-1578-4

Ⅰ.①卫… Ⅱ.①肖… Ⅲ.①卫生法—法的理论—中国—医学院校—教材 Ⅳ.①D922.161

中国版本图书馆 CIP 数据核字（2013）第 015786 号

卫生法学

出 版 人：	刘明清
出版统筹：	谭　洁
编　　者：	肖　鹏
责任编辑：	崔建刚
责任印制：	尹　珺
出版发行：	中央编译出版社
地　　址：	北京市西城区车公庄大街乙5号鸿儒大厦B座　　邮编：100044
电　　话：	（010）52612345（总编室）　（010）52612363（编辑室）
	（010）66161011（团购部）　（010）52612332（网络销售）
	（010）66130345（发行部）　（010）66509618（读者服务部）
网　　址：	www.cctpbook.com
经　　销：	全国新华书店
印　　刷：	北京振兴源印务有限公司
开　　本：	710毫米×1000毫米　1/16
字　　数：	390千字
印　　张：	26.5
版　　次：	2013年3月第1版第1次印刷
定　　价：	58.00元

本社常年法律顾问：北京市吴栾赵阎律师事务所律师　闫军　梁勤
凡有印装质量问题，本社负责调换。电话：（010）66509618

《卫生法学》
编委会

主　审：刘俊荣
主　编：肖　鹏
副主编：谭晓莉　李平龙

编　委：（按姓氏笔画排列）
　　　　刘俊荣　李平龙　肖　鹏　汪秋慧
　　　　徐喜荣　龚　波　曾益康　谭晓莉

前言

随着医学人文精神的回归与我国卫生法制的发展，不仅高等医学教育更加重视卫生法学的教学，而且现行国家执业医师资格考试也专门增设了《医学人文概要》分册，并将卫生法学作为其中的重要内容。这从一个侧面体现了卫生法学在医学教育中的重要性。为了使卫生法学的教学更加适应医学生依法行医观念与能力培养的需要，同时服务于医学生参加国家执业医师资格考试的需要，我们根据《国家执业医师资格考试大纲》中卫生法学的考查范围，组织广州医学院卫生管理学院的部分教师编写了这本《卫生法学》教材。该书体现了以下特点：

第一，重视教材的可读性

虽然许多高等医学院校将卫生法学作为必修课或者限选课，但大量医学生仍然认为该课程是"辅课"而非"主课"，对该课程普遍存在学习不主动、学习兴趣不高的问题。为此，在编写该教材时，我们在每章教学内容前设置"引导案例"，在每章教学内容后设置"思考案例"，用大量生动、鲜活的案例吸引学生阅读教材，改变了《卫生法学》教材罗列法条的僵化面目，使该教材具有较高的可读性；同时，在每章前提示教学目标，在每章后提出思考问题，有助于医学生自主学习该课程，适应了高等教育"以学生自学为主"的教学需要。

第二，突出教材的针对性

由于新近《国家执业医师资格考试大纲》将卫生法作为必考内容之一，同时考核要点也比现有《卫生法学》教材内容广泛，因此，现有《卫

生法学》教材不同程度存在与国家执业医师资格考试不适应的问题。针对这种情况，我们在编写该教材时根据《国家执业医师资格考试大纲》，将现有教材没有涉及的卫生法内容恰当地增加到各个章节，使该教材不仅保持《卫生法学》原有内容的系统性，同时覆盖执业医师资格考试卫生法的全部内容，凸显了该教材服务医学生参加国家执业医师资格考试的鲜明特色。

第三，彰显教材的时代特点

该教材虽然覆盖执业医师资格考试卫生法的全部内容，但为医学生提供的卫生法方面的信息毕竟是有限的，同时也为了使医学生养成借助网络资源提高学习效能的习惯，我们在每一章后面提供了相关的网址供学生浏览参考。相信这些网络资源不仅会弥补教材信息有限、迟滞的不足，同时也将会大大开阔医学生在卫生法方面的视野。

该教材由主审刘俊荣教授提出撰写思路及写作要求，经编委会多次讨论并最终由主编肖鹏副教授确定章节内容。该教材编写分工如下：第一章、第三章、第十四章由肖鹏撰写；第二章、第十六章由龚波撰写；第四章、第六章、第七章由李平龙撰写；第五章、第十五章由汪秋慧撰写；第八章由谭晓莉撰写；第九章由刘俊荣、徐喜荣撰写；第十章、第十一章由徐喜荣撰写；第十二章、第十三章由曾益康撰写。全部内容最后经主编审定。

在编写过程中，我们广泛参阅了国内有关专家学者的大量成果，由于篇幅所限在参考文献中未能一一列出，在此表示衷心感谢。

该教材的编写，得到了广州医学院卫生管理学院领导的大力支持，在此表示衷心谢意。

由于编者水平所限，书中存在的错误、不足恳请读者不吝指正，以便再版修订。请将指正意见发到邮箱（xp81341417@163.com），我们对您的指正深表谢意并将会及时修正。

编　者

2012年8月

目录
CONTENTS

第一章　卫生法学概述 …………………………………………………… 1

　　第一节　卫生法的概念 ………………………………………………… 2
　　第二节　卫生法的制定与实施 ………………………………………… 15
　　第三节　卫生法律救济 ………………………………………………… 24

第二章　传染病防治法律制度 …………………………………………… 39

　　第一节　传染病防治法律制度 ………………………………………… 40
　　第二节　艾滋病防治法律制度 ………………………………………… 52
　　第三节　血吸虫病防治法律制度 ……………………………………… 57

第三章　职业病防治法律制度 …………………………………………… 63

　　第一节　概述 …………………………………………………………… 64
　　第二节　职业病的预防与保护 ………………………………………… 67
　　第三节　职业病的诊断与职业病人的待遇 …………………………… 72
　　第四节　职业病防治的监督与法律责任 ……………………………… 76

第四章 母婴保健法律制度 … 83

第一节 概述 … 84
第二节 母婴保健的内容 … 85
第三节 母婴保健的监督管理与法律责任 … 92
第四节 计划生育技术服务法律制度 … 94

第五章 公共卫生监督管理法律制度 … 99

第一节 公共场所卫生法律制度 … 99
第二节 学校卫生法律制度 … 103
第三节 生活饮用水法律制度 … 107
第四节 放射卫生监督管理制度 … 111
第五节 突发公共卫生事件应急法律制度 … 117

第六章 精神卫生法律制度 … 130

第一节 概述 … 131
第二节 精神疾病的预防 … 134
第三节 精神疾病患者的保护与医疗 … 136
第四节 精神疾病患者的权利 … 139
第五节 精神疾病的司法鉴定 … 142

第七章 初级卫生保健法律制度 … 148

第一节 城市社区卫生服务的法律规定 … 150
第二节 农村初级卫生保健的法律规定 … 154

第八章 医疗机构管理法律制度 … 160

第一节 概述 … 161
第二节 医疗机构管理法律制度 … 163
第三节 医院管理 … 182

第四节　中医医疗机构管理……………………………………… 191

第九章　医务人员管理法律制度…………………………… 203
　　第一节　执业医师管理法律制度………………………………… 204
　　第二节　执业护士管理法律制度………………………………… 211
　　第三节　乡村医生管理法律制度………………………………… 216

第十章　医疗损害责任与医疗事故处理法律制度……… 223
　　第一节　医疗损害责任制度……………………………………… 224
　　第二节　医疗事故处理法律制度………………………………… 232

第十一章　食品安全与化妆品卫生法律制度…………… 249
　　第一节　食品安全法律制度……………………………………… 250
　　第二节　化妆品卫生监督法律制度……………………………… 268

第十二章　药品管理法律制度……………………………… 273
　　第一节　普通药品管理制度……………………………………… 274
　　第二节　特殊药品管理法律制度………………………………… 289

第十三章　医疗器械监督管理法律制度…………………… 298
　　第一节　医疗器械的生产、经营、使用………………………… 299
　　第二节　医疗器械的监督管理与法律责任……………………… 306

第十四章　血液管理法律制度……………………………… 311
　　第一节　概述……………………………………………………… 312
　　第二节　采供血管理……………………………………………… 314
　　第三节　临床用血管理…………………………………………… 321
　　第四节　法律责任………………………………………………… 324

第十五章 医学教学科研管理法律制度 328
- 第一节 医学教育法律制度 328
- 第二节 医学科研管理法律制度 335

第十六章 医学新技术中的法律问题 357
- 第一节 人工辅助生殖技术中的法律问题 358
- 第二节 器官移植中的法律问题 367
- 第三节 安乐死中的法律问题 371

附 录 377
1. 中华人民共和国执业医师法 377
2. 医疗机构管理条例 384
3. 中华人民共和国传染病防治法 389
4. 护士条例 406

第一章　卫生法学概述

【教学目标】

通过学习本章，了解卫生法的概念与调整对象、卫生法学的研究内容、与相关学科的关系、我国卫生法的历史，熟悉卫生法的渊源、卫生法的基本原则、卫生法律关系、卫生法制订与实施的一般原理、卫生行政复议、卫生行政诉讼、卫生行政赔偿、卫生民事诉讼等卫生法律救济制度，增强对学习卫生法重要性的认识，为具体卫生法律制度的学习奠定基础。

【引导案例】

2007年11月21日14时50分，怀孕9个月的李丽云在朝阳医院京西分院区呼吸内科门诊就诊，因病情危重，医院决定收入院治疗。其间因考虑挽救母子生命建议剖宫产手术，因家属肖志军拒绝手术签字未能施行。当晚7时25分，因病情危重救治无效母子双亡。对于该事件医院是否承担法律责任存在两种不同的观点：一种观点认为肖志军在李丽云生命垂危时，签字"拒绝手术，后果自负"，已经明确了家属对医疗行为的选择，因此医院和医生只能尊重患者家属的知情选择，医院没有法律责任。另一种观点认为，按照现行卫生法规定，在该事件中，医院是有责任的，属于一种不作为造成的损害。其原因是由我国医疗急救制度不完善以及医疗机构对本身过于原则的法律规定集体误解、僵化处置共同造成的，肖志军"拒绝手术签字"行为并非主因。（《新京报》2007年12月29日）

【思考问题】
1. 该事件医院是否应承担法律责任?
2. 上述事件对我们有何启发意义?

第一节 卫生法的概念

一、卫生法的概念与调整对象

卫生法是调整在疾病的预防、诊断、治疗、康复以及医学教学、科研过程中发生的社会关系的法律规范的总称,是我国社会主义法律体系中一个新兴的法律部门。卫生法通过对特定社会关系的主体设定权利、义务,维护卫生秩序,保护、促进公民的健康权益。

通常人们对卫生法有广义与狭义两种理解。狭义的卫生法仅指由全国人大及其常务委员会制定的各种卫生法律;广义的卫生法不仅包括全国人大及其常务委员会制定的各种卫生法律,还包括国务院制定的卫生行政法规、卫生部制定的卫生规章以及地方有立法权的国家机关制定的地方性卫生法规等。

卫生法还有形式意义上的卫生法与实质意义上的卫生法。形式意义上的卫生法指国家立法机关制定的卫生法典,实质意义上的卫生法与前述广义的卫生法相同。

卫生法作为我国社会主义法律体系中新兴的法律部门,有其特定的调整对象。卫生法调整的特定社会关系具体包括以下几方面。

(一) 卫生组织关系

各类医疗服务机构、药品医疗器械生产、经营企业、卫生行政机关是卫生工作的主体与实践者。为了保障卫生工作的健康发展、有序进行,应当明确上述卫生工作主体的法律地位、设立条件、组织形式、职责范围、工作原则等卫生组织关系。这些卫生组织关系通过卫生法加以规定,能够有效保障卫生事业的健康发展、有序进行。

(二) 卫生管理关系

卫生管理是卫生行政机关的职权，是国家为保障卫生事业的健康发展、维护与促进国民的健康水平对卫生工作实施的管理。卫生管理关系是卫生行政机关在履行职责过程中与其它国家机关、卫生服务机构、其他企事业单位、社会团体、公民之间发生的社会关系。这种关系在性质上属于管理与被管理的关系，是一种纵向的社会关系，在权利义务上表现为管理者具有依法指挥、命令的权利，被管理者则负有服从指挥、命令的义务。卫生管理关系具体表现为卫生行政许可关系、卫生监督关系、卫生处罚关系等。

(三) 卫生服务关系

卫生服务是医疗机构及其医务人员向其他单位、自然人提供的疾病预防、保健、疾病的诊断、治疗、康复等以提高人的健康水平、消除病痛、挽救生命为目的的活动。卫生服务关系是在医疗服务活动中发生的医疗机构及其医务人员与服务对象的单位、自然人之间的社会关系。卫生服务关系是一种平等主体之间的社会关系，是以提供服务与接受服务为核心内容。

卫生服务关系具体包括：疾病预防服务关系、保健服务关系、疾病诊断服务关系、疾病治疗服务关系、康复治疗服务关系。绝大多数卫生服务关系是基于医方与患方的共同意愿而产生，少数的特殊卫生服务关系是基于卫生法的直接规定而产生，如对具有自伤或者伤人倾向的严重精神障碍患者的治疗。在我国当前，绝大部分的卫生服务关系是具有公益性质的有偿服务关系，也有部分的卫生服务关系是等价有偿的服务关系，如医学美容服务。

(四) 国际卫生关系

国际卫生关系是我国卫生行政机关、各类医疗服务机构、医药生产经营单位在与其他国家、国际组织、国外医疗机构、外国人进行卫生工作合作、提供医疗服务等卫生工作中发生的社会关系。卫生法调整国际卫生关系是国际卫生合作、国际医疗服务工作的有力保障。

二、卫生法学的概念与研究内容

卫生法学是以卫生法为研究对象的一个新兴学科,其研究卫生法的产生、发展及其规律。卫生法学研究立足于我国的医疗实践现状,以我国现行的卫生立法内容为主要研究对象,以促进我国卫生事业的健康发展、医学水平与公民的健康水平不断提高为目标。

由于我国目前没有制订卫生法典,卫生立法内容比较庞杂,对卫生法学研究内容的具体范围在不同学者之间存在认识差异,但多数学者认为,卫生法学的研究内容应当包括以下基本内容:

(一) 卫生法基本理论

卫生法基本理论一般包括卫生法的概念、调整对象、产生历史与发展过程、卫生法的地位与作用、卫生法的基本原则、卫生法律关系、卫生法的制订与实施、卫生救济等。卫生法基本理论研究既要遵守法学基本原理,同时也要正视我国现行医疗实践的现状,这样才能有助于卫生法学研究的健康发展,使卫生法成为促进我国医疗卫生事业改革、发展的推动力量与法律保障。

(二) 现行主要卫生法律制度

目前我国已经基本形成了具有中国特色的卫生法律体系,这是卫生法学研究的主要内容,同时我国正在进行的医疗卫生体制改革也为卫生法学的研究提出了许多新课题,这要求对现行主要卫生法律制度研究必须结合我国正在进行的医疗卫生体制改革。一般认为,具有中国特色的卫生法律体系主要包括五个方面:疾病预防与控制法律制度、医疗服务管理法律制度、药品与医疗器械管理法律制度、医疗损害处理法律制度、医学科研与医学教育管理法律制度、国际卫生法律制度等。其中,疾病预防与控制法律制度具体包括:传染病防治法律制度、职业病防治法律制度、国境卫生检疫法律制度、母婴保健法律制度、计划生育技术服务法律制度、公共卫生监督管理法律制度、精神卫生法律制度、社区卫生服务法律制度、农村初级卫生保健法律制度等;医疗服务管理法律制度具体包括:医疗机构管理法律制度、执业医师管理法律制度、执业护士管理法律制度、乡村医师管理法律制度、其他医务人员管理法律制度；药品与医疗器械管理法律制度具体包括：普通药品监管法律制度、特殊药品监管法律制度、医疗器械监管法律制度、消毒产品卫生管理法律制度、血液及其制品监管法律制度、食品安全管理法律制度等；医疗损害处理法律制度具体包括：医疗侵权法律制度、医疗事故处理法律制度；医学科研与医学教育管理法律制度具体包括：医学教育法律制度、医学科研管理法律制度、医学新技术中的法律问题与法律规制；国际卫生法律制度具体包括：涉外医疗服务管理法律制度、药品国际贸易管理法律制度、国际卫生合作法律制度、国际卫生组织、国际卫生条约等。

三、卫生法学与相关学科的关系

卫生法学是一门新兴的法律学科，是法学与医学交叉融合的产物，同时卫生法学的研究也需要不断吸收其他相关学科，如医学伦理学、卫生管理学、卫生经济学、法医学的研究成果，因此，卫生法学与这些相关学科存在密不可分的关系。

（一）卫生法学与医学伦理学

医学伦理学是研究医德的一门学科。医德与卫生法的关系非常密切：两者都是调整医疗卫生领域中发生的社会关系的行为准则；两者的目的都是维护社会秩序与人民的生命健康权益；医德是卫生法的基础，卫生法体现医德的要求；医德是卫生法实施的重要精神力量，卫生法是弘扬医德的强制力保障。因此，卫生法学应当积极吸收医学伦理学的研究成果，丰富卫生法学的研究内容，促进卫生法学的健康发展。

卫生法学研究在积极吸收医学伦理学研究成果服务其发展的同时，也应正视卫生法与医德的区别：首先在表现形式上，卫生法是国家立法机关制定的，一般以成文法的形式明确存在，医德是以医疗行业宣传的医德原则、医德规范、医德代表人物的方式存在，存在于社会公众的意识中，具有一定的抽象性、模糊性；其次，医德调整的社会关系涉及医疗工作的方方面面，远比卫生法调整的社会关系广泛，同时对医务人员的要求也比卫

生法的要求高得多;第三,医德的实现主要依靠社会舆论、医务人员的内心信念,卫生法的实现是以国家强制力为最后保障。卫生法学在借鉴医学伦理学成果时应对医德与卫生法的上述区别保持清醒认识,不能将一些只有少数医务人员能够遵守的医德制定成为卫生法,也不能以医德完全替代卫生法。

(二)卫生法学与卫生管理学

卫生管理学是研究卫生管理工作中的基本内容、普遍应用的基本管理原理、基本管理方法的一门学科。卫生管理有多种方法,运用法律手段进行卫生管理显然是卫生管理的重要方法之一,实践表明也是实现卫生管理高效的行之有效的手段。运用法律手段实施卫生管理就是通过制定相应卫生法律、法规、规章,并通过卫生行政机关的执法活动、卫生行政复议、人民法院的审判工作,规范和监督卫生组织及其成员的行为,实现卫生管理的目标。通俗讲,运用法律手段实施卫生管理就是依法进行卫生管理或者称为法制化的卫生管理。卫生管理学与卫生法学关系密切。法制化的卫生管理要求卫生管理学应关注相应卫生法律法规对卫生管理的积极作用,因此,卫生管理学应积极吸收卫生法学的研究成果。卫生法学不仅要研究卫生法律、法规的现状,也应研究卫生法律、法规对卫生事业特别是卫生管理工作的影响,使卫生法学研究服务于卫生管理,同时,卫生法学也要关注卫生管理中的新问题并提出相应的法律应对,将实践证明行之有效的卫生管理实践成果(卫生管理模式、原则、方法等)通过立法加以巩固。显然,卫生法学也应关注卫生管理实践,积极吸收卫生管理学的新成果,丰富卫生法学的研究内容。

(三)卫生法学与卫生经济学

卫生经济学是用经济学的基本原理、方法研究社会卫生事业的一门学科。卫生经济学研究卫生服务需求供给、市场与政府在卫生服务领域的作用、社会卫生总费用、卫生资源优化配置、卫生服务价格、医疗机构成本核算等,揭示卫生服务领域中的经济规律,最优地筹集、开发、分配和使用卫生资源,促进卫生事业健康发展,提高人民群众享受卫生服务的水平。卫生经济学的研究成果是我国政府制定卫生经济政策的重要理论依据。卫生事业在本质上主要是一个经济问题。卫生法学不仅关注现行卫生法律法规，也要正视卫生事业的经济属性，将卫生经济规律以及卫生经济工作中有效提高人民群众享受卫生服务水平的方法、手段适时以卫生法律法规的形式固定下来，成为全体人民遵守的行为规范，保障卫生经济的稳定与发展。

（四）卫生法学与法医学

法医学是运用医学基本原理、方法、技术，研究并解决立法、司法实践中有关人体伤亡、病理和生理状态等问题的一门实用性学科。法医学是医学服务于法律实践活动而产生的一门交叉学科。法医学研究领域主要是：确定死亡；研究尸体现象；研究各种机械性损伤的机理、征象、后果及凶器的种类特征；研究各种机械性窒息的机理、征象、后果以及作案的手段和方法；研究各种物理性损伤和死亡；研究各种毒物的毒理作用、进入人体的途径、中毒症状、组织器官的变化和检验方法；研究自杀、他杀和灾害引起的人身伤亡的特点和规律；研究性状态、性机能以及性犯罪的人身检查的问题；研究与犯罪有关的人、生物的机体组织、分泌物和排泄物的检验技术；研究亲权纠纷的检验和鉴定，等等。法律实践借助法医学对有关问题作出科学的鉴定，为侦查破案提供线索，为审判提供证据，有力地协助司法机关及时、准确地揭露犯罪活动，也可以为正确地处理某些民事纠纷（如亲权纠纷）提供科学的依据。当代法医学在广度、深度上进一步发展，逐步形成法医病理学、法医损伤学、法医牙科学、法医妇产科学、法医药物学、法医精神病学、法医血清学、法医毒理学、法医人类学、法医物证学等，法医学鉴定在法律实践中的作用更加重要。

与法医实践有关的卫生法律法规是卫生法学的研究内容之一，相关的卫生法律法规是法医学健康发展的有力保障。卫生法学研究也要积极吸收法医学的新成果，及时应用到卫生法律实践中。

四、我国卫生法的历史发展

（一）古代社会的卫生法

根据现有的研究，早在西周时期已经制定了调整卫生关系的法即卫生法。史料记载：西周设置"食医"（相当于现在的营养医师）专门掌管调配王者饮食，"食医"根据不同季节为王者调剂温热寒凉的饮食，以保王者的健康。西周时人们在长期的实践中发现"男女同姓，其生不蕃"，为避免某些严重疾病遗传和先天畸形儿的出生规定了"同姓不婚"的禁令。西周时还有"医不三世，不服其药"的官府训示。

秦朝时设有专门为皇家及朝臣服务的医务人员——太医令丞和侍医，并且设置了专门为皇妃治病的女侍医，该制度为以后各朝代基本沿袭。秦朝时规定：药方"不验，辄死"。云梦县发现的秦代竹简记载：疠者有罪，定杀。定杀可（何）如？生定杀水中之谓也，或曰生埋，生埋之异事也。疠者指麻风病患者，上述秦朝竹简记载了对麻风病患者的处理是活埋处死或投入水中溺死。

《晋书·王彪之传》记载：永和末（约356年）多疫疾，旧制，朝臣家有时疾，染有三人以上者，身虽无疾，百日不得入宫。该记载表明当时的卫生法已经有了关于传染病防治的具体规定。

隋朝初设太医署，太医署有令二人，丞一人，负责全国的医药卫生工作。隋炀帝时，又设置医监五人，医正十人，主要负责医学教育。隋朝在县级吏员中设置了专门的医职人员，负责地方的疾病防治工作。

唐朝沿袭隋朝设立太医署负责全国医药工作，另设尚食、尚药两局专司宫廷内的医疗保健事宜。《唐律》对医师误伤、调剂失误、针刺差错、贩卖毒药、行医欺诈等行为均有刑罚制裁的规定。唐朝显庆四年（659年），唐朝政府颁布了我国历史上第一部由政府组织编撰的药典——《唐新修本草》。该药典也是世界上第一部政府编纂的药典，共收药850种，对每种药的成份、性能、使用等都作了详细地规定。唐朝还规定：造御膳误犯食禁，以大不敬论（大不敬是唐时的"十恶"之罪）。

宋朝设太医局掌管全国医药工作。1087年太医局所属太平惠民合剂局编写并颁布了《太平惠民和剂局方》，全书载788方剂，均系民间常用的有效中药方剂。这是生产成药的首个国家法定标准。北宋王安石为相时，颁布了《市易法》，规定药品专卖，以防止商人制造贩卖假药劣药，同时规定所出售的药品上必须打上"和剂局记"的标志，这是我国、也是世界上最早的药品标签上的法定标记。宋朝时还颁布了《安剂法》，其中规定了医务人员人数和升降标准，这是我国最早的医院管理规章。

元朝设置太医院负责全国医药卫生工作，后又设置广惠局负责全国药事管理，设置医学提举司负责对太医及其他医学人才的选拔、考核等。元朝最主要的法典——《元典章》中明确规定：禁止假医假药，禁止贩卖毒药；对医生三年一大考，合格者方可行医；对误人性命的庸医，必须酌情惩处；还专门规范了医事纠纷的诉讼程序和免除医户差役、赋税等内容。如医生和百姓发生争执和诉讼时，管民的官和管医的官共同决断。

明朝设置太医院负责管理全国的医药卫生工作。明代《大明会典》对于医家行医、考试录用、庸医处罚等都有相关规定，特别对御医的规定更加详细，如明律规定：御医由太医院医士充之，诊视御脉由使、判、御医参看。御药要从内局选用，药剂要写明药性证治之法，并要连名封记。烹调御药要有人校对监视，并详记年月、缘由以凭考察。

清朝沿袭明朝设置太医院掌管全国的医药事务。《大清律》对医家行医、庸医处罚、官医的考试录用等有相关规定，特别对为皇室服务的御医规定更加详细。如清律规定：煎调御药时需有院官和内监监视，二服合一服，煎好后分成两份，一份由院官和内监尝服，无误后将另一份进献御前，如果调合的御药发生差错，以大不敬论对御医治罪。

(二) 近现代社会的卫生法

清朝灭亡后，南京国民政府设置卫生部管理全国的医药卫生工作。1929年南京国民政府颁布《管理医院规则》。该规则对医院的设置做了一般性规定。次年颁布了《中央医院章程》和《中央医院委员会章程》，确立了中央医院隶属卫生部，负责疾病的治疗、预防和医务人员的实地训练等事宜。1940年南京国民政府行政院颁布《县各级卫生组织大纲》，在县级设立卫生院、区级设立卫生分院、乡（镇）级设立卫生所、保级设置卫生员，形成从中央到地方各级公办医疗机构。为加强对公立医院的管理，1946年国民政府公布了《公立医院设置规则》。

(三) 中华人民共和国成立后的卫生法

新中国成立后，中央政府高度重视医疗卫生工作，设置卫生部负责全国的医疗卫生管理工作，同时颁布了一些卫生法律、法规。改革开放三十年来，我国医疗卫生事业与卫生法制建设快速发展，颁布了一系列卫生法律、法规、规章，基本形成了符合我国国情的卫生法体系。目前，我国已经形成了调整公共卫生、疾病预防、医疗、康复、药品管理、医学科研、医疗国际交流等领域社会关系的卫生法体系。

五、卫生法的渊源

卫生法的渊源是指卫生法的具体表现形式，通俗讲就是各种卫生法律规范在具体法律文本中的存在形式。我国卫生法的具体表现形式主要如下。

（一）宪法

宪法是我国的根本大法，是国家最高权力机关——全国人民代表大会制定的具有最高法律效力的规范性法律文件。宪法规定我国的根本制度，是我国一切立法的根据，《宪法》中对我国卫生事业的规定是我国卫生法的重要渊源。现行《宪法》第二十一条规定：国家发展医疗卫生事业，发展现代医药和我国传统医药，鼓励和支持农村集体经济组织、国家企业事业组织和街道组织举办各种医疗卫生设施，开展群众性的卫生活动，保护人民健康。第二十五条规定：国家推行计划生育，使人口的增长同经济和社会发展计划相适应。上述《宪法》规定是我国卫生事业发展的根本制度保障。

（二）法律

法律在我国是指由全国人大及其常委会制定的效力仅低于宪法的规范性文件。全国人大及其常委会制定的专门调整卫生关系的规范性文件是我国卫生法的重要渊源。主要包括：《药品管理法》（2001年修订）、《国境卫生检疫法》（1986年制定）、《传染病防治法》（2004年修订）、《红十字会法》（1993年制定）、《母婴保健法》（1994年制定）、《食品安全法》（1995年制定，2009年修订为食品安全法）、《献血法》（1997年制定）、《执业医师法》（1998年制定）、《职业病防治法》（2001年制定）、《人口与计划生育法》（2001年制定）。在全国人大及其常委会制定的其他法律中也有卫生法的渊源，如《婚姻法》《刑法》等。

（三）行政法规

行政法规是我国最高行政机关——国务院依法制定的规范性文件。国务院制定的调整卫生关系的规范性文件也是卫生法的重要渊源。主要包括：《国境口岸卫生监督办法》（1982年制定）、《公共场所卫生管理条例》（1987年制定）、《麻醉药品管理办法》（1987年制定）、《尘肺病防治条例》（1987年制定）、《医疗用毒性药品管理办法》（1988年制定）、《精神药品管理办法》（1988年制定）、《放射性药品管理办法》（1989年制定）、《国境卫生检疫法实施细则》（1989年制定）、《化妆品卫生监督条例》（1989年制定）、《学校卫生工作条例》（1990年制定）、《传染病防治法实施办法》（1991年制定）、《中药品种保护条例》（1992年制定）、《医疗机构管理条例》（1994年制定）、《血液制品管理条例》（1996年制定）、《医疗器械监督管理条例》（2000年制定）、《母亲保健法实施办法》（2001年制定）、《医疗事故处理条例》（2002年制定）、《药品管理法实施条例》（2002年制定）、《中医药条例》（2003年制定）、《突发公共卫生事件应急条例》（2003年制定）、《医疗废物管理条例》（2003年制定）、《乡村医生从业管理条例》（2003年制定）。

（四）部门规章

部门规章是指国务院各部委根据法律、行政法规制定的规范性文件。作为卫生法渊源的部门规章主要是卫生部、国家食品药品监督管理局制定的规范性文件。这类部门规章涉及卫生工作的方方面面，主要包括：《精神疾病司法鉴定暂行规定》（1989年制定）、《食用植物油卫生管理办法》（1990年制定）、《食品包装用原纸卫生管理办法》（1990年制定）、《公共场所卫生管理条例实施细则》（1991年制定）、《性病防治管理办法》（1991年制定）、《结核病防治管理办法》（1991年制定）、《卫生监督员管理办法》（1992年制定）、《临床住院医师规范化培训试行办法》（1993年制定）、《灾害事故医疗救援工作管理办法》（1995年制定）、《预防性健康检查管理办法》（1995年）、《医疗机构临床用血管理办法（试行）》（1999

年制定)、《全科医师规范化培训试行办法》(1999年制定)、《人类辅助生殖技术管理办法》(2001年制定)、《人类精子库管理办法》(2001年制定)、《放射工作卫生防护管理办法》(2001年制定)、《职业病诊断与鉴定管理办法》(2002年制定)、《食品添加剂卫生管理办法》(2002年制定)、《转基因食品卫生管理办法》(2002年制定)、《医疗事故技术鉴定暂行办法》(2002年制定)、《产前诊断技术管理办法》(2002年制定)、《医疗卫生机构医疗废物管理办法》(2003年制定)、《药品临床试验质量管理规范》(2003年制定)、《医师外出会诊管理暂行规定》(2005年制定)、《血站管理办法》(2005年制定)、《处方管理办法》(2007年制定)、《药品广告审查办法》(2007年制定)、《药品召回管理办法》(2007年制定)、《国家基本药物目录(基层医疗卫生机构配备使用部分)》(2009年制定)、《医疗卫生服务单位信息公开管理办法(试行)》(2010年制定),等等。

(五) 地方性法规

地方性法规是指由省、自治区、直辖市以及省政府所在的市、国务院批准的较大的市的人民代表大会及其常委会以依法制定的规范性文件。地方性法规仅在本行政区域内有效。地方性法规中调整卫生关系的规范性文件也是卫生法的渊源之一,如:《广州市社会急救医疗管理条例》(1995年制定)、《广东省突发公共卫生事件应急办法》(2003年制定)、《广东省红十字会条例》(2005年制定)、《广东省食品安全条例》(2007年制定)、《广东省医疗废物管理条例》(2007年制定)、《广东省实验动物管理条例》(2010年制定),等等。

(六) 地方性规章

地方性规章是指由省、自治区、直辖市以及较大的市的人民政府依法制定的规范性文件。地方性规章中调整卫生关系的规范性文件也是卫生法的渊源之一,如:《广东省重大活动卫生保障暂行办法》(2006年制定)、《郑州市社会急救医疗管理规定》(2007年制定),等等。

(七) 国际卫生条约

国际条约是两国或者多个国家之间签订的共同遵守的规范性文件。国际条约虽然不属于国内法，但与国内法具有同样的约束力。国际条约中调整卫生关系的规范也是卫生法的渊源之一。我国已经加入的卫生国际条约是我国卫生法的渊源，如：《国际卫生条例》（1979年加入）、《1961年麻醉品单一公约》（1985年加入）、《1971年精神药物公约》（1985年加入）、《儿童权利公约》（1990年签署）等。

六、卫生法的基本原则

卫生法的基本原则是指贯穿于卫生法律规范中，对卫生立法、执法、司法活动具有普遍指导意义的准则。一般认为我国卫生法的基本原则包括如下内容。

（一）保护公民生命健康权利原则

生命健康是公民最重要的权利，卫生工作的目的是保障与促进公民的健康、延长人们的生命，国家通过法律手段调整卫生关系的目的显然是为了卫生工作更好地保障与促进公民的健康、延长人们的生命，因此，保护公民生命健康权利应该作为卫生法的基本原则。我国《宪法》第二十一条明确规定：国家发展医疗卫生事业……保护人民健康。《医疗机构管理条例》第一条规定：为了加强对医疗机构的管理，促进医疗卫生事业的发展，保障公民健康，制定本条例。《执业医师法》第一条规定：为了加强医师队伍的建设……保护人民健康，制定本法。《传染病防治法》第一条规定：为了预防、控制和消除传染病的发生与流行，保障人体健康和公共卫生，制定本法。上述卫生法律、法规的立法目的也直接体现了卫生法"保护公民生命健康权利原则"的要求。

（二）预防为主的原则

疾病是人类健康的大敌，患病不仅给人带来肌体与精神的痛苦，消耗社会有限的卫生资源，同时有相当的疾病从目前医学手段而言具有可预防而不可治愈的特征，如脊髓灰质炎等，因此，维护公民的生命健康权益应当坚持预防疾病为主的原则（简称预防为主的原则）。预防为主的原则是我国卫生工作的基本方针，也应当是我国卫生法的基本原则。我国卫生法

中的《国境卫生检疫法》《传染病防治法》《母婴保健法》《食品安全法》《执业医师法》《职业病防治法》《人口与计划生育法》等体现了预防为主的原则的要求。

（三）依靠科技进步原则

"科学技术是第一生产力"，与疾病作斗争提高公民的健康水平同样要依靠医学技术的进步才能不断提高。人类战胜各种疾病的历史表明：没有医学技术的进步，人类的生命健康权益就是无源之水。新中国成立以来，我国人民健康水平的提高很大程度上归功于医疗技术水平的进步。国家《卫生事业发展"十一五"规划纲要》也明确提出，要"加强应用医学研究、高新技术研究和基础研究，大力推广适宜技术"。因此，依靠科技进步原则应成为我国卫生法的一项基本原则。依靠科技进步原则要求发展卫生事业、提高公民健康水平要积极开展医学教育、高度重视医学研究、加大医学研究的经费投入、大力推广适宜医疗技术。

（四）中西医共同发展原则

中医是中华民族长期医学实践积累的宝贵财富，也是中华民族对世界的重大贡献。在西医传入中国以后，中医的发展曾经一度处于低潮，甚至有人提出了西医替代中医的观点。事实上，中医、西医是两个不同的理论体系，各有所长，发展卫生事业应当坚持中西医并重，造福公民的健康权益。特别在中医发展缓慢、西医备受推崇的当下，卫生法应将中西医共同发展作为一项基本原则，通过法律手段保障和促进中医的健康发展，使中西医共同发展，造福公民的健康权益。我国《卫生事业发展"十一五"规划纲要》中明确提出了"坚持中西医并重、中西药并重，制定扶持中医药振兴发展的政策措施，实现中西医、中西药协调发展"的基本原则。

（五）国家卫生监督原则

国家卫生监督原则是指卫生行政机关有权对辖区有关单位与个人遵守卫生法律、法规进行监督并依法处理。卫生事业的健康发展须臾离不开卫生行政机关的监督管理，因此国家卫生监督原则应成为卫生法的基本原则。各种卫生法律、法规、规章中关于卫生行政机关对有关单位、个人监督管理、处罚的规定都体现了该原则的要求。

（六）医疗社会保障原则

公民的生命健康权益实现最终依赖于在患病时能够得到有效的医疗服务，因此现代社会应当建立医疗社会保障制度以保证公民在患病时不因经济原因不能得到有效的医疗救治，也不因患病治疗而致贫。医疗社会保障原则是指政府应当建立相应的医疗保障制度保证公民能够得到医疗救治，特别是建立强制性的全民医疗保险制度。我国已经将建立覆盖全体社会成员的医疗保障制度作为我国卫生事业改革发展的重要内容，卫生法应当将医疗社会保障原则规定为卫生法的基本原则以保证卫生事业的健康发展。

（七）患者权利自主原则

患者权利自主原则是指在医疗服务中患者在医方充分告知的前提下，最终有权对自己的生命健康权益作出选择。当代多个国家的卫生法都明确肯定了患者权利自主原则。我国《医疗机构管理条例》第三十三条规定：医疗机构施行手术、特殊检查或者特殊治疗时，必须征得患者同意，并应当取得其家属或者关系人同意并签字；无法取得患者意见时，应当取得家属或者关系人同意并签字；无法取得患者意见又无家属或者关系人在场，或者遇到其他特殊情况时，经治医师应当提出医疗处置方案，在取得医疗机构负责人或者被授权负责人员的批准后实施。上述规定表明我国卫生法也肯定了患者权利自主原则（紧急医疗除外）。

第二节　卫生法的制定与实施

一、卫生法的制定

（一）卫生法制定的概念

卫生法的制定又称卫生立法活动，是指有立法权的国家机关依照法定的权限与程序创制、修改、废止调整卫生关系的规范性文件的活动。狭义的卫生法的制定仅指创制调整卫生关系的规范性文件的活动。卫生法的制定具有下列特征：

其一，卫生法的制定机关必须是依法具有相应立法权的国家机关。根据我国《立法法》的规定，具有卫生立法权的国家机关包括：全国人民代表大会及其常务委员会、国务院、省级的人民代表大会及其常务委员会、较大的市的人民代表大会及其常务委员会、自治州、自治县的人民代表大会、国务院卫生部及有关部委、省级和较大的市的人民政府，其他任何国家机关没有卫生立法权。

其二，卫生法的制定不仅包括创制新的卫生法律、法规、规章，还包括对已有卫生法律、法规、规章的修改活动、废止已经不适应现实需要的卫生法律、法规、规章。

其三，卫生法的制定要依照法定的立法程序。法制在现代社会的作用越来越重要，任何一项立法都会对社会产生深远的影响，因此必须严格遵循立法程序以保障立法的科学，卫生法的制定也一样。任何有卫生立法权的国家机关制定卫生法律、法规、规章都必须严格遵守《立法法》规定的立法程序，否则卫生立法因违反立法程序的规定而无效。

（二）卫生法制定的原则

卫生法制定的原则是指在卫生立法活动中所必须遵守的准则。卫生立法遵守的原则除了立法法规定的立法的一般原则外，还有其自身特有的原则。我国卫生立法应遵循的原则包括：

1. 保护公民健康权益原则

保护公民健康权益原则是指卫生立法应以保障和促进公民的健康权益为目的、卫生立法应有助于保障和促进公民的健康权益。公民的健康权益是卫生工作的永恒主题，卫生立法旨在通过法制保障、促进卫生事业健康发展，最终也是为了公民的健康权益，卫生立法遵循保护公民的健康权益原则是卫生事业的当然要求。保护公民健康权益原则作为卫生法的基本原则，自然也是卫生立法应遵循的原则。

2. 尊重医学规律原则

卫生立法在本质上是国家立法者以法的形式将卫生工作中经过实践证

明正确的做法加以肯定，从而规范卫生行业的活动，使卫生工作更好地服务于公民的健康权益。医学规律是医学实践中发现的客观规律，卫生立法是立法者发挥主观能动性的创造性活动，自然要尊重医学规律、以医学规律为基础，因此尊重医学规律原则应作为卫生立法的原则。尊重医学规律原则要求卫生立法者认识医学规律，在卫生立法中体现医学规律，使卫生立法成为卫生事业发展进步的助推器。

3. 立足我国卫生事业现实与借鉴外国经验相结合的原则

卫生立法应当服务于我国的卫生事业，因此卫生立法必须立足于我国卫生事业的现实——全国各地医疗水平发展不平衡、医疗资源城乡分布不均匀、全社会医疗投入水平较低、社会医疗保障水平较低，同时卫生立法也要积极借鉴发达国家的成功经验，减少卫生立法成本，使卫生立法少走弯路，保证我国卫生立法的先进性。卫生立法遵循立足我国卫生事业现实与借鉴外国经验相结合的原则是卫生立法科学性的保证，有助于卫生立法更好促进卫生事业的健康发展。

（三）卫生立法程序

卫生立法程序是有卫生立法权的国家机关制订卫生法时应遵守的步骤、时限、行为方式等的总称，是卫生立法内容科学的重要保障。以下以《立法法》规定的全国人大制定法律的立法程序为例介绍卫生立法程序。

1. 法律草案的提出

在全国人大会议期间，全国人大主席团、全国人大常务委员会、国务院、中央军事委员会、最高人民法院、最高人民检察院、全国人大各专门委员会、一个代表团或者三十名以上的代表联名有权向全国人民代表大会提出法律立法草案。在全国人大闭会期间，上述主体有权向全国人大常委会提出法律立法草案。

2. 法律草案的审议

向全国人大提出的立法草案，先由有关的专门委员会审议、提出是否列入会议议程的意见，由主席团决定列入会议议程。全国人大法律委员会根据各代表团和有关的专门委员会的审议意见，对法律案进行统一审议，向主席团提出法律草案修改稿。列入议程的法律草案在交付表决前，提案

人请求撤回的，经主席团同意，并向大会报告，对该法律草案的审议即行终止。

3. 法律草案的表决通过

法律草案经过各代表团审议，由法律委员会根据各代表团的审议意见修改提出法律草案表决稿，由主席团提请大会全体会议表决。法律表决案由全国人大全体代表的过半数通过。

4. 法律的公布

全国人大通过的法律由国家主席签署主席令予以公布。

其他有卫生立法权的国家机关制订卫生法的立法程序与上述全国人大制定法律的程序大体相同。但某些有卫生立法权的国家机关的立法程序依法要向上级国家机关申请批准或者备案，如《立法法》规定：较大的市的人民代表大会及其常务委员会制定地方性法规报省、自治区的人民代表大会常务委员会批准后施行；行政法规报全国人民代表大会常务委员会备案；省级的人民代表大会及其常务委员会制定的地方性法规，报全国人民代表大会常务委员会和国务院备案；部门规章和地方政府规章报国务院备案；地方政府规章同时报本级人民代表大会常务委员会备案。

二、卫生法的实施

卫生法的实施是指已经制定的卫生法律、法规、规章在现实社会中落实与实现的过程，是国家机关、社会团体、企事业单位与个人遵守卫生法、国家机关卫生执法活动、卫生司法活动的统一。卫生法的实施使卫生法设定的行为规范转化为人们的实行行动，从而使卫生法有效地调整卫生社会关系，实现卫生立法的目的。

（一）卫生法的效力范围

卫生法的效力范围是指已经制定的卫生法规范在什么时间、什么地域、对什么人有约束力。卫生法的效力范围是卫生法实施的基本问题，包括时间效力、空间效力、对人的效力三个方面。

1. 卫生法的时间效力

卫生法的时间效力包括卫生法的生效时间、失效时间以及卫生法对生效前的行为与事件是否适用即是否具有溯及力等三个方面。

（1）卫生法的生效时间

《立法法》第五十一条规定：法律应当明确规定施行日期。因此卫生法的生效时间应是相应卫生法律、法规、规章的必备内容。我国卫生法的生效时间有两种模式：其一，在相应的卫生法规中明确规定"自公布之日起生效（或者实施）"，如1988年国务院制定的《实验动物管理条例》第三十五条规定：本条例自发布之日起施行；1987年国务院制定的《麻醉药品管理办法》第三十八条规定：本办法自发布之日起施行。其二，规定在公布后经过一段时间生效，如国务院2008年1月23日制定的《护士条例》第三十五条规定：本条例自2008年5月12日起施行；国务院1994年2月26日发布的《医疗机构管理条例》第五十五条规定：本条例自1994年9月1日起施行。

（2）卫生法的失效时间

我国卫生法的失效时间有三种模式：其一，因新法代替旧法而失效；其二，在新法中明确规定旧法废止而失效；其三，有关立法机关发布专门性的决定宣布废止而失效。

（3）卫生法的溯及力

卫生法的溯及力是指相应的卫生法律、法规、规章生效后，对生效前的行为和事件是否适用问题，若适用则为有溯及力，若不适用则为无溯及力。根据法的原理，法应无溯及力。我国《立法法》第八十四条规定：法律、行政法规、地方性法规、自治条例和单行条例、规章不溯及既往，但为了更好地保护公民、法人和其他组织的权利和利益而作的特别规定除外。因此，我国卫生法一般没有溯及力。

2. 卫生法的空间效力

卫生法的空间效力是指卫生法在什么地域范围内有效。我国卫生法根据其制定机关不同，其空间效力有所不同：全国人大及其常委会制定的卫生法律、国务院制定的卫生行政法规、国务院各部委制定的卫生部门规章在全国范围内有效；有卫生立法权限的地方国家机关制定的地方性卫生法规、规章在其管辖的行政区域内有效。

3. 卫生法对人的效力

我国卫生法对人的效力与卫生法的空间效力是密切联系的，其主要内容为：其一，在我国领域内的人与事件应受我国卫生法的约束，但法律法规另有规定的除外；其二，我国公民在我国领域外的行为通常不受我国卫生法的约束；其三，外国人在我国领域外侵害了我国公民、法人权益的，或者与我国公民、法人发生卫生法律关系的，也可以适用我国的卫生法。

（二）卫生法实施的内容

卫生法实施一般包括卫生法的遵守、卫生法的执行、卫生法的适用三个方面。

1. 卫生法的遵守

卫生法的遵守即卫生守法，是指一切组织与个人的活动符合卫生法的行为规范，卫生法的要求转化为现实社会中人们的行动。卫生法的遵守是卫生法实施的基础。卫生法的遵守首先依赖卫生法的内容符合社会现实的需要，其次也需要加强对卫生法的宣传教育，使社会成员了解认同卫生法内容的正当性，第三也需要国家强制力的保障。我国某些卫生法的遵守不尽如人意很大程度与对相关人员的宣传教育不到位有关。

2. 卫生法的执行

卫生法的执行又称卫生执法，是指卫生行政机关主动行使职权依法对公民、法人遵守卫生法的情况进行监督检查并依法作出处理的活动。卫生行政机关通过卫生执法，及时发现公民、法人的卫生违法行为并予以处罚，保障卫生法得到遵守，显然卫生执法是卫生法遵守的重要保障，是卫生法实施的关键环节。

3. 卫生法的适用

卫生法的适用又称卫生司法，是指国家司法机关依照法定的权限与程序，对各种卫生法律关系纠纷依法作出裁决的活动。卫生司法是司法机关依法对各种卫生法律纠纷作出裁决的活动，是国家卫生法制统一的要求，是卫生法正确、准确实施的保障。我国卫生司法机关主要是各级人民法院，在卫生犯罪案件中还包括各级公安机关与人民检察院。

总之，在卫生法的实施中，卫生守法是基础、卫生执法是关键、卫生司法是保障，三个方面缺一不可。

三、卫生法律关系

(一)卫生法律关系的概念

卫生法律关系是指国家机关、企事业单位、社会团体、公民个人相互之间的卫生关系由卫生法调整所形成的权利义务关系。卫生法律关系是一种特殊的社会关系，具有以下特征：

其一，卫生法律关系是由卫生法调整而形成的社会关系，具有国家意志性；

其二，卫生法律关系是以权利义务为内容的社会关系；

其三，卫生法律关系是以国家强制力为保障的社会关系；

其四，卫生法律关系既包括横向的法律关系，也包括纵向的法律关系。

(二)卫生法律关系的构成要素

卫生法律关系由主体、内容、客体三个要素构成。缺少任一要素，都不能存在相应的卫生法律关系。

1. 卫生法律关系的主体

卫生法律关系主体又称卫生法主体(以下统一使用卫生法主体)，是指参与卫生法律关系的各方当事人，即参与卫生法律关系并享有权利、承担义务的单位或者个人。在我国卫生法主体包括：国家机关、企事业单位、社会团体以及自然人。

国家机关作为卫生法主体主要是以卫生管理者的身份参与纵向的卫生法律关系。作为卫生法主体的国家机关主要是各级卫生行政机关、各级药监行政机关、国境卫生检疫机关、劳动与社会保障管理机关。企事业单位作为卫生法主体既作为被管理者参与纵向的卫生法律关系，也作为卫生服务或者健康产品的提供者或者接受者参与横向的卫生法律关系。作为卫生法主体的企事业单位主要是各级医疗机构、各种药品与医疗器械的生产

者、经营者、各种与健康有关的产品生产者、经营者。作为卫生法主体的社会团体主要包括红十字会、各种卫生行业协会。作为卫生法主体的自然人既作为被管理者参与横向的卫生法律关系,也作为卫生服务和健康产品的提供者或者接受者参与横向的卫生法律关系。作为卫生法主体的自然人包括我国公民、外国公民和无国籍人。

2. 卫生法律关系的内容

卫生法律关系的内容是指卫生法主体依法享有的权利和应承担的义务。卫生法主体享有的权利是依法受到国家法律保护的利益,具体表现为根据自己的利益自主为一定行为或者不为一定行为,或者要求他人为一定行为或者不为一定行为。卫生法主体的义务是法律或者其他主体要求必须为一定行为或者不为一定行为。卫生法主体的权利义务是相对的、相互联系的,一方享有的权利必然是另一方负担的义务。卫生法主体从来没有只享有权利不承担义务,也没有只承担义务不享有权利。

3. 卫生法律关系的客体

卫生法律关系的客体是指卫生法主体享有的权利和承担的义务共同指向的客观对象,即权利与义务的物质载体。卫生法律关系的客体包括以下几种形式:其一,以物的形式存在的客体,包括食品、药品、医疗器械、保健品、化妆品、中药材、生物制品、饮用水等。这是最为常见的卫生法律关系的客体。其二,以智力成果形式存在的客体,包括卫生领域的专利、专有技术、商业秘密、注册商标、著作权。其三,以行为的形式存在的客体,包括卫生监督行为、提供医疗服务、接收医疗服务。其四、以人身利益存在的客体,包括患者的生命、人身健康。

(三) 卫生法律关系的产生、变更、消灭

任何特定的卫生法律关系不是从来存在的,也不是一成不变的。卫生法律关系的产生是指特定卫生法主体之间形成了一定的卫生法律关系;卫生法律关系的变更是指已经存在的特定卫生法律关系在主体、内容或者客体方面发生变化;卫生法律关系的消灭是指特定卫生法主体之间的权利义务完全终止。

卫生法律关系的产生、变更、消灭需要一定的条件。该条件包括两个：其一，相应的卫生法规范；其二，一定的客观事实。相应的卫生法规范为一定卫生法律关系的产生、变更、消灭提供了可能，符合该规范要求的一定客观事实使一定法律关系的产生、变更、终止成为现实。引起卫生法律关系产生、变更、消灭的客观事实包括与人的意志无关的客观事件和人的行为。

四、卫生法律责任

（一）卫生法律责任的概念与特点

卫生法律责任是指卫生法主体不履行卫生法规定的义务或者约定的义务依法应承担的对其不利的强制性法律结果。卫生法律责任具有如下特征：

其一，卫生法律责任以卫生违法行为存在为前提；

其二，卫生法律责任是卫生法明确规定的；

其三，卫生法律责任是一种不利的法律后果；

其四，卫生法律责任是一种强制性的法律后果。

（二）卫生法律责任的种类

卫生法律责任依照产生的法律根据不同可以分为民事法律责任、行政法律责任、刑事法律责任。

1. 民事法律责任又称民事责任，是指卫生法主体在横向的卫生法律关系中违反相应义务依法应承担的法律责任。承担民事责任的目的是补偿因违反相应义务受到损害方的损失，承担民事责任的方式包括：停止侵害、排除妨碍、消除危险、返还财产、恢复原状、修理、重作、更换、赔偿损失、支付违约金、消除影响、恢复名誉、赔礼道歉等。

2. 行政法律责任又称行政责任，是指卫生法主体在纵向的卫生法律关系中违反相应义务依法应承担的法律责任。承担行政责任的目的是制止与预防卫生违法行为。行政法律责任包括行政处罚与行政处分两种。行政处罚是行政机关对违反卫生法的行政相对人依法给予的惩罚性处理，具体包括：警告、罚款、没收违法所得、没收非法财物、责令停产停业、吊销许可证或者批准文号。行政处分是卫生行政机关、医疗机构、医药企业对其工作人员违反卫生法的行为给予的惩罚性处理，具体包括：警告、记过、记大过、降级、撤职、开除。

3. 刑事法律责任又称刑事责任，是指卫生法主体严重违反卫生法的规定，侵害了刑法保护的卫生法律关系，依照刑法应当受到的刑罚惩罚。刑事责任是最为严厉的一种法律责任。承担刑事责任的方式是通过人民法院对严重违反卫生法的单位或者个人判处相应刑罚并由相应刑罚执行机关强制执行。判处的刑罚包括主刑与附加刑两类，主刑又分为管制、拘役、有期徒刑、无期徒刑、死刑五种，附加刑也分为剥夺政治权利、罚金、没收财产三种。我国刑法规定的严重侵害卫生法律关系的犯罪主要有：生产、销售假药罪、生产、销售劣药罪、生产、销售不符合卫生标准的食品罪、生产、销售有毒、有害食品罪、生产、销售不符合标准的医用器材罪、生产、销售不符合卫生标准的化妆品罪、妨害传染病防治罪、传染病菌种、毒种扩散罪、妨害国境卫生检疫罪、非法组织卖血罪、强迫卖血罪、非法采集、供应血液、制作、供应血液制品罪、采集、供应血液、制作、供应血液制品事故罪、医疗事故罪、非法行医罪、非法进行节育手术罪、逃避动植物检疫罪、传播性病罪等。

第三节 卫生法律救济

一、卫生法律救济的概念

卫生法律救济是指卫生法主体认为其权利受到侵害时依法请求国家机关予以保护，有关国家机关依照法定权限与程序作出处理，依法对其合法权利予以保护、恢复的活动。"无救济则无权利"，卫生法律救济是卫生法主体权利的重要保障。在我国，卫生法律救济由卫生行政复议、卫生行政诉讼、卫生行政赔偿、卫生民事诉讼、刑事诉讼等五方面构成。

二、卫生行政复议

（一）卫生行政复议的概念

卫生行政复议是指公民、法人或者其他组织认为卫生行政主体的具体行政行为侵犯了其合法权益，依法向法定的行政复议机关提出复议申请，行政复议机关依法对该具体行政行为进行合法性、适当性审查，并作出行政复议决定的活动。卫生行政复议是公民、法人或其他组织解决卫生行政争议的一种方法，同时也是行政系统内部上级行政机关对下级行政机关的违法行政行为进行监督与纠正的一种方法。

（二）卫生行政复议的受理机关

对县级以上地方各级卫生行政机关的具体行政行为不服的，由本级人民政府受理行政复议申请，也可以由主管的上一级卫生行政机关受理；对地方各级人民政府的具体卫生行政行为不服的，由上一级地方人民政府受理该行政复议申请；对省、自治区人民政府依法设立的派出机关所属的县级地方人民政府的具体卫生行政行为不服的，由该派出机关受理行政复议申请；对法律、法规授权的组织的具体卫生行政行为不服的，由直接管理该组织的地方人民政府、地方人民政府工作部门受理行政复议申请；对被撤销的行政机关在撤销前所作出的具体卫生行政行为不服的，由继续行使其职权的行政机关的上一级行政机关受理行政复议申请。

（三）申请卫生行政复议的期限

根据《行政复议法》的规定，申请卫生行政复议的期限为60日，自复议申请人知道该具体行政行为之日起算，但是法律另有规定期限超过六十日的除外。

（四）卫生行政复议的范围

公民、法人和其他组织认为具体卫生行政行为侵犯其合法权益的，均可申请卫生行政复议，这些具体卫生行政行为包括：

1. 卫生行政机关作出的警告、罚款、没收违法所得、没收非法财物、责令停产停业、暂扣或者吊销许可证、暂扣或者吊销执照等行政处罚决定；

2. 卫生行政机关作出的查封、扣押、冻结财产等行政强制措施决定；

3. 卫生行政机关作出的有关许可证、执照、资质证、资格证等证书变更、中止、撤销决定；

4. 卫生行政机关侵犯合法经营自主权的具体行政行为；

5. 卫生行政机关违法集资、征收财物、摊派费用或者违法要求履行其他义务的具体行政行为；

6. 卫生行政机关没有依法办理颁发许可证、执照、资质证、资格证等证书；

7. 卫生行政机关其他侵犯合法权益的具体行政行为。

（五）卫生行政复议的程序

公民、法人和其他组织对具体卫生行政行为不服的，自知道具体卫生行政行为之日起60日内向复议机关提出复议申请。复议机关对复议申请依法受理后，对具体卫生行政行为进行合法性、适当性审查，并在60日内作出行政复议决定，情况复杂，经行政复议机关的负责人批准，可以延长复议期限，但最多延长不超过30日。在行政复议期间，被申请复议的卫生行政机关不得自行向复议申请人和其他有关组织或者个人收集证据，并且具体行政行为不停止执行，但是被申请复议的卫生行政机关或者行政复议机关认为需要停止执行或者复议申请人请求停止执行并且行政复议机关认为其要求合理决定停止执行的除外。

（六）行政复议决定及其效力

行政复议机关负责法制工作的机构对具体卫生行政行为进行审查，提出意见，经行政复议机关的负责人同意或者集体讨论通过后作出行政复议决定。根据被申请复议的具体卫生行为的不同情况，作出不同的行政复议决定：

对具体行政行为认定事实清楚，证据确凿，适用依据正确，程序合法，内容适当的，依法维持；

对卫生行政机关不履行法定职责的，依法要求其在一定期限内履行职责；

对具体卫生行政行为存在主要事实不清、证据不足、适用依据错误、违反法定程序、超越或者滥用职权、明显不当情形之一的，依法作出撤销、变更或者确认该具体行政行为违法的行政复议决定；决定撤销或者确认该具体行政行为违法的，同时责令该卫生行政机关在一定期限内重新作出具体行政行为。

卫生行政复议决定一经送达即产生法律效力。被申请复议的卫生行政机关不履行复议决定或者无故拖延履行的，复议机关或者其他机关应责令其履行。

三、卫生行政诉讼

（一）卫生行政诉讼的概念

卫生行政诉讼是指公民、法人或者其他组织认为卫生行政机关或者其授权委托的卫生执法组织的具体行政行为侵犯其合法权益，依法向人民法院提起诉讼，人民法院依法对该具体行政行为的合法性进行审查并作出裁判的活动。卫生行政诉讼是解决卫生行政争议、维护卫生法主体合法权益的一种方法，也是人民法院对卫生行政机关进行司法监督的重要途径。

（二）卫生行政诉讼的受案范围

卫生行政诉讼属于行政诉讼的一种。根据《行政诉讼法》的规定，人民法院受理卫生行政诉讼的范围为：

1. 对罚款、吊销许可证和执照、责令停产停业、没收财物等卫生行政处罚不服提起的行政诉讼；
2. 对查封、扣押、冻结财产等行政强制措施不服提起的卫生行政诉讼；
3. 对卫生行政机关侵犯经营自主权提起的行政诉讼；
4. 对申请颁发许可证和执照，卫生行政机关拒绝颁发或者不予答复提起的卫生行政诉讼；
5. 对卫生行政机关违法要求履行义务提起的行政诉讼；
6. 对卫生行政机关侵犯其他人身权、财产权提起的行政诉讼。

（三）卫生行政诉讼的管辖

卫生行政诉讼的管辖是指对一个具体的卫生行政行为不服提起的行政

诉讼,哪一个法院有权受理。根据《行政诉讼法》的规定,行政诉讼由作出具体行政行为的行政机关所在地基层人民法院管辖,经复议的案件,复议机关改变原具体行政行为的,也可以由复议机关所在地人民法院管辖;对国务院有关部门或者省级人民政府所作的具体卫生行政行为不服提起的诉讼,或者本辖区内重大、复杂的案件由作出具体行政行为的行政机关所在地中级人民法院管辖;高级人民法院管辖本辖区内重大、复杂的卫生行政诉讼案件;最高人民法院管辖全国范围内重大、复杂的卫生行政诉讼案件。

(四)卫生行政诉讼的期限

对具体卫生行政行为不服直接向人民法院提起行政诉讼的,应当在知道作出具体行政行为之日起三个月内提出;对具体卫生行政行为不服申请行政复议,不服复议决定提起行政诉讼的,可以在收到复议决定书之日起15日内向人民法院提起诉讼,复议机关逾期不作复议决定的,可以在复议期满之日起15日内向人民法院提起诉讼。

(五)卫生行政诉讼程序

对不服具体卫生行政行为提起的诉讼,有管辖权的人民法院经审查对符合受理条件的,应当在7日内立案;在立案之日起5日内,人民法院应将起诉状副本发送被告,被告应当在收到起诉状副本之日起10日内向人民法院提交答辩状,人民法院应当在收到答辩状之日起5日内,将答辩状副本发送原告。同时,人民法院在受理案件后,依法组成合议庭。合议庭开庭对案件进行审理,在立案之日起三个月内作出第一审判决,有特殊情况需要延长的,由高级人民法院批准,高级人民法院审理第一审案件需要延长的,由最高人民法院批准。

对一审判决不服的,当事人有权向上一级人民法院上诉进行二审。二审诉讼程序与一审基本相同。二审人民法院应当在收到上诉状之日起两个月内作出判决,有特殊情况需要延长的,由高级人民法院批准,高级人民法院审理上诉案件需要延长的,由最高人民法院批准。二审法院作出的裁判是终审裁判。

（六）卫生行政诉讼的裁判及其效力

一审法院审理卫生行政诉讼，根据查明的事实与法律，分别作出以下判决：

具体卫生行政行为证据确凿，适用法律、法规正确，符合法定程序的，判决维持；

具体卫生行政行为存在主要证据不足、适用法律、法规错误、违反法定程序、超越职权的、滥用职权情形之一的，判决撤销或者部分撤销，并可以判决卫生行政机关重新作出具体行政行为；

卫生行政机关不履行或者拖延履行法定职责的，判决其在一定期限内履行；

卫生行政处罚显失公正的，判决变更。

一审人民法院作出的判决自送达之日起15日内当事人没有上诉即生效，一审人民法院作出的裁定在送达之日起10日内当事人没有上诉即生效。

二审人民法院审理上诉案件，根据查明的情况，分别作出如下判决：

一审判决认定事实清楚，适用法律、法规正确的，判决驳回上诉，维持原判；

一审判决认定事实清楚，但适用法律、法规错误的，依法改判；

一审判决认定事实不清，证据不足，或者由于违反法定程序可能影响案件正确判决的，裁定撤销原判，发回原审人民法院重审，也可以查清事实后改判。

二审法院作出的判决是终审判决，自送达当事人之日生效。二审裁定撤销原判，发回重审的，当事人对重审案件的判决、裁定，可以上诉。

四、卫生行政赔偿

（一）卫生行政赔偿的概念

卫生行政赔偿是指卫生行政机关及其工作人员违法行使职权，侵害公民、法人或者其他组织的合法权益并造成损失时，由国家对公民、法人或者其他组织的损失依法承担赔偿责任。卫生行政赔偿是国家赔偿制度的重要组成部分。

（二）卫生行政赔偿的构成要件

根据《国家赔偿法》的规定，承担卫生行政赔偿责任应具备以下要件：

1. 行使卫生行政职权的机关及其工作人员必须有违法行为；
2. 公民、法人或者其他组织有实际损害；
3. 卫生行政违法行为与实际损害之间有因果关系。

（三）卫生行政赔偿的损失范围

行使卫生行政职权的机关及其工作人员卫生行政违法、侵害公民人身权的，依照《国家赔偿法》向受害人承担支付规定的赔偿金；侵害公民、法人或者其他组织财产权的，予以返还财产、恢复原状，不能返还或者恢复原状的，给付相应的赔偿金；违法吊销许可证和执照、责令停产停业的，赔偿停产停业期间必要的经常性费用开支。

（四）卫生行政赔偿的程序

卫生行政赔偿程序有独立卫生行政赔偿和附带卫生行政赔偿两种，现实以附带卫生行政赔偿居多。

1. 独立卫生行政赔偿程序 违法行政行为的受害人直接向作出违法行政行为的卫生行政机关提出赔偿请求，受理赔偿请求的卫生行政机关应当自收到申请之日起两个月内，作出决定。该卫生行政机关决定赔偿的，应当制作赔偿决定书，并自作出决定之日起十日内送达赔偿请求人；决定不予赔偿的，应当自作出决定之日起十日内书面通知赔偿请求人，并说明理由。

2. 附带卫生行政赔偿程序 违法卫生行政行为的受害人在提起卫生行政复议或者卫生行政诉讼时一并提出卫生行政赔偿，卫生复议机关根据行政复议程序附带作出是否赔偿决定，人民法院根据行政诉讼程序附带作出是否赔偿决定。

（五）卫生行政赔偿的履行

卫生行政赔偿纳入各级财政预算。违法行政的卫生行政机关决定赔偿的，该卫生行政机关自收到受害人支付赔偿金申请之日起7日内，向有关的财政部门提出支付申请，财政部门依法支付赔偿金；行政复议或者行政诉讼附带决定卫生行政赔偿的，受害人凭生效的判决书、复议决定书向赔偿义务机关申请支付赔偿金，赔偿义务机关应当自收到支付赔偿金申请之日起7日内，依法向财政部门提出支付申请，财政部门依法应当支付赔偿金。

五、卫生民事诉讼

（一）卫生民事诉讼的概念

卫生民事诉讼是指在卫生服务法律关系中，公民认为卫生服务的提供者侵害其合法权益，向人民法院请求保护，人民法院受理其请求并依法审理作出判决的活动。卫生民事诉讼是民事诉讼的一种，是解决横向卫生法律关系争议的方法之一。

（二）卫生民事诉讼的类型

根据我国卫生民事诉讼的实践，卫生民事诉讼可以分为侵权之诉或违约之诉。侵权之诉是指原告以卫生服务的提供者侵害其生命权、身体权、健康权等人身权利，要求被告承担侵权责任而提起的诉讼。违约之诉是指原告以卫生服务的提供者违反相互之间存在的卫生服务合同中的义务，要求被告承担违约责任而提起的诉讼。由于卫生服务的提供者违反卫生服务合同义务往往造成接收卫生服务公民的人身权损害，因此，卫生服务提供者存在侵权责任与违约责任的竞合，受害人可以根据诉讼利益选择提起违约之诉或者侵权之诉。

（三）卫生民事诉讼的基本原则

卫生民事诉讼作为民事诉讼的一类，同样遵循民事诉讼的基本原则。根据《民事诉讼法》的规定，卫生民事诉讼的基本原则包括：

1. 人民法院独立行使审批权原则；

2. 必须以事实为根据、以法律为准绳原则；
3. 当事人法律地位平等原则；
4. 调解原则；
5. 辩论原则；
6. 民事权利处分原则；
7. 合议、回避、公开审判和两审终审原则；
8. 使用本民族语言、文字进行诉讼原则；
9. 人民检察院进行法律监督原则。

（四）卫生民事诉讼的参加人

卫生民事诉讼的参加人是指依法参加卫生民事诉讼，享有诉讼权利承担诉讼义务，与诉讼结果有利害关系的人，具体包括：原告、被告、第三人。

原告是指认为自己的合法权益受到了侵害，向人民法院提起诉讼请求保护的一方。原告依法享有如下诉讼权利：提起诉讼、委托代理人、申请财产保全和先予执行、申请回避、查阅和复制案件材料和法律文书、查阅庭审笔录、请求法院调解、自行和解、参与法庭调查、举证、质证、辩论、申请撤诉、上诉、申请执行、申诉等。被告是指被原告起诉到人民法院，法院通知应诉的人。被告享有与原告平等的诉讼权利，具体包括：答辩、提出反诉、委托代理人、申请回避、查阅和复制案件材料和法律文书、查阅庭审笔录、请求法院调解、自行和解、参与法庭调查、举证、质证、辩论、上诉、申请执行、申诉等。第三人是指由于与案件的处理结果有法律上的利害关系，请求或者经人民法院通知参加诉讼的人。有独立请求权的第三人享有与当事人平等的诉讼权利。

（五）卫生民事诉讼的管辖

卫生民事诉讼的管辖是指人民法院在卫生民事诉讼第一审受理上的分工。根据《民事诉讼法》的规定，卫生民事诉讼的管辖按照如下规定确定：

1. 一般的卫生民事诉讼由被告住所地基层人民法院管辖；同一诉讼

的几个被告住所地在两个以上基层人民法院辖区的,各基层人民法院都有管辖权;

2. 中级人民法院管辖被告在辖区的重大涉外卫生诉讼、有重大影响的卫生诉讼以及最高人民法院确定由中级人民法院管辖的卫生诉讼;

3. 高级人民法院管辖被告本辖区有重大影响的卫生诉讼;

4. 最高人民法院管辖在全国有重大影响的卫生诉讼。

(六)卫生民事诉讼程序

按照《民事诉讼法》的规定,完整的卫生民事诉讼程序要经过起诉与受理、审理与判决、二审、执行几个阶段。

1. 起诉与受理

原告起诉应符合法律规定的起诉条件,向人民法院提交书面的起诉状,并按照被告的人数提交起诉状副本。人民法院对原告的起诉,经过审查认为符合起诉条件的,应在7日内决定立案,不符合起诉条件的,应在7日内裁定不予立案;原告对不予立案不服的,可以上诉。人民法院在立案之日起五日内应将起诉状副本发送被告,被告在收到之日起15日内提出答辩状,人民法院应在收到答辩状之日起5日内将答辩状副本发送原告。人民法院决定受理案件后,应告知当事人诉讼权利义务并依法组成合议庭。

2. 审理与判决

人民法院审理卫生民事诉讼,合议庭一般应公开审理,经过合议庭调查、法庭辩论查明事实后依法进行调解,调解无法达成协议的依法作出判决。一审人民法院按照普通程序审理案件,应当在立案之日起6个月内作出判决,有特殊情况需要延长的,由本院院长批准可以延长6个月,还需要延长的,报请上级人民法院批准。

3. 二审

当事人不服一审法院的判决,有权在判决书送达之日起15日内向上一级人民法院提起上诉。上诉人应通过原审人民法院提交上诉状,并按照被上诉人的人数提出副本。上诉人也可以直接向第二审人民法院上诉。原审人民法院收到上诉状,应当在5日内将上诉状副本送达对方当事人,对

方当事人在收到之日起十五日内提出答辩状。人民法院应当在收到答辩状之日起五日内将副本送达上诉人。原审人民法院收到上诉状、答辩状,应当在五日内连同全部案卷和证据,报送第二审人民法院。第二审人民法院审理上诉案件,应当组成合议庭开庭审理。二审合议庭开庭审理经过法庭调查、辩论查清事实后依法进行调解,调解无法达成协议的,依法判决。二审法院合议庭认为不需要开庭审理的,也可以直接判决。二审人民法院审理上诉案件应当在第二审立案之日起3个月内审结,有特殊情况需要延长的,由本院院长批准。

4. 执行

一审法院作出的判决,当事人在法定时限内没有上诉的,依法生效;二审法院作出的判决是终审判决,自送达当事人之日起生效。对已经生效的人民法院判决,当事人应自觉履行判决确定的义务,不自觉履行的,另一方应在判决确定的义务履行期满之日两年内向人民法院申请强制执行。人民法院依法对被执行人采取罚款、拘留、查询、冻结、划拨存款、扣留收入、查封、扣押、冻结、拍卖、变卖财产、发出搜查令、限制出境、通过媒体公布不履行义务信息等措施进行强制执行。

六、卫生刑事诉讼

(一)卫生刑事诉讼的概念

卫生刑事诉讼是指依照《刑事诉讼法》的规定,公安机关、检察院、人民法院查明违反卫生法的犯罪事实、追究行为人刑事责任,保障无罪的人不受追究的活动。卫生刑事诉讼是刑事诉讼的一种,是通过刑罚方法保护卫生法律关系,维护卫生法主体的合法权利,保障卫生事业健康发展。

(二)卫生刑事诉讼的基本原则

卫生刑事诉讼作为刑事诉讼的一种,同样遵循刑事诉讼的如下基本原则:

1. 公安机关、人民检察院、人民法院分工负责、互相配合、互相制约原则;

2. 人民法院、人民检察院依法独立行使职权原则；

3. 以事实为根据、以法律为准绳原则；

4. 对于一切公民适用法律一律平等原则；

5. 合议、回避、公开审判、两审终审原则；

6. 辩护原则；

7. 无罪推定原则；

8. 人民检察院法律监督原则；

9. 使用本民族语言文字进行诉讼原则；

（三）卫生刑事诉讼中的专门机关和参与人

卫生刑事诉讼中的专门机关包括公安机关、人民检察院、人民法院。在卫生刑事诉讼中，公安机关依法行使对刑事案件的侦查、拘留、执行逮捕、预审的职权，人民检察院依法行使直接受理的案件的侦查、批准逮捕、提起公诉、检察的职权，人民法院依法行使对案件的审批权。

卫生刑事诉讼的参与人包括卫生刑事诉讼当事人与其他参与人。当事人是指被害人、自诉人、犯罪嫌疑人（在审判阶段称为被告人），其他参与人包括法定代理人、辩护人、诉讼代理人、证人、鉴定人和翻译人。

（四）卫生刑事诉讼的管辖

卫生刑事诉讼的管辖包括立案管辖与审判管辖。立案管辖是指公安机关、人民检察院、人民法院之间在直接受理卫生刑事案件上的职权分工。根据《刑事诉讼法》的规定，立案管辖内容为：贪污贿赂犯罪、国家工作人员的渎职犯罪、国家机关工作人员利用职权实施的非法拘禁、刑讯逼供、报复陷害、非法搜查的侵犯公民人身权利的犯罪以及侵犯公民民主权利的犯罪，由人民检察院受理立案；自诉案件，由人民法院直接受理；其他刑事案件由公安机关受理立案。审判管辖是指人民法院之间审理第一审刑事案件的权限划分。根据《刑事诉讼法》的规定，卫生刑事诉讼的审判管辖内容为：卫生刑事案件由犯罪地的人民法院管辖，也可以由被告人居住地的人民法院管辖；几个同级人民法院都有权管辖的案件，由最初受理的人民法院审判，也可以移送主要犯罪地的人民法院审判；基层人民法院

管辖上级法院管辖之外的第一审刑事案件；中级人民法院管辖危害国家安全的案件、可能判处无期徒刑、死刑的案件、外国人犯罪的案件；高级人民法院管辖全省（自治区、直辖市）性的重大案件；最高人民法院管辖全国性的重大案件。

（五）卫生刑事诉讼的程序

卫生公诉案件的诉讼程序一般依次经过立案、侦查、审查起诉、审判、执行五个阶段，卫生自诉案件的诉讼程序一般依次经过立案、审判、执行三个阶段。

1. 立案

公安机关或者人民检察院对于公民或者法人的报案或者举报、对于被害人的报案或者控告、对于行为人的自首，应当按照立案管辖权限进行审查，认为有犯罪事实需要追究刑事责任的，依法立案；公安机关或者人民检察院发现犯罪事实或者犯罪嫌疑人，应当按照管辖范围立案；自诉案件的被害人向人民法院直接起诉要求追究加害人刑事责任的，人民法院应当依法受理立案。

2. 侦查

公安机关对于立案的案件，通过讯问犯罪嫌疑人、询问证人、勘验、检查现场、搜查、扣押物证、书证、鉴定、通缉等法定措施收集犯罪嫌疑人有罪或者无罪、罪轻或者罪重的证据材料。对嫌疑分子可以依法可以采取拘传、取保候审、监视居住、拘留、逮捕等强制措施。案件侦查终结，公安机关认为依法需要追究刑事责任的，移送检察院审查起诉。一般的刑事案件，应在逮捕犯罪嫌疑人后两个月内侦查终结；案情复杂的，经上一级人民检察院批准可以延长一个月；边远地区的重大复杂案件、重大犯罪集团案件、流窜作案的重大复杂案件，经省级人民检察院批准可以再延长两个月；对犯罪嫌疑人可能判处10年有期徒刑以上刑罚的案件，依法延长期限仍不能侦查终结的，经省级人民检察院批准继续延长两个月。人民检察院侦查直接受理的案件，依法享有与公安机关相同的职权，但人民检察院对直接受理案件的犯罪嫌疑人依法需要逮捕、拘留的，由人民检察院作出决定，由公安机关执行。

3. 审查起诉

公诉案件，一律由人民检察院审查起诉。对于公安机关移送起诉的案件，人民检察院应在一个月以内审查完毕作出决定，重大、复杂的案件，可以延长半个月。人民检察院对案件审查后认为应当追究刑事责任的，依法决定提起公诉；犯罪嫌疑人符合不起诉情形的，依法决定不起诉。人民检察院作出不起诉决定的，应当公开宣布，并且将不起诉决定书送达被不起诉人和他的所在单位，被不起诉人在押的，应当立即释放；对于有被害人的案件，人民检察院应当将不起诉决定书送达被害人。

4. 审判

人民法院对人民检察院提起公诉的卫生刑事案件，应当组成合议庭公开审理。合议庭经过法庭调查、法庭辩论查清案情后，依法作出有罪或者无罪的判决。一审法院在应在受理后一个月以内宣判，至迟不得超过一个半月，有法律规定的特殊情形的，经省级人民法院批准，可以再延长一个月。

被告人不服人民法院的一审判决，有权在收到判决 10 日内提起上诉；人民检察院不服一审判决的，有权从接到判决书 10 日内提起抗诉。二审人民法院对上诉或者抗诉案件依法组成合议庭进行审理，合议庭应在一个月以内作出判决，至迟不得超过一个半月，经省级人民法院批准可以再延长一个月。二审法院作出的判决是终审判决。判处死刑的案件，应当依照死刑复核程序报请最高人民法院核准。

5. 执行

对生效的人民法院刑事判决，分别情况交付有关机关执行：死刑立即执行的判决由最高人民法院院长签发执行死刑的命令后由下级人民法院执行，同级人民检察院派员临场监督；对于被判处死刑缓期两年执行、无期徒刑、有期徒刑的罪犯，由公安机关依法将该罪犯送交监狱执行刑罚；对于被判处拘役的罪犯，由公安机关执行；对未成年犯应当在未成年犯管教所执行刑罚；对于被判处管制、剥夺政治权利的罪犯，由公安机关执行；有期徒刑、拘役的罪犯执行期满，执行机关应释放并发给释放证明书。

复习思考题

1. 卫生法调整的社会关系有哪些?
2. 如何理解卫生法与卫生法学的关系?
3. 简述我国卫生法的渊源。
4. 简述我国卫生法的基本原则。
5. 简述卫生法制订的一般程序。
6. 简述卫生法律责任的种类及内容。
7. 简述卫生法律救济的途径。
8. 简述卫生民事诉讼的基本原则与基本程序。

【思考案例】

2010年4月1日，李某因轻度椎间盘突出到焦作市某医院进行治疗，在治疗期间，经医务人员介绍，4月8日为李某做了介入手术。做完手术后，不但没有预期的效果，反而导致李某神经根损伤，继而引发左下肢瘫痪。李某住院12天后出院，转河南中医学院附属医院继续治疗。后经多家医院治疗，仍留下残疾。经司法鉴定，李某的伤残程度为四级。

请问：上述案件中李某能否要求焦作某医院对其伤残承担赔偿责任？

【链接资源】

1. www.moh.gov.cn 卫生部网站
2. www.chinacourt.org 中国法院网
3. www.zgwsfz.org.cn 卫生法制网

（撰稿人 肖鹏）

第二章　传染病防治法律制度

【教学目标】

了解传染病的概念、种类，熟悉传染病预防与控制的法律规定、传染病的监督与法律责任以及艾滋病与血吸虫病防治法律制度。

【引导案例】

上百人输血感染艾滋病，谁来担责？

患者张凯（化名）1997年3月28日驾驶的小货车翻车，头部受伤严重，被送往某医院住院救治，多次输血。伤愈出院后，他身体变得虚弱，多次患肺炎、感冒、结核病等疾病，前后花去七万多元医疗费。2009年9月11日，他突然咳嗽、胸闷并昏迷，经武汉市医疗救治中心抢救，被诊断为严重肺部感染。医生获悉他曾在某医院输过血，血检结果确诊其患有艾滋病。

武汉市疾控中心排查后，确认张凯患有艾滋病与那次车祸后到医院输血有关。

张凯的邻居杨婆婆称，得知消息后，村民们都比较害怕，都尽量避免跟他接触。虽然疾控部门和村卫生室的工作人员反复宣传、再三强调艾滋病只有血液、性、母婴三种传播方式，但还是有几户村民信不过，将家搬走了。

张凯和妻子多次前往某医院讨说法。该院负责人承认张凯感染艾滋病

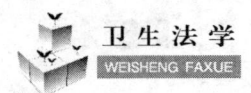

是在该院输血引起，承诺一次性赔偿10万元，并承担此后并发症治疗费用。张则提出了补充意见，要求该医院每月提供生活费600元，并负责安排他未成年的孩子将来到该医院工作。双方谈判多次，未达成一致意见。

据调查，该院先后由于输血感染艾滋病者近百人。具体原因是：20世纪90年代，该院使用的血液一部分由大冶市血站供应，另外一部分血源则由该院自行向卖血者采集，某镇有几名农民常年向该院供血。这几名农民中有四五人曾前往外地卖血，染上了艾滋病回家后，继续向该院供血。该院医生在不知情的情况下，将这些携带有艾滋病毒的血液输入前往该院接受手术的患者体内。其中1996年到1997年在该院做手术时接受过输血的患者中，确定有80余人感染了艾滋病，并且有的将艾滋病传给了妻子或孩子，总人数近百人。

【问题思考】

1. 该医院应如何对患者张凯承担赔偿责任？
2. 卫生行政机关对该院应如何依法处罚？
3. 你认为该事件发生的根源是什么？如何杜绝该类事件发生？

第一节 传染病防治法律制度

一、传染病概述

传染病（Infectious Diseases）是由传染性病原体或它们的毒性产物所引起的能在人与人、动物与动物或人与动物之间相互传播的一类疾病。按传染病的传播方式，传染病可分为五类，分别为接触性传染病、经水和食物传播传染病、经空气传播传染病、经生物媒介传播传染病和围生期传播传染病。

我国《传染病防治法》根据各种传染病危害程度不同，将其分为甲、乙、丙三类法定传染病，实施分类管理。甲类传染病（2类）包括：鼠疫、霍乱。乙类传染病（26类）包括：肺结核、病毒性肝炎、细菌性和阿米巴性痢疾、伤寒和副伤寒、艾滋病、淋病、梅毒、脊髓灰质炎、麻疹、百日咳、白喉、流行性脑脊髓膜炎、猩红热、流行性出血热、狂犬病、钩端螺旋体病、布鲁氏菌病、炭疽、流行性和地方性斑疹伤寒、流行性乙型脑炎、黑热病、疟疾、登革热、高致病性禽流感和传染性非典型肺炎、甲型H1N1流感。丙类传染病（11类）包括：血吸虫病、丝虫病、包虫病、麻风病、流行性感冒、流行性腮腺炎、风疹、新生儿破伤风、急性出血性结膜炎、除霍乱、痢疾、伤寒和副伤寒以外的感染性腹泻病。2008年新增手足口病为丙类传染病。

传染病在人群中发生的流行过程，有三个环节，即传染源、传播途径和易感人群。这三个环节缺少其中任何一个环节，传染病的流行就不会发生。这三个环节的连接往往受到自然因素和社会因素的影响和制约。自13世纪中叶在欧洲首次发生黑死病（即鼠疫）流行以后，在三次大的鼠疫流行中夺去了一亿多人的生命。在中国历史上，各种传染病的死亡率在所有疾病中占首位，是影响人民健康、致命、短命、贫困的主要因素之一。当前，由于生态环境的变化、人和物的交流增多、微生物变异和公共卫生措施不利等原因，我国传染病流行态势依然严峻，表现为一些曾一度销声匿迹的传染病，如性传播疾病、结核病和血吸虫病又死灰复燃；未被有效控制的传染病，如病毒性感染、肾综合征出血热等急性传染病的发病率较高且流行广泛；新发现的传染病，如艾滋病、军团病、莱姆病及传染性非典性肺炎等陆续出现。2003年，全国27种甲、乙类法定报告传染病报告总发病率为192.18/10万，死亡率为0.48/10万。因此，我国传染病预防和控制任务相当艰巨。

二、我国传染病防治的立法概况

我国政府一直高度重视传染病的防治工作，建国之初，为消除天花对人民健康的危害，中央人民政府国务院发出了《关于发动秋季种痘运动的指示》，1985年卫生部制定了《流动人口疟疾管理暂行办法》，1989年全

国人大常务委员会通过了《传染病防治法》（2004年8月进行了修订），1991年8月卫生部颁布了《性病防治管理办法》，1991年10月国务院批准了卫生部制定的《传染病防治法实施办法》，2006年1月国务院通过了《艾滋病防治条例》，2006年3月国务院通过了《血吸虫病防治条例》，各地也制定颁布了一些传染病防治的地方性法规。这些法律、行政法规、部门规章、地方性法规使我国的传染病防治有法可依，有效保障了传染病防治工作，有力提高了传染病防治水平。

三、传染病预防的法律规定

预防为主是我国卫生工作的方针，也是传染病工作必须遵循的首要原则。预防为主指防治传染病要重视预防措施，从防止疾病的发生入手，通过采取各种防治措施，使疾病不发生、不流行。各级政府在传染病预防上负有如下职责：

1. 开展预防传染病的健康教育，提高公众自我防范意识和应对能力，减轻或消除传染病发生的危险因素；

2. 努力搞好环境卫生建设，建设和改造公共卫生设施，改善饮用水卫生条件，对污水、污物、粪便进行无害化处置，消除环境中可能存在的疾病传播因素，消除传播媒介，如鼠害和蚊、蝇等病媒生物；

3. 农业、水利、林业等行政部门按照职责分工负责指导和组织消除农田、湖区、河流、牧场、林区等特殊区域的鼠害、血吸虫危害的治理工作；

4. 铁路、交通、民用航空行政部门对各自管辖的交通工具及相关场所，应进行经常性消毒，配备必要的防护用品和消毒物品，加强对员工的传染病防治知识宣传和健康教育；

5. 实行有计划地预防接种制度。从2007年起，国家扩大免疫规划疫苗范围，在现行全国范围使用的国家免疫规划疫苗基础上，将甲肝、流脑、乙脑疫苗、麻疹腮腺炎风疹联合疫苗、无细胞百日破疫苗纳入国家免疫计划，对适龄儿童实行预防接种，并根据传染病流行趋势，在流行地区对重点人群进行流行性出血热疫苗、炭疽疫苗和钩端螺旋体疫苗接种。

6. 实行儿童预防接种证制度。1982年，卫生部发布的《全国计划免疫工作条例》规定，所有的适龄儿童均应申报办理预防接种证，建立预防接种卡。托幼机构、学校在办理入托、入学手续时，必须要有符合规定、记录完整的预防接种证，无证或未按规定接种者，必须补种、补证，否则学校不予接收。儿童接种包括：婴儿出生后应接种卡介苗，乙肝疫苗；满2个月龄口服脊髓灰质炎糖丸疫苗；满3个月龄接种百白破疫苗；满8个月龄接种麻疹疫苗等。上述接种疫苗可使儿童防止结核病、乙型肝炎、脊髓灰质炎、百日咳、白喉、破伤风、麻疹七种传染病。国家免疫规划项目的预防接种实行免费，经费由各级财政承担。

7. 对传染病病人、病原携带者进行必要管理。传染病病人不得从事易使传染病扩散的职业，对甲类传染病患者必须进行强制性隔离治疗，其他易传播的疾病患者也应停止工作、学习；传染病病人、病原携带者和疑似传染病病人，在治愈前或者在排除传染病嫌疑前，不得从事法律、行政法规和国务院卫生行政部门规定禁止从事的易使该传染病扩散的工作。

三、疫情报告、通报和公布

（一）疫情报告

疾病预防控制机构、医疗机构和采供血机构及其执行职务的人员发现本法规定的传染病疫情或者发现其他传染病暴发、流行以及突发原因不明的传染病时，应当遵循疫情报告属地管理原则，按照如下要求进行报告：发现甲类传染病、非典性肺炎以及乙类传染病中的艾滋病、肺炭疽的病人、原携带者和疑似病人时，城镇2小时内、农村6小时内以最快的通讯方式向疾病预防控制机构报告，发现乙类传染病人、病原携带者和疑似病人，城镇6小时内、农村于12小时内、丙类传染病24小时内向疾病预防控制机构报告。

港口、机场、铁路疾病预防控制机构以及国境卫生检疫机关发现甲类传染病病人、病原携带者、疑似传染病病人时，应当按照国家有关规定立即向国境口岸所在地的疾病预防控制机构或者所在地县级以上地方人民政

府卫生行政部门报告。

疾病预防控制机构应当主动收集、分析、调查、核实传染病疫情信息。接到甲类、乙类传染病疫情报告或者发现传染病暴发、流行时，应当立即报告当地卫生行政部门，由当地卫生行政部门立即报告当地人民政府，同时报告上级卫生行政部门和国务院卫生行政部门。

（二）疫情通报

县级以上地方卫生行政部门应当及时向本行政区域内的疾病预防控制机构和医疗机构通报传染病疫情以及监测、预警的相关信息。接到通报的疾病预防控制机构和医疗机构应当及时告知本单位的有关人员。

国务院卫生行政部门应当及时向国务院其他有关部门和各省级人民政府卫生行政部门通报全国传染病疫情以及监测、预警的相关信息。

毗邻的以及相关的地方人民政府卫生行政部门，应当及时互相通报本行政区域的传染病疫情以及监测、预警的相关信息。

县级以上人民政府有关部门发现传染病疫情时，应当及时向同级人民政府卫生行政部门通报。

中国人民解放军卫生主管部门发现传染病疫情时，应当向国务院卫生行政部门通报。

动物防疫机构和疾病预防控制机构，应当及时互相通报动物间和人间发生的人畜共患传染病疫情以及相关信息。

（三）疫情公布

国家建立传染病疫情信息公布制度。

国务院卫生行政部门定期公布全国传染病疫情信息。省级人民政府卫生行政部门定期公布本行政区域的传染病疫情信息。

传染病暴发、流行时，国务院卫生行政部门负责向社会公布传染病疫情信息，并可以授权省级卫生行政部门向社会公布本行政区域的传染病疫情信息。

公布传染病疫情信息应当及时、准确。

四、疫情控制的法律规定

（一）医疗机构

1. 医疗机构发现甲类传染病时，应当及时采取下列措施：对病人、病原携带者，予以隔离治疗，隔离期限根据医学检查结果确定；对疑似病人，确诊前在指定场所单独隔离治疗；对医疗机构内的病人、病原携带者、疑似病人的密切接触者，在指定场所进行医学观察和采取其他必要的预防措施。隔离期限根据医学检查结果确定，对于应隔离而拒绝隔离治疗或者隔离期未满擅自脱离隔离治疗的，可以由公安机关协助医疗机构采取强制隔离治疗措施。

2. 医疗机构发现发现乙类或者丙类传染病病人，应当根据病情采取必要的治疗和控制传播措施。对单位内被传染病病原体污染的场所、物品以及医疗废物，必须依照法律、法规的规定实施消毒和无害化处置。

（二）疾病预防控制机构

疾病预防控制机构发现传染病疫情或者接到传染病疫情报告时，应当及时采取下列措施：对传染病疫情进行流行病学调查，根据调查情况提出划定疫点、疫区的建议；对被污染的场所进行卫生处理；对密切接触者，在指定场所进行医学观察和采取其他必要的预防措施，并向卫生行政部门提出疫情控制方案；传染病暴发、流行时，对疫点、疫区进行卫生处理，向卫生行政部门提出疫情控制方案，并按照卫生行政部门的要求采取措施；指导下级疾病预防控制机构实施传染病预防、控制措施，组织、指导有关单位对传染病疫情的处理。

（三）县级以上人民政府

县级以上人民政府对发生甲类传染病病例的场所或者该场所内的特定区域的人员可以实施隔离措施，并报告向上一级人民政府；接到报告的上级人民政府应当即时作出是否批准的决定。如不予批准，实施隔离措施的人民政府应当立即解除隔离措施；如获准隔离，被隔离的人员期间的工作报酬，其所在单位不得停止支付。隔离措施的解除，由原决定机关决定并

宣布。

传染病暴发、流行时，县级以上地方人民政府应当立即组织力量，按照预防、控制预案进行防治，切断传染病的传播途径。必要时，报经上一级人民政府决定，可以采取下列紧急措施，上一级政府应当即时作出决定：限制或者停止集市、影剧院演出或者其他人群聚集的活动；停工、停业、停课；封闭或者封存被传染病病原体污染的公共饮用水源、食品以及相关物品；控制或者扑杀染疫野生动物、家畜家禽；封闭可能造成传染病扩散的场所。紧急措施的解除，由原决定机关决定并宣布。

甲类、乙类传染病暴发、流行时，国务院可以决定并宣布跨省级的疫区。省级人民政府可以决定对本行政区域内甲类传染病疫区实施封锁，但大、中城市的疫区或者跨省级的疫区，以及封锁疫区导致中断干线交通或者封锁国境的，由国务院决定。县级以上地方人民政府报经上一级人民政府决定，可以宣布本行政区部分或者全部为疫区。

发生甲类传染病时，可以对通过传染病区的交通工具及其乘运人员、物资，实施交通卫生检疫。

国务院有权在全国范围或者跨省级范围内，县级以上地方人民政府有权在本行政区域内紧急调集人员或者调用储备物资，临时征用房屋、交通工具以及相关设施、设备。被调人员应给予报酬，被调设施、设备，应依法给予补偿，能返还的，应当及时返还。

患甲类传染病、炭疽死亡的，应当将尸体立即进行卫生处理，就近火化。患其他传染病死亡的，应当将尸体进行卫生处理后火化，或者按照规定深埋。对传染病病人尸体或者疑似传染病病人尸体进行解剖查验，并应当告知死者家属。

病病原体污染的物品应当在当地疾病预防控制机构的指导下，进行消毒处理后，方可使用、出售。

（四）其它机构

传染病暴发、流行时，药品和医疗器械生产、供应单位应当及时生产、供应防治传染病的药品和医疗器械。铁路、交通、民用航空经营单位，必须优先运送处理传染病疫情的人员以及防治传染病的药品和医疗器械。县级以上人民政府有关部门应当做好组织协调工作。

五、保障措施

（一）经费保障

根据《传染病防治法》的规定，县级以上地方人民政府按照本级政府职责负责本行政区域内传染病预防、控制、监督工作的日常经费，将该经费纳入当地国民经济与社会发展规划；中央财政对困难地区实施重大传染病防治项目给予补助；省级人民政府根据本行政区域内传染病流行趋势，在国务院卫生行政部门确定的项目范围内，确定传染病预防、控制、监督等项目，并保障项目的实施经费。

（二）扶持基层、贫困地区

基层和贫困地区是传染病防治工作的重点，又是弱点。这些地区由于财政投入有限，工作人员工资偏低，传染病防治工作比较薄弱，一旦传染病暴发流行，后果不堪设想。因此，这些地方需要国家扶持，保障他们这些地区的传染病防治工作。《传染病防治法》明确规定：国家加强基层传染病防治体系建设，扶持贫困地区和少数民族地区的传染病防治工作；对城市社区、农村基层传染病预防工作的经费，地方各级人民政府应当予以保障，并且要逐步提高基层传染病防治工作人员的待遇。

（三）对困难人群实行医疗救助，减免医疗费用

《传染病防治法》规定：国家对患有特定传染病的困难人群实行医疗救助，减免医疗费用。民政部、卫生部、财政部2003年11月发布的《关于实施农村医疗救助的意见》是实施医疗救助的政策性依据，有关具体办法，法律授权国务院卫生行政部门会同财政部门制定。

（四）建立相关药品医疗器械和其他物资储备制度

《传染病防治法》规定：地方各级政府建立传染病防治药品、医疗器械和其他物资储备制度。

六、传染病防治的监督

（一）传染病防治监督主体

传染病防治监督是指卫生行政机关依法对传染病的预防、疫情控制、医疗救治、保障措施以及疫情报告、通报和公布等进行督促检查，并对违反传染病防治的行为追究法律责任的卫生执法行为。其目的是保障传染病防治法律制度的落实，预防、控制和消除传染病的发生和流行，保护人群的健康。

传染病防治监督的主体是各级卫生行政部门。国务院卫生行政部门主管全国传染病防治的监督管理工作。县级以上地方人民政府卫生行政部门负责本行政区域内的传染病防治及其监督管理。

卫生行政部门履行传染病防治监督检查职责时，任何单位和个人不得阻碍和拒绝。但必须依照法律的规定，程序要合法，不能越权，不得滥用职权或采用法律规定之外的措施。

（二）卫生行政机关传染病防治监督主要范围

县级以上卫生行政部门对传染病防治工作履行下列监督检查职责：

1. 对下级卫生行政部门履行传染病防治职责进行监督检查；

2. 对疾病预防控制机构、医疗机构的传染病防治工作进行监督检查；

3. 对采供血机构的采供血活动进行监督检查；

4. 对用于传染病防治的消毒产品及其生产单位进行监督检查，并对饮用水供水单位从事生产或者供应活动以及涉及饮用水卫生安全的产品进行监督检查；

5. 对传染病菌种、毒种和传染病检测样本的采集、保藏、携带、运输、使用进行监督检查；

6. 对公共场所和有关单位传染病预防、控制措施进行监督检查。

（三）卫生部门及其监督管理人员的职权

1. 县级以上卫生行政部门在履行监督检查职责时，有权进入被检查单位和传染病疫情发生现场了解情况，调查取证；查阅复制有关资料；采

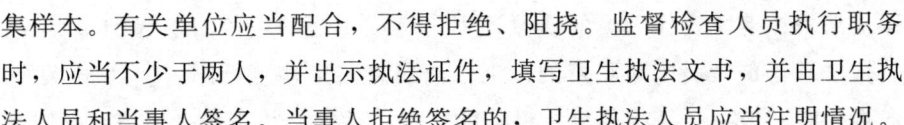

集样本。有关单位应当配合，不得拒绝、阻挠。监督检查人员执行职务时，应当不少于两人，并出示执法证件，填写卫生执法文书，并由卫生执法人员和当事人签名。当事人拒绝签名的，卫生执法人员应当注明情况。

2. 县级以上地方卫生行政部门发现被传染病病原体污染的公共饮用水源、食品以及相关物品，可以采取封闭公共饮用水源、封存食品以及相关物品或者暂停销售的临时控制措施。

七、法律责任

（一）地方各级人民政府的责任

地方各级人民政府未依照本法的规定履行报告职责，或者隐瞒、谎报、缓报传染病疫情，或者在传染病暴发、流行时，未及时组织救治、采取控制措施的，由上级人民政府责令改正，通报批评；造成传染病传播、流行或者其他严重后果的，对负有责任的主管人员，依法给予行政处分；构成犯罪的，依法追究刑事责任。

（二）县级以上卫生行政部门的责任

县级以上卫生行政部门违反本法规定，有下列情形之一的，由本级人民政府、上级人民政府卫生行政部门责令改正，通报批评；造成传染病传播、流行或者其他严重后果的，对负有责任的主管人员和其他直接责任人员，依法给予行政处分；构成犯罪的，依法追究刑事责任：未依法履行传染病疫情通报、报告或者公布职责，或者隐瞒、谎报、缓报传染病疫情的；发生或者可能发生传染病传播时未及时采取预防、控制措施的；未依法履行监督检查职责，或者发现违法行为不及时查处的；未及时调查、处理单位和个人对下级卫生行政部门不履行传染病防治职责的举报的；违反本法的其他失职、渎职行为。

（三）疾病预防控制机构的责任

疾病预防控制机构违反本法规定，有下列情形之一的，由县级以上人民政府卫生行政部门责令限期改正，通报批评，给予警告；对负有责任的主管人员和其他直接责任人员，依法给予降级、撤职、开除的处分，并可以依法吊销有关责任人员的执业证书；构成犯罪的，依法追究刑事责任：未依法履行传染病监测职责的；未依法履行传染病疫情报告、通报职责，或者隐瞒、谎报、缓报传染病疫情的；未主动收集传染病疫情信息，或者对传染病疫情信息和疫情报告未及时进行分析、调查、核实的；发现传染病疫情时，未依据职责及时采取本法规定的措施的；故意泄露传染病病人、病原携带者、疑似传染病病人、密切接触者涉及个人隐私的有关信息、资料的。

（四）医疗机构的责任

医疗机构违反本法规定，有下列情形之一的，由县级以上人民政府卫生行政部门责令改正，通报批评，给予警告；造成传染病传播、流行或者其他严重后果的，对负有责任的主管人员和其他直接责任人员，依法给予降级、撤职、开除的处分，并可以依法吊销有关责任人员的执业证书；构成犯罪的，依法追究刑事责任：未按照规定承担本单位的传染病预防、控制工作、医院感染控制任务和责任区域内的传染病预防工作的；未按照规定报告传染病疫情，或者隐瞒、谎报、缓报传染病疫情的；发现传染病疫情时，未按照规定对传染病病人、疑似传染病病人提供医疗救护、现场救援、接诊、转诊的，或者拒绝接受转诊的；未按照规定对本单位内被传染病病原体污染的场所、物品以及医疗废物实施消毒或者无害化处置的；未按照规定对医疗器械进行消毒，或者对按照规定一次使用的医疗器具未予销毁，再次使用的；在医疗救治过程中未按照规定保管医学记录资料的；故意泄露传染病病人、病原携带者、疑似传染病病人、密切接触者涉及个人隐私的有关信息、资料的。

（五）采供血机构的责任

采供血机构未按照规定报告传染病疫情，或者隐瞒、谎报、缓报传染病疫情，或者未执行国家有关规定，导致因输入血液引起经血液传播疾病发生的，由县级以上人民政府卫生行政部门责令改正，通报批评，给予警告；造成传染病传播、流行或者其他严重后果的，对负有责任的主管人员和其他直接责任人员，依法给予降级、撤职、开除的处分，并可以依法吊销采供血机构的执业许可证;构成犯罪的,依法追究刑事责任。

(六) 国境卫生检疫机关、动物防疫机构的责任

国境卫生检疫机关、动物防疫机构未依法履行传染病疫情通报职责的,由有关部门在各自职责范围内责令改正,通报批评;造成传染病传播、流行或者其他严重后果的,对负有责任的主管人员和其他直接责任人员,依法给予降级、撤职、开除的处分;构成犯罪的,依法追究刑事责任。

(七) 铁路、交通、民用航空经营单位的责任

铁路、交通、民用航空经营单位未依照本法的规定优先运送处理传染病疫情的人员以及防治传染病的药品和医疗器械的,由有关部门责令限期改正,给予警告;造成严重后果的,对负有责任的主管人员和其他直接责任人员,依法给予降级、撤职、开除的处分。

(八) 饮用水供应单位的责任

违反本法规定,有下列情形之一,导致或者可能导致传染病传播、流行的,由县级以上卫生行政部门责令限期改正,没收违法所得,可以并处5万元以下的罚款;已取得许可证的,原发证部门可以依法暂扣或者吊销许可证;构成犯罪的,依法追究刑事责任:饮用水供水单位供应的饮用水不符合国家卫生标准和卫生规范的;涉及饮用水卫生安全的产品不符合国家卫生标准和卫生规范的。

(九) 相关单位、人员的责任

违反本法规定,有下列情形之一的,由县级以上地方卫生行政部门责令改正,通报批评,给予警告,已取得许可证的,可以依法暂扣或者吊销许可证;造成传染病传播、流行以及其他严重后果的,对负有责任的主管人员和其他直接责任人员,依法给予降级、撤职、开除的处分,并可以依法吊销有关责任人员的执业证书;构成犯罪的,依法追究刑事责任:疾病预防控制机构、医疗机构和从事病原微生物实验的单位,不符合国家规定的条件和技术标准,对传染病病原体样本未按照规定进行严格管理,造成实验室感染和病原微生物扩散的;违反国家有关规定,采集、保藏、携

带、运输和使用传染病菌种、毒种和传染病检测样本的；疾病预防控制机构、医疗机构未执行国家有关规定，导致因输入血液、使用血液制品引起经血液传播疾病发生的。

（十）单位和个人的民事责任

单位和个人违反本法规定，导致传染病传播、流行，给他人人身、财产造成损害的，应当依法承担民事责任。

第二节 艾滋病防治法律制度

一、艾滋病概述

艾滋病（AIDS），即获得性免疫缺陷综合征，列为法定乙类传染病管理。其致病病原是人类免疫缺陷病毒（HIV），潜伏 5～10 年后发展为艾滋病，是死亡率比较高的传染病。当代医学对 HIV 可稍加抑制，但尚无法有效控制。

1981 年在美国发现第一个艾滋病病例，至 1997 年底艾滋病已经波及 193 个国家和地区，艾滋病病毒感染者从最初的 5 人发展到 3000 万人。其中，840 万人为艾滋病患者，640 万人已经死亡。

艾滋病在全球的流行已经威胁到我国。自从 1985 年 6 月我国发现第一例艾滋病患者后至今，艾滋病在我国已从传入期、扩散期进入快速增长期，在 31 个省都发现了艾滋病病毒感染者。有专家估计，目前全国实际感染艾滋病病毒人数可能超过百万。

二、我国艾滋病防治的目标

在国内发现首例艾滋病后，我国政府高度重视其预防和控制。1987 年卫生部制定了《全国预防艾滋病规划》（1988－1991），1998 年国务院印发《中国预防和控制艾滋病中长期规划（1998－2010）》《中国遏制与预防艾滋病行动计划（2006—2010）》，2008年7月卫生部发布了《关于进一步做好防艾滋病母婴传播工作的通知》。同时，卫生部成立了国家预防和控制艾滋病专家委员会，建立健全组织管理体制，在全国各地建立了监测点，开展对艾滋病病毒抗体的检测工作，初步摸清了我国艾滋病病毒感染的主要途径与分布情况，建立性病、艾滋病防治服务体系。

我国预防和控制艾滋病的目标：一是实现建立综合性防治体系和全社会普及防治知识的总目标，明确近期和远期防治工作目标；二是阻断艾滋病病毒经采供血途径传播、遏制经静脉吸毒传播的迅猛势头和降低性病发病上升幅度，加紧对艾滋病疫苗的研究、试验。据报道，国家食品药品监督管理局已批准了第一批艾滋疫苗首次临床试验。

三、艾滋病防治的立法概况

我国先后制定了一系列艾滋病防治的法规。1988年1月，经国务院批准，卫生部等多部委联合发布了《艾滋病监测管理的若干规定》，1995年经国务院批准下发了《关于加强预防和控制艾滋病工作的意见》，1999年卫生部颁布了《关于对艾滋病病毒感染者和艾滋病病人的管理意见》。2006年国务院通过了《艾滋病防治条例》（以下简称条例）。上述法规为预防艾滋病发生和流行，保护艾滋病病毒感染者和病人的合法权益，保护国民健康提供了法律保证。

四、艾滋病预防与控制

（一）艾滋病监测

《条例》规定，国家建立艾滋病监测网络。卫生部制订国家艾滋病监测规划和方案，省级卫生主管部门制定本行政区域的艾滋病监测计划和工作方案，组织开展艾滋病监测和专题调查，掌握艾滋病疫情变化情况和流行趋势；疾病预防控制机构负责对艾滋病发生、流行以及影响其发生、流行的因素开展监测活动；出入境检验检疫机构负责对出入境人员进行艾滋病监测，并将监测结果及时向卫生主管部门报告。

(二) 艾滋病检测

《条例》规定,国家实行艾滋病自愿咨询和自愿检测制度。县级以上地方卫生主管部门指定的医疗卫生机构应当按照国家规定的艾滋病自愿咨询和检测办法,为自愿接受艾滋病咨询、检测的人员免费提供咨询和初筛检测。

卫生部会同国务院其他有关部门根据预防、控制艾滋病的需要,可以规定应当进行艾滋病检测的情形。

根据规定,下列情况应当进行艾滋病检测:已确诊的艾滋病病人、艾滋病病毒感染者、疑似艾滋病病人及与艾滋病病人、艾滋病病毒感染者有密切接触者;被艾滋病病毒污染或可能造成艾滋病传播的血液及其制品、毒株、生物组织、动物及其他物品也应检测。

各级卫生行政部门主管辖区内的艾滋病检测管理工作。公安、外事、海关、旅游、教育、航空、铁路、交通等有关部门及企业、事业单位和群众团体,应协助卫生行政部门开展检测。省级卫生行政部门艾滋病检测主要包括:疫情收集、整理、分析;重点人群的血清检查;流行病学因素调查、分析。

(三) 对艾滋病病人和感染者的医疗措施

1. 医疗机构应当为艾滋病病毒感染者和艾滋病病人提供艾滋病防治咨询、诊断和治疗服务,不得推诿或者拒绝对其其他疾病进行治疗;

2. 对确诊的艾滋病病毒感染者和艾滋病病人,医疗卫生机构应当将其感染或者发病的事实告知本人或者其监护人;

3. 医疗卫生机构应当依照规定对孕产妇提供艾滋病防治咨询和检测,对感染艾滋病病毒的孕产妇及其婴儿,提供产前指导、阻断、治疗、产后访视、婴儿随访和检测等服务;

4. 县级以上人民政府应当对经济困难的艾滋病病人、病毒感染者提供免费医疗救助措施,对生活困难的艾滋病病毒感染者、艾滋病病人及其家属给予生活救助;

5. 艾滋病病人遗留的孤儿和感染艾滋病病毒的未成年人接受义务教

育的，应当免收杂费、书本费，接受学前教育和高中阶段教育的，应当减免学费等相关费用。

（四）艾滋病预防与控制的特殊规定

1. 对卫生技术人员和在执行公务中可能感染艾滋病病毒的人员应当进行艾滋病防治知识和专业技能的培训并采取有效的卫生防护措施；

2. 医疗卫生机构和出入境检验检疫机构应当严格操作规程和消毒管理，防止发生艾滋病医院感染和医源性感染；

3. 血站、单采血浆站应当对采集的人体血液、血浆进行艾滋病检测；血液制品生产单位应当在原料血浆投料生产前对每一份血浆进行艾滋病检测；医疗机构应当对因应急用血而临时采集的血液进行艾滋病检测，对临床用血艾滋病检测结果进行核查；

4. 采集或者使用人体组织、器官、细胞、骨髓等，应当进行艾滋病检测；进口人体血液、血浆、组织、器官、细胞、骨髓等，应当经国务院卫生主管部门批准，接受出入境检验检疫机构的检疫。

五、艾滋病病毒感染者和病人的义务

根据规定，艾滋病病毒感染者和艾滋病病人应当履行下列义务：

1. 接受疾病预防控制机构或者出入境检验检疫机构的流行病学调查和指导；
2. 将感染或者发病的事实及时告知与其有性关系者；
3. 就医时将感染或者发病的事实如实告知接诊医生；
4. 采取必要的防护措施，防止感染他人；
5. 不得故意传播艾滋病。

六、法律责任

1. 地方各级人民政府未采取艾滋病防治和救助措施的，由上级人民政府责令改正，通报批评；造成艾滋病传播、流行或者其他严重后果的，对负有责任的主管人员依法给予行政处分；构成犯罪的，依法追究刑事责任。

2. 县级以上卫生主管部门有下列情形之一的，由本级人民政府责令改正，通报批评；造成艾滋病传播、流行或者其他严重后果的，对负有责任的主管人员和其他直接责任人员依法给予行政处分；构成犯罪的，依法追究刑事责任：未履行艾滋病防治宣传教育职责的；对有证据证明可能被艾滋病病毒污染的物品，未采取控制措施的。

3. 医疗卫生机构有下列情形之一的，由县级以上卫生主管部门责令限期改正，通报批评，给予警告；造成艾滋病传播、流行或者其他严重后果的，对负有责任的主管人员和其他直接责任人员依法给予降级、撤职、开除的处分，并可以依法吊销有关机构或者责任人员的执业许可证件。构成犯罪的，依法追究刑事责任：未履行艾滋病监测职责的；未按照规定免费提供咨询和初筛检测的；对临时应急采集的血液未进行艾滋病检测，对临床用血艾滋病检测结果未进行核查，或者将艾滋病检测阳性的血液用于临床的；未执行操作规程和消毒管理制度，发生艾滋病医院感染或者医源性感染的；推诿、拒绝治疗艾滋病病毒感染者或者艾滋病病人的其他疾病，或者对艾滋病病毒感染者、艾滋病病人未提供咨询、诊断和治疗服务的；未对艾滋病病毒感染者或者艾滋病病人进行医学随访的；未按照规定对感染艾滋病病毒的孕产妇及其婴儿提供预防艾滋病母婴传播技术指导的。

4. 医疗卫生机构公开艾滋病病毒感染者、艾滋病病人或者其家属的信息的，依照传染病防治法的规定予以处罚。

出入境检验检疫机构、计划生育技术服务机构或者其他单位、个人公开艾滋病病毒感染者、艾滋病病人或者其家属的信息的，由其上级主管部门责令改正，通报批评，给予警告，对负有责任的主管人员和其他直接责任人员依法给予处分；情节严重的，由原发证部门吊销有关机构或者责任人员的执业许可证件。

5. 血站、单采血浆站违反本条例规定，构成犯罪的，依法追究刑事责任；尚不构成犯罪的，由县级以上卫生主管部门依法予以处罚；造成艾滋病传播、流行或者其他严重后果的，对负有责任的主管人员和其他直接责任人员依法给予降级、撤职、开除的处分，并可以依法吊销血站、单采血浆站的执业许可证。

6. 违规采集或者使用人体组织、器官、细胞、骨髓等的，由县级人民政府卫生主管部门责令改正，通报批评，给予警告；情节严重的，责令停业整顿，有执业许可证件的，由原发证部门暂扣或者吊销其执业许可证件。

7. 单采血浆站、医疗卫生机构和血液制品生产单位违反法律、行政法规的规定，造成他人感染艾滋病病毒的，应当依法承担民事赔偿责任。

8. 艾滋病病毒感染者或者艾滋病病人故意传播艾滋病的，依法承担民事赔偿责任；构成犯罪的，依法追究刑事责任。

第三节　血吸虫病防治法律制度

一、血吸虫病概述

血吸虫病（schistosomiasis）是一种严重危害人类健康的寄生虫病，血吸虫病已列为我国法定乙类传染病，它由保存宿主钉螺传染所致。据世界卫生组织（WHO）报告（1995 年），全球有 75 个国家和地区有血吸虫病的流行，受威胁人口约 6.25 亿，感染血吸虫病者 1.93 亿。其流行的主要原因是保存宿主的广泛存在并有其孳生繁殖的自然环境，同时由于人接触疫水机会频繁。

我国是血吸虫病流行区，也是全球血吸虫病危害最严重的四个国家之一。我国血吸虫病流行于长江三峡以东的东南沿海的浙江、江西、福建一带以及川西平原和金沙江流域。目前全国血吸虫病疫情已基本得到控制，截止 2007 年，上海、浙江、福建、广东、广西 5 省（市）自治区已达到血吸虫病传播阻断标准，四川省达到了血吸虫病传播控制标准，但仍有 90 个县（市、区）疫情尚未控制，并且部分地区呈现出血吸虫病疫情扩散蔓延，输入性血吸虫病病例增加，我国血吸虫病防治工作还任重道远。

二、血吸虫病防治的立法概况

国务院于 2006 年 3 月 22 日通过了《血吸虫病防治条例》，2006 卫生部印发了《血吸虫病流行地区农村改厕管理办法（试行）》和《血吸虫病流行地区农村改厕技术规范（试行）》的通知。上述规范性法律文件为预防和控制血吸虫病、保护人体健康提供了法律保证。

三、血吸虫病预防的法律规定

（一）血吸虫病防治地区县级以上地方人民政府应当开展公益性血吸虫病防治宣传教育，各类新闻媒体应当开展公益性血吸虫病防治宣传教育；教育主管部门与学校应当对学生开展血吸虫病防治知识教育。

（二）同一相对独立地理环境的血吸虫病防治地区各地方人民政府应当开展血吸虫病联防联控，同步实施下列血吸虫病防治措施：

1. 在农业、兽医、水利、林业等工程项目中采取与血吸虫病防治有关的工程措施；
2. 进行人和家畜的血吸虫病筛查、治疗和管理；
3. 调查钉螺分布，实施药物杀灭钉螺；
4. 防止未经无害化处理的粪便直接进入水体。

（三）血吸虫病重点防治地区县级以上地方人民政府应当在渔船集中停靠地设点发放抗血吸虫基本预防药物，按照血吸虫病防治技术规范修建公共厕所，推行在渔船和水上运输工具上安装和使用粪便收集容器，并对粪便进行集中无害化处理。

（四）在血吸虫病重点防治地区，地方政府应当组织实施农业机械化推广、农村改厕、沼气池建设以及人、家畜饮用水设施建设等项目，并保证厕所和沼气池具备杀灭粪便中血吸虫卵的功能。

（五）禁止在血吸虫病防治地区施用未经无害化处理的粪便。

（六）在血吸虫病防治地区进行水利建设项目，应当同步建设血吸虫病防治设施，防止钉螺孳生。

（七）卫生部和各级卫生主管部门组织实施药物杀灭钉螺工作。

四、血吸虫病疫情控制的规定

（一）地方人民政府应当结合本地实际，制定血吸虫病流行、爆发应急预案。

（二）急性血吸虫病暴发、流行时，县级以上地方人民政府根据需要，有权进行下列应急处理：组织医疗机构救治急性血吸虫病病人；组织疾病预防控制机构和动物防疫监督机构对接触疫水的人和家畜实施预防性服药；组织有关单位杀灭钉螺和处理疫水；在有钉螺地带设置警示标志，禁止人和家畜接触疫水。

（三）疾病预防控制机构接到急性血吸虫病暴发、流行报告时，应当及时采取下列措施：进行现场流行病学调查；提出疫情控制方案；指导医疗机构和下级疾病预防控制机构处理疫情。

（四）对因工作必须接触疫水的人员应采取防护措施，并定期组织进行血吸虫病的专项体检。

（五）县级以上地方卫生、农业或者兽医主管部门应当开展对本地村民、居民和流动人口血吸虫病以及家畜血吸虫病的筛查、治疗和预防性服药工作；省级人民政府应当组织对晚期血吸虫病病人的治疗。

（六）血吸虫病防治地区的动物防疫监督机构、植物检疫机构对检疫发现的患血吸虫病的家畜，应当实施药物治疗，并不得出售、外运。

五、血吸虫病防治的保障措施

（一）经费保障

根据规定，血吸虫病防治地区县级以上地方人民政府应当将血吸虫病防治经费纳入同级财政预算；省级人民政府对经济困难的县级人民政府开展血吸虫病防治工作给予适当补助；国家对经济困难地区的血吸虫病防治经费给予适当补助，对血吸虫病防治重大工程项目给予必要支持。

（二）血吸虫病患者治疗费用减免

根据规定，国家对农民免费提供抗血吸虫基本预防药物，对经济困难农民的血吸虫病治疗费用予以减免,对符合救助条件的血吸虫病病人进行救助。

（三）药品、物资储备

根据规定,血吸虫病防治地区县级以上地方人民政府应当根据需要储备血吸虫病防治药物、杀灭钉螺药物和有关防护用品。

六、法律责任

（一）各级政府的法律责任

县级以上地方各级人民政府有下列情形之一的,由上级人民政府责令改正,通报批评；造成血吸虫病传播、流行或者其他严重后果的,对负有责任的主管人员,依法给予行政处分；负有责任的主管人员构成犯罪的,依法追究刑事责任：

1. 未依照规定开展血吸虫病联防联控的；

2. 急性血吸虫病暴发、流行时,未依照规定采取紧急措施、进行应急处理的；

3. 未依照规定采取其他血吸虫病防治措施的。

（二）政府有关部门的法律责任

县级以上有关主管部门有下列情形之一的,由本级人民政府责令改正,通报批评；造成血吸虫病传播、流行或者其他严重后果的,对负有责任的主管人员和其他直接责任人员依法给予行政处分；负有责任的主管人员和其他直接责任人员构成犯罪的,依法追究刑事责任：

1. 在组织实施农村改厕、沼气池建设项目时,未保证厕所或者沼气池具备杀灭血吸虫卵功能的；

2. 在血吸虫病重点防治地区未开展家畜血吸虫病检查,未对感染血吸虫的家畜进行治疗、处理的；

3. 在血吸虫病防治地区进行水利建设项目,未同步建设血吸虫病防治设施,导致钉螺孳生的；

4. 未组织实施本行政区域内药物杀灭钉螺工作的；

5. 未组织血吸虫病筛查、治疗和预防性服药工作的。

(三) 医疗机构、疾病预防控制机构、动物植物防疫监督机构的法律责任

医疗机构、疾病预防控制机构、动物防疫监督机构或者植物检疫机构有下列情形之一的，由县级以上人民政府卫生主管部门、农业或者兽医主管部门依据各自职责责令限期改正，通报批评，给予警告；逾期不改正，造成血吸虫病传播、流行或者其他严重后果的，对负有责任的主管人员和其他直接责任人员依法给予降级、撤职、开除的处分，并可以依法吊销有关责任人员的执业证书；负有责任的主管人员和其他直接责任人员构成犯罪的，依法追究刑事责任：

1. 未依照规定开展血吸虫病防治工作的；
2. 未定期对其工作人员进行血吸虫病防治知识、技能培训和考核的；
3. 接到急性血吸虫病暴发、流行报告时，未及时采取措施的；
4. 未对出售、外运的家畜或者植物进行血吸虫病检疫的；
5. 未对检疫发现的患血吸虫病的家畜实施药物治疗，携带钉螺的植物实施杀灭钉螺的。

(四) 有关单位的法律责任

有下列情形之一的，由县级以上卫生、农业或者兽医、水利、林业主管部门依据各自职责责令改正，给予警告，对单位处1000元以上1万元以下的罚款，对个人处50元以上500元以下的罚款，并没收用于违法活动的工具和物品；造成血吸虫病疫情扩散或者其他严重后果的，对负有责任的主管人员和其他直接责任人员依法给予处分：

1. 单位未依照规定对因工作接触疫水的人员采取防护措施，进行血吸虫病的专项体检的；
2. 对政府有关部门采取的预防、控制措施不予配合的；
3. 使用国家明令禁止使用的药物杀灭钉螺的；
4. 在血吸虫病防治地区施用未经无害化处理粪便的。

思考题：

1. 简述传染病的概念和流行环节。
2. 传染病流行时，如何进行疫情控制？
3. 对艾滋病病人和感染者依法应如何处理？
4. 血吸虫病防治的主要措施有哪些？

【思考案例】

1994年7月27日至8月11日，某村伤寒暴发流行，区卫生防疫机构在接到报告后，立即组织传染病管理监督员赶赴现场处理，并按传染病监督处罚程序对流行因素、病人诊断进行了调查取证。经调查核实，此起伤寒流行是由于该村诊所（个体诊所）聚集病人治疗，没有及时上报疫情，造成疫源地不能及时得到处理，继而污染饮用水源而发生暴发疫情。调查中发现该诊所无传染病报告卡和传染病登记本，无隔离设施和消毒处理设施，对传染病病人不进行严密的消毒隔离治疗，导致疫情蔓延扩大。经调查证实，首例和末例患者初诊在该诊所，在该诊所的传染病漏报率为100%。区卫生局对确诊患者进行隔离治疗，并对该诊所封闭。

请问：1. 上述事件中对伤寒爆发的处理是否合法？
      2. 该事件暴露出传染病防治工作中的哪些问题？

【链接资源】

1. www.chinacdc.cn 中国疾病预防控制中心
2. www.cdcp.org.cn 广东省疾病预防控制中心

（撰稿人 龚波）

第三章　职业病防治法律制度

【教学目标】

通过学习本章，了解我国职业病的危害现状、职业病防治的原则，熟悉用人单位职业病防治义务、劳动者职业病防治的权利与义务以及职业病防治的监督管理，掌握职业病的鉴定程序、职业病患者的法定待遇。

【引导案例】

河南省某市28岁的农民张海超在一家耐火材料厂打工，从事破碎、开压力机等有害工种，工作三年多后，因感胸部不适和咳嗽怀疑自己得了"尘肺病"。在两年多的求医过程中作了大大小小近百次检查，郑州、北京多家大医院都诊断他患的是尘肺病。但是，当地职业病诊断、鉴定法定机构——市职业病防治所给出的诊断却是：无尘肺 0_+ 期（医学观察）合并肺结核，疑似尘肺，建议进行肺结核诊治。这个结论使张海超不能得到任何职业病待遇。为了使自己得到一个公正的"说法"，2009年6月22日，张海超在某大学第一附属医院开胸验肺，检验结果为"尘肺合并感染"，但结果依然没有得到市职业病防治所的认同，同时开胸验肺的医院受到河南省卫生厅通报批评，称"在没有职业病诊断资格的情况下进行职业病诊断，违反了《职业病防治法》"。"开胸验肺"事件经媒体披露后，该市成立了调查处置领导小组，7月26日，经专家组全面系统地讨论、分析、会诊，最终确诊张海超患三期尘肺病。最终责任企业与张海超达成赔偿协

议，赔偿61.5万元。该事件张海超虽然获得了赔偿，但很是发人深省。

【思考问题】

1. 某大学第一附属医院诊断认为张海超"尘肺合并感染"是否违法？
2. 张海超获得责任企业61.5万元赔偿的法律根据是什么？

第一节 概述

一、职业病的概念与分类

职业病是指企业、事业单位和个体经济组织等用人单位的劳动者在职业活动中，因接触粉尘、放射性物质和其他有毒、有害因素而引起的疾病。根据2002年4月18日卫生部、劳动保障部印发的《职业病目录》，我国职业病分为10类、115种，具体包括：尘肺13种、职业性放射性疾病11种、职业中毒56种、物理因素所致职业病5种、生物因素所致职业病3种、职业性皮肤病8种、职业性眼病3种、职业性耳鼻喉口腔疾病3种、职业性肿瘤8种、其他职业病5种。

二、我国职业病现状

据调查，目前全国涉及有毒有害品企业超过1600万家，接触职业病危害因素的人数超过2亿人，居世界首位，涉及30多个行业。职业病危害正在由城市工业区向农村转移，由东部地区向中西部转移，由大中型企业向中小型企业转移，职业病危害分布越来越广。据统计，全国约有83%的中小企业存在不同程度的职业危害，近34%的中小企业职工接触尘毒有害作业，占我国企业总数90%以上的中小企业大多不重视职业病的防治。目前尘肺病是我国最严重的职业病，占全部职业病的近八成，农民工成为受职业病危害的高危人群。

职业病本身具有"潜伏期长""发病滞后"等特点,加之农民工流动性大、自我防护意识薄弱等因素,农民工患职业病往往存在认定、补偿难度,使农民工成为职业病的重点受害群体。

三、我国职业病防治立法现状

我国一直重视通过法律促进职业病防治工作,先后制定了《尘肺病防治条例》《职业病防治法》《职业病诊断与鉴定管理办法》《职业病危害事故调查处理办法》《职业病目录》《职业卫生技术服务机构管理办法》《有毒物品作业场所劳动保护条例》等职业病防治法律、法规、规章,基本形成了职业病防治法律体系。

四、职业病防治法的原则

根据职业病的发病特征以及我国职业病防治实践经验,《职业病防治法》明确肯定了如下职业病防治原则。

(一)预防为主、防治结合的原则

职业病是由劳动过程中的危害因素造成劳动者的疾病,具有发病滞后的特点,往往容易为劳动者及其用人单位忽视,同时许多职业病一旦发病治愈非常困难,甚至是不可治愈的,因此,必须通过法律强调职业病"预防为主",从而提高劳动者及用人单位的预防意识,减少职业病的发病。从现实考察,由于技术的原因,诸多行业的职业危害因素是无法消除的,这也意味着许多职业病是不可避免的,因此,法律在肯定职业病"预防为主"的同时,肯定"防治结合"也是必然的,这是减少职业病对劳动者健康危害、保护劳动者权益的必然要求。我国《职业病防治法》明确肯定了该原则,同时国家制定了各个行业的职业卫生标准防治职业病。

(二)用人单位负责原则

用人单位负责原则是指用人单位对本单位职业病工作全面承担责任,单位负责人对本单位职业病防治全面负责。职业病防治的目的是保护劳动者的健康权益,国家规定的职业病防治的各种措施需要用人单位落实才能真正减少职业病危害、保护劳动者的健康权益。显然，用人单位在职业病防治上是最为关键的环节，加之劳动者在与用人单位劳动关系上的弱势地位，法律必须肯定用人单位对职业病防治全面负责才能提高用人单位防治职业病的意识与主动性。我国《职业病防治法》第五条规定："用人单位应当……对本单位产生的职业病危害承担责任。"第六条规定："用人单位的主要负责人对本单位的职业病防治工作全面负责。"上述规定都肯定了职业病防治的用人单位负责原则。

（三）国家监督原则

国家监督原则是指国家安全生产监督机关、卫生行政机关、劳动保障行政机关依法对用人单位职业病防治进行监督。国家规定的各种职业病防治制度、措施、职业卫生标准需要用人单位真正落实才能有效减少职业病，显然在当前环境下依靠用人单位自觉落实是远远不够的，必须加强国家监督督促用人单位落实各项职业病防治制度、措施、特别是工作环境的各项职业卫生标准。因此，国家监督原则应是职业病防治法的一项原则。我国《职业病防治法》第九条肯定了国家监督原则，明确规定"国务院安全生产监督管理部门、卫生行政部门、劳动保障行政部门依照本法和国务院确定的职责，负责全国职业病防治的监督管理工作。国务院有关部门在各自的职责范围内负责职业病防治的有关监督管理工作。县级以上地方人民政府安全生产监督管理部门、卫生行政部门、劳动保障行政部门依据各自职责，负责本行政区域内职业病防治的监督管理工作。县级以上地方人民政府有关部门在各自的职责范围内负责职业病防治的有关监督管理工作"。

（四）依靠科技进步原则

职业病防治归根到底是一个技术问题。研制、应用推广减少职业病危害因素的新技术、新工艺、新产品对职业病防治至关重要，因此职业病防治法对此应予以肯定，将依靠技术进步作为职业病防治的一项原则。我国《职业病防治法》第八条规定：国家鼓励和支持研制、开发、推广、应用有利于职业病防治和保护劳动者健康的新技术、新工艺、新设备、新材料，加强对职业病的机理和发生规律的基础研究，提高职业病防治科学技术水平；积极采用有效的职业病防治技术、工艺、设备、材料；限制使用或者淘汰职业病危害严重的技术、工艺、设备、材料。该条规定实际上肯定了依靠科技进步原则。

第二节 职业病的预防与保护

一、职业病危害项目申报

职业病危害项目申报是我国职业病预防的一项基础制度，是指用人单位工作场所存在《职业病危害因素分类目录》所列职业病危害因素的，应当及时、如实向所在地安全生产监督管理部门申报危害项目，接受监督。《职业病危害因素分类目录》由国务院卫生行政部门会同国务院安全生产监督管理部门制定，现行分类目录将职业病危害因素划分为粉尘类、放射性物质类、化学物质类、物理因素、生物因素、导致职业性皮肤病的危害因素、导致职业性眼病的危害因素、导致职业性耳鼻喉口腔疾病的危害因素、职业性肿瘤的职业病危害因素、其他职业病危害因素等十个方面，并进一步列举具体种类与存在的行业。

二、建设项目职业病危害预防

建设项目职业病危害预防是从源头上减少与控制职业病危害因素的一项制度。具体内容包括：建设项目可能产生职业病危害的，建设单位应当向安全生产监督管理部门提交职业病危害预评价报告，未提交预评价报告或者预评价报告未经安全生产监督管理部门审核同意的，有关部门不得批准该建设项目。职业病危害预评价报告应当对建设项目可能产生的职业病危害因素及其对工作场所的劳动者健康的影响作出评价，确定危害类别和职业病防护措施。建设项目存在职业病危害因素的，其职业病防护设施所需费用应当纳入建设项目工程预算，并与主体工程同时设计，同时施工，

同时投入使用。建设项目竣工验收时,其职业病防护设施经安全生产监督管理部门验收合格后,方可投入正式使用。

三、用人单位职业病防治的义务

用人单位对职业病防治承担主要责任。根据《职业病防治法》的规定,用人单位职业病防治义务主要包括:

(一)职业病防治日常管理上的义务

用人单位应设置职业卫生管理机构,配备专职或者兼职的职业卫生管理人员,负责本单位的职业病防治工作;制定职业病防治计划和实施方案;建立职业卫生管理制度和操作规程;建立劳动者健康监护档案;建立工作场所职业病危害因素监测及评价制度;建立职业病危害事故应急救援预案。

(二)如实告知劳动者职业病危害的义务

用人单位与劳动者订立劳动合同时,应将工作过程中可能产生的职业病危害及其后果、职业病防护措施和待遇等如实告知劳动者,劳动者在已订立劳动合同期间因工作岗位变更时,用人单位也应当向劳动者如实告知职业病危害;用人单位必须采用有效的职业病防护设施,并为劳动者提供个人使用的职业病防护用品。

(三)职业卫生培训的义务

用人单位的主要负责人和职业卫生管理人员应当接受职业卫生培训和职业病防治法律、法规培训;用人单位应当对劳动者进行上岗前的职业卫生培训和定期职业卫生培训,督促劳动者遵守职业病防治法律、法规、规章和操作规程、正确使用职业病防护设备和个人防护用品。

(四)采取新技术减少职业病危害的义务

用人单位应当优先采用有利于防治职业病和保护劳动者健康的新技术、新工艺、新设备、新材料,减少职业病危害。

(五)对严重危险岗位的提醒义务

对产生严重职业病危害的岗位,用人单位应在其醒目位置,设置警示标识和中文警示说明；对可能发生急性职业损伤的有毒、有害工作场所，用人单位应当设置报警装置，配置现场急救用品、冲洗设备、应急撤离通道和必要的泄险区；对放射工作场所和放射性同位素的运输、贮存，用人单位必须配置防护设备和报警装置，保证接触放射线的工作人员佩戴个人剂量计。

（六）保证职业病防护设备正常使用的义务

对职业病防护设备、应急救援设施和个人使用的职业病防护用品，用人单位应当进行经常性的维护、检修，定期检测其性能和效果，确保其处于正常状态，不得擅自拆除或者停止使用。

（七）不得生产或者使用国家明令禁止使用的可能产生职业病危害的设备或者材料；不得将产生职业病危害的作业转移给不具备职业病防护条件的单位和个人。

（八）用人单位不得安排未成年工从事接触职业病危害的作业；不得安排孕期、哺乳期的女职工从事对本人和胎儿、婴儿有危害的作业。

（九）对劳动者进行职业危害健康检查的义务

对从事接触职业病危害作业的劳动者，用人单位应组织上岗前、在岗期间和离岗时的职业健康检查，并将检查结果书面告知劳动者，职业健康检查费用由用人单位承担。用人单位不得安排未经上岗前职业健康检查的劳动者从事接触职业病危害的作业，对在职业健康检查中发现有与所从事的职业相关的健康损害的劳动者，应当调离原工作岗位妥善安置，对未进行离岗前职业健康检查的劳动者不得终止劳动合同。

四、使用有毒物品作业场所职业中毒的预防

使用有毒物品作业场所具有严重的职业病危害因素，为减少职业中毒，有效保护劳动者，2002年5月国务院制定了《使用有毒物品作业场所劳动保护条例》。该条例对用人单位防治劳动者职业中毒规定了如下义务要求。

（一）一般预防措施要求

1. 作业场所与生活场所分开，作业场所不得住人，有害作业与无害作业分开，高毒作业场所与其他作业场所隔离；

2. 设置有效的通风装置、自动报警装置；

3. 高毒作业场所设置应急撤离通道和必要的泄险区；

4. 有毒作业场所设置黄色区域警示线、警示标识和中文警示说明，高毒作业场所应当设置红色区域警示线、警示标识和中文警示说明，并设置通讯报警设备；

5. 用人单位应向卫生行政部门及时、如实申报存在职业中毒危害项目；

6. 建设项目可能产生职业中毒危害的，应进行职业中毒危害预评价，并经卫生行政部门审核同意；职业中毒危害防护设施应当与主体工程同时设计，同时施工，同时投入使用；建设项目竣工，应进行职业中毒危害控制效果评价并经卫生行政部门验收合格。

7. 从事使用高毒物品作业的用人单位，应当配备应急救援人员和必要的应急救援器材设备，制定事故应急救援预案，定期组织演练。

（二）劳动过程防护要求

1. 如实告知劳动者工作过程中可能产生的职业中毒危害及其后果、职业中毒危害防护措施和待遇等；

2. 应对劳动者进行上岗前和在岗期间的职业卫生培训，指导劳动者正确使用职业中毒危害防护设备和个人职业中毒危害防护用品，确保劳动者掌握安全使用有毒物品作业的知识；

3. 应为劳动者提供符合国家职业卫生标准的中毒防护用品，并确保劳动者正确使用；

4. 应设置淋浴间和更衣室，并设置清洗、存放或者处理从事使用高毒物品作业劳动者的工作服、工作鞋帽等物品的专用间，劳动者结束作业其使用的工作服、工作鞋帽等必须存放在高毒作业区域内；

5. 应对从事使用高毒物品作业的劳动者进行岗位轮换，提供岗位津贴；

6. 应由配备的专职或者兼职的职业卫生医师和护士，或者与职业卫生技术服务机构签订合同，为劳动者提供职业卫生服务；

7. 应对职业中毒危害防护设备、应急救援设施、通讯报警装置定期检测确保处于正常适用状态；上述装置处于不正常状态时，用人单位应当立即停止使用有毒物品作业；

8. 定期对作业场所职业中毒危害因素进行检测、评价，对高毒物品作业场所应至少每一个月进行一次检测；高毒作业场所不符合国家职业卫生标准时，用人单位必须立即停止高毒作业，并采取相应的治理措施；

9. 维护、检修存在高毒物品的生产装置，必须有专人监护并设置警示标志，确保维护、检修人员的生命安全和身体健康；

10. 不得经营、使用没有安全标签、警示标识和中文警示说明的有毒物品；

（三）职业健康监护要求

1. 应为劳动者建立职业健康监护档案；

劳动者的职业健康监护档案应包括劳动者的职业史和职业中毒危害接触史、作业场所职业中毒危害因素监测结果、职业健康检查结果及处理情况、职业病诊疗等劳动者健康资料；

2. 应组织劳动者进行上岗前职业健康检查、定期职业健康检查、离岗职业健康检查，发现劳动者出现健康损害的，应调离原工作岗位；

3. 对受到或者可能受到急性职业中毒危害的劳动者，应当及时进行健康检查和医学观察，费用由用人单位承担。

五、劳动者职业病防治的权利与义务

职业病防治目的是保护劳动者的健康权益，劳动者应提高职业病防治的意识，依法有效行使职业病防治的权利，承担相应的义务。根据《职业病防治法》的规定，劳动者依法享有如下权利：

（一）有权了解工作中职业病危害因素、危害后果和防护措施；

（二）有权获得职业卫生教育、培训；

（三）有权获得职业健康检查、职业病诊疗、康复等职业病防治服务；

（四）有权拒绝没有职业病防护措施的作业；

（五）有权获得工伤保险。

同时,根据《职业病防治法》的规定,劳动者应承担的义务包括:

(一)应学习和掌握相关的职业卫生知识,增强职业病防范意识;

(二)遵守职业病防治法律、法规、规章和操作规程,正确使用职业病防护设备和防护用品,发现职业病危害事故隐患及时报告。

第三节　职业病的诊断与职业病人的待遇

一、职业病的诊断

(一)诊断机构

医疗机构从事职业病诊断应向省级卫生行政机关提出申请并获得批准、取得职业病诊断机构批准书。医疗机构申请取得职业病诊断批准应当具备如下条件:

1. 持有《医疗机构执业许可证》;
2. 具有与开展职业病诊断相适应的医疗卫生技术人员;
3. 具有与开展职业病诊断相适应的仪器设备;
4. 具有健全的职业病诊断质量管理制度。

省级卫生行政机关经过资料审查与现场考核,对具备上述条件的,依法作出批准决定并颁发职业病诊断机构批准证书。职业病诊断机构批准证书有效期限为4年。

(二)职业病诊断医师

职业病诊断应由取得省级卫生行政机关颁发的职业病诊断资格证书的医师进行。取得职业病诊断资格证书的医师应具备如下条件:

1. 具有执业医师资格;
2. 具有中级以上卫生专业技术职务任职资格;
3. 熟悉职业病防治法律规范和职业病诊断标准;
4. 从事职业病诊疗相关工作5年以上;

5．熟悉工作场所职业病危害防治及其管理；

6．经培训、考核合格。

(三) 职业病的诊断

劳动者可以选择用人单位所在地或本人居住地的职业病诊断机构申请职业病诊断。

劳动者申请职业病诊断时应当提供职业史、既往史、职业健康监护档案复印件、职业健康检查结果、工作场所历年职业病危害因素检测、评价资料等。

职业病诊断机构在进行职业病诊断时，应组织三名以上取得职业病诊断资格的执业医师进行集体诊断，对职业病诊断有意见分歧的，应当按多数人的意见作出诊断结论；诊断应结合职业病危害接触史、工作场所职业病危害因素检测与评价、临床表现和医学检查结果等资料，依据职业病诊断标准进行综合分析作出诊断结论，对疑似职业病病人，可以经必要的医学检查或者住院观察后，再作出诊断结论；没有证据否定职业病危害因素与病人临床表现之间的必然联系的，在排除其他致病因素后，应当诊断为职业病。

职业病诊断机构作出职业病诊断后，应当向当事人出具职业病诊断证明书。职业病诊断证明书应当由参加诊断的医师共同签署，并经职业病诊断机构审核盖章。职业病诊断证明书应当明确是否患有职业病，对患有职业病的，还应载明所患职业病的名称、程度（期别）、处理意见和复查时间。职业病诊断机构应当建立职业病诊断档案并永久保存。

职业病诊断费用由用人单位承担。

确诊为职业病的，用人单位还应当向所在地县级劳动保障行政部门报告。

(四) 职业病诊断的鉴定

劳动者对职业病诊断有异议的，在接到职业病诊断证明书之日起30日内，可以向做出诊断的医疗卫生机构所在地设区的市级卫生行政部门申请鉴定，设区的市级卫生行政部门组织职业病鉴定委员会依法进行鉴定并作出鉴定结论；对设区的市级职业病诊断鉴定委员会的鉴定结论不服的，在接到职业病诊断鉴定书之日起15日内，可以向原鉴定机构所在地省级卫生行政部门申请再鉴定。省级职业病诊断鉴定委员会的鉴定为最终鉴定。

卫生行政机关设立职业病鉴定办事机构负责受理职业病鉴定申请。职业病诊断鉴定办事机构应当在受理鉴定后应安排申请鉴定的当事人在鉴定专家库中随机抽取5人以上单数专家组成鉴定委员会，并在60日内组织鉴定并作出鉴定结论。

职业病鉴定的费用由用人单位承担。

二、职业病人的待遇

根据《职业病防治法》的规定，确定患有职业病的劳动者，用人单位应保障其享有如下待遇：

（一）依照规定进行治疗、康复和定期检查，费用由用人单位承担；

（二）不适宜继续从事原工作的，应调离原岗位并妥善安置；

（三）伤残以及丧失劳动能力的职业病病人，享有国家规定的工伤保险的待遇；用人单位没有依法参加工伤保险的，其医疗和生活保障由该用人单位承担。

职业病人依法享有如下工伤保险待遇：

1. 住院治疗、康复期间享受规定的伙食补助费，由工伤保险基金支付；经批准转院治疗、康复的，转院的交通费用及在转入地的市内交通、食宿费用，由工伤保险基金按规定的标准支付；

2. 住院治疗期间，原工资福利待遇不变，由所在单位按月支付，最长不超过24个月；

3. 职业病人在鉴定伤残等级后仍需治疗的，经劳动能力鉴定委员会批准，一级至四级伤残，享受伤残津贴和工伤医疗待遇，五级至十级伤残，享受工伤医疗和停工留薪期待遇；经劳动能力鉴定委员会确认可以进行康复的，康复费用从工伤保险基金支付；

4. 在停工留薪期间生活不能自理需要护理的，所在单位应支付护理费；被鉴定为一级至四级伤残等级并经劳动能力鉴定委员会确认需要生活护理的，由工伤保险基金按照职业病人生活自理障碍等级支付生活护理费；

5. 需要安装假肢、配置轮椅等辅助器具，经劳动能力鉴定委员会确认，所需费用从工伤保险基金支付；

6. 被鉴定为一级至四级伤残，本人要求退出工作岗位、终止劳动关系的，办理伤残退休手续，享受一次性伤残补助金、伤残津贴并享受职工基本医疗保险。一次性伤残补助金由工伤保险基金按伤残等级支付，一级伤残为27个月的本人工资，二级伤残为25个月的本人工资，三级伤残为23个月的本人工资，四级伤残为21个月的本人工资。伤残津贴由工伤保险基金按月支付，直至本人死亡，一级伤残为本人工资的90％，二级伤残为本人工资的85％，三级伤残为本人工资的80％，四级伤残为本人工资的75％。伤残津贴不得低于当地最低工资标准。

7. 被鉴定为五级、六级伤残的，享受一次性伤残补助金并由用人单位安排适当工作。一次性伤残补助金由工伤保险基金支付，五级伤残为18个月的本人工资，六级伤残为16个月的本人工资。难以安排工作的，由用人单位按月发给伤残津贴，五级伤残为本人工资的70％，六级伤残为本人工资的60％，并由用人单位按照规定为其缴纳应缴纳的各项社会保险费。伤残津贴不得低于当地最低工资；五级、六级伤残职业病人提出与用人单位解除劳动关系的，享受上述一次性伤残补助金外，由工伤保险基金支付一次性工伤医疗补助金，由用人单位支付一次性伤残就业补助金。一次性工伤医疗补助金五级伤残为10个月的本人工资，六级伤残为8个月的本人工资，一次性伤残就业补助金五级伤残为50个月的本人工资，六级伤残为40个月的本人工资。

8. 被鉴定为七级至十级伤残的职业病人由工伤保险基金支付一次性伤残补助金，七级伤残为13个月的本人工资，八级伤残为11个月的本人工资，九级伤残为9个月的本人工资，十级伤残为7个月的本人工资；七级至十级伤残职业病人依法与用人单位解除劳动关系的，享受上述一次性伤残补助金外，由工伤保险基金支付一次性工伤医疗补助金，由用人单位

支付一次性伤残就业补助金。一次性工伤医疗补助金七级伤残为6个月的本人工资，八级伤残为4个月的本人工资，九级伤残为2个月的本人工资，十级伤残为1个月的本人工资。一次性伤残就业补助金七级伤残为25个月的本人工资，八级伤残为15个月的本人工资，九级伤残为8个月的本人工资，十级伤残为4个月的本人工资。

9. 职业病人因病死亡，其近亲属从工伤保险基金领取丧葬补助金、供养亲属抚恤金和一次性工亡补助金。丧葬补助金为六个月的统筹地区上年度职工月平均工资；供养亲属抚恤金按照工亡职工工资配偶每月40%，其他亲属每人每月30%，各供养亲属的抚恤金之和不应当高于职工生前的工资；一次性工亡补助金为上年度全国城镇居民人均可支配收入的20倍。

第四节 职业病防治的监督与法律责任

一、职业病防治的监督

县级以上地方卫生行政机关、劳动安全监察机关、劳动保障行政机关依据职责划分，对用人单位职业病防治工作进行监督管理。

职业病防治监督管理机关履行职责时，有权进入被检查单位和职业病危害现场，了解情况，调查取证，查阅资料、采集样品，责令停止违法行为。监督人员依法执行职务时应当出示监督执法证件，被检查单位应当接受检查并予以支持配合；监督人员知悉用人单位的秘密应当保密。

发生职业病危害事故或者有证据证明可能导致职业病危害事故发生时，劳动安全监察机关有权采取责令暂停作业、封存造成职业病危害事故或者可能导致职业病危害事故发生的材料和设备、控制职业病危害事故现场等临时措施。

二、建设单位违反职业病防治法的法律责任

建设单位有下列行为之一的，由安全生产监督管理部门给予警告，责

令限期改正；逾期不改正的，处 10 万元以上 50 万元以下的罚款；情节严重的，责令暂停作业，或者提请有权限的部门责令停建、关闭：

（一）未按照规定进行职业病危害预评价或者未提交职业病危害预评价报告，或者职业病危害预评价报告未经安全生产监督管理部门审核同意开工建设的；

（二）建设项目的职业病防护设施未按照规定与主体工程同时投入生产和使用的；

（三）职业病危害严重的建设项目，其职业病防护设施设计未经安全生产监督管理部门审查，或者不符合国家职业卫生标准和卫生要求施工的；

（四）职业病防护设施未经安全生产监督管理部门验收擅自投入使用的。

三、用人单位违反职业病防治法的法律责任

（一）用人单位有下列行为之一的，由安全生产监督管理部门给予警告，责令限期改正；逾期不改正的，处 10 万元以下的罚款：

1. 工作场所职业病危害因素检测、评价结果没有存档、上报、公布的；

2. 未采取预防性职业病防治管理措施的；

3. 未公布有关职业病防治的规章制度、操作规程、职业病危害事故应急救援措施的；

4. 未组织劳动者进行职业卫生培训；

5. 国内首次使用与职业病危害有关的化学材料，未按照规定报送毒性鉴定资料。

（二）用人单位有下列行为之一的，由安全生产监督管理部门责令限期改正，给予警告，可以并处 5 万元以上 10 万元以下的罚款：

1. 未按照规定申报产生职业病危害的项目的；

2. 未实施由专人负责的职业病危害因素日常监测，或者监测系统不能正常监测的；

3. 未告知劳动者职业病危害真实情况的;

4. 未组织职业健康检查、建立职业健康监护档案或者未将检查结果书面告知劳动者的;

5. 未在劳动者离开本单位时提供职业健康监护档案复印件的。

(三) 用人单位有下列行为之一的,由安全生产监督管理部门给予警告,责令限期改正,逾期不改正的,处 5 万元以上 20 万元以下的罚款;情节严重的,责令停止产生职业病危害的作业,或者提请有关政府部门责令关闭:

1. 工作场所职业病危害因素的强度或者浓度超过国家职业卫生标准的;

2. 未提供职业病防护设施和个人使用的职业病防护用品;

3. 对职业病防护设备、应急救援设施和个人使用的职业病防护用品未按照规定进行维护、检测,不能保持正常运行、使用状态的;

4. 未按照规定对工作场所职业病危害因素进行检测、评价的;

5. 工作场所职业病危害因素经治理仍然超标未停止作业的;

6. 未安排职业病病人、疑似职业病病人进行诊治的;

7. 发生急性职业病危害事故未立即采取应急救援和控制措施、未按规定及时报告的;

8. 拒绝职业卫生监督管理部门监督检查的;

9. 隐瞒、伪造、篡改、毁损职业健康监护档案、工作场所职业病危害因素检测评价结果等相关资料,或者拒不提供职业病诊断、鉴定所需资料的;

10. 不承担职业病诊断、鉴定费用和职业病病人的医疗、生活保障费用的。

(四) 用人单位不报告职业病、疑似职业病的,由有关部门给予警告,可以并处 1 万元以下的罚款;弄虚作假的,并处 2 万元以上 5 万元以下的罚款;对直接负责的主管人员和其他直接责任人员,可以依法给予降级或者撤职的处分。

(五) 用人单位有下列情形之一的,由安全生产监督管理部门责令限期治理,并处 5 万元以上 30 万元以下的罚款;情节严重的,责令停止产

生职业病危害的作业,或者提请有关部门责令关闭:

1. 隐瞒技术、工艺、设备、材料所产生的职业病危害;
2. 隐瞒本单位职业卫生真实情况;
3. 有毒、有害工作场所、放射工作场所职业病防护设施不符合要求;
4. 使用国家明令禁止使用的产生职业病危害的设备或者材料;
5. 将产生职业病危害的作业转移给没有职业病防护条件的单位和个人,或者没有职业病防护条件的单位和个人接受产生职业病危害的作业;
6. 拆除、停止使用职业病防护设备或者应急救援设施;
7. 安排未经职业健康检查的劳动者从事接触职业病危害的作业,有职业禁忌的劳动者、未成年工或者孕期、哺乳期女职工从事禁忌作业;
8. 指挥劳动者进行没有职业病防护措施的作业。

(六)用人单位违反本法规定已经对劳动者生命健康造成严重损害的,由安全生产监督管理部门责令停止作业,或者提请有关部门责令关闭,并处 10 万元以上 50 万元以下的罚款;造成重大职业病危害事故或者其他严重后果,构成犯罪的,依法追究有关责任人员刑事责任。

四、医疗机构违反职业病防治法的法律责任

(一)未取得职业卫生技术服务资质擅自从事职业卫生技术服务的,或者医疗卫生机构未经批准擅自从事职业健康检查、职业病诊断的,由卫生行政部门责令立即停止违法行为,没收违法所得,并处违法所得二倍以上十倍以下的罚款,最低不低于 5000 元;情节严重的,对直接负责人员依法给予降级、撤职或者开除的处分。

(二)承担职业健康检查、职业病诊断的医疗卫生机构有下列行为之一的,由安全生产监督管理部门和卫生行政部门依据职责分工责令立即停止违法行为,给予警告,没收违法所得,并处违法所得二倍以上五倍以下的罚款,最低不低于 5000 元;情节严重的,取消其相应的资格;对直接责任人员依法给予降级、撤职或者开除的处分;构成犯罪的,依法追究刑事责任:

1. 超出资质批准范围从事职业卫生技术服务或者职业健康检查、职

业病诊断的；

2. 不履行法定职责的；

3. 出具虚假证明文件的。

（三）医疗卫生机构未按照规定报告职业病、疑似职业病的，由有关主管部门责令限期改正，给予警告，可以并处 1 万元以下的罚款；弄虚作假的，并处 2 万元以上 5 万元以下的罚款；对直接负责人员可以依法给予降级或者撤职的处分。

（四）职业病鉴定委员会组成人员收受职业病诊断争议当事人的财物的，给予警告，没收收受的财物，可以并处 3000 元以上 5 万元以下的罚款，取消其担任职业病鉴定委员会组成人员的资格，并从专家库中予以除名，构成犯罪的，依法追究刑事责任。

五、职业病监督管理机关违反职业病防治法的法律责任

（一）卫生行政部门、安全生产监督管理部门不按照规定报告职业病和职业病危害事故的，由上一级行政部门责令改正，通报批评，给予警告；虚报、瞒报的，对单位负责人、直接责任人员给予降级、撤职或者开除的处分。

（二）建设项目未提交职业病危害预评价报告或者预评价报告未经安全生产监督管理部门审核同意，或者建设项目的职业病防护设计未经安全生产监督管理部门审核同意，有关部门擅自批准建设项目或者发放施工许可的，对该部门直接负责的主管人员和其他直接责任人员，由上级机关依法给予记过直至开除的处分。

（三）县级以上职业卫生监督管理部门不履行职责，滥用职权、玩忽职守、徇私舞弊，依法对直接主管人员和其他直接责任人员给予记大过或者降级的处分；造成职业病危害事故或者其他严重后果的，依法给予撤职或者开除的处分；地方人民政府在职业病防治工作中未依照本法履行职责，本行政区域出现重大职业病危害事故、造成严重社会影响的，依法对直接负责的主管人员和其他直接责任人员给予记大过直至开除的处分；构成犯罪的，依法追究刑事责任。

复习思考题

1. 简述职业病防治法的基本原则。
2. 用人单位职业病防治的义务主要有哪些?
3. 简述使用有毒物品作业场所预防职业中毒的要求。
4. 简述劳动者预防职业病的权利与义务。
5. 简述职业病诊断与鉴定的法律规定。
6. 简述职业病患者的法定待遇。
7. 你认为目前我国职业病防治存在的主要问题有哪些?有何解决对策?

【思考案例】

黄某是来自贵州的农民工,现年47岁,2007年3月至2011年6月在浙江某生产砂轮片的公司上班,从事浇注成型、网布脱型工种,偶尔也到抛光车间修补砂轮。2011年3月份,他感觉胸痛,到市某卫生院检查,6月份在肺部疼痛多日后再次到市第一人民医院检查,综合两次结果黄某认为自己得了尘肺病。咨询了相关人员后,他认为自己的病是因为在企业长期从事涉尘工作引起的,应属于职业病,工作所在的公司应保障其获得职业病人的待遇,于是他开始为自己维权。

2011年6月份以后,黄某向市职业病诊断鉴定办公室提出了职业病诊断鉴定申请。由于他离开原先工作的某砂轮片厂已经一个多月时间,无法提交鉴定职业病所需的职业史、职业健康监护档案、职业健康检查结果、工作场所历年职业病危害因素检测材料(上述材料原工作的公司以黄某已经离职为由不提供),市职业病诊断鉴定办公室不能认定黄某的尘肺为职业病。

黄某原工作的砂轮片厂负责人徐某对黄某所患尘肺属于职业病,应由其公司负责也认为很冤屈。徐某指出:2011年4月份,公司曾为员工作了一次体检,当时体检结果显示黄某肺部有问题,体检报告也给黄某看过,之后公司主动向相关部门申请对车间空气质量进行检测。2011年6月22日,市疾病预防控制中心对车间空气检测报告显示:成型车间浇注

岗总粉尘浓度为 0.11，低于标准要求（粉尘浓度值为 2）；网盖加工车间串叠压岗总粉尘度为 0.06，低于标准要求。检测总评价为：各车间各采集点所检测总粉尘浓度均符合《工作场所有害因素职业病接触限值第 1 部分化学有害因素》（GBZ2.1—2002）标准的要求。黄某在公司工作四年多，主要从事浇注成型工作，该工种几乎没有粉尘，从事相同工种时间更长的员工也没有患尘肺病，黄某所患尘肺是黄某到该公司之前工作造成的，不应由自己的公司负责。如果黄某确定患上了尘肺，病因又确实是因为在本企业工作而引起的，本人愿意负责，我要赔得明明白白。

黄某称：之前他没有从事过高含尘量的工种，肺部从来没有出现过疼痛症状。由于徐某的公司在招聘黄某时没有进行职业健康体检，无法证明黄某在进厂前就患有尘肺；即使徐某公司的工作场所粉尘符合国家有关标准，对黄某确诊为尘肺也要依法保障黄某享有职业病人的待遇。

经过双方的多次协商，徐某的公司愿意对黄某的职业病承担责任。由于徐某的公司为职工办理了工伤保险，黄某应得到的赔偿大多由工伤保险基金支付。

问题：上述案件对职业病患者维权与用人单位维权有何借鉴？

【链接资源】

1. www.zybw.com 职业病网
2. www.gdpcc.com 广东省职业病防治院网
3. www.chinacdc.cn 中国疾病控制中心网

（撰稿人 肖鹏）

第四章 母婴保健法律制度

【教学目标】

通过学习本章,了解母婴保健法规定的母婴保健的基本内容及计划生育技术服务的法律规定,熟悉母婴保健的监督管理与法律责任。

【引导案例】

地中海贫血儿童引发的悲剧

刘某长期在广东中山某市场靠修鞋谋生,1998年与老乡陈某结为夫妻。2000年2月,大儿子出生,初为父母的欣喜还未好好体验,儿子便被查出地中海贫血。按照医生的建议,2001年6月这对夫妇又生下第二个儿子,准备用脐带血救治大儿子。就在夫妻俩为筹集脐血移植手术费奔波时,传来晴天霹雳——第二个儿子同样是地贫患者。陈某坦言:第一个孩子出生没有进行筛查,是因为不懂医学;而生下第二个孩子,则是抱着节省费用和侥幸的心理。为了给两个孩子治病,夫妇俩起早贪黑,省吃俭用,把钱都用于两个孩子的治疗。直到2004年,有一位小学生给媒体写信,两个孩子的不幸遭遇才被曝光。市红十字会、各爱心单位和个人,共计向刘某夫妇捐款一万多元,附近的街坊也多少会在摊位留下5元、10元、100元不等的爱心款,共计受助二万多元。2006年,大儿子去世,年仅6岁,2010年3月,小儿子也离开人世。为了这两个地贫儿,10年来,

夫妻俩几乎没睡过一个好觉,花在孩子治病的钱至少20万元。

【思考问题】

试分析上述家庭悲剧发生的主要原因。

第一节 概述

一、母婴保健法的概念和立法目的

母婴保健事业关系到人类的繁衍、生存和发展,关系到一个国家和民族的繁荣昌盛,保障母亲和儿童的健康权利是各国共同关心的社会问题,"儿童优先""母亲安全"已成为国际社会的共识,许多国家和地区都制定了母婴保健方面的法律。在我国,广义上的母婴保健法指由国家制定或认可的调整保障母亲和婴儿健康,提高出生人口素质所产生的各种法律关系的法律规范的总称;狭义上的母婴保健法仅指《中华人民共和国母婴保健法》。通常从广义上理解母婴保健法的概念。我国《母婴保健法》第一条明确规定了母婴保健法的目的是"为了保障母亲和婴儿健康,提高出生人口素质"。

二、我国母婴保健法的立法概况

母婴健康关涉到公民的基本人权,我国宪法第49条规定,"婚姻、家庭、母亲和儿童受国家的保护"。以宪法为依据,我国制定了一系列母婴保健法律、行政法规和部门规章,主要包括:《母婴保健法》(全国人大常委会1994年制定、2009年修订)、《母婴保健法实施办法》(国务院2001年制定)、《人口与计划生育法》(全国人大2001年制定)、《母婴保健医学技术鉴定管理办法》(卫生部1995年制定)、《产前诊断技术管理办法》(卫生部2002年制定)、《婚前保健工作规范》(卫生部2002年制定)、《孕前保健服务工作规范》(卫生部 2007 年制定)、《母婴保健监督员管理办法》、《计划生育技术服务管理条例》(国务院 2001 年制定)。

除了上述与母婴保健直接相关的法律法规之外,我国的《婚姻法》《劳动法》《妇女权益保障法》等法律均对保护妇女儿童健康权益作出了专门的规定,全国大部分的省级颁布了母婴保健的地方性法规①,同时国务院也先后出台了《中国妇女发展纲要》(2001—2010)、《中国妇女发展纲要》(2011—2020)、《中国儿童发展纲要》(2001—2010)、《中国儿童发展纲要》(2011—2020)等母婴保健和保护政策。

第二节 母婴保健的内容

我国《母婴保健法》关于母婴保健内容的规定包括三个主要方面:婚前保健、孕产期保健和婴儿保健。

一、婚前保健

根据《母婴保健法》第七条的规定,医疗保健机构应当为公民提供婚前保健服务,包括:婚前卫生指导、婚前卫生咨询和婚前医学检查。

(一)婚前卫生指导

婚前卫生指导指为公民提供性卫生知识、生育知识和遗传病知识的教育,具体包括:有关性卫生的保健和教育;新婚避孕知识及计划生育指导;受孕前的准备、环境和疾病对后代影响等孕前保健知识;遗传病的基本知识;影响婚育的有关疾病的基本知识;其他生殖健康知识。

(二)婚前卫生咨询

婚前卫生咨询指对公民有关婚配、生育保健等问题提供医学意见。医

---

① 如在广东省,1998 年 7 月 29 日广东省第九届人民代表大会常务委员会第四次会议通过了《广东省母婴保健管理条例》,并经 2004 年、2010 年两次修订。

师进行婚前卫生咨询时，应当为服务对象提供科学的信息，对可能产生的后果进行指导，并提出适当的建议。

（三）婚前医学检查

婚前医学检查指对准备结婚的男女双方可能患影响结婚和生育的疾病进行医学检查，包括对严重遗传性疾病、指定传染病和有关精神病进行检查[①]。检查方式包括询问病史、体格及相关检查，实施检查应当遵守卫生部婚前保健工作规范和遵照婚前医学检查项目。

1. 申请从事婚前医学检查的条件

申请从事婚前医学检查的医疗、保健机构应当具备下列条件：（1）分别设置专用的男、女婚前医学检查室，配备常规检查和专科检查设备；（2）设置婚前生殖健康宣传教育室；（3）具有符合条件的进行男、女婚前医学检查的执业医师。

从事婚前医学检查的医疗、保健机构，由其所在地设区的市级卫生行政部门进行审查，符合条件的，在其《医疗机构执业许可证》上注明。

2. 婚前医学检查证明

经婚前医学检查，医疗、保健机构应当向接受婚前医学检查的当事人出具婚前医学检查证明。婚前医学检查证明应当列明是否发现下列疾病：（1）在传染期内的指定传染病；（2）在发病期内的有关精神病；（3）不宜生育的严重遗传性疾病；（4）医学上认为不宜结婚的其他疾病。发现上述第（1）、（2）、（3）项疾病的，医师应当向当事人说明情况，提出预防、治疗以及采取相应医学措施的建议。当事人依据医生的医学意见，可以暂缓结婚，也可以自愿采用长效避孕措施或者结扎手术；医疗、保健机构应当为其治疗提供医学咨询和医疗服务。

3. 我国婚检制度的变迁

[①] 根据《母婴保健法》的规定，严重遗传性疾病，是指由于遗传因素先天形成，患者全部或者部分丧失自主生活能力，后代再现风险高，医学上认为不宜生育的遗传性疾病；指定传染病，是指《中华人民共和国传染病防治法》中规定的艾滋病、淋病、梅毒、麻风病以及医学上认为影响结婚和生育的其他传染病；有关精神病，是指精神分裂症、躁狂抑郁型精神病以及其他重型精神病。

1986年，卫生部、民政部共同颁布了《关于婚前健康检查问题的通知》，根据该《通知》要求，我国事实上开始实行强制婚检制度。1994年，《婚姻登记管理条例》颁布实施，根据该条例规定：在实行婚前健康检查的地方，实行强制婚检制度。1995年实施的《母婴保健法》以法律形式确立了强制婚检制度。2003年10月1日起施行的《婚姻登记条例》取消了1994年《婚姻登记管理条例》实行的关于结婚登记须提交婚前健康检查证明的规定，实际上等于实行自愿婚检。但《母婴保健法》仍要求"男女双方在结婚登记时，应当持有婚前医学检查证明或者医学鉴定证明"。从法理上说，《母婴保健法》作为上位法肯定实行强制婚检，因此不能认为婚姻登记中强制婚检已经被取消，但民政部门并不认为《母婴保健法》的规定适用于结婚登记，而是认为"如果结婚当事人从双方健康的角度考虑，可以自愿到医院检查身体"，因此在实践中，强制婚检制度客观上变为自愿婚检制度。

二、孕产期保健

医疗保健机构应当为育龄妇女和孕产妇提供孕产期保健服务，包括：母婴保健指导、孕产妇保健、胎儿保健和新生儿保健。

（一）母婴保健指导

1. 母婴保健指导的主要内容包括：对孕育健康后代以及严重遗传性疾病和碘缺乏病等地方病的发病原因、治疗和预防方法提供医学意见；为育龄妇女提供有关避孕、节育、生育、不育和生殖健康的咨询和医疗保健服务。

2. 医师对特定人群的医学释明义务

医师发现或者怀疑育龄夫妻患有严重遗传性疾病的，应当提出医学意见；限于现有医疗技术水平难以确诊的，应当向当事人说明情况。育龄夫妻可以选择避孕、节育、不孕等相应的医学措施。生育过严重遗传性疾病或者严重缺陷患儿的，再次妊娠前，夫妻双方应当到医疗、保健机构进行医学检查。医疗、保健机构应当向当事人介绍有关遗传性疾病的知识，给予咨询、指导。对诊断患有医学上认为不宜生育的严重遗传性疾病的，医

师应当向当事人说明情况，并提出医学意见。

(二) 孕产妇保健和胎儿保健

1. 孕产妇保健

孕产妇保健是指母婴保健机构为孕妇、产妇提供卫生、营养、心理等方面的咨询和指导以及产前定期检查等医疗保健服务，包括：(1) 为孕产妇建立保健手册（卡），定期进行产前检查；(2) 为孕产妇提供卫生、营养、心理等方面的医学指导与咨询；(3) 对高危孕妇进行重点监护、随访和医疗保健服务；(4) 为孕产妇提供安全分娩技术服务；(5) 定期进行产后访视，指导产妇科学喂养婴儿；(6) 提供避孕咨询指导和技术服务；(7) 对产妇及其家属进行生殖健康教育和科学育儿知识教育；(8) 其他孕产期保健服务。

对患有严重的妊娠合并症或者并发症、严重的精神性疾病或卫生部规定的严重影响生育的其他疾病以及接触物理、化学、生物等有毒、有害因素，可能危及孕妇生命安全或者可能严重影响孕妇健康和胎儿正常发育的孕妇，医疗、保健机构应当对其进行医学指导和必要的医学检查。

2. 胎儿保健

胎儿保健是指为胎儿生长发育进行监护，提供咨询和医学指导，主要是指胎儿产前诊断。

产前诊断包括对胎儿进行先天性缺陷和遗传性疾病的诊断，包括相应筛查。产前诊断技术项目包括遗传咨询、医学影像、生化免疫、细胞遗传和分子遗传等。

《母婴保健法》规定，经产前检查，医师发现或者怀疑胎儿异常的，应当对孕妇进行产前诊断；孕妇有下列情形之一的，医师应当对其进行产前诊断：(1) 羊水过多或者过少的；(2) 胎儿发育异常或者胎儿有可疑畸形的；(3) 孕早期接触过可能导致胎儿先天缺陷的物质的；(4) 有遗传病家族史或者曾经分娩过先天性严重缺陷婴儿的；(5) 初产妇年龄超过35周岁的。

经产前诊断，有下列情形之一的，医师应当向夫妻双方说明情况，并提出终止妊娠的医学意见：(1) 胎儿患严重遗传性疾病的；(2) 胎儿有严重缺陷的;(3)因患严重疾病,继续妊娠可能危及孕妇生命安全或者严重危害孕妇健康的。同时,根据卫生部《产前诊断技术管理办法》的规定,医疗保健机构出具的产前诊断报告,应当由2名以上经资格认定的执业医师签发,在发现胎儿异常的情况下,经治医师必须将继续妊娠和终止妊娠可能出现的结果以及进一步处理意见,以书面形式明确告知孕妇,由孕妇夫妻双方自行选择处理方案,并签署知情同意书。若孕妇缺乏认知能力,由其近亲属代为选择。涉及伦理问题的,应当交医学伦理委员会讨论。

医师违反产前诊断规则,导致孕妇伤亡或因未能及时终止妊娠而产下缺陷婴儿的,医疗机构应承担相应的民事责任。

3. 禁止非医学需要的胎儿性别鉴定

根据《母婴保健法》第32条及《人口与计划生育法》第35条的规定,严禁利用超声技术和其他技术手段进行非医学需要的胎儿性别鉴定,严禁非医学需要的选择性别的人工终止妊娠。对怀疑胎儿可能为伴性遗传病,需要进行性别鉴定的,由省级人民政府卫生行政部门指定的医疗、保健机构按照卫生部的规定进行鉴定。

4. 分娩

《母婴保健法》规定,国家提倡住院分娩。医疗、保健机构应当按照卫生部的技术操作规范,实施消毒接生和新生儿复苏,预防产伤及产后出血等产科并发症,降低孕产妇及围产儿发病率、死亡率。没有条件住院分娩的,应当由经县级地方人民政府卫生行政部门许可并取得家庭接生员技术证书的人员接生。高危孕妇应当在医疗、保健机构住院分娩。

医疗保健机构和从事家庭接生的人员按照卫生部的规定,出具统一制发的新生儿出生医学证明;有产妇和婴儿死亡以及新生儿出生缺陷情况的,应当向卫生行政部门报告。

三、新生儿保健

新生儿保健指为新生儿生长发育、哺乳和护理提供医疗保健服务。根据《母婴保健法实施办法》规定,医疗、保健机构有义务提供如下医疗保健服务:

（一）按照国家规定开展新生儿先天性、遗传性代谢病筛查、诊断、治疗和监测；

（二）按照规定进行新生儿访视，建立儿童保健手册（卡），定期对其进行健康检查，提供有关预防疾病、合理膳食、促进智力发育等科学知识，做好婴儿多发病、常见病防治等医疗保健服务；

（三）按照规定的程序和项目对婴儿进行预防接种（与此同时，婴儿的监护人应当保证婴儿及时接受预防接种）；

（四）国家推行母乳喂养，医疗、保健机构应当为实施母乳喂养提供技术指导，为住院分娩的产妇提供必要的母乳喂养条件，医疗、保健机构不得向孕产妇和婴儿家庭宣传、推荐母乳代用品。①

四、母婴保健医学技术鉴定

根据《母婴保健法》及其《实施办法》的规定，当事人对婚前医学检查、遗传病诊断、产前诊断结果有异议的，可以向依法设立的母婴保健医学技术鉴定委员会提出鉴定申请，由该委员会依法作出鉴定。

（一）母婴保健医学技术鉴定委员会

县级以上地方人民政府可以设立母婴保健医学技术鉴定委员会，负责对婚前医学检查、遗传病诊断和产前诊断结果异议的医学技术鉴定。母婴保健医学技术鉴定委员会分为省、市、县三级。

医学技术鉴定委员会的职责为：

（1）要求有关医疗保健机构提供有关资料（包括病案、各项检查、检验报告、所采用的技术方法等）的原始记录；

（2）要求当事人补充材料或者对有关事实情节进行复查；

（3）应当认真收集和审查有关资料，广泛听取各方意见，做好调查分析工作；

---

① 为了推行母乳喂养，《母婴保健法实施办法》第29条还规定，母乳代用品产品包装标签应当在显著位置标明母乳喂养的优越性。母乳代用品生产者、销售者不得向医疗、保健机构赠送产品样品或者以推销为目的有条件地提供设备、资金和资料。

(4) 应当以事实为依据,以科学为准则,自主发表医学技术鉴定意见,不受任何部门和个人的干预;

(5) 应当慎重作出医学技术鉴定结论。

(二) 母婴保健医学技术鉴定委员会成员的任职资格及聘任

母婴保健医学技术鉴定委员会成员必须具有临床经验和医学遗传学知识,具体而言应当符合下列任职条件:

(1) 县级母婴保健医学技术鉴定委员会成员应当具有主治医师以上专业技术职务;

(2) 设区的市级和省级母婴保健医学技术鉴定委员会成员应当具有副主任医师以上专业技术职务。

母婴保健医学技术鉴定委员会的组成人员,由卫生行政部门提名,同级人民政府聘任,并报上级卫生行政部门备案。

(三) 鉴定程序

当事人对婚前医学检查、遗传病诊断、产前诊断结果有异议,需要进一步确诊的,可以自接到检查或者诊断结果之日起15日内向所在地县级或者设区的市级母婴保健医学技术鉴定委员会提出书面鉴定申请。

母婴保健医学技术鉴定委员会进行医学鉴定时须有5名以上相关专业医学技术鉴定委员会成员参加。鉴定委员会成员应当在鉴定结论上署名;不同意见应当如实记录。鉴定委员会根据鉴定结论向当事人出具鉴定意见书。

母婴保健医学技术鉴定委员会应当自接到鉴定申请之日起30日内(如有特殊情况,最长不得超过90日)作出医学技术鉴定意见,并及时通知当事人。

当事人对鉴定意见有异议的,可以自接到鉴定意见通知书之日起15日内向上一级母婴保健医学技术鉴定委员会申请再鉴定。省级鉴定部门的鉴定结论为终级鉴定。

医学技术鉴定实行回避制度。凡与当事人有利害关系,可能影响公正鉴定的人员,应当回避。

第三节 母婴保健的监督管理与法律责任

一、卫生行政部门的监督管理职责

（一）国务院卫生行政部门及其职责

卫生部主管全国母婴保健工作，根据不同地区情况提出分级分类指导原则，对全国母婴保健工作实施监督管理。其主要职责包括：（1）制定母婴保健法及《实施办法》的配套规章和技术规范；（2）按照分级分类指导的原则，制定全国母婴保健工作发展规划和实施步骤；（3）组织推广母婴保健及其他生殖健康的适宜技术；（4）对母婴保健工作实施监督。

（二）县级以上卫生行政部门及其职责

县级以上地方卫生行政部门负责本行政区域内的母婴保健监督管理工作，履行下列监督管理职责：（1）依照母婴保健法和本办法以及国务院卫生行政部门规定的条件和技术标准，对从事母婴保健工作的机构和人员实施许可，并核发相应的许可证书；（2）对母婴保健法和本办法的执行情况进行监督检查；（3）对违反母婴保健法和本办法的行为，依法给予行政处罚；（4）负责母婴保健工作监督管理的其他事项。

二、母婴保健监督员

县级以上地方卫生行政部门可以设立母婴保健监督员。卫生行政管理人员或专业技术人员必须经母婴保健监督员资格考试合格，方可受聘为母婴保健监督员。母婴保健监督员在法定范围内，根据卫生行政部门或相应的监督管理机构交付的任务，行使下列监督职权：（1）监督检查《母婴保健法》和《实施办法》的执行情况；（2）对违反《母婴保健法》和《实施办法》的单位和个人提出处罚意见；（3）提出改进母婴保健工作的建议；（4）完成卫生行政部门交给的其他监督检查任务；（5）参与有关案件的处理。

卫生监督人员可以向医疗、保健机构了解情况，索取必要的资料，对母婴保健工作进行监督、检查，医疗、保健机构不得拒绝和隐瞒；卫生监督人员对医疗、保健机构提供的技术资料负有保密的义务。

卫生监督人员在执行职务时，应当出示证件。

三、对医疗保健机构及其医务人员的监管措施

从事遗传病诊断、产前诊断的医疗、保健机构和人员，须经省级卫生行政部门许可；从事婚前医学检查的医疗、保健机构和人员，须经设区的市级卫生行政部门许可；从事助产技术服务、结扎手术和终止妊娠手术的医疗、保健机构和人员以及从事家庭接生的人员，须经县级卫生行政部门许可，并取得相应的许可证书。

医疗、保健机构应当根据其从事的业务，配备相应的人员和医疗设备，对从事母婴保健工作的人员加强岗位业务培训和职业道德教育，并定期对其进行检查、考核。医师和助产人员（包括家庭接生人员）应当严格遵守有关技术操作规范，认真填写各项记录，提高助产技术和服务质量。

四、违反《母婴保健法》的法律责任

（一）行政责任

1. 医疗、保健机构或者人员未取得母婴保健技术许可，擅自从事婚前医学检查、遗传病诊断、产前诊断、终止妊娠手术和医学技术鉴定或者出具有关医学证明的，由卫生行政部门给予警告，责令停止违法行为，没收违法所得；违法所得 5000 元以上的，并处违法所得 3 倍以上 5 倍以下的罚款；没有违法所得或者违法所得不足 5000 元的，并处 5000 元以上 2 万元以下的罚款。

2. 从事母婴保健技术服务的人员出具虚假医学证明文件的，依法给予行政处分；有下列情形之一的，由原发证部门撤销相应的母婴保健技术执业资格或者医师执业证书：(1) 因延误诊治，造成严重后果的；(2) 给当事人身心健康造成严重后果的；(3) 造成其他严重后果的。

3. 违反本办法规定进行胎儿性别鉴定的，由卫生行政部门给予警告，

责令停止违法行为；对医疗、保健机构直接负责的主管人员和其他直接责任人员，依法给予行政处分。进行胎儿性别鉴定两次以上的或者以营利为目的进行胎儿性别鉴定的，并由原发证机关撤销相应的母婴保健技术执业资格或者医师执业证书。

(二) 刑事责任

根据《刑法》第335条的规定，取得相应资格证书的从事母婴保健的工作人员，由于严重不负责任，造成就诊人死亡或者严重损害就诊人身体健康的，构成医疗事故罪，处3年以下有期徒刑或者拘役。

根据《刑法》第336条规定，未取得母婴保健医师执业资格的人非法行医，情节严重的，处3年以下有期徒刑、拘役或者管制，并处或者单处罚金；严重损害就诊人身体健康的，处3年以上10年以下有期徒刑，并处罚金；造成就诊人死亡的，处10年以上有期徒刑，并处罚金。未取得医生执业资格的人擅自为他人进行节育复通手术、假节育手术、终止妊娠手术或者摘取宫内节育器，情节严重的，处3年以下有期徒刑、拘役或者管制，并处或者单处罚金；严重损害就诊人身体健康的，处3年以上10年以下有期徒刑，并处罚金；造成就诊人死亡的，处10年以上有期徒刑，并处罚金。

(三) 民事责任

母婴保健机构及其工作人员，在诊疗护理过程中，违反母婴保健法等法律、法规、部门规章、技术规范、操作规程等，过失造成患者损害的，应依照《侵权责任法》承担相应的民事责任。

第四节　计划生育技术服务法律制度

计划生育技术服务是指通过手术、药物、工具、仪器、信息和其他手段，有目的的调节人的生育行为，并围绕生育、节育、不育开展相关的生殖保健服务，包括计划生育技术指导、咨询以及与计划生育有关的临床医疗服务。我国《人口与计划生育法》第五章专章规定了计划生育技术服务。2001年6月13日，国务院公布《计划生育技术服务管理条例》，其目的在于提高公民生殖健康水平，保障出生婴儿健康。

一、公民避孕方法的知情选择权

避孕方法的知情选择权指国家通过提供计划生育和避孕方法的信息，介绍各种避孕方法的效果、优缺点，使需要采取避孕措施的育龄群众在充分避孕方法情况以及自身情况的基础上，自主、自愿而且负责任地作出决定，选择安全、有效、适宜的避孕措施。《计划生育技术服务管理条例》第3条规定，计划生育技术服务实行国家指导和个人自愿相结合的原则。公民享有避孕方法的知情选择权。国家保障公民获得适宜的计划生育技术服务的权利。公民避孕方法的知情选择权体现了国家对公民人权的尊重。

二、政府在计划生育技术服务方面的主要职责

《计划生育技术服务管理条例》规定：国务院计划生育行政部门负责管理全国计划生育技术服务工作，卫生部在各自的职责范围内，配合计划生育行政部门做好计划生育技术服务工作。

《人口与计划生育法》规定：各级人民政府应当采取措施，保障公民享有计划生育技术服务，提高公民的生殖健康水平。地方各级人民政府应当合理配置、综合利用卫生资源，建立、健全由计划生育技术服务机构和从事计划生育技术服务的医疗、保健机构组成的计划生育技术服务网络，改善技术服务设施和条件，提高技术服务水平。

《人口与计划生育法》第21条规定，实行计划生育的育龄夫妻免费享受国家规定的基本项目的计划生育技术服务。前款规定所需经费，按照国家有关规定列入财政预算或者由社会保险予以保障。

三、计划生育技术服务的范围

计划生育技术服务机构和从事计划生育技术服务的医疗、保健机构在各自的职责范围内承担计划生育技术服务，其服务范围主要包括：开展人

口与计划生育基础知识宣传教育;对已婚育龄妇女开展孕情检查、随访服务工作;承担计划生育、生殖保健的咨询、指导和技术服务;与计划生育有关的临床医疗服务。

(一)计划生育技术指导、咨询

计划生育技术指导、咨询主要包括:生殖健康科普宣传、教育、咨询;提供避孕药具及相关的指导、咨询、随访;对已经施行避孕、节育手术和输卵(精)管复通手术的,提供相关的咨询、随访。

(二)计划生育临床医疗服务

县级以上城市的计划生育技术服务机构在批准的范围内可以开展下列与计划生育有关的临床医疗服务:

1. 避孕和节育的医学检查;
2. 计划生育手术并发症和计划生育药具不良反应的诊断、治疗;
3. 施行避孕、节育手术和输卵(精)管复通手术;
4. 开展围绕生育、节育、不育的其他生殖保健项目。

乡级计划生育技术服务机构可以在批准的范围内开展下列计划生育技术服务项目:

1. 放置宫内节育器;
2. 取出宫内节育器;
3. 输卵(精)管结扎术;
4. 早期人工终止妊娠术。

四、计划生育技术服务机构与人员管理

(一)计划生育技术服务机构

从事计划生育技术服务的机构包括计划生育技术服务机构和从事计划生育技术服务的医疗、保健机构。

设立计划生育技术服务机构,由设区的市级以上地方计划生育行政部门批准,发给《计划生育技术服务机构执业许可证》,并在执业许可证上注明获准开展的计划生育技术服务项目。

从事计划生育技术服务的医疗、保健机构，由县级以上地方卫生行政部门审查批准，在其《医疗机构执业许可证》上注明获准开展的计划生育技术服务项目，并向同级计划生育行政部门通报。

计划生育技术服务机构从事产前诊断的，应当经省级计划生育行政部门同意后，由同级卫生行政部门审查批准，并报国务院计划生育行政部门和国务院卫生行政部门备案。

从事计划生育技术服务的机构使用辅助生育技术治疗不育症的，由省级以上卫生行政部门审查批准，并向同级计划生育行政部门通报。使用辅助生育技术治疗不育症的具体管理办法由国务院卫生行政部门会同国务院计划生育行政部门制定。

（二）计划生育技术服务人员的管理

计划生育技术服务人员中从事与计划生育有关的临床服务人员，应当依照《执业医师法》和国家有关护士管理的规定，分别取得执业医师、执业助理医师、乡村医生或者护士的执业资格，并在依法设立的机构中执业。

个体医疗机构不得从事计划生育手术。

计划生育技术服务人员必须按照批准的服务范围、服务项目、手术术种从事计划生育技术服务，遵守与执业有关的法律、法规、规章、技术常规、职业道德规范和管理制度。

复习思考题

1. 简述我国母婴保健法关于产前诊断的法律规定。
2. 简述违反《母婴保健法》的行政责任。
3. 简述公民避孕方法的知情选择权的内容。

【思考案例】

广州市 A 医院是经核准登记准予执业的非营利性医疗机构，诊疗科目包括优生学、生殖健康等。阳某曾于 2002 年 9 月生育一个先天愚型男孩，因再次怀孕，便于 2005 年 5 月 25 日到 A 医院处做产前诊断，临床分析：(1) 孕25周多；(2) 多次流产史及"先天愚型儿"生育史。A医院作出处理：(1) 行脐血管穿刺术；(2) 行胎血鉴定＋染色体检查。5月30日，A医院向阳某告知脐血染色体培养成功率及诊断准确率为98％，染色体核型分析只能检查出染色体数目或结构异常，而不能检出染色体上某个基因的改变，胎儿染色体核型正常不代表胎儿正常；母血细胞污染、病原体污染、个体差异、用药时间、水电或机械故障等，可导致细胞培养失败或影响结果的准确性。阳某确认对染色体检查的相关情况表示知情和理解，在《胎血染色体产前诊断知情同意书》上签名，并在A医院处做了脐血管穿刺术和胎血染色体检查。A医院出具的《染色体报告单》和《血红蛋白电泳报告》显示：对阳某的穿刺手术取得纯胎血，且核型检查未见染色体数目异常。2005年8月26日，阳某在湖南省某镇医院产下一个男婴。后经湖南湘雅医院细胞遗传学检查，男婴染色体众数分析是46，核型分析是46．xy－21＋rob（21，21），为"21三体"唐氏综合征（先天愚型）。广州市某临检中心的检查结论与湖南湘雅医院一致。阳某与丈夫认为A医院对其生育产前诊断存在过错、使其错误选择生育，遂向法院提起诉讼，要求A医院赔偿各项损失共计400余万元。诉讼中，A医院向法院申请对其医疗行为是否存在过错进行司法鉴定。法院告知医院在指定的举证期限内进行医疗事故技术鉴定，但医院并未在指定的举证期限内提起医疗事故技术鉴定。

请问：

1. 你认为A医院应当承担赔偿责任吗？为什么？

【链接资源】

1. www.moh.gov.cn 卫生部网站
2. www.chinacourt.org 中国法院网
3. www.chinapop.gov.cn 国家人口和计划生育委员会网站

（撰稿人 李平龙）

第五章 公共卫生监督管理法律制度

【教学目标】

通过本章学习,熟悉公共场所卫生质量的法律要求及其法律责任、学校卫生工作的要求及其法律责任、生活饮用水卫生要求及其法律责任,掌握放射卫生防护管理的要求及其法律责任、突发公共卫生事件的应急处理措施、医疗卫生机构及其有关单位和个人的职责、违反相关要求的法律责任。

第一节 公共场所卫生法律制度

【引导案例】

歌舞厅营业需要"卫生许可证"吗?[①]

某市卫生监督员盖某2003年1月9日检查某歌舞厅时发现该歌舞厅未取得"公共场所卫生许可证"而擅自营业,在调查后确认该事实的情况下,对当事人当场作出罚款800元的处罚决定。歌舞厅经理认为歌舞厅又

[①] 丁朝刚:《卫生法学案例分析》,西南师范大学出版社2008年版,第72页。

不是饭店,根本不需要"卫生许可证",同时称歌舞厅属于特种行业,卫生监督员无权管理,因此拒不缴纳罚款。

问题:

1. 歌舞厅是否属于需要办理"公共场所卫生许可证"才能经营的场所?
2. 卫生监督员对歌舞厅当场作出罚款800元的决定是否合法?

一、公共场所的范围

公共场所是指为了满足人们对生活、文化、人际交往的需要而设立的、供公众共同使用的具有一定封闭性的社会公共设施。按照《公共场所卫生管理条例》的规定,我国公共场所范围包括如下七类:

1. 宾馆、饭馆、旅店、招待所、车马店、咖啡馆、酒吧、茶座;
2. 公共浴室、理发店、美容店;
3. 影剧院、录像厅(室)、游艺厅(室)、舞厅、音乐厅;
4. 体育场(馆)、游泳场(馆)、公园;
5. 展览馆、博物馆、美术馆、图书馆;
6. 商场(店)、书店;
7. 候诊室、候车(机、船)室、公共交通工具。

二、公共场所卫生的法律要求

公共场所具有公共性、流动性、固定性等特点,场所极易受到污染而损害公众健康,因此政府制定了《公共场所卫生管理条例》以加强对公共场所卫生质量的管理,提高公共场所的卫生质量。《公共场所卫生管理条例》对公共场所卫生的要求包括:

1. 公共场所选址、设计、装修应当符合国家卫生标准和卫生规范要求;
2. 公共场所使用的装饰、装修材料应当符合国家标准和规范要求,进行室内整体装饰装修期间不得营业,装修后空气质量经检测合格,方可经营;公共场所局部装修、装饰期间,经采取有效措施,非装饰、装修区

域室内空气质量合格的,可正常营业;

3. 公共场所的基本卫生质量要求建筑物选址合理、卫生设施完备、采光照明良好、微小气候适宜、空气质量优良、环境安静整洁、公共物品清洁、卫生制度健全、从业人员健康、个人卫生讲究。

三、公共场所的卫生管理

公共场所卫生管理是指公共场所的主管部门和经营单位要加强自身的卫生管理,并按照规定做好以下工作:

1. 建立卫生管理制度

公共场所主管单位或经营单位应当建立卫生管理制度,配备专职或者兼职卫生管理人员,对所属经营单位包括个体经营者的卫生状况进行经常性检查,并提供必要条件。

2. 进行卫生知识培训和考核

公共场所经营单位应当定期对本单位的从业人员进行卫生知识的培训和考核工作。

3. 从业人员持证上岗

公共场所直接为顾客服务的人员应持有健康合格证。患有痢疾、伤寒、病毒性肝炎、活动性肺结核、化脓性或者渗出性皮肤病以及其他有碍公共卫生的疾病,治愈前不得从事直接为顾客服务的工作。

4. 经营单位须取得卫生许可证后方可向工商行政管理部门申请登记开业

经营单位取得的公共场所卫生许可证两年复核一次。

5. 事故报告制度

公共场所因不符合卫生标准和要求造成危害他人或者公众健康事故的,经营单位应妥善处理,并及时报告卫生防疫机构。

四、公共场所卫生监督

(一) 公共卫生监督机构及其职责

各级卫生防疫机构负责管辖范围内的公共场所卫生监督工作。民航、

铁路、交通、厂（场）矿卫生防疫机构对管辖范围内的公共场所实行卫生监督，并接受当地卫生防疫机构的业务指导。

卫生防疫机构对公共场所的卫生监督职责包括：

1. 对公共场所进行卫生检测和卫生技术指导，管理核发公共场所卫生许可证；

2. 监督从业人员健康检查，指导有关部门对从业人员进行卫生知识的教育和培训；

3. 对新建、改建、扩建的公共场所选址和设计进行卫生审查，并参加竣工验收；

4. 对公共场所发生的危害健康的事故进行调查处理，并对责任单位和个人进行处罚。

（二）公共场所卫生监督员及其职责

卫生防疫机构根据需要设立公共场所卫生监督员，执行卫生防疫机构交给的任务。公共场所卫生监督员由同级人民政府发给证书，民航、铁路、交通、工矿企业卫生防疫机构的公共场所卫生监督员，由其上级主管部门发给证书。

卫生监督管理员有权对公共场所进行现场检查，索取有关资料，经营单位不得拒绝或隐瞒，卫生监督员对所提供的技术资料有保密义务，卫生监督员在执行公务时，需佩戴证章，出示证件。

五、违反公共场所卫生要求的法律责任

（一）民事责任

违反《公共场所卫生管理条例》规定，造成危害公民健康事故或中毒事故的，经营单位或个人依法应对受害者赔偿损失。

（二）行政责任

凡有下列行为之一的单位或个人，卫生防疫机构可以根据情节轻重给予警告、罚款、停业整顿、吊销卫生许可证的行政处罚：

1. 公共场所卫生质量不符合国家卫生标准和要求而继续营业的；

2. 未获得健康合格证而从事直接为顾客服务工作的;

3. 拒绝卫生监督的;

4. 未取得卫生许可证擅自营业的。

公共场所卫生监督机构和卫生监督员玩忽职守、滥用职权、收受贿赂尚不构成犯罪的,由上级主管部门给予直接责任人员行政处分。

(三) 刑事责任

违反《公共场所卫生管理条例》致人伤残或死亡,构成犯罪的,应当追究直接责任人员的刑事责任。

公共场所卫生监督机构和卫生监督员玩忽职守、滥用职权、收受贿赂构成犯罪的,依法追究直接责任人员的刑事责任。

第二节 学校卫生法律制度

【引导案例】

学生午餐中毒谁负责[①]

某镇第一小学为方便学生午间管理,从 2000 年 9 月 1 日开始每月向每名学生收取 180 元午餐费,在中午统一为学生配发午餐,午餐由镇里一家名为"好又来"的饭店提供。2001 年 4 月 15 日该小学 302 名学生吃完学校统一配发的午餐(均为芹菜牛肉、白菜、芸豆、米饭)后 1 小时左右开始陆续出现恶心、呕吐、腹痛、腹泻等症状。经及时治疗,302 名学生于 2001 年 4 月 18 日全部好转出院。卫生行政部门在接到食物中毒报告后立即组织卫生监督员和检验员赶到现场调查取证。在一份混合午餐(芹菜牛肉、白菜、芸豆、米饭)中检出大肠杆菌,同时对提供午餐的"好又来"饭店进行流行病学调查,发现:在加工学生午餐的操作间里盛器、

---

① 丁朝刚:《卫生法学案例分析》,西南师范大学出版社 2008 年版,第 63 页。

刀、砧生熟部分交叉感染,无消毒设施和措施。对饭店操作间采样 10 件,其中大肠杆菌显示阳性的有 8 件。事后 302 名学生于 2001 年 5 月 2 日集体提出诉讼,要求学校赔偿 3.85 万元人民币。而学校认为食物不是自己生产的,在食物中毒事件中不存在过错,所以,不应该承担法律责任。

请问:该小学对学生食物中毒是否应承担法律责任?

一、学校卫生法律制度概述

新中国成立以来,政府及其相关部门颁布了多个学校卫生工作的规范性文件,制定了一系列关系青少年健康成长的卫生标准。1990 年 6 月 4 日颁布的《学校卫生工作条例》,对学校卫生工作的一系列问题作了明确规定。

二、学校卫生的主要内容

《学校卫生工作条例》对学校卫生工作的内容作出明确的规定,概括起来主要有如下几个方面。

(一)教学过程卫生

1. 教学和作息时间

教学过程要严格遵守卫生保健原则,根据学生年龄,合理安排教学进度和作息时间,使学生的学习能力能保持在最佳状态。我国教育部和卫生部联合规定:学生每日学习时间(包括自习),小学不超过 6 个学时,中学不超过 8 个学时,大学不超过 10 个学时。学校还必须保证学生有课间休息时间,课间休息时间应当至少保持 10 分钟。

2. 劳动卫生

学校应当根据学生的年龄,组织学生参加适当的劳动,安排适当的劳动工种和劳动量。对参加劳动的学生,要进行安全生产教育,严格遵守操作规程。

学校要采取必要的安全和卫生防护措施。普通中小学校组织参加劳动,不得让学生接触有毒有害物质或者从事不安全工作作业,不得让学生参加夜班劳动。普通高等学校、中等专业学校、技工学校、农业学校、职业中学学生参加生产劳动，接触有毒有害物质的，按照国家规定，提供保健待遇。学校应当定期对他们进行体格检查，加强卫生防护。

3. 体育卫生

学校保证学生每天至少有一个小时的体育活动时间，体育及格率在85%以上。学校要根据学生的生理承受能力和体质健康状况，合理安排适合学生的运动项目和运动强度，防止发生伤害事故。还应注意女学生的生理特点，给予必要的照顾。

（二）教学设施卫生

学校在新建、改建、扩建校舍时，选址、设计应当符合国家的卫生标准，并取得当地卫生行政部门的许可，竣工验收应当有当地卫生行政部门参加。学校教学建筑、环境噪声、室内微小气候、采光、照明等环境质量以及黑板、课桌椅的设置应当符合国家标准。学校应当按照有关规定为学生提供充足的符合卫生标准的饮用水。学校体育场地和器材应当符合卫生和安全要求。

（三）学生卫生保健

1. 开展健康教育

学校应当把健康教育纳入教学计划。普通中小学必须开设健康教育课，普通高等学校、中等专业学校、技工学校、农业中学、职业中学应当开设健康教育选修课或者讲座。学校应当开展学生健康咨询活动。通过有目的、有计划地向在校学生传授卫生保健知识和技术，强化卫生意识，树立卫生观念，提高自我保健能力。

2. 开展健康检查

学校应当根据条件定期对学生进行健康检查。有条件的应每年对中、小学生作一次体检，暂时无条件的地区可在学生进入初小、高小及初中时，各进行一次，初中及高中毕业时再进行一次。大学要认真做好新生入学体检复查工作。学校应建立学生健康管理制度，建立学生体质健康卡片，纳入学生档案。对体格检查中发现学生有器质性疾病的，学校应当配

合学生家长做好转诊治疗。对残疾、体弱学生，学校要加强照顾，做好心理卫生工作。

（四）学校饮食卫生

学校食堂的卫生管理，必须坚持预防为主的方针，实行卫生行政部门监督指导、教育行政部门管理督查、学校具体实施的工作原则。各级教育行政部门应将食品卫生安全管理工作纳入对学校的考核指标，学校应建立主管校长负责制，配备专职的食品卫生管理人加强学校食堂的卫生管理，防止食物中毒或者其他食源性疾病事故发生。

（五）疾病预防

学校要建立、健全本单位传染病等突发公共卫生事件的发现、收集、汇总与报告管理工作制度，指定专人或兼职教师负责本单位传染病疫情等突发公共卫生事件、因病缺勤等健康信息的收集、汇总和报告工作。

三、学校卫生工作管理

教育行政部门负责学校卫生工作的行政管理，卫生行政部门负责对学校卫生工作监督指导。县级以上卫生行政部门对学校卫生工作行使监督权，包括对校舍的选址、设计，影响学生健康的学习、生活、劳动环境、食品等方面的卫生、传染病防治工作，以及对学生使用的文具、保健用品等实行卫生监督。

普通高等学校、中等专业学校、技工学校和规模较大的农业中学、职业中学、普通小学可以设立学校卫生管理机构。普通高等学校设校医院或卫生科；城市普通中、小学、农村中心小学和普通中学设卫生室，并按学生人数600:1的比例配备专职卫生技术人员；中等专业学校、技工学校、农业中学、职业中学可根据需要，配备专职卫生技术人员，学生人数不足600人的学校，可以配备专职或兼职保健教师，开展学校卫生工作。

四、法律责任

对于违反《学校卫生工作条例》的单位或个人，应当承担如下法律责任：

1. 未经卫生行政部门许可新建、改建、扩建校舍的,由卫生行政部门对直接责任单位或个人给予警告并责令停止施工或者限期整改;

2. 学校环境设施不符合国家有关标准的,由卫生行政部门对直接责任单位或个人给予警告并责令限期改进;情节严重的,可以同时建议教育行政部门给予行政处分;

3. 在组织学生参加劳动时违反学校卫生有关规定致使学生健康受到损害的,由卫生行政部门对直接责任单位或个人给予警告,责令限期改进;

4. 供学生使用的文具、娱乐玩具、保健品,不符合国家有关卫生标准的,由卫生行政部门对直接责任单位或个人给与警告;情节严重的,可以会同工商行政部门没收其不符合国家卫生标准的物品,并处以非法所得两倍以下罚款;

5. 拒绝学校卫生监督员依照《学校卫生工作条例》实施卫生监督的,由卫生行政部门对直接责任单位或个人给与警告;情节严重的,可以建议教育行政部门给予行政处分或处以 200 元以下的罚款。

第三节　生活饮用水法律制度

【引导案例】

变质的井水[1]

2000 年 4 月 14 日,某家具有限公司为方便处理废硝基稀料(俗称香蕉水),将 2 桶约 0.5 吨废香蕉水免费送给原本厂员工常某。常某将香蕉水带回家中,埋在自己预先挖好的自留地坑里。2000 年 5 月,由于木桶破裂造成两桶香蕉水泄露,香蕉水经地下水渗透到邻居王某家的井水中,致使王某家的井水不能使用。在王某与常某多方交涉无果的情况下,王某

---

[1] 王立:《环境污染损害索赔》,中国检察出版社 2005 年版。

向市环保局投诉,要求常某给予4000元的经济赔偿。环保局调查取证后,分析结果为:王某家的井水化学耗氧量浓度达到4040mg/L,油的浓度达56mg/L,严重超过生活用水标准。于是环保局对常某作出如下处罚:第一,罚款5000元;第二,赔偿王某各项损失3000元;第三,负责将王某家的井水抽干换水,直至井水各项指标达到生活用水的标准为止。

问题思考:该案中常某处置香蕉水的做法是否妥当?

一、饮用水卫生的立法概述

饮用水是人类生活中至关重要的必需品,饮用水的卫生质量直接关系到广大群众的身体健康。新中国建立以来,我国先后制定颁布了《生活饮用水卫生规程》《生活饮用水卫生标准》以及《城市供水条例》,《中华人民共和国传染病防治法》也对供水单位供应的饮用水卫生标准作出了规定。

此后,卫生部、建设部颁布的《生活饮用水卫生监督管理办法》,标志着我国生活饮用水卫生监督管理进入了一个新的阶段。2001年6月7日卫生部颁布的《生活饮用水卫生规范》,对供水企业改进净水工艺和水质监测技术,提高生活饮用水水质起到积极的促进作用。

二、生活饮用水水质卫生要求

根据《生活饮用水卫生规范》的规定,生活饮用水卫生应符合以下基本要求:

1. 生活饮用水不得含有病原微生物;
2. 水中所含化学物质及放射性物质不得危害人体健康;
3. 水的感官性状良好;
4. 生活饮用水应经消毒处理,以保证微生物学指标符合标准要求。

三、生活饮用水卫生管理

根据《生活饮用水卫生监督管理办法》,生活饮用水的卫生管理应做到:

1. 供水单位供应的饮用水必须符合国家生活饮用水卫生标准;

2. 集中式供水单位必须取得卫生许可证，城市自来水供水企业和自建设施对外供水的企业必须取得《城市供水企业资质证书》方可供水；

3. 供水单位报建、改建、扩建的饮用水供水工程项目，应当符合卫生要求，选址和设计审查、竣工验收必须有建设、卫生行政主管部门参加。新建、改建、扩建的城市公共饮用水供水工程项目由建设行政主管部门负责组织选址、设计审查和竣工验收，卫生行政部门参加；

4. 供水单位应建立饮用水卫生管理规章制度，并配专职或兼职人员负责饮用水卫生管理；

5. 集中式供水单位必须有水质净化消毒设施及必要的水质检验仪器、设备和人员，对水质进行日常性检验，并向当地卫生行政部门和建设行政主管部门报送检测资料。城市自来水供水企业和自建设施对外供水的企业，其生产管理制度的建立和执行、人员上岗的资格和水质日常检测工作由城市建设行政主管部门负责管理；

6. 直接从事供、管水的人员必须取得体检合格证后方可上岗工作，并每年进行一次健康检查；直接从事供、管水的人员，未经卫生知识培训不得上岗工作；

7. 生产设计饮用水卫生安全产品的单位和个人，必须取得卫生许可批准文件后，方可生产和销售；

8. 饮用水水源地保护区内严禁修建任何可能危害水源水质卫生的设施及一切有碍水源水质卫生的行为；

9. 二次供水设施选址、设计、施工及所用材料，应保证不使饮用水水质受到污染，并有利于清洗和消毒；各类蓄水设施要加强卫生防护，定期清洗和消毒；

10. 当饮用水被污染可能危及人体健康时，有关单位或责任人应立即采取措施，消除污染，并向当地卫生行政部门和建设行政主管部门报告。

四、生活饮用水的卫生监督

（一）饮用水卫生行政监督机构

国家对供水单位和涉及饮用水卫生安全的产品实行卫生许可制度。县

级以上卫生行政部门负责本行政区域内饮用水卫生监督监测工作。饮用水卫生监督管理的对象包括：集中供水、二次供水单位，涉及饮用水卫生安全的产品。

(二) 卫生行政部门对饮用水卫生监督的职责

1. 对新建、改建和扩建的集中式供水项目，参加其项目选址、工程设计审查和竣工验收，并进行预防性卫生监督，办理供水单位的《卫生许可证》；

2. 对本行政区域内饮用水水源水质进行定期监测和评价，开展经常性卫生监督检测和卫生技术指导；

3. 负责本行政区域内饮用水污染事故对人体健康影响的调查，参与事故处理，控制疾病传播；

4. 对供水人员进行健康检查，指导卫生知识培训，核发《健康合格证》和开展培训考核工作；

5. 对涉及饮用水卫生安全产品，进行安全卫生评价，核发批准文件；

6. 对有关单位执行生活饮用水卫生法规、规章和标准情况进行监督检查，对违反规定的单位和个人进行行政处罚。

(三) 生活饮用水卫生监督员

县级以上卫生行政部门设饮用水卫生监督员，负责饮用水卫生监督工作；县级卫生行政部门可聘任饮用水卫生检查员，负责乡镇饮用水卫生检查工作。铁道、交通、民航的饮用水卫生监督员，可由其上级行政部门聘任并发给证书。

五、法律责任

1. 集中式供水单位安排未取得体检合格证的人员从事直接供、管水工作或安排患有有碍饮用水卫生疾病或病原携带者从事直接供、管水工作的，县级以上地方卫生行政部门应当责令限期改进，并可对供水单位处以20元以上1000元以下的罚款。

2. 有下列情形之一者，县级以上卫生行政部门应当责令限期改进，并可处 20 元以上 5000 元以下罚款：

（1）在饮用水水质保护区内修建危害水源水质卫生的设施或进行有碍水源水质卫生的作业的；

（2）新建、改建、扩建的饮用水供水项目未经卫生行政部门参加选址、设计审查和竣工验收而擅自供水的；

（3）供水单位未取得卫生许可证而擅自供水的；

（4）供水单位供应的饮用水不符合国家规定的生活饮用水标准的；

（5）未取得卫生行政部门的卫生许可擅自从事二次供水设施清洗消毒工作的。

3. 生产或销售无卫生许可的涉及饮用水卫生安全产品的，县级以上卫生行政部门应当责令限期改进，并可处以违法所得 3 倍以下的罚款，但最高不超过 3 万元，或处以 500 元以上 1 万元以下的罚款。

4. 城市自来水供水企业和自建设施对外供水的企业，有下列行为之一的，由建设行政主管部门责令限期改进，并可处违法所得 3 倍以下的罚款，但最高不超过 3 万元，没有违法所得的可处以 1 万元以下的罚款。

（1）新建、改建、扩建的饮用水供水工程项目未经建设行政主管部门设计审查和竣工验收而擅自建设并投入使用的；

（2）未按规定进行日常性水质检验工作；

（3）未取得《城市供水企业资质证书》擅自供水的。

第四节 放射卫生监督管理制度

【引导案例】

致命的小石头[1]

2002 年 7 月 19 日，某市农民张某在市环境监测站宿舍工地干活，捡

---

[1] 王立：《环境污染损害索赔》，中国检察出版社 2005 年版。

到一个亮晶晶的小石头,便放进了上衣口袋。几小时后,出现恶心、呕吐等症状,十几天后便不明不白死去。没过几天,在他生病期间照顾他的父亲和弟弟也得了同样的"病"而相继去世,妻子也病得不轻。经过医务工作者的调查,才找到真正的病因。原来那个亮晶晶的小石头是废弃的钴60,其放射强度高到10居里,足以"照死人"。经过调查,这个废弃的放射源是属于市科委的。2002年1月,由于原驻地已划为市环境监测站宿舍,需要搬迁,科委打报告请示环保局,省环保局安排省放射环境管理站负责放射源的收储工作。3月20日,省放射环境管理站技术人员陈某、李某,准备对钴放射源进行倒装、储藏和运输。在"迁源论证会"上,当有人问到钴源数量时,钴源管理员贺某回答"4个"。到会的专家并没有收集这些钴源的其他相关资料就决定:3月26日由陈某、李某负责技术操作,贺某等人协助倒装。操作中,陈某发现钴源数量与贺某提供的情况有差别,其中之一颜色发暗,便向贺某问原因,贺某解释其中有一个是防止核泄漏的"堵头"。陈某、李某也未对钴源进行检测,随将钴源倒装封存。钴源被拉走,巨大的隐患却留下来。2003年1月初,张某的妻子将市科委、省放射环境管理站等单位推上被告席。张某的妻子诉称因被告没有管理、保管好钴60,致使张某误捡了钴源,导致其死亡,要求赔偿损失。2003年2月,市人民检察院向市人民法院提起诉讼,指控陈某、李某、贺某"在迁源工作中不负责任,不正确履行自己的职责",其行为构成玩忽职守罪。2003年4月6日,市人民法院开庭审理此案。法庭调查表明:市科委作为钴60放射源的拥有者,从1980年至1990年停止使用长达10年间,违反了《放射性同位素工作卫生防护管理办法》的有关规定,既没有办理登记、许可、注册、注销、退役手续及辐射防护评价工作,也没有建卡立薄、监督检查、严格管理,对有关资料缺乏妥善保存。这里钴60放射源处于"三无"状态:无账目、无档案、底数不清。在法庭上,任何人拿不出证据证明那只肇事源何时丢失,当然也无法证明肇事源是在何时失落的。2003年8月3日,市人民法院作出刑事判决,贺某因违反危险物品管理规定肇事罪判处2年有期徒刑,陈某、李某等人被宣告无罪。2003年8月23日法院作出民事判决,市科委和省放射源管理站共同承担赔偿总计70.52万元。

请问：1. 你认为法院的判决是否合法？
 2. 此案对你有何启发意义？

放射性同位素与射线装置，作为先进科学技术已广泛应用与人们的生产、生活各个领域。由于放射性同位素与射线的固有特点，决定了它能造福人类，若不注意防护也能伤害人体健康，因此必须借助立法，科学进行放射性卫生防护监督管理，保护从事放射性工作人员与广大公众的健康和安全，促进放射卫生事业的发展。

一、放射卫生许可登记制度

国家对放射工作实行卫生许可制度。凡申办放射工作卫生许可证的单位，必须具备下列条件：

1. 建设项目的放射防护设施，经省级卫生行政部门设计审查与竣工验收认可；

2. 有放射性核素准购批件；

3. 涉及放射性废水、废气、固体废物排放的，还应有经环境保护部门批准的环境影响评价文件；

4. 放射工作场所、设施及设备符合国家有关标准和放射防护要求；

5. 有必要的放射防护措施和防护检测仪器设备；

6. 从事放射工作的人员经健康检查，放射防护专业知识和相关法规知识培训合格，持有《放射工作人员证》；

7. 设置放射防护管理机构或组织，配备专职或兼职放射防护管理人员；

8. 从事食品辐照工作加工的单位和个人，必须按所在省级卫生行政部门制定的卫生许可证发放管理办法，取得食品卫生许可证和放射工作许可证方可开展工作；

9. 建立、健全放射防护责任制和放射防护规章制度；

10. 符合放射卫生法规、规章规定的其他要求。

符合上述条件的单位，经省级卫生行政部门审查合格，由卫生部门发

放放射工作卫生许可证。放射性工作单位取得行政许可证后,应于30日内到当地公安机关申请办理放射工作登记,逾期不办放射工作登记的,卫生许可证自动失效。单位取得放射工作卫生许可证后,方可从事许可证范围内的放射性工作。

二、放射工作卫生管理制度

(一) 放射性危险标志制度

《放射防护条例》第11条规定:"放射性同位素的生产、使用、贮存场所和射线装置的生产、使用、调试和维修场所"以及"在野外、室外从事放射工作时",必须画出安全防护区,并设置放射性标志。

(二) 放射性物质管理制度

1. 贮存管理

放射性核素不得与易燃、易爆、腐蚀性物品同库储存,不能超过储存场所防护设计的最大储量。储存场所必须采取有效的防火、防盗、防泄漏的安全防护措施和报警装置,并指定专人负责保管。储存、领取、使用、归还放射性核素时,要进行登记、检查,做到账物相符。

2. 运输管理

托运、承运、自行运输放射性核素时,按有关运输规定对所运货物进行包装,加贴放射性货包等级标志,并出具由检测机构签发的《放射性物质剂量检查证明书》,经承运单位检验无误后,才可办理运输手续。

3. 购销管理

任何单位和个人购置放射性核素时,事先在当地省级卫生行政部门办理准购批件,凭准购批件才能办理订货、购货及运货手续。销售单位要详细登记销售去向,并报省级卫生行政部门备案;禁止将其转让、调拨、出租给无卫生许可证的单位或个人。

4. 使用管理

放射性工作单位使用的含放射性核素设备或射线装置应定期进行稳定性检测和校正,凡安装、维修和更换与辐射源有关部件的设备,经检测机构确认合格后，方可启用。

（三）放射性产品管理制度

1. 生产单位首次生产放射防护器材或者含放射性产品的，应当进行检测。未经检测或者经检测不符合有关标准和卫生要求的放射防护器材与含放射性产品，不得生产、销售、进口与使用。有下列情况之一的，应当进行重新检测：已连续生产两年的产品；进口的每批产品；停产逾一年再投产的产品；设计、生产工艺和原料配比有改变的产品。

2. 对于新研制且结构复杂的放射防护器材，生产单位应当提供两个以上使用单位的试用报告，经检测机构检测，取得《检测报告单》后，方可定型生产、销售。

3. 伴生 X 射线电器产品、天然石材、建筑材料、含磷肥料及其他含放射性产品应当符合有关标准和卫生要求。

（四）放射治疗管理制度

对受检者和患者使用放射性同位素进行诊断、治疗、检查时，必须严格控制受照剂量，避免一切不必要的辐射。

（五）放射工作人员健康管理制度

1. 对已从事和准备从事放射工作的人员，必须接受体格检查，并接受放射防护知识培训和法规教育，合格者方可从事放射工作；

2. 放射工作单位必须严格执行国家对放射工作人员个人剂量监测和健康管理的规定。

（六）放射事故管理制度

发生放射事故的单位，必须立即采取防护措施，控制事故影响，保护事故现场，并向县以上卫生、公安部门报告。对可能造成环境污染事故的，必须同时向所在地环境保护部门报告。

三、放射防护监督管理制度

（一）监督机构及其责任

1. 县以上卫生行政部门负责本辖区内放射性同位素与射线装置的放

射防护监督，其主要职责是：

（1）负责对放射工作监督检查；

（2）组织实施放射防护法规；

（3）会同有关部门调查处理放射事故；

（4）组织放射防护知识的宣传、培训和法规教育；

（5）处理放射防护监督中的纠纷。

2. 各省级的环境保护部门对放射性同位素和含有放射源的射线装置在应用中排放放射性废水、废气、固体废物实施监督，其主要职责是：

（1）审批环境影响报告书；

（2）对废水、废气、固体废物处理进行审查和验收；

（3）对废水、废气、固体废物排放实施监督监测；

（4）会同有关部门处理放射性环境污染事故。

3. 县以上公安部门对放射性同位素应用中的安全保卫实施监督管理，主要职责是：

（1）登记放射性同位素和放射源；

（2）检查放射性同位素及放射源保存、保管的安全性；

（3）参与放射事故处理。

4. 放射防护监督员及其职责：

（1）县以上卫生行政部门设放射防护监督员。放射防护监督员由从事放射防护工作并具有一定资格的专业人员担任，由省级卫生行政部门任命。

（2）放射防护监督员有权按照规定对本辖区内放射工作进行监督和检查，并可以按照规定采样和索取有关资料，有关单位不得拒绝和隐瞒，对涉及保密的资料应当按照国家保密规定执行，并负有保密责任。

四、法律责任

1. 对违反《放射防护条例》的单位或者个人，县以上卫生行政部门可以视其情节轻重，给予警告并限期改进、停工或者停业整顿，或者处以罚款和没收违法所得，直至会同公安部门给予吊销其许可登记证。

2. 在放射性废水、废气、固体废物排放中造成环境污染事故的单位和个人，由省级环境保护部门，按照国家环境保护法规的有关规定处罚。

3. 发生放射事故的单位或者个人，应当赔偿受害者的经济损失及医学检查治疗费用，并支付处理放射事故的各种费用。但如果能够证明该损害是由受害人故意造成的，不承担赔偿责任。

4. 违反本条例而发生放射事故尚未造成严重后果的，可以由公安机关按照《治安管理处罚法》予以处罚；对造成严重后果，构成犯罪的，由司法机关依法追究刑事责任；利用放射性同位素或者射线装置进行破坏活动或者有意伤害他人，构成犯罪的，由司法机关依法追究刑事责任。

第五节　突发公共卫生事件应急法律制度

【引导案例】

2002年南京"9·14中毒事件"案[①]

2002年9月14日早上7点多，当许多人还沉浸在周末的睡梦中时，南京各主干道上已经是一片救护车和警车的呼叫声。汤山镇几百名群众因为食物中毒被送进医院，其中包括至少3所学校的住校生，很多人在送往医院时就已经死亡。中毒者都吃了一家名为"和盛豆业连锁店"的早餐。该连锁店主要业务都在汤山镇，共四家分店。

事故发生后，南京市成立了以市长为总指挥的现场指挥部，在第一时间内组织7支医疗队伍，35名专家赶赴现场，采取对症解毒、洗胃、血透等抢救措施，并动员500多名高素质的医务人员组成救护队伍进行抢救工作。中毒者及时被送往南京地方和部队的10家医院抢救，从发生中毒事件开始，当地派出所的警察立即对和盛豆业连锁店进行了控制，并对整

---

① 丁朝刚：《卫生法学案例分析》，西南师范大学出版社2008年版，第63页。

个汤山镇的水源——安基山水库也进行了严格地警戒，还控制了油店、粮店等场所。下午2点钟，所有的外来车辆一律被禁止进入汤山，除了急救车和特批车辆，汤山的车也一辆不许外出，南京市卫生监督部门和公安部门从中毒者所进食物中查出了"毒鼠强"成分。经警方78小时的连续奋战，此案告破，证实是人为投毒案，犯罪嫌疑人陈正平被抓获归案并交代了因生意竞争，心怀恨意而投毒作案的过程。此案共有395人中毒，死亡42人。

问题思考：

1. 该突发公共卫生事件南京市政府的处置是否得当？
2. 本案犯罪嫌疑人陈正平应承担何种法律责任？

一、突发公共卫生事件概述

（一）突发公共卫生事件的概念

突发公共卫生事件是指已经发生或者可能发生的、对公众健康造成或者可能造成重大损失的传染病疫情和不明原因的群体性疫病、重大食物中毒和职业中毒以及其他危害公共健康的突发公共事件。

突发性公共卫生事件具有以下主要特征：

1. 突发性：突然爆发，难以预测；
2. 公共性：在公共卫生领域发生；
3. 危害性：对公众健康可能或者已经造成严重损害。

凡具备以上三个特征的重大传染病疫情、群体性不明原因疾病、重大食物和职业中毒以及其他严重影响公众健康的事件，根据《突发性公共卫生事件应急条例》（以下简称《条例》）的规定，都属于突发公共卫生事件。

（二）突发公共卫生事件的分类

根据事件发生的性质和原因，突发公共卫生事件可分为四类。

1. 重大传染病疫情
2. 群体性不明原因疾病

群体性不明原因疾病是指在一定时间内，某个相对集中的区域内同时或者相继出现多个相同临床表现患者，且范围不断扩大、病例不断增加，又暂时不能明确诊断的疾病。这种疾病可能是传染病，可能是群体性癔病，也可能是某种中毒。

3. 重大食物中毒和职业中毒

重大食物中毒和职业中毒是指由于食品污染和职业危害等原因照成的人数众多或伤亡较重的中毒事件。

4. 其他严重影响公众健康的事件

其他严重影响公众健康的事件是指具有突发公共卫生事件特征，针对不特定的社会群体造成或可能造成社会公众健康严重损害，影响正常社会秩序的重大事件。

(三) 突发公共卫生事件应急处置原则

突发公共卫生事件应急处置要贯彻统一领导、分级负责、反应及时、措施果断、依靠科学、加强合作的原则。

1. 统一领导

统一领导是指在突发公共卫生事件应急处理的各项工作中，必须坚持由各级人民政府统一领导，成立应急指挥部，对处理工作实行统一指挥。各有关部门都要在应急指挥部的领导下，依照《突发公共卫生事件应急条例》的规定，开展各项应急处理工作。

2. 分级负责

分级负责是指全国性的突发公共卫生事件或跨省、直辖市、自治区的突发事件，由国务院设立全国突发事件应急处理指挥部，负责统一领导和指挥全国的应急处理工作；地方性突发事件，由省级人民政府设立突发事件应急处理指挥部，负责统一领导指挥行政区域内的应急处理工作。国务院有关部门和县级以上人民政府及其有关部门，应当建立严格的突发事件防范和应急处理责任制，切实履行各自的职责，保证突发事件应急处理工作的正常进行。

3. 反应及时、措施果断

反应及时、措施果断要求突发公共卫生事件发生之后，有关人民政府

要成立应急处理指挥部,决定是否启动应急处理预案等,有关部门应当及时作出反应,搜集、报告疫情及有关情况,立即组织调查,组织医疗队伍,积极开展救治,并向政府提出处理建议,采取果断措施,有效控制突发事件事态发展。

4. 依靠科学、加强合作

依靠科学、加强合作要求突发事件应急工作要尊重科学,各有关部门、学校、科研单位等要通力合作,实现资源共享,同时国家鼓励、支持开展突发公共卫生事件监测、预警、反应处理等有关技术的国际交流与合作。

二、突发公共卫生事件应急指挥机构

根据《突发公共事件应急条例》的规定,突发事件发生后,国务院设立全国突发事件应急处理指挥部,由国务院有关部门和军队有关部门组成,国务院主要领导人担任总指挥,负责对全国突发事件应急处理的领导、统一指挥。

省级人民政府成立地方突发事件应急处理指挥部,省级人民政府主要领导人担任总指挥,负责领导、指挥本行政区域内突发事件应急处理工作。

县级以上地方人民政府卫生行政主管部门,具体负责组织突发事件的调查、控制和医疗救治工作。县级以上地方人民政府有关部门,在各自的职责范围内做好突发事件应急处理的有关工作。

2003年10月,卫生部增设了卫生应急办公室。其职责如下:依法组织协调有关突发公共卫生事件应急处理工作;负责与突发公共卫生事件应急处理相关法律法规立法的起草工作;组织拟订有关突发公共卫生事件应急处理的方针、政策和措施;组建与完善公共卫生事件监测和预警系统;制定突发公共卫生事件应急预案,组织预案演练;组织对公共卫生和医疗救助专业人员进行有关突发公共卫生事件应急知识和处理技术的培训;指导各地实施突发公共卫生事件应急预案,帮助和指导各地应对其它突发事件的伤病救治工作;承办救灾、反恐、中毒、放射事故等重大安全事件中涉及公共卫生问题的组织协调工作；对突发重大人员伤亡事件组织紧急医疗救护工作。

三、突发公共卫生事件应急预案

（一）突发公共卫生事件应急预案的制定

突发公共卫生事件应急预案是经一定程序制定的处置突发公共卫生事件的事先方案。突发公共卫生事件应急预案分为两类：一是全国突发公共卫生事件应急预案，二是省级突发公共事件应急预案。卫生部按照分类指导、快速反应的要求制定全国突发公共卫生事件应急预案，报请国务院批准。省级人民政府根据全国突发公共卫生事件应急预案，结合本地实际情况制订本行政区域内突发公共卫生事件应急预案。

根据《突发公共卫生事件应急预案》的规定，卫生部制定的全国突发公共卫生事件应急预案应就不同性质的突发公共卫生事件制定不同的应急预案。对于省级制定的突发公共卫生事件应急预案，《突发公共卫生事件应急条例》要求：一是要根据全国突发事件应急预案，把全国应急预案作为制定本地区的基础指导；二是要结合本地实际情况，将带有普遍性的全国突发事件应急预案规定的制度、内容、程序、方法与本地的具体情况相结合，有针对地制定适合当地实际的突发事件应急预案。

（二）突发公共卫生事件应急预案的主要内容

全国突发事件应急预案应当包括以下主要内容：

1. 突发事件应急处理指挥部的组成和相关部门的职责；
2. 突发事件的监测与预警；
3. 突发事件信息的收集、分析、报告、通报制度；
4. 突发事件应急处理技术和监测机构及其任务；
5. 突发事件的分级和应急处理工作方案；
6. 突发事件预防、现场控制，应急设施、设备、救治药品和医疗器械以及其他物资和技术的储备与调度；
7. 突发事件应急处理专业队伍的建设和培训。

（三）突发公共卫生事件预防控制的相关措施

1. 开展突发公共卫生事件应急知识教育

地方各级人民政府应当依法做好传染病预防和其他公共卫生工作，防范突发事件的发生，县级以上各级卫生行政部门和其他有关行政部门，应当对公众开展突发公共卫生事件应急知识的专门教育，增强全社会对突发公共卫生事件的防范意识和应对能力。

2. 建立、完善监测预警系统

《突发公共卫生事件应急条例》规定：国家建立统一的突发事件预防控制体系。县级以上地方人民政府应当建立和完善突发事件监测预警系统，县级以上地方卫生行政部门应当指定机构负责开展突发事件的日常监测，并确保监测与预警系统正常运行。监测与预警工作应制定监测计划，科学分析，综合评价监测数据，对早期发现的潜在隐患以及可能发生的突发事件，应当依照条例规定的报告程序和时限及时报告。

3. 建立应急物资储备制度

县级以上各级人民政府应当开展防治突发公共卫生事件相关科学研究，建立突发事件应急流行病学调查、传染源隔离、医疗救护、现场处置、监督检查、监测检验、卫生防护等有关物资、设备、设施、技术与人才资源储备，所需经费列入本级政府财政预算；国家对边远贫困地区突发事件应急工作给予财政支持。

4. 加强医疗急救服务网络建设

县级以上各级人民政府应当加强急救医疗服务网络的建设，配备相应的医疗救治药物、技术、设备和人员，提高医疗卫生机构对各类突发事件的救治能力。设区的市级以上地方人民政府应当设置与传染病防治工作需要相适应的传染病专科医院，或者指定具备传染病防治条件和能力的医疗机构承担传染病防治任务。

四、突发公共卫生事件应急报告制度

（一）应急报告的主体

根据《突发公共卫生事件应急条例》（以下简称《条例》）的规定，报

告主体主要包括：

1. 县级以上各级卫生行政部门指定的开展突发公共卫生事件日常监测的机构；

2. 各级各类疾病预防控制、卫生监督、医疗、保健等与卫生有关的机构；

3. 突发公共卫生事件的发生单位、与群众健康和卫生保健工作有密切关系的机构或单位；

4. 卫生行政主管部门；

5. 县级以上各级人民政府。

（二）突发公共卫生事件应急报告的范围

1. 发生或者可能发生传染病暴发、流行的；

2. 发生或者发现不明原因的群体性疾病的；

3. 发生传染病菌种、毒种丢失的；

4. 发生或者可能发生重大食物中毒和职业中毒事件的。

（三）突发公共卫生事件应急报告的程序和时限

依照《条例》的规定，突发公共卫生事件监测机构、医疗机构和有关单位应当在2小时内向所在地县级以上卫生行政部门报告；接到报告的卫生行政部门应当在2小时内向本级人民政府报告，并同时向上一级卫生行政部门和卫生部报告。县级人民政府应当在接到报告后2小时内向上一级人民政府报告；设区的市级人民政府应当在接到报告后2小时内向省级人民政府报告。省级人民政府应当在接到报告后1小时内向卫生部报告。任何单位和个人对突发公共卫生事件不得隐瞒、缓报、谎报。

接到报告的地方人民政府、卫生行政主管部门在依照规定报告的同时，应当严肃对待突发事件报告，立即组织力量对报告事项调查核实、确认，采取必要的控制措施并及时报告调查情况。

（四）突发公共卫生事件通报制度

卫生部应当根据对报告事项调查的情况及时向国务院有关部门和省级人民政府主管部门及军队有关部门通报。

突发公共卫生事件发生地的省级卫生行政部门，应当及时向毗邻省级卫生行政部门通报。

接到通报的省级卫生行政部门必要时应当及时通知本行政区内医疗卫生机构。县级以上人民政府有关部门，当已经发生或者有可能发生引起突发公共卫生事件的情形时，应当及时向同级人民政府卫生行政部门通报。

(五) 突发公共卫生事件的信息发布制度

卫生部向社会发布突发公共卫生事件信息，必要时，可以授权省级卫生行政部门向本行政区域发布本行政区域内突发公共卫生事件信息。

五、突发公共卫生事件的应急处理

(一) 应急预案启动

突发公共卫生事件发生后，卫生行政部门应当组织专家对突发事件进行综合评估，初步判断突发事件的类型，提出是否启动突发事件应急预案的建议。在全国范围内或者跨省级范围内启动全国突发事件应急预案，由卫生部报国务院批准后实施。省级启动突发事件应急预案，由省级人民政府决定，并向国务院报告。

应急预案启动前，县级以上各级人民政府有关部门应当根据突发事件的实际情况，做好应急处理准备，采取必要的应急措施。

应急预案启动后，突发事件发生地的人民政府有关部门，应当根据预案规定的职责要求，服从突发事件应急处理指挥部的统一指挥，立即到达规定岗位，采取有关的控制措施。医疗卫生机构、监测机构和科学研究机构，应当服从突发事件应急处理指挥部的统一指挥，相互配合、协作，集中力量开展相关的科学研究工作。

(二) 应急处理措施

1. 进行事件调查

卫生部或者其他有关部门指定的专业技术机构，有权进入突发事件现场进行调查、采样、技术分析和检验，对地方突发事件的应急处理工作进行技术指导，有关单位和个人应当予以配合；任何单位和个人不得以任何理由予以拒绝。

2. 宣布法定传染病

卫生部对新发现的突发传染病，根据危害程度、流行强度，依照《传染病防治法》的规定及时宣布为法定传染病；宣布为甲类传染病的，由国务院规定。

3. 保证物质调配

突发公共卫生事件发生后，国务院有关部门和县级以上人民政府及其有关部门，应当保证突发事件应急处理所需的医疗救护设备、救治药品、医疗器械等物质的生产、供应；铁路、交通、民用航空行政主管部门应当保证及时运送。

4. 交通工具上的应急处置

交通工具上发现规定的需要采取应急控制措施的传染病病人、疑似传染病病人，交通工具负责人应当以最快的方式通知前方停靠站点，并向交通工具的运营单位报告。交通工具的前方停靠站点和运营单位应当立即向交通工具运行单位行政主管部门和县级以上人民政府卫生行政主管部门报告。卫生行政主管部门接到报告后，应当立即组织有关人员采取相应的医学处置措施。

交通工具上的传染病病人密切接触者，由交通工具停靠站点的县级以上各级卫生行政部门或者铁路、交通、民用航空行政主管部门，根据各自职责，依照传染病防治法律、行政法规的规定，采取控制措施。涉及国境口岸和出入境的人员、交通工具、货物、集装箱、行李、邮包等，需要采取传染病应急控制措施的，依照国境卫生检疫法律、行政法规的规定办理。

5. 人员和疫区的控制

突发事件应急处理指挥部根据突发事件应急处理的需要，可以对食物和水源采取控制措施；必要时，对人员进行疏散或者隔离，并可以依法对传染病疫区实行封锁。对传染病暴发、流行区域内的流动人口、突发事件发生地的县级以上人民政府应当做好预防工作，落实有关卫生控制措施；

对传染病病人和疑似传染病病人,应当就地隔离、就地观察、就地治疗;对需要治疗和转诊的,应当按照有关规定执行。

县级以上卫生行政部门应当对突发事件现场采取控制措施,宣传突发事件防治知识,及时对易受感染的人群和其他易受损害的人群采取应急接种、预防性投药、群体防护等措施。

(三)医疗卫生机构、有关单位和个人的职责

1. 医疗卫生机构的职责

医疗卫生机构应当对传染病做到早发现、早报告、早隔离、早治疗、切断传播途径,防止扩散。其职责包括:

(1)医疗卫生机构应当对因突发事件致病的人员提供医疗救护和现场救援,对就诊病人必须接诊治疗,并书写详细、完整的病历记录;对需要转送的病人,应当按照规定将病人及其病历记录的复印件转送至接诊的或者指定的医疗机构。

(2)医疗卫生机构内应当采取卫生防护措施,防止交叉感染和污染。

(3)医疗卫生机构应当对传染病病人密切接触者采取医学观察措施,传染病病人密切接触者应当予以配合。

(4)医疗机构收治传染病病人、疑似传染病病人,应当依法报告所在地的疾病预防控制机构。接到报告的疾病预防控制机构应当立即对可能受到危害的人员进行调查,根据需要采取必要的控制措施。

2. 街道、乡镇以及居(村)民委员会的职责

传染病暴发、流行时,街道、乡镇以及居民委员会、村民委员会应当组织力量,团结协作,群防群治,协助卫生行政主管部门和其他有关部门、医疗卫生机构做好疫情信息的收集和报告、人员的分散隔离、公共卫生措施的落实工作,向居民、村民宣传传染病防治的相关知识。

3. 个人的职责

在突发事件中需要接受隔离治疗、医学观察措施的病人、疑似病人和传染病病人密切接触者在卫生行政主管部门或者有关机构采取医学措施时应当予以配合;拒绝配合的,由公安机关依法协助强制执行。

六、法律责任

(一) 政府及相关部门不履行法定职责的法律责任

县级以上地方人民政府及其卫生行政主管部门未依照《条例》规定履行报告职责,对突发事件隐瞒、缓报、谎报或者授意他人隐瞒、缓报、谎报的,对政府主要领导人及其卫生行政主管部门主要负责人,依法给予降级或者撤职的行政处分;造成传染病传播、流行或者对社会公众健康造成其他严重危害后果的,依法给予开除的行政处分;构成犯罪的,依法追究刑事责任。

国务院有关部门、县级以上地方人民政府及其有关部门未依照《条例》规定,完成突发事件应急处理所需要的设施、设备、药品和医疗器械等物资的生产、供应、运输和储备的,对政府主要领导人和政府部门主要负责人依法给予降级或者撤职的行政处分;造成传染病传播、流行或者对社会公众健康造成其他严重危害后果的,依法给予开除的行政处分;构成犯罪的,依法追究刑事责任。

突发事件发生后,县级以上地方人民政府及其有关部门对上级人民政府有关部门的调查不予配合,或者采取其他方式阻碍、干涉调查的,对政府主要领导人和政府部门主要负责人依法给予降级或者撤职的行政处分;构成犯罪的,依法追究刑事责任。

县级以上各级人民政府卫生行政主管部门和其他有关部门在突发事件调查、控制、医疗救治工作中玩忽职守、失职、渎职的,由本级人民政府或者上级人民政府有关部门责令改正、通报批评、给予警告;对主要负责人、负有责任的主管人员和其他责任人员依法给予降级、撤职的行政处分;造成传染病传播、流行或者对社会公众健康造成其他严重危害后果的,依法给予开除的行政处分;构成犯罪的,依法追究刑事责任。

县级以上各级人民政府有关部门拒不履行应急处理职责的,由同级人民政府或者上级人民政府有关部门责令改正、通报批评、给予警告;对主要负责人、负有责任的主管人员和其他责任人员依法给予降级、撤职的行政处分;造成传染病传播、流行或者对社会公众健康造成其他严重危害后

果的,依法给予开除的行政处分;构成犯罪的,依法追究刑事责任。

(二) 医疗机构不履行义务的法律责任

医疗卫生机构有下列行为之一的,由卫生行政主管部门责令改正、通报批评、给予警告;情节严重的,吊销《医疗机构执业许可证》;对主要负责人、负有责任的主管人员和其他直接责任人员依法给予降级或者撤职的纪律处分;造成传染病传播、流行或者对社会公众健康造成其他严重危害后果,构成犯罪的,依法追究刑事责任:

1. 未依照本《条例》的规定履行报告职责,隐瞒、缓报或者谎报的;
2. 未依照本《条例》的规定及时采取控制措施的;
3. 未依照本《条例》的规定履行突发事件监测职责的;
4. 拒绝接诊病人的;
5. 拒不服从突发事件应急处理指挥部调度的。

(三) 单位或个人不履行义务的法律责任

在突发事件应急处理工作中,有关单位和个人未依照《突发公共卫生事件应急条例》的规定履行报告职责,隐瞒、缓报或者谎报,阻碍突发事件应急处理工作人员执行职务,拒绝国务院卫生行政主管部门或者其他有关部门指定的专业技术机构进入突发事件现场,或者不配合调查、采样、技术分析和检验的,对有关责任人员依法给予行政处分或者纪律处分;触犯《中华人民共和国治安管理处罚法》,构成违反治安管理行为的,由公安机关依法予以处罚;构成犯罪的,依法追究刑事责任。

(四) 扰乱社会和市场秩序的法律责任

在突发事件发生期间,散布谣言、哄抬物价、欺骗消费者,扰乱社会秩序、市场秩序的,由公安机关或者工商行政管理部门依法给予行政处罚;构成犯罪的,依法追究刑事责任。具体情形依照最高人民法院、最高人民检察院《关于办理妨害预防、控制突发传染病疫情等灾害的刑事案件具体应用法律若干问题的解释》的规定处理。

第五章
公共卫生监督管理法律制度

【思考案例】

四川资阳不明原因疾病案 ①

四川资阳市2005年7月陆续发生不明原因疾病死亡病例。自6月24日至7月21日，四川资阳市第一、二、三人民医院陆续收治了20例不明原因疾病。病人发病初期均出现高热、乏力，伴恶心、呕吐；后出现皮下淤血、休克等症状。截至7月21日，有9例病人经抢救无效死亡，1例病人出院，10例病人仍在住院治疗中。患者分布在资阳市雁江区，简阳市的12个乡镇15个村。病例呈散发，病例之间没有明显流行病学关联性。病人全部为农民，年龄在30至70岁之间。病人密切接触者中无人发病，没有发现传染现象。确切的病因还需要进一步查明，实验室监测工作正在进行中，对于发病的患者，当地政府采取了积极有效的控制措施，组织医疗力量，全力以赴救治，尽最大力量减少死亡。卫生部、农业部接到疫情报告后，及时派出联合专家组，赴四川协助当地开展医疗救治、流行病学调查及疫情控制处理工作。

问题：1. 本案属于突发性公共卫生事件吗？

2. 对于此类疫情，报告时限有何要求？

【链接资源】

1. www.court.gov.cn 最高人民法院网
2. www.moh.gov.cn 卫生部网
3. www.gdwst.gov.cn 广东省卫生厅网

（撰稿人 汪秋慧）

---

① 丁朝刚：《卫生法学案例分析》，西南师范大学出版社2008年版。

第六章　精神卫生法律制度

【教学目标】

通过学习本章：了解我国精神卫生立法的重要性及立法目的，精神病的预防，精神病司法鉴定程序等问题，熟悉精神病患者的保护与治疗的相关规定、精神病患者的权利保护。

【引导案例】

徐某是武汉钢铁集团下属炼铁厂保卫科的一名消防员。2003年始，因不满"同工不同酬"，徐某将工作单位告上法庭。一审败诉、二审驳回，从此他开始了不断上访的生涯。2006年12月30日，徐某父母在武钢公安分局及信访部门工作人员"不签就判刑""工作都保不住"的巨大压力下，最终在确认送儿子到精神病院治疗的文件上签字。自此，徐某被送进武钢职工二院精神科，开始四年多的"治疗"生涯。

2011年4月19日，徐某设法从武钢职工二院精神科的监护病房里逃脱之后，向广州各大媒体投诉，称自己多年坚持上访，遭到前上司、原单位的"迫害"，被非法收治在精神病院长达4年。

4月27日，徐某在做完采访节目后，在南方电视台大院内被7名操武汉口音的男子"掳走"。

4月30日，武钢集团及钢城公安分局通过新华网发布消息，称徐某正在医院接受治疗。这一材料声称，徐某曾在2006年12月到北京"搞爆炸",并最终被北京警方抓捕,并且,对其进行"精神病"收押治疗,系其父母确定并主动提出的结果。徐某父亲徐桂斌对多名记者强调:钢城公安分局在材料中所描述的"徐武涉嫌到北京搞爆炸"系刑讯逼供和人为造假的结果。

2011年6月10日,湖北省有关部门联合调查组说:经精神疾病专家组鉴定,武钢炼铁厂职工徐某"患有偏执性精神障碍,建议监护治疗,定期临床评估"。鉴于徐某监护人徐桂斌要求接徐某回家,武钢炼铁厂和武钢二医院表示尊重监护人意见,为徐某办理出院相关手续,徐武已出院。

【思考问题】

1. 上述案件中徐某因精神病被强制收治是否合法?
2. 如何防止公民"被精神病"而受到迫害?

第一节 概述

一、精神卫生问题

精神疾病是指在各种生物学、心理学以及社会环境影响,大脑功能活动发生紊乱,导致认识、情感、意识和行为等精神活动不同程度障碍的疾病。

对于精神卫生,WHO指出:"来自不同文化背景的学者对精神卫生进行了不同的定义。精神卫生的概念包括主观健康、感觉自我效率、自主性、感应性、代间依赖性以及个人智力和感情潜能的自我实现。从一种多文化的观点来看,几乎没有可能去全面定义精神卫生。然而业已普遍认同一致的是精神卫生是一个比没有精神疾病更为广泛的概念。"我国学者认为,精神卫生有广义与狭义之分,从广义上说精神卫生是指维护人类精神活动"处于身体上、心理上和社会上的完好状态或完全安宁"所进行的一切个人和群体的社会活动；狭义的精神卫生概念通常指为避免人的精神活动处于"精神障碍（或精神疾病）"状态所进行的相关活动。

根据 2001 年的世界卫生报告，全球大约有 4.5 亿人患有某种精神或行为障碍，但这些疾病被大大地轻视或忽略了，他们当中却仅有很少数人得到也只是最基本的治疗。[①] 精神卫生成为了一个全球性的重大公共卫生问题。WHO 从 1992 年起，将每年的 10 月 10 日定为"精神卫生日"，以期引起各国政府和民众对精神卫生的关注。

在我国，精神卫生问题是我国当前重要的公共卫生问题和突出的社会问题。在 WHO 1997 年北京年会上，上海医科大学精神病学教授顾牛范在其题为《中同的抑郁症》的报告中称："在 1300 万人口的上海市已存逾 75 万的各类精神、心理障碍症患者。他们大多是工作、学习、生活压力过大和超负荷运转的青年人，其中大学生中的发病率高达 25‰。"2005 年，卫生部《关于开展世界精神卫生日主题宣传活动的通知》中指出，我国精神卫生工作面临着巨大的挑战，精神疾病在我国疾病总负担中排名首位，约占疾病总负担的 20%。目前精神疾病患者约有 1600 万人，还有约 600 万癫痫患者，尤其值得关注的是，精神疾病所造成的负担正在以显而易见的势头增长，推算我国精神疾病负担到 2020 年将上升至疾病总负担的四分之一。

二、国外及我国精神卫生立法概况

（一）国外精神卫生立法概况

早在 1800 年，英国出台了《精神错乱者条例》，规定了对精神病人的收容、监护措施；1890 年该条例更名为《精神错乱条例》，增加了对病人以治疗代替惩罚、保护其基本权益等内容；1959 年该条例又修改更名为《精神卫生条例》。20 世纪 60 年代以后，随着人权运动的蓬勃兴起，精神病人的权益保障更加受到国际社会的关注，联合国及一些国际组织发表了

[①]《2001 年世界卫生报告 精神卫生：新的了解，新的希望》，人民卫生出版社 2001 年出版。

一系列精神卫生的宣言、声明或基本原则，主要有：1948年《世界人权宣言》（联合国大会）；1971年《精神发育迟滞宣言》（联合国大会）；1976年《残疾人权利宣言》（联合国大会）；1983年《夏威夷宣言》（世界精神病学会）；1989年《保障精神病人权利的声明》（世界精神病学会）；1989年《精神病人的人权宣言》（世界心理卫生联合会）；1991年《保护精神病患者和改善精神保健的原则》（联合国大会46/119决议）；1995年《精神卫生保健法——十项基本原则》（WHO精神卫生处）。

目前世界上已经有100多个国家颁布了精神卫生方面的法律，我国香港和台湾地区也颁布了精神卫生法。

（二）我国精神卫生立法概况

为加强精神病人的管理，保护精神疾病患者的合法权益，我国目前关于精神卫生的主要政策规定有：1987年卫生部、民政部、公安部联合发布了《关于加强精神卫生工作的意见》；1989年7月，最高人民法院、最高人民检察院、公安部、司法部、卫生部联合发布了《精神疾病司法鉴定暂行规定》；2001年召开的"第三次全国精神卫生工作会议"提出了"预防为主，防治结合，重点干预，广泛覆盖，依法管理"的精神卫生工作指导原则；2002年，卫生部等四部门联合发布了《中国精神卫生工作规划（2002—2010）》；2004年9月，国务院办公厅转发卫生部等7部委《关于进一步加强精神卫生工作指导意见》；2008年1月，卫生部等17个部门联合下发了《全国精神卫生工作体系发展指导纲要（2008—2015年）》。

在立法方面，我国于1985年开始由卫生部起草《精神卫生法》，数易其稿，并于2012年10月26日通过，自2013年5月1日起施行。而一些地方也已经出台了精神卫生地方性法规，如上海、宁波、杭州、北京、无锡、武汉等。此外，在刑法、刑事诉讼法、民法通则、治安管理处罚法等法律中，有一些关于精神病人保护和免责的规定。

三、精神卫生立法的目的

我国精神卫生立法的目的包括：

(一)保护、促进和改善公民的生活和心理健康

"对所有个人来说,精神、躯体和社会的健康是维持生命必不可少的组成部分。它们紧紧地相互交织和深深地相互依赖。"现代精神卫生立法的一个基本目标就是保护、促进和改善公民的生活和心理健康。

(二)保护精神疾病患者的基本人权

精神卫生立法本身并不能够保证对人权的尊重和保护。具有讽刺意味的是,在一些国家,尤其是那些法律已经多年没有得到更新的国家,精神卫生法导致的结果是对精神障碍患者权益的侵害,而非保护。因为许多精神卫生法最初制订的目的是保护公众不受精神障碍者"危害性"的影响并将这些患者同公众隔离开来,而不是保护其作为普通公民的权益。现代精神卫生立法的又一重要目标就是保护精神疾病患者的基本人权和其他合法权,如我国《精神卫生法》(2011年征求意见稿)第1条规定,精神卫生立法的宗旨是"维护和促进公民精神健康,预防精神障碍发生,促进精神障碍患者康复,规范精神卫生服务,保护精神障碍患者的合法权益"。

第二节 精神疾病的预防

精神卫生工作实行预防为主的方针,坚持预防、治疗和康复相结合的原则,建立政府组织领导、部门各负其责、全社会共同参与的机制。

一、精神卫生工作中的政府职责

卫生部主管全国的精神卫生工作。县级以上地方卫生行政部门主管本行政区域的精神卫生工作。县级以上民政、公安、教育、司法行政、人力资源社会保障等部门在各自职责范围内负责有关的精神卫生工作。

县级以上人民政府领导精神卫生工作,将其纳入国民经济和社会发展规划,建设和完善精神障碍的预防、治疗和康复服务体系;建立、健全精神卫生工作协调机制和工作责任制,对有关部门承担的精神卫生工作进行考核、监督。乡、镇人民政府或者街道办事处根据本地区的实际情况，组织开展预防精神障碍发生、促进精神障碍患者康复等工作。

县级以上地方人民政府及其有关部门应当组织开展精神卫生知识宣传，提高公民的精神卫生意识，倡导文明、健康、科学的生活方式，营造安全、和谐的社会环境。

各级人民政府和县级以上人民政府有关部门制定的突发事件应急预案，应当包括维护精神健康的内容。突发事件发生后，组织处置突发事件的人民政府应当根据突发事件的具体情况，组织开展心理援助工作。

二、精神卫生教育与宣传

县级以上地方人民政府及其有关部门应当组织开展精神卫生知识宣传，提高公民的精神卫生意识，倡导文明、健康、科学的生活方式，营造安全、和谐的社会环境。

国家鼓励和支持残疾人联合会、工会、共青团、妇女联合会、红十字会、科学技术协会等团体，针对不同人群，开展精神卫生知识宣传工作。村民委员会、居民委员会应当协助当地人民政府和政府有关部门组织开展社区精神健康指导、精神卫生知识宣传活动，举办社区文化、体育和娱乐活动，创建文明、和谐的社区环境。

用人单位应当组织开展文化、体育和娱乐活动，创造有益于员工身心健康、轻松快乐的工作环境。用人单位应当关注员工的精神健康情况，及时与员工交流思想、沟通情感，创造相互交流的环境，并在员工职业发展的特定时期，有针对性地开展精神健康教育。

各级各类学校应当对学生进行精神卫生知识教育，设立心理健康辅导室或者配备专职心理健康教育教师、辅导人员，对学生进行心理健康教育。发生自然灾害、意外伤害、公共安全等可能影响学生心理健康的突发事件时，学校应当及时组织精神卫生专业人员对学生进行心理援助。地方各级教育行政部门和学校应当对教师进行上岗前和在岗期间的精神卫生知识培训。学校和教师应当定期与学生父母或者其他监护人沟通学生精神健康情况。

医疗卫生机构应当组织医疗卫生人员学习精神卫生知识和相关法律、法规、政策。医务人员在疾病诊疗服务中,应当按照诊疗规范的要求,对就诊者进行心理健康指导。

监狱、劳动教养所、看守所、拘留所和强制隔离戒毒所等场所,应当对服刑人员、劳动教养、逮捕、拘留的人员以及强制隔离戒毒人员等,开展精神卫生知识宣传,关注其心理健康状况,必要时提供心理咨询。

广播电台、电视台、报刊社、互联网站等媒体应当开展精神卫生公益宣传。

第三节 精神疾病患者的保护与医疗

一、精神疾病患者的保护

精神疾病患者由于精神障碍,丧失了认识能力和判断能力,因而很容易或者很可能受到虐待或者权益遭到侵害。因而,如何保护精神疾病患者是精神卫生法的一个重要内容。对此,主要体现在对精神病患者行为能力的规定及其监护制度上。

(一) 精神疾病患者的行为能力

1. 精神疾病患者的民事行为能力

我国《民法通则》第13条规定:"不能辨认自己行为的精神病人是无民事行为能力人,由他的法定代理人代理民事活动。不能完全辨认自己行为的精神病人是限制民事行为能力人,可以进行与他的精神健康状况相适应的民事活动;其他民事活动由他的法定代理人代理,或者征得他的法定代理人的同意。"同时,《民法通则》第19条规定:精神病人的利害关系人,可以向人民法院申请宣告精神病人为无民事行为能力人或者限制民事行为能力人。

根据《民法通则》及《合同法》的相关规定,无民事行为能力人所独立实施的民事行为无效,限制民事行为能力人所为的民事行为属于效力待定民事行为,从而避免他人利用精神疾病患者认识能力和判断能力的欠缺损害其合法权益,以此保护精神疾病患者的合法权益。

2. 精神疾病患者的刑事责任能力

《刑法》第18条规定:"精神病人在不能辨认或者不能控制自己行为的时候造成危害结果,经法定程序鉴定确认的,不负刑事责任,但是应当责令他的家属或者监护人严加看管和医疗;在必要的时候,由政府强制医疗。间歇性的精神病人在精神正常的时候犯罪,应当负刑事责任。尚未完全丧失辨认或者控制自己行为能力的精神病人犯罪的,应当负刑事责任,但是可以从轻或者减轻处罚"。

3. 精神疾病患者的行政责任能力

《治安管理处罚法》第13条规定:精神病人在不能辨认或者不能控制自己行为的时候违反治安管理的,不予处罚,但是应当责令其监护人严加看管和治疗。间歇性的精神病人在精神正常的时候违反治安管理的,应当给予处罚。

(二)对精神疾病患者的监护

《民法通则》第17条规定:无民事行为能力或者限制民事行为能力的精神病人,由下列人员担任监护人:(一)配偶;(二)父母;(三)成年子女;(四)其他近亲属;(五)关系密切的其他亲属、朋友愿意承担监护责任,经精神病人的所在单位或者住所地的居民委员会、村民委员会同意的。对担任监护人有争议的,由精神病人的所在单位或者住所地的居民委员会、村民委员会在近亲属中指定。对指定不服提起诉讼的,由人民法院裁决。没有上述规定的监护人的,由精神病人的所在单位或者住所地的居民委员会、村民委员会或者民政部门担任监护人。

监护人应当履行监护职责,保护被监护人的人身、财产及其他合法权益,除为被监护人的利益外,不得处理被监护人的财产。监护人不履行监护职责或者侵害被监护人的合法权益的,应当承担责任;给被监护人造成财产损失的,应当赔偿损失。

监护人除应承担民法规定的监护职责外,在保护精神病人就医方面应做到：(1) 促使病人接受治疗，避免伤害他人或自己；必要时，依精神科医师诊断或精神疾病的司法鉴定结果，帮助病人办理住院。(2) 在病人住院期间，协助医务人员进行治疗，待病情稳定或康复时，依医师意见办理出院。(3) 病人出院后，协助其继续接受门诊、社区康复治疗及教育训练或就业辅导。①

二、精神疾患者的医疗

所有患精神疾病的人与其他病人一样，有权按相同的专业标准和道德标准接受治疗。精神医疗服务包括精神病医院的门诊、急诊、住院及多种形式的社会精神卫生服务。

（一）自愿治疗原则

精神疾病患者实行自愿治疗原则。《北京市精神卫生条例》规定，精神疾病患者自愿到医疗机构接受治疗的，由本人或者其监护人、近亲属办理就医手续。自愿住院接受治疗的精神疾病患者，可以自行决定出院；精神科医师认为不宜出院的，应当告知理由，由其监护人或者近亲属决定是否出院，并由医疗机构在病历中记录。实施精神障碍治疗措施，应当取得患者本人的同意；患者不能辨认或者不能控制自己行为的，应当取得其监护人的同意。

《精神卫生法》（征求意见稿）规定，精神障碍的住院治疗由患者自主决定。只有精神障碍患者不能辨认或者不能控制自己行为，且有伤害自身、危害公共安全或者他人人身安全、扰乱公共秩序危险的，才能对患者实施非自愿住院医疗。诊断结论表明精神障碍患者不需要住院治疗的，任何单位或者个人不得限制其离开医疗机构。诊断结论表明需要对精神障碍患者实施非自愿住院医疗的，由患者监护人办理住院手续。

在实践中，因精神疾病强制治疗之实行，常发生形形色色的"被精神病"现象，需要我们认真反思精神疾病强制治疗的制度架构，如强制治疗的情形、法律程序、被强制者本人及其监护人的异议权，当监护人与其他

---

① 吴崇其主编：《中国卫生法学》（第三版），中国协和医科大学出版社 2011 年版，第 185 页。

亲属意见发生冲突时,如何维护被强制治疗者利益等问题。

(二)社区康复

社会康复是指依靠社区的力量,包括精神疾病患者本身和家庭以及整个社区的力量,在力所能及的水平上采取各种措施,诸如医学的、家庭的、社会的康复,使多数精神疾病患者可以就近等到恢复和补偿功能,以增加其参与社会的能力。如《精神卫生法》(草案)规定,社区康复机构应当为需要康复的精神障碍患者提供场所和条件,对患者进行生活自理能力和社会适应能力等方面的康复训练。社区卫生服务机构或者乡、镇卫生院应当对出院的精神障碍患者进行定期随访,指导患者服药,开展康复训练,并对监护人进行精神卫生知识和看护知识的培训。社区康复机构安排精神障碍患者参加有利于康复的劳动,应当支付相应的报酬等。

第四节 精神疾病患者的权利

世界心理卫生联合会于1989年发布了为患精神疾病的人发布的人权宣言,即《卢克索尔人权宣言》,该宣言指出,"患精神疾病的人的基本权利应该与其他所有公民的基本权利一样"。这些权利包括:受尊重的权利,受到人道的合格治疗的权利,既要采用医疗上需要的技术,又要不过分强迫;不能因为社会经济的、文化的、民族的、种族的、宗教的、性别及年龄的不同而在公平的得到治疗或不公正的约束方面受到歧视;病人拥有得到自己临床病况的适当信息的权利;有隐私权和保密权;有保护私人财产的权利;有不受躯体或精神虐待的权利;不在医学上受到疏忽或放弃,同时有权接受治疗,包括住院治疗和依据医学、伦理学、法学意见而采取的安全措施;对于非自愿监护病人,有权得到公正的代理人,有权复查和上诉。

我国《精神卫生法》(2011年征求意见稿)第4条规定,精神障碍患者的人格尊严、人身安全等宪法规定的公民基本权利不受侵犯,享有的受教育、劳动、医疗、隐私、从国家和社会获得物质帮助等合法权益受法律

保护。精神障碍患者参加劳动,有权获得相应的报酬。第5条规定,全社会应当尊重、理解、关爱精神障碍患者。任何组织或者个人不得歧视、侮辱、虐待精神障碍患者,不得非法限制精神障碍患者的人身自由。

根据有关法律规定,精神病患者享有如下权利。

一、人身权和财产权

精神疾病患者与其他所有公民一样享有人身权和财产权,包括人格尊严不受侵犯、隐私权和保密权、有不受身体或精神虐待的权利、任何组织或者个人不得歧视、侮辱、虐待精神障碍患者、不得非法限制精神障碍患者的人身自由、精神疾病患者的私有财产不受侵犯。

对于隐私权,《北京市精神卫生条例》规定:政府部门、医疗机构、与精神卫生工作相关的其他单位及其工作人员应当依法保护精神疾病患者的隐私权。未经精神疾病患者或者其监护人、近亲属书面同意,不得对该精神疾病患者进行录音、录像、摄影或者播放与该精神疾病患者有关的视听资料。因学术交流等原因需要在一定场合公开精神疾病患者病情资料的,应当隐去能够识别该精神疾病患者身份的内容。

二、受教育和劳动权

精神疾病患者在受教育、参与社会活动、就业和获得劳动报酬等方面享有与其他公民一样的权利,精神障碍患者参加劳动,有权获得相应的报酬。我国《精神卫生法》(征求意见稿)规定,用人单位应当根据精神障碍患者的实际情况,安排其从事力所能及的工作,保障患者享有同等待遇;为精神障碍患者创造适宜的工作环境,对患者在工作中取得的成绩予以鼓励。

三、医疗权

《卢克索尔人权宣言》强调,所有患精神疾病的人与其他病人一样,有权按相同的专业标准和道德标准接受治疗。治疗应该在由社区作出评价和社区能够接受的设施中进行,并尽可能以引起最低限度的伤害和在尽可能少的约束下进行。治疗的实施应该给病人而不是给家庭、社区、专业人员或国家带来最大利益。对那些因病而削弱自我管理能力的病人的治疗应该包括旨在于恢复生活能力的心理康复,应该重视他们对住房、就业、交通、收入、信息以及出院后继续照顾的需要。

四、知情同意权

知情同意权是患者最基本的权利。对于精神疾病患者而言,知情同意权更具有重要的意义。

(一)知情权

精神疾病患者拥有得到自己临床病况的适当信息的权利。《精神卫生法》(征求意见稿)第36条规定:医疗机构及其医务人员应当遵循精神障碍诊断标准和治疗规范,制定周详的治疗方案,并向精神障碍患者及其监护人说明治疗方案及有关治疗方法、目的以及可能产生的后果。《北京市精神卫生条例》第43条规定:精神疾病患者及其监护人或者近亲属有权了解患者病情、诊断结论、治疗方法以及可能产生的后果。医疗或者教学机构需要精神疾病患者参与医学教学、科研或者接受新药、新治疗方法的临床试验的,应当书面告知本人或者其监护人、近亲属教学、科研和试验的目的、方法以及可能产生的后果,并取得精神疾病患者或者其监护人、近亲属的书面同意。

(二)同意权(自主决定权)

精神疾病患者实行自愿治疗原则。对此,上节有述,兹不赘述。除此之外,对于精神疾病患者进行手术,需要尊重其自主决定权。如《精神卫生法》(草案)规定:禁止对依照本法规定实施非自愿住院医疗的精神障碍患者及强制医疗的精神障碍患者实施精神外科手术。医疗机构对精神障碍患者实施下列治疗措施,应当取得患者本人的书面同意;患者不能辨认或者不能控制自己行为的,应当取得其监护人的书面同意并经本医疗机构伦理委员会批准:(1)导致人体器官丧失功能的非精神科手术;(2)与精神障碍治疗有关的实验性临床医疗。禁止对精神障碍患者实施与治疗其精神障碍无关的实验性临床医疗。

五、获得社会救助权

精神疾病患者大多属于社会弱势群体,经济困难,同时又需要支付各种医疗费用,通常需要社会的救助。

《精神卫生法》(征求意见稿)规定:精神障碍患者的医疗费用,按照国家有关社会保险的规定由基本医疗保险基金支付;对经济困难的严重精神障碍患者,所在地县级人民政府应当对其参加基本医疗保险给予资助。通过基本医疗保险支付医疗费用后仍有困难的,或者不能通过基本医疗保险支付医疗费用的,国家给予救助,具体办法由国务院财政部门会同国务院民政、人力资源社会保障、卫生等部门制定。对无劳动能力、无生活来源且无法定赡养、抚养、扶养义务人,或者其法定赡养、抚养、扶养义务人无赡养、抚养、扶养能力的精神障碍患者,县级或者设区的市级人民政府民政部门应当按照国家有关规定予以养护、救济。

第五节 精神疾病的司法鉴定

精神疾病司法鉴定,是指鉴定人运用现代医学手段和专业知识,对被鉴定人及其行为进行司法精神病学调查和分析,客观评价被鉴定人的精神状况和行为能力的科学技术工作。我国《司法鉴定执业分类规定》(试行)将"法医精神病鉴定"界定为:运用司法精神病学的理论和方法,对涉及与法律有关的精神状态、法定能力(如刑事责任能力、受审能力、服刑能力、民事行为能力、监护能力、被害人自我防卫能力、作证能力等)、精神损伤程度、智能障碍等问题进行鉴定。目前,关于精神疾病司法鉴定的规定主要是最高人民法院、最高人民检察院、公安部、司法部和卫生部联合发布的《关于精神疾病司法鉴定规定》(1989年8月1日起施行),《刑事诉讼法》及相关解释中也有部分内容。

一、精神疾病司法鉴定机构和司法鉴定人

(一) 精神疾病司法鉴定机构

《精神疾病司法鉴定管理办法》(1998年)规定，精神疾病司法鉴定必须在精神疾病司法鉴定指定医院中进行。但根据《全国人民代表大会常务委员会关于司法鉴定管理问题的决定》的规定，国家对从事法医类司法鉴定[①]业务的鉴定人和鉴定机构实行登记管理制度。

司法部《司法鉴定机构登记管理办法》第14条规定：法人或者其他组织申请从事司法鉴定业务，应当具备下列条件：（一）有自己的名称、住所；（二）有不少于二十万至一百万元人民币的资金；（三）有明确的司法鉴定业务范围；（四）有在业务范围内进行司法鉴定必需的仪器、设备；（五）有在业务范围内进行司法鉴定必需的依法通过计量认证或者实验室认可的检测实验室；（六）每项司法鉴定业务有三名以上司法鉴定人。

经审核符合条件的，省级司法行政机关应当作出准予登记的决定，颁发《司法鉴定许可证》；不符合条件的，作出不予登记的决定，书面通知申请人并说明理由。《司法鉴定许可证》是司法鉴定机构的执业凭证，司法鉴定机构必须持有省级司法行政机关准予登记的决定及《司法鉴定许可证》，方可依法开展司法鉴定活动。

根据上述规定，从事精神疾病司法鉴定业务的鉴定机构和鉴定人都应当实行登记，取得《司法鉴定许可证》方可从事相关鉴定活动。

《精神疾病司法鉴定管理办法》规定：符合下列条件的医院，可以成为精神疾病司法鉴定指定医院：（一）符合《医疗机构管理条例》及《医疗机构管理条例实施细则》的有关规定；（二）具有"司法精神病专业"诊疗科目；（三）省级人民政府卫生行政部门规定的其他条件。

那么，如何申请开设"司法精神病专业"诊疗科目呢？符合下列条件的医院，可以向省级人民政府卫生行政部门申请开设"司法精神病专业"

---

① 法医类鉴定，包括法医病理鉴定、法医临床鉴定、法医精神病鉴定、法医物证鉴定和法医毒物鉴定。

诊疗科目：（一）二级以上精神病专科医院或者设有精神科的三级综合医院；（二）设有司法精神病鉴定室、办公室、检查室、病案室等；（三）有不少于3名精神疾病司法鉴定人；（四）至少有一名具有精神科主任医师职务任职资格的精神疾病司法鉴定人；（五）省级人民政府卫生行政部门规定的其他条件。

申请精神疾病司法鉴定指定医院资格的医院，经省级人民政府卫生行政部门审核，报省级人民政府批准后，由省级人民政府卫生行政部门颁发国务院卫生行政部门统一印制的《精神疾病司法鉴定许可证》，成为精神疾病司法鉴定指定医院（以下简称指定医院）。

（二）精神疾病司法鉴定人

司法鉴定人是指运用科学技术或者专门知识对诉讼涉及的专门性问题进行鉴别和判断并提出鉴定意见的人员。

司法鉴定人应当具备法定的条件，并经省级司法行政机关审核登记，取得《司法鉴定人执业证》，按照登记的司法鉴定执业类别，在一个司法鉴定机构中执业，从事司法鉴定业务。

《精神疾病司法鉴定管理办法》规定：精神疾病司法鉴定由精神疾病司法鉴定人组成的鉴定组进行。符合下列条件之一的，可以向省级人民政府卫生行政部门申请精神疾病司法鉴定人资格：

（一）取得国家高等医学院校精神卫生专业或者医疗专业本科以上学历，具有精神科执业医师资格，在精神病专科医院或者综合医院精神病科连续从事精神病临床工作5年以上，在精神病专科医院或综合医院精神科再连续参与精神疾病司法鉴定工作5年以上，并取得精神科副主任医师以上职务任职资格；

（二）取得国家高等医学院校精神卫生专业或者医疗专业专科学历，具有精神科执业医师资格，在精神病专科医院或者综合医院精神病科连续从事精神病临床工作7年以上，在精神病专科医院或者综合医院精神科再连续参与精神疾病司法鉴定工作5年以上，并取得精神科副主任医师以上职务任职资格。

对符合条件的精神疾病司法鉴定资格申请人，经省级人民政府卫生行政部门和司法行政部门审核,报省级人民政府批准后,由省级人民政府卫生行政部门颁发国务院卫生行政部门统一印制的《精神疾病司法鉴定人资格证书》。

有下列情形之一的,不予批准精神疾病司法鉴定人资格:

(一)不符合本办法第十三条规定的条件;

(二)发生医疗事故未满五年;

(三)服刑期间;

(四)省级人民政府卫生行政部门规定的其他情形。

二、精神疾病的司法鉴定程序

(一)司法鉴定的提出

公安机关、检察机关、司法机关、监狱管理机关和其他办案机关(以下称办案机关)以及其他单位和个人,涉及需要进行精神疾病司法鉴定的,向省级精神疾病司法鉴定委员会提出委托或者申请。办案机关以及其他单位和个人也可以直接向其他省级精神疾病司法鉴定委员会提出委托或者申请。

办案机关以及其他单位和个人对鉴定结论有异议或者有多个鉴定结论不一致的,可以向原精神疾病司法鉴定委员会提出委托或者申请复核,也可直接向其他省级精神疾病司法鉴定委员会提出委托或者申请重新鉴定。

委托或者申请精神疾病司法鉴定,应当提交精神疾病司法鉴定委托书或者申请书,并提交下列材料:

(1)被鉴定人及其家庭资料;

(2)被鉴定人的案件情况;

(3)被鉴定人的社会资料;

(4)知情人对被鉴定人精神状态的证言;

(5)被鉴定人的疾病情况和病历资料;

(6)精神疾病司法鉴定委员会要求提交的其他材料。

办案机关委托鉴定的,除提交上述规定的材料外,还应当提交被鉴定人案件卷宗材料。已经鉴定过的案件的鉴定委托或者申请,还应当提交原鉴定结论。

（二）受理

精神疾病司法鉴定委员会在受理鉴定委托或者鉴定申请后，应当在3个工作日内向委托机关或者申请人出具《精神疾病司法鉴定受理通知书》。

申请或者委托精神疾病司法鉴定有下列情形之一的不予受理：

（1）委托机关或者申请单位不具备法人资格或者申请人不具备完全民事行为能力；

（2）不能按本办法第十九条的规定提交有关材料，或者提交的材料不符合要求；

（3）未交纳鉴定费；

（4）省级人民政府精神疾病司法鉴定委员会规定的其他情形。

精神疾病司法鉴定委员会应当在受理鉴定委托或者鉴定申请之日起3个工作日内完成鉴定前的准备工作。

（三）鉴定结论

精神疾病司法鉴定以《精神疾病司法鉴定书》的形式作出。精神疾病司法鉴定组应当从约定的鉴定日起30个工作日内完成鉴定工作，将《精神疾病司法鉴定书》送达鉴定委托机关或者鉴定申请人，并将《精神疾病司法鉴定书》复印件送达精神疾病司法鉴定委员会办公室备案。《精神疾病司法鉴定书》经所有参加精神疾病司法鉴定的鉴定人签字，并加盖鉴定机构公章后生效。

《精神疾病司法鉴定书》应包括下列内容：被鉴定人的基本情况、委托鉴定单位或申请鉴定人、鉴定种类、鉴定时间、鉴定机构、鉴定参加人、鉴定案由、调查和有关证据材料、检查所见、分析意见、鉴定结论、鉴定人签名及指定医院指定公章、编号及签发日期。

在作出精神疾病司法鉴定结论时，参加鉴定的鉴定人，应当签署分析意见和鉴定结论；有不同意见时，应当记录在案，鉴定结论依据多数人意见形成。

精神疾病司法鉴定人在鉴定工作中，应当直接鉴定，未经亲自诊查，不得签署鉴定书；对于缺席鉴定或者文证审定，未经亲自审阅案卷和病历资料，不得签署鉴定书。

复习思考题

1. 在预防精神疾病方面，政府职责有哪些？
2. 如何保障精神病患者的知情同意权？

【思考案例】

司法精神病鉴定作为刑事诉讼程序的一部分，据司法部统计数据显示，司法精神病鉴定案件数量2007年为22210件，2008年26109件，2009年为40949件。一些专家指出，司法精神病鉴定数量巨大，呈递增状态，相关立法和实务操作规范却不完善，导致重复鉴定、多头鉴定、缠诉等乱象，司法公信力受到影响。同时，也存在着部分犯罪嫌疑人企图利用司法精神病鉴定逃脱法律制裁的现象。如某抢劫案中，归案的当事人王某在拘押期间经常大笑大哭，随地大小便并将其吃掉，而且还经常以头撞墙自残。鉴定组对王某的"病情"进行鉴定，通过数天的全天候观察，专家们发现，虽然表面上王某的行为非常异常，但从细节中可以看出他是装出来的：他经常在大闹之后狂睡一个晚上；他常把送来的食物打翻在地，但有几次半夜偷偷起来捡食掉在地上的食物。种种迹象表明，他有着正常人的需求和思维。在各项证据面前，王某终于承认了他想靠装病来逃避法律制裁的想法。

问题：我国精神疾病司法鉴定工作面临哪些问题？如何完善？

链接资源

1. www.moh.gov.cn 卫生部网站
2. www.chinacourt.org 中国法院网

(本章撰稿人 李平龙)

第七章 初级卫生保健法律制度

【教学目标】

通过本章学习，了解初级卫生保健的重要性及主要内容，熟悉我国发展社区卫生服务的指导思想与基本原则，我国推进社区卫生服务的具体措施，我国农村初级卫生保健发展的主要任务，我国新农村合作医疗制度的建立和完善等。

【引导案例】

温家宝总理在2012年国务院政府工作报告中指出，2011年，我国积极稳妥推进医药卫生事业改革发展。基本医疗保险覆盖范围继续扩大，13亿城乡居民参保，全民医保体系初步形成。政策范围内住院费用报销比例提高，重大疾病医疗保障病种范围进一步扩大。各级财政对城镇居民医保和新农合的补助标准由每人每年120元提高到200元。国家基本药物制度在政府办基层医疗卫生机构实现全覆盖，基本药物安全性提高、价格下降。公立医院改革试点有序进行。基层医疗卫生服务体系基本建成。基本公共卫生服务均等化取得新进展。2012年，要继续大力推进医药卫生事业改革发展。加快健全全民医保体系，巩固扩大基本医保覆盖面，提高基本医疗保障水平和管理服务水平。城镇居民医保和新农合补助标准提高到每人每年240元。全面推开尿毒症等8类大病保障，将肺癌等12类大病纳入保障和救助试点范围。巩固完善基本药物制度，加强基层医疗卫生服务体系建设。

【思考问题】
1. 初级卫生保健对于国民健康有何重大意义？
2. 政府在初级卫生保健方面有何职责？

健康是每一个人的基本人权，政府对其国民的健康负有责任。初级卫生保健（primary health care，PHC）是指最基本的、人人都能得到的，体现社会平等权利的、人民群众和政府都负担得起的卫生保健服务，包括疾病预防、健康维护、健康促进和康复服务。

早在 1977 年，WHO 向各成员国提出：到 2000 年使全世界人民的健康水平达到能在社会上和经济上过着富有生机和活力的生活水平，即 2000 年人人享有卫生保健。1978 年 9 月 12 日，世界卫生组织和联合国儿童基金会在阿拉木图召开了国际初级卫生保健会议，发表了《阿拉木图宣言》。该宣言指出：初级卫生保健是建立在切实可行的、学术上可靠而又能为社会所接受的方式与技术基础之上的基本的卫生保健，它是通过社区及国家依靠自力更生及自决精神，在发展的各个阶段上解决其费用，并通过社区中个人和家庭的参与，使之达到人人享有。……它是个人、家庭、群众同国家保健系统接触的第一环，能使卫生保健尽可能接近于人民的居住及工作场所；它还是卫生保健持续发展进程的第一步。

我国政府于 1986 年在第 39 届世界卫生大会上接受了 WHO 的初级卫生保健战略。为积极履行 HFA/2000 的庄严承诺，20 多年来，我国政府出台了一系列的政策和法规，主要的有：《中国农村初级卫生保健发展纲要（2001—2010 年）》《国务院关于发展城市社区卫生服务的指导意见》《关于促进基本公共卫生服务逐步均等化的意见》《关于发展城市社区卫生服务的若干意见》《城市社区卫生服务机构管理办法（试行）》等。

从总体上看，在初级卫生保健方面，我国的立法比较滞后，目前，《基本卫生保健法》已经列入立法计划。

鉴于我国的国情，本章分"城市社区卫生服务的法律规定"和"农村初级卫生保健的法律规定"两节进行阐述。

第一节 城市社区卫生服务的法律规定

社区卫生服务，是指在政府领导、社区参与、上级卫生机构指导下，以基层卫生机构为主体，全科医师为骨干，合理使用社区资源和适宜技术，以人的健康为中心、家庭为单位、社区为范围、需求为导向，以妇女、儿童、老年人、慢性病人、残废人等为重点，以解决社区主要卫生问题、满足基本卫生服务需求为目的，融预防、医疗、保健、康复、健康教育、计划生育技术服务等为一体的，有效、经济、方便、综合、连续的基层卫生服务。

《中共中央、国务院关于深化医药卫生体制改革的意见》（2009年）指出：要完善以社区卫生服务为基础的新型城市医疗卫生服务体系。加快建设以社区卫生服务中心为主体的城市社区卫生服务网络，完善服务功能，以维护社区居民健康为中心，提供疾病预防控制等公共卫生服务、一般常见病及多发病的初级诊疗服务、慢性病管理和康复服务。转变社区卫生服务模式，不断提高服务水平，坚持主动服务、上门服务，逐步承担起居民健康"守门人"的职责。

目前关于城市社区服务的规定主要有：《关于发展城市社区卫生服务的若干意见》（1999年）、《国务院关于发展城市社区卫生服务的指导意见》（2006年）、《城市社区卫生服务机构管理办法（试行）》（2006年）、《社区卫生工作管理制度（试行稿）》（2008年）等。

一、城市社区卫生服务的基本原则

根据《国务院关于发展城市社区卫生服务的指导意见》（2006年），城市社区卫生服务应遵循如下基本原则：

1. 坚持社区卫生服务的公益性质；
2. 坚持政府主导，鼓励社会参与，多渠道发展社区卫生服务；
3. 坚持公共卫生和基本医疗并重，中西医并重，防治结合；
4. 坚持以地方为主，因地制宜。

二、城市社区卫生服务机构的管理规定

社区卫生服务机构是指在城市范围内设置的、经区（市、县）级政府卫生行政部门登记注册并取得《医疗机构执业许可证》的社区卫生服务中心和社区卫生服务站。社区卫生服务中心和社区卫生服务站以公益为目的，属于非营利性医疗机构。

（一）社区卫生服务机构的设置

社区卫生服务中心原则上按街道办事处范围设置，以政府举办为主。人口规模大于10万人的街道办事处，应设社区卫生服务中心，在人口较多、服务半径较大、社区卫生服务中心难以覆盖的社区，可适当增设社区卫生服务站或增设社区卫生服务中心。人口规模小于3万人的街道办事处，其社区卫生服务机构的设置由区（市、县）政府卫生行政部门确定。

设区的市政府卫生行政部门负责制订本行政区域社区卫生服务机构设置规划，并纳入当地区域卫生规划、医疗机构设置规划。社区卫生服务机构设置规划须经同级政府批准，报当地省级政府卫生行政部门备案。

设置社区卫生服务机构，须按照社区卫生服务机构设置规划，由区（市、县）级政府卫生行政部门根据《医疗机构管理条例》《医疗机构管理条例实施细则》《社区卫生服务中心基本标准》《社区卫生服务站基本标准》进行设置审批和执业登记，同时报上一级政府卫生行政部门备案。

（二）服务内容

社区卫生服务机构以社区、家庭和居民为服务对象，以妇女、儿童、老年人、慢性病人、残疾人、贫困居民等为服务重点，开展健康教育、预防、保健、康复、计划生育技术服务和一般常见病、多发病的诊疗服务，具体包括：

1. 公共卫生服务。具体包括：

（1）卫生信息管理，即收集、报告辖区有关卫生信息，开展社区卫生诊断，建立和管理居民健康档案。

（2）健康教育，即普及卫生保健常识，实施重点人群及重点场所健康教育，帮助居民逐步形成利于维护和增进健康的行为方式。

（3）传染病、地方病、寄生虫病预防控制，即负责疫情报告和监测，协助开展结核病、性病、艾滋病、其他常见传染病以及地方病、寄生虫病的预防控制，实施预防接种，配合开展爱国卫生工作。

（4）慢性病预防控制，即开展高危人群和重点慢性病筛查，实施高危人群和重点慢性病病例管理。

（5）精神卫生服务，即实施精神病社区管理，为社区居民提供心理健康指导。

（6）妇女保健，即提供婚前保健、孕前保健、孕产期保健、更年期保健，开展妇女常见病预防和筛查。

（7）儿童保健，即开展新生儿保健、婴幼儿及学龄前儿童保健，协助对辖区内托幼机构进行卫生保健指导。

（8）老年保健，即指导老年人进行疾病预防和自我保健，进行家庭访视，提供针对性的健康指导。

（9）残疾康复指导和康复训练。

（10）计划生育技术咨询指导，发放避孕药具。

（11）协助处置辖区内的突发公共卫生事件。

（12）政府卫生行政部门规定的其他公共卫生服务。

2. 基本医疗服务，具体包括：

（1）一般常见病、多发病诊疗、护理和诊断明确的慢性病治疗。

（2）社区现场应急救护。

（3）家庭出诊、家庭护理、家庭病床等家庭医疗服务。

（4）转诊服务。

（5）康复医疗服务。

（6）政府卫生行政部门批准的其他适宜医疗服务。

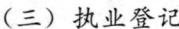

初级卫生保健法律制度

（三）执业登记

社区卫生服务中心依法办理执业登记，执业登记的诊疗科目应为预防保健科、全科医疗科、中医科（含民族医学）、康复医学科、医学检验科、医学影像科，有条件的可登记口腔医学科、临终关怀科，原则上不登记其他诊疗科目。社区卫生服务站登记的诊疗科目应为预防保健科、全科医疗科、有条件的可登记中医科（含民族医学），不登记其他诊疗科目。

社区卫生服务中心原则上不设住院病床，现有住院病床应转为以护理康复为主要功能的病床或予以撤销，社区卫生服务站不设住院病床。

社区卫生服务中心为独立法人机构，实行独立核算，社区卫生服务中心对其下设的社区卫生服务站实行一体化管理。其他社区卫生服务站接受社区卫生服务中心的业务管理。

（四）人员配备与管理

社区卫生服务机构应根据社区居民的医疗服务需要，按照精干、效能的原则设置卫生专业技术岗位，配备适宜的从事全科医学、公共卫生、中医（含中西医结合、民族医）等专业的执业医师和护士，药剂、检验等其他有关卫生技术人员根据需要合理配置。

临床类别、中医类别执业医师注册相应类别的全科医学专业为执业范围，可从事社区预防保健以及一般常见病、多发病的临床诊疗，不得从事专科手术、助产、介入治疗等风险较高、不适宜在社区卫生服务机构开展的专科诊疗，不得跨类别从事口腔科诊疗。

（五）执业规则

社区卫生服务机构执业须遵循以下规则：（1）严格遵守国家有关法律、法规、规章和技术规范，加强对医务人员的教育，实施全面质量管理，预防服务差错和事故，确保服务安全。（2）健全社区卫生服务相关规章制度。（3）根据政府卫生行政部门规定，履行提供社区公共卫生服务和基本医疗服务的职能。（4）妥善保管居民健康档案，保护居民个人隐私。（5）应严格掌握家庭诊疗、护理和家庭病床服务的适应症，切实规范家庭医疗服务行为。（6）对限于设备或者技术条件难以安全、有效诊治的患者

应及时转诊到相应医疗机构诊治。(7) 提供中医药（含民族医药）服务。(8) 在显著位置公示医疗服务、药品和主要医用耗材的价格，严格执行相关价格政策，规范价格行为。(9) 应配备与其服务功能和执业范围相适应的基本药品。购买药品要从具有合法经营资质的单位购入。严禁使用过期、失效及违禁的药品。

（六）行业监管

1. 区（市、县）级卫生行政部门负责对社区卫生服务机构实施日常监督与管理。

2. 疾病预防控制中心、妇幼保健院（所、站）、专科防治院（所）等预防保健机构在职能范围内，对社区卫生服务机构所承担的公共卫生服务工作进行业务评价与指导。

3. 政府卫生行政部门应定期收集社区居民的意见和建议，将接受服务居民的满意度作为考核社区卫生服务机构和从业人员业绩的重要标准。

第二节　农村初级卫生保健的法律规定

农村初级卫生保健是指农村居民应该人人享有的、与农村经济社会发展相适应的基本卫生保健服务。目前，我国关于农村初级卫生保健的立法比较滞后，关于这一领域的主要规定有：《关于农村卫生改革与发展的指导意见》（2001年）、《中国农村初级卫生保健发展纲要（2001－2010年）》，同时，中共中央、国务院《关于深化医药卫生体制改革的意见》（2009年）对于农村医疗卫生的发展提出了方向性的指导意见，对于农村初级卫生保健的发展具有重要的指导意义。本节主要结合政策规定展开阐述。

一、农村医疗卫生发展方向

2002年10月30日，中共中央、国务院《关于进一步加强农村卫生工作的决定》强调：坚持以农村为重点的卫生工作方针，从农村经济社会发展的实际出发，深化农村卫生体制改革，加大农村卫生投入，逐步缩小城乡差距，坚持因地制宜，分类指导，完善初级卫生保健发展纲要，满足农民不同层次的医疗卫生需求，从整体上提高农民的健康水平和生活质量。2009年中共中央、国务院《关于深化医药卫生体制改革的意见》指出：要大力发展农村医疗卫生服务体系，进一步健全以县级医院为龙头、乡镇卫生院和村卫生室为基础的农村医疗卫生服务网络。县级医院作为县域内的医疗卫生中心，主要负责基本医疗服务及危重急症病人的抢救，并承担对乡镇卫生院、村卫生室的业务技术指导和卫生人员的进修培训；乡镇卫生院负责提供公共卫生服务和常见病、多发病的诊疗等综合服务，并承担对村卫生室的业务管理和技术指导；村卫生室承担行政村的公共卫生服务及一般疾病的诊治等工作。有条件的农村实行乡村一体化管理。积极推进农村医疗卫生基础设施和能力建设，政府重点办好县级医院，并在每个乡镇办好一所卫生院，采取多种形式支持村卫生室建设，使每个行政村都有一所村卫生室，大力改善农村医疗卫生条件，提高服务质量。

二、中国农村初级卫生保健发展纲要

（一）总目标

健全农村卫生服务体系，完善服务功能，实行多种形式的农民医疗保障制度，解决农民基本医疗预防保健问题，努力控制危害严重的传染病、地方病，使广大农村居民享受到与经济社会发展相适应的基本卫生保健服务，不断提高农民的健康水平和生活质量。

（二）主要任务

（1）落实疾病预防控制措施，加强精神卫生工作，防止各种意外伤害，稳定计划免疫接种率，预防、管理慢性非传染性疾病，做好老年保健；（2）提高乡、村卫生机构常见病、多发病的诊疗水平，规范医疗服务行为，为农村居民提供安全有效的基本医疗服务；（3）加强对孕产妇和儿童的管理，不断提高妇女儿童健康水平；（4）加大农村改水、改厕力度，改

善农村居民的劳动和生活环境；（5）开展健康教育和健康促进，倡导文明健康的生活方式，促进人群健康相关行为的形成；（6）依法加大对公共卫生、药品和健康相关产品的监督力度；（7）充分利用中医药资源；（8）完善和发展农村合作医疗，探索实行区域性大病统筹，逐步建立贫困家庭医疗救助制度，积极实行多种形式的农民医疗保障制度。

（三）政府职责

各级政府应将农村初保工作纳入政府工作目标，制定实施方案。建立健全政府领导、部门协作的初保工作机制，明确相关部门职责，每年至少召开一次协调会议，研究解决初保工作中的重点难点问题。各有关部门按照部门职责，明确分工，各负其责，密切协作，确保各项任务的完成。

（四）实施策略

1. 分级管理。国务院有关部门负责制定农村初保发展纲要，进行宏观调控和指导，组织全国性的督导和经验交流，并对全国农村初保工作先进单位和个人进行表彰。各省级政府应按照纲要要求，结合本地实际，制定本地区农村初保实施方案并报国务院有关部门备案，负责组织本地区初保的具体实施和监督评估工作。

2. 分步实施。各省级根据本地实际，明确分阶段实施的进度和要求，在巩固已有成果的基础上，科学规划，整体推进，全面落实。

3. 分类指导。经济发达地区要不断深化初保工作的内涵，进一步提高初保服务水平；经济欠发达地区要结合西部大开发和扶贫攻坚计划，扶持西部及贫困地区农村卫生事业的发展，使危害严重的主要地方病、传染病和寄生虫病得到基本控制。

4. 社会参与。鼓励和动员社会各界和农村经济组织继续关注和参与农村初保工作，并在人力、物力、财力等方面提供支持和帮助。广大农村居民也要承担起保护自身健康的责任，移风易俗，摈弃陋习，加大对自身健康消费的投入，积极参与初保活动。

5. 协调发展。实施初保要坚持增进农村居民身体健康、提高生活质量与促进社会文明建设相结合，保护农村生产力与经济发展相结合，做到政府领导,部门协作,社会和个人广泛参与,在全社会树立起大卫生的观念。

(五)保障措施

1. 建立初保工作督导制度,加强对初保工作的监督与指导。

2. 继续深化农村卫生机构改革,引入竞争机制,转变服务观念和模式,全面提高人员素质,以比较低廉的费用为农村居民提供比较优质的基本医疗卫生服务。

3. 推进初保的法制化进程。各地要积极创造条件,做好初保立法工作,逐步将农村初保纳入法制化管理轨道。

4. 建立分级监测和评估制度。应将初保有关统计指标纳入常规统计和调查,及时、准确反映实施情况,为决策提供科学依据。国务院有关部门对全国农村初保实施实行定期和不定期的监测评估。

三、农村卫生服务体系

(一)农村卫生服务网络

农村卫生服务网络由政府、集体、社会、个人举办的医疗卫生机构组成,打破部门和所有制界限,统筹规划、合理配置、综合利用农村卫生资源,建立起以公有制为主导、多种所有制形式共同发展的农村卫生服务网络。农村预防保健等公共卫生服务可由政府举办的卫生机构提供,也可由政府向符合条件的其他医疗机构购买。省级人民政府要根据县、乡、村卫生机构功能,制定基本设施配置标准。

要推进乡(镇)卫生院的改革,提高农村卫生人员的素质,发挥中医药在农村卫生服务中的优势与作用,促进农村药品供应网络建设。

(二)农村卫生投入

1. 要加大农村卫生投入力度,政府卫生投入要重点向农村倾斜。各级人民政府要逐年增加卫生投入,增长幅度不低于同期财政经常性支出的增长幅度。

2. 要合理安排农村公共卫生经费。县级财政要根据国家确定的农村

公共卫生基本项目，安排人员经费和业务经费。省、市（地）级财政要对县、乡开展公共卫生工作给予必要的业务经费补助。此外，省级财政还要承担购买全省计划免疫疫苗和相关的运输费用。中央财政通过专项转移支付对困难地区的重大传染病、地方病和职业病的预防控制等公共卫生项目给予补助。

3. 加大卫生支农和扶贫力度，建立对口支援和巡回医疗制度。

（三）建立和完善农村合作医疗制度和医疗救助制度

1. 逐步建立新型农村合作医疗制度。各级政府要积极组织引导农民建立以大病统筹为主的新型农村合作医疗制度，重点解决农民因患传染病、地方病等大病而出现的因病致贫、返贫问题。农村合作医疗制度应与当地经济社会发展水平、农民经济承受能力和医疗费用需要相适应，坚持自愿原则，反对强迫命令，实行农民个人缴费、集体扶持和政府资助相结合的筹资机制。

2. 对农村贫困家庭实行医疗救助。要建立独立的医疗救助基金，实行个人申请、村民代表会议评议，民政部门审核批准，医疗机构提供服务的管理体制。

复习思考题：

1. 社区卫生服务机构执业须遵循哪些规则？
2. 如何完善我国新型农村合作医疗制度？

【思考案例】

2011年11月27日下午，广东电白人民路上，一男一女带着两个小孩在街上裸体行走。据当地公安介绍，该男女是一对夫妇，两个小孩是他们的孩子，因孩子生病住院欠费1500元，在无法筹到资金的情况下，一家四口脱光衣服走上街头求助。经过警方协调，裸体求助闹剧以医院减免医疗费的喜剧形式收场。有人提出，如果患者拖欠医院的医疗费不是1500元而是15000元或者更多，如果更多患者以裸体出镜之类的行为艺术逼宫医院，医院还会同意减免医疗费吗？

问题：

上述案例暴露出的患者无钱治病问题，你认为应如何解决？

链接资源：

1. www.moh.gov.cn 卫生部网站
2. www.chscn.com 中国社区卫生网

（本章撰稿人 李平龙）

第八章 医疗机构管理法律制度

【教学目标】

通过本章的学习，了解医疗机构管理立法概况、医院的分级管理制度、中医药与民族医药管理制度、中医药教育与科研管理，熟悉医疗机构设置要求、医疗机构名称管理、医疗机构的登记管理、医疗机构广告管理、医疗废物管理、处方管理、医疗机构的执业规则以及违反相关规定的法律责任。

【引导案例】

2008年12月15日8时10分，小雨因生病到某村李某开的小诊所内看病。李某在没有经过任何正常的诊病程序及询问相关病情的情况下，先后两次给小雨输液，造成小雨多次呕吐，肚子疼痛不止。2008年12月15日下午4时30分，小雨的父母发现小雨已经停止呼吸。后将小雨送至医院，被告知小雨已经死亡。小雨出事后其父母报警，在警察对李某处理的过程中，小雨的父母才知道李某没有医生执业证，也没有卫生部门的许可证。

问：李某开设的诊所是否我国法律规定的医疗机构？

第一节 概述

一、医疗机构概述

（一）医疗机构的概念

医疗机构是指依法设立的，以救死扶伤、防病治病、为公民的健康服务为宗旨，并经登记取得《医疗机构执业许可证》从事疾病诊断、治疗、康复活动的机构的总称。这一概念包含以下内涵：

1. 医疗机构必须依法成立。即医疗机构必须根据《医疗机构管理条例》和《医疗机构管理条例实施细则》的规定进行设置和登记，既要符合医疗机构设置规划和医疗机构基本标准等实体规定，又要符合法定的程序规定，依法取得设置医疗机构批准书，并履行登记手续，领取医疗机构执业许可证。

2. 医疗机构是从事疾病的诊断、治疗和康复活动的机构的总称。医疗机构以其活动内容区别于其它社会组织。

3. 医疗机构以救死扶伤、防病治病、为公民的健康服务为宗旨。这也是医疗机构与其它社会组织的一个重要区别。

（二）医疗机构分类

1. 根据医疗机构功能、规模不同，医疗机构可分为：

（1）医院，具体包括综合医院、中医医院、中西医结合医院、民族医医院、专科医院、康复医院；

（2）妇幼保健院；

（3）中心卫生院、乡（镇）卫生院、街道卫生院；

（4）社区卫生服务中心、社区卫生服务站；

（5）疗养院；

（6）门诊部，具体包括综合门诊部、专科门诊部、中医门诊部、中西医结合门诊部、民族医门诊部；

（7）诊所，具体包括中医诊所、民族医诊所、卫生所、医务室、卫生保健所、卫生站；

（8）村卫生室（所）；

（9）急救中心、急救站；

（10）临床检验中心；

（11）专科疾病防治院、专科疾病防治所、专科疾病防治站；

（12）护理院、护理站。

2. 按照医疗机构是否以营利为目的，医疗机构可以分为：非营利性医疗机构和营利性医疗机构。非营利性医疗机构是指为社会公众利益服务而设立和运营的医疗机构，不以营利为目的，其收入用于弥补医疗服务成本，实际运营中的收支节余只能用于自身发展。非营利性医疗机构在医疗服务体系中占主导地位，享受一定的税收优惠政策。营利性医疗机构是指医疗服务价格放开，依法自主经营，照章纳税，所得收益可用于投资者经济回报的医疗机构。

二、医疗机构管理立法概况

我国医疗机构管理的法律法规主要包括：《医疗机构管理条例》《医疗机构管理条例实施细则》《医疗机构设置规划指导原则》《全国医院工作条例》《医院工作制度》《医疗机构基本标准（试行）》《综合医院组织编制原则（试行草案）》《医院分级管理办法（试行草案）》《处方管理办法》《医疗广告管理办法》《诊所基本标准》《护理院基本标准（2011版）》《医院评审暂行办法》《中外合资、合作医疗机构管理暂行办法》《中医医疗机构管理办法（试行）》《中医医院工作制度（试行）》《中医药条例》《中药品种保护条例》等。

第二节　医疗机构管理法律制度

【引导案例】

2010年12月3日早晨6时许，一名29岁的临产孕妇被转送进某医院进行抢救。这名孕妇此前被其他医院诊断为"无胎心"，并怀疑有胎盘低置。该院妇产科主任医师对患者通过检查发现胎心很微弱，孕妇下体一直在少量流血，而她没有痛感，并据此判断孕妇属于危险的胎盘早剥，如果不尽快手术，将导致胎儿宫内缺氧窒息死亡，并引发母体大出血，造成"一尸两命"的严重后果。然而，孕妇坚持顺产。与此同时，医生采取措施以缓解胎儿宫内窘迫。监测显示，胎儿的胎心越来越弱，而产妇下体出血量约达200毫升，怀疑出现弥漫性血管内凝血（DIC），情况已经十分危急。后来，孕妇的丈夫经医院有关负责人出面解释后，已在手术知情同意书上签字，但家属的劝说也不能让孕妇回心转意。由于孕妇神志清醒，没有她的签字，手术仍然不能进行。最终，医院本着"生命第一"的原则，决定行使医生处置权，得到家属的再次签字确认后，强行进行剖宫手术。手术中，医生打开孕妇的腹腔发现，腹水已变成不正常的血红色。再打开已呈紫褐色的子宫，迅速取出浸在血水里的胎儿，为其进行吸痰，发现宝宝口中的羊水也是红色的。新生儿有重度窒息症状。孩子最终死于肺出血引发的呼吸衰竭，而这正是胎盘早剥引发DIC的后果。产妇则因失血过多，出现心衰症状，在医院继续进行治疗。

【问题思考】

1. 医疗执业中应当如何保护患者的知情同意权？
2. 你如何评价本案中医疗机构的处置方式？

一、医疗机构设置管理制度

(一) 医疗机构设置规划

医疗机构设置规划是县级以上地方人民政府卫生行政部门根据本行政区域内的人口、医疗资源、医疗需求和现有医疗机构的分布状况,以卫生区域内居民实际医疗服务需求为依据,以合理配置利用医疗卫生资源及公平地向全体公民提供高质量的基本医疗服务为目的,依法对各级各类、不同所有制形式的医疗机构设置作出的统一规划。

《规划》的制订由卫生行政部门(含中医(药)行政部门)具体负责。县级以上地方人民政府卫生行政部门根据本行政区域内的人口、医疗资源、医疗需求和现有医疗机构的分布状况,制定本行政区域《规划》。省级和县级的《规划》都要以设区的市(或地区)所制订的《规划》为基础。县级卫生行政部门重点进行不足100张床位的医疗机构的具体配置和布局,上报市卫生行政部门纳入《规划》;设区的市(或地区)卫生行政部门按照区域医疗规划的原则和方法制订《规划》;省级卫生行政部门制订全省五百张床以上医院、重点专科和重点专科医院、急救中心、临床检验中心等医疗机构配置的方案。卫生行政部门制定的《规划》应经上一级卫生行政部门审核,报同级人民政府批准,方可在本行政区域内发布实施。《规划》每五年修定一次,根据考核评价的情况和当地社会、经济、医疗需求、医疗资源、疾病等发展变化情况,对所定指标进行修订。

(二) 医疗机构的设置条件

1. 概括条件

任何单位或个人申请设立医疗机构,必须符合当地《医疗机构设置规划》,并经县级以上地方卫生行政部门审查批准,取得设置医疗机构批准书。申请设置医疗机构时,应提交设置申请书、设置可行性研究报告、选址报告和建筑设计平面图。

2. 对申请主体的要求

地方各级人民政府设置医疗机构,由政府指定或者任命的拟设医疗机构的筹建负责人申请；法人或者其他组织设置医疗机构，由其代表人申请；个人设置医疗机构，由设置人申请；两人以上合伙设置医疗机构，由合伙人共同申请。

有下列情形之一的，不得申请设置医疗机构：

（1）不能独立承担民事责任的单位；

（2）正在服刑或者不具有完全民事行为能力的个人；

（3）医疗机构在职、因病退职或者停薪留职的医务人员；

（4）发生二级以上医疗事故未满五年的医务人员；

（5）因违反有关法律、法规和规章，已被吊销执业证书的医务人员；

（6）被吊销《医疗机构执业许可证》的医疗机构法定代表人或者主要负责人；

（7）省级政府卫生行政部门规定的其他情形。

对于有第（2）、（3）、（4）、（5）、（6）项所列情形之一者，不得担任医疗机构的法定代表人或者主要负责人。

在城市设置诊所的个人，在符合前述条件的同时必须具备下列条件：

（1）经医师执业技术考核合格，取得《医师执业证书》；

（2）取得《医师执业证书》或者医师职称后，从事五年以上同一专业的临床工作；

（3）省级卫生行政部门规定的其他条件。

在乡镇和村设置诊所的个人的条件，由省级卫生行政部门规定。《执业医师法》第19条规定：申请个体行医的执业医师，须经注册后在医疗、预防、保健机构中执业满五年，并按照国家有关规定办理审批手续；未经批准，不得行医。

3. 中外合资、合作医疗机构的设置条件

中外合资、合作医疗机构是指外国医疗机构、公司、企业和其他经济组织（以下称合资、合作外方），经中国政府主管部门批准，在中国境内（香港、澳门及台湾地区除外，下同）与中国的医疗机构、公司、企业和其他经济组织（以下称合资、合作中方）以合资或者合作形式设立的医疗机构。中外合资、合作医疗机构的设置与发展必须符合当地区域卫生规划和医疗机构设置规划,并执行医疗机构基本标准;申请设立中外合资、合作医疗机构的中外双方应是能够独立承担民事责任的法人。合资、合作的中外双方应当具有直接或间接从事医疗卫生投资与管理的经验,并符合下列要求之一:①能够提供国际先进的医疗机构管理经验、管理模式和服务模式;②能够提供具有国际领先水平的医学技术和设备;③可以补充或改善当地在医疗服务能力、医疗技术、资金和医疗设施等方面的不足。

设立中外合资、合作医疗机构应当符合以下条件:①必须是独立的法人;②投资总额不得低于2000万元人民币;③合资、合作中方在中外合资、合作医疗机构中所占的股权比例或权益不得低于30%;④合资、合作期限不超过20年;⑤省级以上卫生行政部门规定的其他条件。对于合资、合作中方以国有资产参与投资(包括作价出资或作为合作条件),应当经相应主管部门批准,并按国有资产评估管理有关规定,由国有资产管理部门确认的评估机构对拟投入国有资产进行评估。经省级以上国有资产管理部门确认的评估结果,可以作为拟投入的国有资产的作价依据。

(三)医疗机构设置的审批

设置不设床位或者床位不满100张的医疗机构,由所在地的县级卫生行政部门负责审批;床位在100张以上的医疗机构和专科医院由省级卫生行政部门负责审批。国家统一规划的医疗机构设置,由卫生部负责审批。机关、企、事业单位按照国家医疗机构基本标准设置为内部职工服务的门诊部、诊所、卫生所(室),报所在地的县级人民政府卫生行政部门备案。负责审批的卫生行政部门应当自受理设置申请之日起30日内,作出批准或者不批准的书面答复;批准设置的,发给设置医疗机构批准书。

根据《卫医政发〔2011〕7号》文件,自2011年1月25日起,设置中外合资、合作医疗机构,经医疗机构所在地设区的市级卫生行政部门初审后,报省级卫生行政部门审批。

二、医疗机构的登记与校验制度

(一)登记申请

医疗机构执业,必须向批准其设置的卫生行政部门申请执业登记,领取《医疗机构执业许可证》。

申请医疗机构执业登记，必须填写《医疗机构申请执业登记注册书》，并向登记机关提交下列材料：①《设置医疗机构批准书》或者《设置医疗机构备案回执》；②医疗机构用房产权证明或者使用证明；③医疗机构建筑设计平面图；④验资证明、资产评估报告；⑤医疗机构规章制度；⑥医疗机构法定代表人或者主要负责人以及各科室负责人名录和有关资格证书、执业证书复印件；⑦省级卫生行政部门规定提交的其他材料。

申请门诊部、诊所、卫生所、医务室、卫生保健所和卫生站登记的，还应当提交附设药房（柜）的药品种类清单、卫生技术人员名录及其有关资格证书、执业证书复印件以及省级卫生行政部门规定提交的其他材料。

（二）审批

医疗机构的执业登记，由批准其设置的卫生行政部门办理。国家统一规划的医疗机构的执业登记，由所在地的省级卫生行政部门办理。机关、企业和事业单位设置的为内部职工服务的门诊部、诊所、卫生所（室）的执业登记，由所在地的县级卫生行政部门办理。

卫生行政部门应当自受理执业登记申请之日起 45 日内，依法审查登记申请是否符合《医疗机构管理条例》第 16 条规定的条件，即：①有设置医疗机构批准书；②符合医疗机构的基本标准；③有适合的名称、组织机构和场所；④有与其开展的业务相适应的经费、设施、设备和专业卫生技术人员；⑤有相应的规章制度；⑥能够独立承担民事责任。同时，登记机关进行实地考察、核实，并对有关执业人员进行消毒、隔离和无菌操作等基本知识和技能的现场抽查考核。经审核合格的，发给《医疗机构执业许可证》；审核不合格的，将审核结果和不予批准的理由以书面形式通知申请人。

（三）登记事项

医疗机构执业登记应当包括如下事项：①类别、名称、地址、法定代表人或者主要负责人；②所有制形式；③注册资金；④服务方式；⑤诊疗科目；⑥房屋建筑面积、床位（牙椅）；⑦服务对象；⑧职工人数；⑨执

业许可证登记号（医疗机构代码）；⑩省级卫生行政部门规定的其他登记事项。门诊部、诊所、卫生所、医务室、卫生保健所、卫生站除登记前款所列事项外，还应当核准登记附设药房（柜）的药品种类。

（四）变更登记

医疗机构变更名称、地址、法定代表人或者主要负责人、所有制形式、服务对象、服务方式、注册资金（资本）、诊疗科目、床位（牙椅）的，必须向登记机关申请办理变更登记；机关、企业和事业单位设置的为内部职工服务的医疗机构向社会开放，必须申请办理变更登记；医疗机构歇业，必须向原登记机关办理注销登记，经登记机关核准后，收缴《医疗机构执业许可证》。

（五）校验

床位不满100张的医疗机构，《医疗机构执业许可证》每年校验1次；床位在100张以上的医疗机构，《医疗机构执业许可证》每3年校验1次。校验由原登记机关办理。医疗机构应当于期满前3个月向登记机关申请办理校验手续。办理校验应当交验《医疗机构执业许可证》《医疗机构校验申请书》《医疗机构执业许可证》副本以及省级卫生行政部门规定提交的其他材料。卫生行政部门应当在受理校验申请后的30日内完成校验。

医疗机构有下列情形之一的，登记机关可以根据情况，给予1至6个月的暂缓校验期：①不符合《医疗机构基本标准》；②限期改正期间；③省级卫生行政部门规定的其他情形。不设床位的医疗机构在暂缓校验期内不得执业。暂缓校验期满仍不能通过校验的，由登记机关注销其《医疗机构执业许可证》。

三、医疗机构执业规则

医疗机构只有在取得医疗机构《执业许可证》后方可开始执业。任何单位或个人，未取得《医疗机构执业许可证》，不得开展诊疗活动。医疗机构被吊销或者注销《医疗机构执业许可证》后，不得继续开展诊疗活动。

（一）医疗机构执业的法定义务

1. 必须遵守有关法律、法规和医疗技术规范。医疗机构在执业过程中不仅要遵守相关的法律、行政法规、部门规章，而且还应当遵守诊疗规范、常规。根据《侵权责任法》的规定，如果医疗机构在医疗活动中出现违法违规情况，推定医疗机构存在过错，如果造成患者损害应当承担损害赔偿的法律责任。

2. 医疗机构必须将《医疗机构执业许可证》、诊疗科目、诊疗时间和收费标准悬挂于明显处所。医疗机构在执业中应当保证患者的知情同意权，这也是医疗机构通过公示方式进行告知的一种途径。

3. 医疗机构必须按照核准登记的诊疗科目开展诊疗活动。

4. 医疗机构不得使用非卫生技术人员从事医疗卫生技术工作。医疗机构应当使用取得相应资格、具备相应条件的医疗卫生技术人员。医学专业毕业生在毕业后第一年是没有医师资格的，那么他们在医疗机构如何从事医疗活动？2005年9月5日，卫生部就此问题作出批复。批复中称：医学专业毕业生在毕业第一年后未取得医师资格的，可以在执业医师指导下进行临床实习，但不得独立从事临床活动，包括不得出具任何形式的医学证明文件和医学文书。医疗机构违反规定安排未取得医师资格的医学专业毕业生独立从事临床工作的，按照《医疗机构管理条例》第48条进行处理；造成患者人身损害的，按照《医疗事故处理条例》处理；未取得医师资格的医学专业毕业生违反规定擅自在医疗机构中独立从事临床工作的，按照《中华人民共和国执业医师法》第39条处理；造成人身损害的，按照《医疗事故处理条例》第61条处理。按照这一批复，安排未取得医师资格的医学专业毕业生独立从事临床工作的医院有可能受到罚款10万元以下的处罚。

5. 医疗机构应当加强对医务人员的医德教育。

6. 医疗机构工作人员上岗工作，必须佩带载有本人姓名、职务或者职称的标牌。

7. 医疗机构对危重病人应当立即抢救。对限于设备或者技术条件不能诊治的病人，应当及时转诊。

8. 未经医师（士）亲自诊查病人，医疗机构不得出具疾病诊断书、健康证明书或者死亡证明书等证明文件；未经医师（士）、助产人员亲自

接产,医疗机构不得出具出生证明书或者死产报告书。

9. 医疗机构施行手术、特殊检查或者特殊治疗时,必须征得患者同意,并应当取得其家属或者关系人同意并签字;无法取得患者意见时,应当取得家属或者关系人同意并签字;无法取得患者意见又无家属或者关系人在场,或者遇到其他特殊情况时,经治医师应当提出医疗处置方案,在取得医疗机构负责人或者被授权负责人员的批准后实施。知情同意权是患者的一项独立权利,也是近年来发生医疗纠纷经常被患方指出的一个问题,医疗机构应当保障患者在医疗活动中的知情同意权。《侵权责任法》《执业医师法》等都对患者的知情同意权进行了规定。《侵权责任法》第55条规定:医务人员在诊疗活动中应当向患者说明病情和医疗措施。需要实施手术、特殊检查、特殊治疗的,医务人员应当及时向患者说明医疗风险、替代医疗方案等情况,并取得其书面同意;不宜向患者说明的,应当向患者的近亲属说明,并取得其书面同意。医务人员未尽到前款义务,造成患者损害的,医疗机构应当承担赔偿责任。第56条规定:因抢救生命垂危的患者等紧急情况,不能取得患者或者其近亲属意见的,经医疗机构负责人或者授权的负责人批准,可以立即实施相应的医疗措施。

10. 医疗机构发生医疗事故,按照国家有关规定处理。

11. 医疗机构对传染病、精神病、职业病等患者的特殊诊治和处理,应当按照国家有关法律、法规的规定办理。

12. 医疗机构必须按照有关药品管理的法律、法规,加强药品管理。

13. 医疗机构必须按照物价部门的有关规定收取医疗费用,详列细项,并出具收据。

14. 医疗机构必须承担县级以上人民政府卫生行政部门委托的支援农村、指导基层医疗卫生工作等任务。

15. 发生重大灾害、事故、疾病流行或者其他意外情况时,医疗机构及其卫生技术人员必须服从县级以上人民政府卫生行政部门的调遣。

(二)医疗机构执业内部管理要求

1. 医疗机构的印章、银行帐户、牌匾以及医疗文件中使用的名称应当与核准登记的医疗机构名称相同,使用两个以上名称的,应当与第一名称相同。

2. 医疗机构应当严格执行无菌消毒、隔离制度，采取科学有效的措施处理污水和废弃物，预防和减少医院感染。

3. 医疗机构的门诊病历的保存期不得少于15年，住院病历的保存期不得少于30年。

4. 标有医疗机构标识的票据和病历本册以及处方笺、各种检查的申请单、报告单、证明文书单、药品分装袋、制剂标签等不得买卖、出借和转让。医疗机构不得冒用标有其他医疗机构标识的票据和病历本册以及处方笺、各种检查的申请单、报告单、证明文书单、药品分装袋、制剂标签等。

5. 医疗机构应当按照卫生行政部门的有关规定、标准加强医疗质量管理，实施医疗质量保证方案，确保医疗安全和服务质量，不断提高服务水平。

（三）法律责任

1. 未取得《医疗机构执业许可证》擅自执业的，由县级以上卫生行政部门责令其停止执业活动，没收非法所得和药品、器械，并可以根据情节处以1万元以下的罚款。

2. 逾期不校验《医疗机构执业许可证》仍从事诊疗活动的，由县级以上人民政府卫生行政部门责令其限期补办校验手续；拒不校验的，吊销其《医疗机构执业许可证》。

3. 出卖、转让、出借《医疗机构执业许可证》的，由县级以上卫生行政部门没收非法所得，并可以处以5000元以下的罚款；情节严重的，吊销其《医疗机构执业许可证》。

4. 诊疗活动超出登记范围的，由县级以上卫生行政部门予以警告、责令其改正，并可以根据情节处以3000元以下的罚款；情节严重的，吊销其《医疗机构执业许可证》。

5. 使用非卫生技术人员从事医疗卫生技术工作的，由县级以上卫生行政部门责令其限期改正，并可以处以5000元以下的罚款；情节严重的，吊销其《医疗机构执业许可证》。

6. 出具虚假证明文件的，由县级以上卫生行政部门予以警告；对造成危害后果的，可以处以 1000 元以下的罚款；对直接责任人员由所在单位或者上级机关给予行政处分。

四、医疗机构处方管理

处方是由注册的执业医师和执业助理医师（以下简称医师）在诊疗活动中为患者开具的、由取得药学专业技术职务任职资格的药学专业技术人员（以下简称药师）审核、调配、核对，并作为患者用药凭证的医疗文书。处方包括医疗机构病区用药医嘱单。

（一）处方书写规定

医师开具处方应遵守如下要求：

1. 患者一般情况、临床诊断填写清晰、完整，并与病历记载相一致。
2. 每张处方限于一名患者的用药。
3. 字迹清楚，不得涂改；如需修改，应当在修改处签名并注明修改日期。
4. 药品名称应当使用规范的中文名称书写，没有中文名称的可以使用规范的英文名称书写；医疗机构或者医师、药师不得自行编制药品缩写名称或者使用代号；书写药品名称、剂量、规格、用法、用量要准确规范，药品用法可用规范的中文、英文、拉丁文或者缩写体书写，但不得使用"遵医嘱"、"自用"等含糊不清字句。
5. 患者年龄应当填写实足年龄，新生儿、婴幼儿写日、月龄，必要时要注明体重。
6. 西药和中成药可以分别开具处方，也可以开具一张处方，中药饮片应当单独开具处方。
7. 西药、中成药处方，每一种药品应当另起一行，每张处方不得超过 5 种药品。
8. 中药饮片处方的书写，一般应当按照"君、臣、佐、使"的顺序排列；调剂、煎煮的特殊要求注明在药品右上方，并加括号，如布包、先煎、后下等；对饮片的产地、炮制有特殊要求的，应当在药品名称之前写明。

9. 药品用法用量应当按照药品说明书规定的常规用法用量使用，特殊情况需要超剂量使用时，应当注明原因并再次签名。

10. 除特殊情况外，应当注明临床诊断。

11. 开具处方后的空白处划一斜线以示处方完毕。

12. 处方医师的签名式样和专用签章应当与院内药学部门留样备查的式样相一致，不得任意改动。

13. 药品剂量与数量用阿拉伯数字书写。剂量应当使用法定剂量单位：重量以克（g）、毫克（mg）、微克（μg）、纳克（ng）为单位，容量以升（L）、毫升（ml）为单位，中药饮片以克（g）为单位。

片剂、丸剂、胶囊剂、颗粒剂分别以片、丸、粒、袋为单位，溶液剂以支、瓶为单位，软膏及乳膏剂以支、盒为单位，注射剂以支、瓶为单位，应当注明含量，中药饮片以剂为单位。

（二）处方权的获得

经注册的执业医师在执业地点取得相应的处方权；经注册的执业助理医师在医疗机构开具的处方，应当经所在执业地点执业医师签名或加盖专用签章后方有效；经注册的执业助理医师在乡、民族乡、镇、村的医疗机构独立从事一般的执业活动，可以在注册的执业地点取得相应的处方权；试用期人员开具处方，应当经所在医疗机构有处方权的执业医师审核、并签名或加盖专用签章后方有效；进修医师由接收进修的医疗机构对其胜任本专业工作的实际情况进行认定后授予相应的处方权。医师应当在注册的医疗机构签名留样或者专用签章备案后，方可开具处方。

麻醉药品和精神药品处方权的取得，除了符合前述要求外，并且要求医疗机构应当按照有关规定，对本机构执业医师和药师进行麻醉药品和精神药品使用知识和规范化管理的培训。执业医师经考核合格后取得麻醉药品和第一类精神药品的处方权，药师经考核合格后取得麻醉药品和第一类精神药品调剂资格。医师取得麻醉药品和第一类精神药品处方权后，方可在本机构开具麻醉药品和第一类精神药品处方，但不得为自己开具该类药品处方。药师取得麻醉药品和第一类精神药品调剂资格后，方可在本机构调剂麻醉药品和第一类精神药品。

（三）处方的开具

医师应当按照诊疗规范、药品说明书中的药品适应证、药理作用、用法、用量、禁忌、不良反应和注意事项等开具处方。医师开具处方应当使用经药品监督管理部门批准并公布的药品通用名称、新活性化合物的专利药品名称和复方制剂药品名称。医师开具院内制剂处方时应当使用经省级卫生行政部门审核、药品监督管理部门批准的名称。医师可以使用由卫生部公布的药品习惯名称开具处方。

处方的有效期及药品剂量：处方开具当日有效，特殊情况下需延长有效期的，由开具处方的医师注明有效期限，但有效期最长不得超过3天。处方一般不得超过7日用量；急诊处方一般不得超过3日用量；对于某些慢性病、老年病或特殊情况，处方用量可适当延长，但医师应当注明理由。

麻醉药品和精神药品处方开具的要求：医师应当按照卫生部制定的麻醉药品和精神药品临床应用指导原则，开具麻醉药品、第一类精神药品处方。门（急）诊癌症疼痛患者和中、重度慢性疼痛患者需长期使用麻醉药品和第一类精神药品的，首诊医师应当亲自诊查患者，建立相应的病历，要求其签署《知情同意书》。病历中应当留存下列材料复印件：二级以上医院开具的诊断证明、患者户籍簿、身份证或者其他相关有效身份证明文件、为患者代办人员身份证明文件。除需长期使用麻醉药品和第一类精神药品的门（急）诊癌症疼痛患者和中、重度慢性疼痛患者外，麻醉药品注射剂仅限于医疗机构内使用。为门（急）诊患者开具的麻醉药品注射剂，每张处方为一次常用量；控缓释制剂，每张处方不得超过7日常用量；其他剂型，每张处方不得超过3日常用量。第一类精神药品注射剂，每张处方为一次常用量；控缓释制剂，每张处方不得超过7日常用量；其他剂型，每张处方不得超过3日常用量。哌醋甲酯用于治疗儿童多动症时，每张处方不得超过15日常用量。第二类精神药品一般每张处方不得超过7日常用量；对于慢性病或某些特殊情况的患者，处方用量可以适当延长，医师应当注明理由。为门（急）诊癌症疼痛患者和中、重度慢性疼痛患者

第八章
医疗机构管理法律制度

开具的麻醉药品、第一类精神药品注射剂，每张处方不得超过 3 日常用量；控缓释制剂，每张处方不得超过 15 日常用量；其他剂型，每张处方不得超过 7 日常用量。为住院患者开具的麻醉药品和第一类精神药品处方应当逐日开具，每张处方为 1 日常用量。对于需要特别加强管制的麻醉药品，盐酸二氢埃托啡处方为一次常用量，仅限于二级以上医院内使用；盐酸哌替啶处方为一次常用量，仅限于医疗机构内使用。医疗机构应当要求长期使用麻醉药品和第一类精神药品的门（急）诊癌症患者和中、重度慢性疼痛患者，每 3 个月复诊或者随诊一次。

（四）违反处方管理的法律责任

1. 医疗机构的法律责任

医疗机构有下列情形之一的，由县级以上卫生行政部门责令限期改正，并可处以 5000 元以下的罚款；情节严重的，吊销其《医疗机构执业许可证》：①使用未取得处方权的人员、被取消处方权的医师开具处方的；②使用未取得麻醉药品和第一类精神药品处方资格的医师开具麻醉药品和第一类精神药品处方的；③使用未取得药学专业技术职务任职资格的人员从事处方调剂工作的。医疗机构未按照规定保管麻醉药品和精神药品处方，或者未依照规定进行专册登记的，由设区的市级卫生行政部门责令限期改正，给予警告；逾期不改正的，处 5000 元以上 1 万元以下的罚款；情节严重的，吊销其印鉴卡；对直接负责的主管人员和其他直接责任人员，依法给予降级、撤职、开除的处分。

2. 医师和药师的法律责任

①医师出现未取得处方权或者被取消处方权后开具药品处方的、未按照《处方管理办法》规定开具药品处方的或违反该《办法》其他规定的，由县级以上卫生行政部门给予警告或者责令暂停 6 个月以上一年以下执业活动；情节严重的，吊销其执业证书：②未取得麻醉药品和第一类精神药品处方资格的医师擅自开具麻醉药品和第一类精神药品处方的，由县级以上卫生行政部门给予警告，暂停其执业活动；造成严重后果的，吊销其执业证书；构成犯罪的，依法追究刑事责任。③具有麻醉药品和第一类精神药品处方医师未按照规定开具麻醉药品和第一类精神药品处方，或者未按

照卫生部制定的麻醉药品和精神药品临床应用指导原则使用麻醉药品和第一类精神药品的,由其所在医疗机构取消其麻醉药品和第一类精神药品处方资格;造成严重后果的,由原发证部门吊销其执业证书。④药师未按照规定调剂处方药品,情节严重的,由县级以上卫生行政部门责令改正、通报批评,给予警告;并由所在医疗机构或者其上级单位给予纪律处分。⑤药师未按照规定调剂麻醉药品、精神药品处方的,造成严重后果的,由原发证部门吊销其执业证书。

五、医疗机构的名称管理

(一)医疗机构名称的一般要求

医疗机构的名称由识别名称和通用名称组成。医疗机构的通用名称为:医院、中心卫生院、卫生院、疗养院、妇幼保健院、门诊部、诊所、卫生所、卫生站、卫生室、医务室、卫生保健所、急救中心、急救站、临床检验中心、防治院、防治所、防治站、护理院、护理站、中心以及卫生部规定或者认可的其他名称。医疗机构可以下列名称作为识别名称:地名、单位名称、个人姓名、医学学科名称、医学专业和专科名称、诊疗科目名称和核准机关批准使用的名称。

(二)命名原则

医疗机构的命名必须符合以下原则:①医疗机构的通用名称以前述(一)所列的通用名称为限;②前述(一)所列的医疗机构的识别名称可以合并使用;③名称必须名副其实;④名称必须与医疗机构类别或者诊疗科目相适应;⑤各级地方人民政府设置的医疗机构的识别名称中应当含有省、市、县、区、街道、乡、镇、村等行政区划名称,其他医疗机构的识别名称中不得含有行政区划名称;⑥国家机关、企业和事业单位、社会团体或者个人设置的医疗机构的名称中应当含有设置单位名称或者个人的姓名。

(三)命名禁用事项

医疗机构不得使用下列名称:①有损于国家、社会或者公共利益的名称；②侵犯他人利益的名称；③以外文字母、汉语拼音组成的名称；④以医疗仪器、药品、医用产品命名的名称；⑤含有"疑难病"、"专治"、"专家"、"名医"或者同类含义文字的名称以及其他宣传或者暗示诊疗效果的名称；⑥超出登记的诊疗科目范围的名称；⑦省级以上卫生行政部门规定不得使用的名称。

（四）名称核准

1. 由卫生部核准的包括：含有外国国家（地区）名称及其简称、国际组织名称的、含有"中国"、"全国"、"中华"、"国家"等字样以及跨省地域名称的、各级地方人民政府设置的医疗机构的识别名称中不含有行政区划名称的。

对于属于前述类别的中医、中西医结合和民族医医疗机构的名称，由国家中医药管理局核准。

2. 省级卫生行政部门核准的包括：以"中心"作为医疗机构通用名称的医疗机构名称、在识别名称中含有"中心"字样的医疗机构名称、以具体疾病名称作为识别名称的医疗机构（专科疾病防治机构除外）。

3. 其它的医疗机构名称由县级以上卫生行政部门核准。

（五）医疗机构名称使用的规定

1. 医疗机构名称经核准登记，于领取《医疗机构执业许可证》后方可使用，在核准机关管辖范围内享有专用权。

2. 医疗机构只准使用一个名称，经核准机关核准可以使用两个或者两个以上名称，但必须确定一个第一名称。

3. 卫生行政部门有权纠正已经核准登记的不适宜的医疗机构名称，上级卫生行政部门有权纠正下级卫生行政部门已经核准登记的不适宜的医疗机构名称。

4. 医疗机构名称不得买卖、出借，未经核准机关许可，医疗机构名称不得转让。

六、医疗广告管理

医疗广告是指医疗机构利用各种媒介或者形式直接或间接介绍医疗机

构或医疗服务的广告。医疗广告的发布实行许可制,医疗机构发布医疗广告,应当在发布前向省级卫生行政部门、中医药管理部门负责申请医疗广告审查。未取得《医疗广告审查证明》,不得发布医疗广告。非医疗机构不得发布医疗广告,医疗机构不得以内部科室名义发布医疗广告。工商行政管理机关负责医疗广告的监督管理。

(一)医疗广告的内容要求

医疗广告的内容仅限于:医疗机构第一名称、医疗机构地址、所有制形式、医疗机构类别、诊疗科目、床位数、接诊时间、联系电话,并且前六项内容必须与卫生行政部门、中医药管理部门核发的《医疗机构执业许可证》或其副本载明的内容一致。

医疗广告不得含有下列内容:

1. 涉及医疗技术、诊疗方法、疾病名称、药物的;

2. 保证治愈或者隐含保证治愈的;

3. 宣传治愈率、有效率等诊疗效果的;

4. 淫秽、迷信、荒诞的;

5. 贬低他人的;

6. 利用患者、卫生技术人员、医学教育科研机构及人员以及其他社会社团、组织的名义、形象作证明的;

7. 使用解放军和武警部队名义的;

8. 法律、行政法规规定禁止的其他情形。

(二)医疗广告的发布

发布医疗广告应当标注医疗机构第一名称和《医疗广告审查证明》文号。医疗机构发布户外医疗广告,应在取得《医疗广告审查证明》后,按照《户外广告登记管理规定》办理登记。医疗机构在其法定控制地带标示仅含有医疗机构名称的户外广告,无需申请医疗广告审查和户外广告登记。禁止利用新闻形式、医疗资讯服务类专题节(栏)目发布或变相发布医疗广告。有关医疗机构的人物专访、专题报道等宣传内容,可以出现医疗机构名称,但不得出现有关医疗机构的地址、联系方式等医疗广告内容；不得在同一媒介的同一时间段或者版面发布该医疗机构的广告。医疗机构应当按照《医疗广告审查证明》核准的广告成品样件内容与媒体类别发布医疗广告。医疗广告内容需要改动或者医疗机构的执业情况发生变化，与经审查的医疗广告成品样件内容不符的，医疗机构应当重新提出审查申请。

（三）法律责任

医疗机构违反《医疗广告管理办法》的规定发布医疗广告，县级以上地方卫生行政部门、中医药管理部门应责令其限期改正，给予警告；情节严重的，核发《医疗机构执业许可证》的卫生行政部门、中医药管理部门可以责令其停业整顿、吊销有关诊疗科目，直至吊销《医疗机构执业许可证》。未取得《医疗机构执业许可证》发布医疗广告的，按非法行医处罚。

医疗机构篡改《医疗广告审查证明》内容发布医疗广告的，省级卫生行政部门、中医药管理部门应当撤销《医疗广告审查证明》，并在一年内不受理该医疗机构的广告审查申请。省级卫生行政部门、中医药管理部门撤销《医疗广告审查证明》后，应当自作出行政处理决定之日起5个工作日内通知同级工商行政管理机关，工商行政管理机关应当依法予以查处。

工商行政管理机关对违反本办法规定的广告主、广告经营者、广告发布者依据《广告法》、《反不正当竞争法》予以处罚，对情节严重，造成严重后果的，可以并处一至六个月暂停发布医疗广告、直至取消广告经营者、广告发布者的医疗广告经营和发布资格的处罚。法律法规没有规定的，工商行政管理机关应当对负有责任的广告主、广告经营者、广告发布者给予警告或者处以1万元以上3万元以下的罚款；医疗广告内容涉嫌虚假的，工商行政管理机关可根据需要会同卫生行政部门、中医药管理部门作出认定。

七、医疗机构的医疗废物管理

医疗废物是医疗卫生机构在医疗、预防、保健以及其他相关活动中产生的具有直接或者间接感染性、毒性以及其他危害性的废物。为有效预防和控制医疗废物对人体健康和环境产生危害，国务院制定了《医疗废物管理条例》，对医疗机构医疗废物的处理做了相应规定。

（一）医疗废物的收集、包装、贮存和运送

1. 收集 医疗卫生机构应当及时收集本单位产生的医疗废物，并按照类别分置于防渗漏、防锐器穿透的专用包装物或者密闭的容器内。

2. 包装 医疗废物专用包装物、容器，应当有明显的警示标识和警示说明。医疗废物专用包装物、容器的标准和警示标识的规定，由国务院卫生行政主管部门和环境保护行政主管部门共同制定。

3. 贮存 医疗卫生机构应当建立医疗废物的暂时贮存设施、设备，不得露天存放医疗废物；医疗废物暂时贮存的时间不得超过2天。医疗废物的暂时贮存设施、设备，应当远离医疗区、食品加工区和人员活动区以及生活垃圾存放场所，并设置明显的警示标识和防渗漏、防鼠、防蚊蝇、防蟑螂、防盗以及预防儿童接触等安全措施。医疗废物的暂时贮存设施、设备应当定期消毒和清洁。

4. 运送 医疗卫生机构应当使用防渗漏、防遗撒的专用运送工具，按照本单位确定的内部医疗废物运送时间、路线，将医疗废物收集、运送至暂时贮存地点。运送工具使用后应当在医疗卫生机构内指定的地点及时消毒和清洁。

（二）医疗废物的处置

医疗卫生机构应当根据就近集中处置的原则，及时将医疗废物交由医疗废物集中处置单位处置。医疗废物中病原体的培养基、标本和菌种、毒种保存液等高危险废物，在交医疗废物集中处置单位处置前应当就地消毒。医疗卫生机构产生的污水、传染病病人或者疑似传染病病人的排泄物，应当按照国家规定严格消毒，达到国家规定的排放标准后，方可排入污水处理系统。

不具备集中处置医疗废物条件的农村，医疗卫生机构应当按照县级人民政府卫生行政主管部门、环境保护行政主管部门的要求，自行就地处置其产生的医疗废物。自行处置医疗废物的，应当符合下列基本要求：

1. 使用后的一次性医疗器具和容易致人损伤的医疗废物，应当消毒并作毁形处理；

2. 能够焚烧的，应当及时焚烧；不能焚烧的，消毒后集中填埋。

（三）对医疗废物处置的监管

医疗卫生机构应当依据国家有关法律、行政法规、部门规章和规范性文件的规定，制定并落实医疗废物管理的规章制度、工作流程和要求。医疗卫生机构应当设置负责医疗废物管理的监控部门或者专（兼）职人员。医疗卫生机构发生医疗废物流失、泄漏、扩散时，应当在48小时内向所在地的县级人民政府卫生行政主管部门、环境保护行政主管部门报告，调查处理工作结束后，医疗卫生机构应当将调查处理结果向所在地的县级人民政府卫生行政主管部门、环境保护行政主管部门报告。卫生行政主管部门应按照规定每月逐级上报至卫生部。

复习思考题：

1. 《医疗机构设置规划》的制订权限和程序是什么？
2. 设置医疗机构对申请主体有哪些要求？
3. 审批机关不批准医疗机构设置申请的情况是什么？
4. 登记机关不批准医疗机构执业登记的情况有哪些？
5. 医疗机构执业的法定义务有哪些？
6. 处方书写的规定有哪些？
7. 医疗机构命名禁用事项有哪些？
8. 医疗广告的表现形式不得含有哪些内容？
9. 医疗废物的收集、包装、贮存和运送有哪些规定？

【思考案例】

1999年9月13日，李某与李二发生争吵，相互拉扯，李二当天到某医院做X光摄片检查。接诊医师邓某做X线检查后认为"左肘关节未见异常"，并出具检查报告单。事后，李二找到医师赵某，让赵某为其出具"左肘肱骨内上髁撕脱性骨折"报告单，赵某按李二要求开具了报告单。

据此，公安局、法院作出司法鉴定，认定李二属轻微伤三级。2001年7月、9月，李二先后两次以李某造成其轻微伤三级伤害的事实为由，向沙县法院提起民事诉讼。2003年1月，沙县法院委托南平市第一医院对李二伤情重新鉴定，认定李二当时没有骨折。2004年5月24日，李某向沙县法院起诉，要求赵某赔偿精神损害3万元，某医院对赵某行为承担连带责任。

请问：赵某的行为违反了什么样的法律规定？医院应否为其行为承担法律责任？

链接资源：

1. www.moh.gov.cn 卫生部网站
2. www.zgwsfz.org.cn 卫生法制网
3. www.chnma.org 中华医院管理协会
4. www.cha.org.cn 中国医院协会

第三节 医院管理

【引导案例】

圆圆于2007年1月28日在被告医院出生，出生后 Apgar 评分 9—10′，外观无畸形，羊水Ⅱ°浑浊，医院医护人员立即清理呼吸道，吸氧，预防缺血缺氧性脑病发生。圆圆于2007年1月31日出院。出院后由于圆圆出现异常，家人遂带其至徐州市儿童医院诊治，经该院诊断为癫痫。其后，家人先后带圆圆至徐州市儿童医院、北京儿童医院等多家医疗机构诊治，均未能治愈。圆圆家人多次和被告医院协商赔偿事宜，由于双方分歧较大，未能达成一致意见。

2011年3月11日，圆圆家人将医院诉至法院。诉讼过程中，圆圆家人申请法院委托徐州市医学会对圆圆的伤残等级进行了鉴定，结论为：圆圆目前状况对应的医疗事故等级为三级乙等。而由于被告医院管理不善，将圆圆大部分病历丢失，以至于医疗事故技术鉴定不能进行。（案例来源：卫生法制网 http://www.zgwsfz.org.cn/2011/0811/72725.html）

【思考问题】

1. 请指出本案中医院的行为存在的不当之处？
2. 对于病历的书写和保管医院应当遵守哪些规定？

一、医院的概念和分类

（一）医院的概念

医院是以具备一定数量病床和设施，通过医务人员的集体协作，对就诊人实施防病治病、保障健康为目的医疗活动的医疗机构。医院在医疗机构体系中数量最多、地位和作用最重要。医院不仅要遵守对医疗机构管理的一般规定，而且应当遵守专门的医院管理的相关法律规定。

（二）医院的分类

1. 根据医院诊治疾病的种类和范围不同，可以将医院分为综合医院和专科医院。

综合医院是指配备一定数量的病床，设置内、外、妇、儿等临床科室，配置药剂、检验、放射的医技部门和相应人员与机构的医疗机构。综合医院具有多种专业科室，更易实现院内专科间的协作，是大多数医院采用的形式。

专科医院是指为治疗某些特种疾病而设立的单科性医疗机构，如传染病医院、精神病医院、肿瘤医院、口腔医院等。

2. 按照医院的所有制形式的不同，可以分为全民所有制医院、集体所有制医院、股份合作制医院和个体医院等。

3. 医院按其功能、任务不同划分为一、二、三级医院。

一级医院是直接向一定人口的社区提供预防、医疗、保健、康复服务

的基层医院。二级医院是向多个社区提供综合医疗卫生服务和承担一定教学、科研任务的地区性医院。三级医院是向几个地区提供高水平专科性医疗卫生服务和执行高等教育、科研任务的区域性医院。企事业单位及集体、个体举办的医院的级别，可比照划定。各级医院经过评审，按照《医院分级管理标准》确定为甲、乙、丙三等，其中三级医院增设特等，因此医院共分三级十等。

二、医院分级管理

卫生部发布的《综合医院分级管理标准（试行）》和《医疗机构基本标准（试行）》对我国医院分级管理的标准和指标进行了规定，主要包括：

1. 医院基本标准

这是各级医院都必须达到的标准，也是医院开业资格的认定标准。

2. 医院分级标准

根据任务和功能的不同，把医院分为三级，即一级医院、二级医院和三级医院。

一级医院是是我国实施初级卫生保健，实现"人人享有卫生保障"全球目标的基层医疗机构。其主要功能是直接对人群提供一级预防，在社区管理多发病、常见病现症病人并对疑难重症做好正确转诊，协助高层次医院搞好中间或院后服务，合理分流病人。

二级医院是向多个社区提供医疗、预防、保健、康复服务的卫生机构，是地区性医疗预防的技术中心。其主要功能是参与指导对高危人群的监测，接受一级转诊，对一级医院进行业务技术指导，并能进行一定程度的教学和科研。

三级医院是跨地区、省、市以及向全国范围提供医疗卫生服务的医院，是具有全面医疗、教学、科研能力的医疗预防技术中心。其主要功能是提供专科（包括特殊专科）的医疗服务，解决危重疑难病症，接受二级转诊，对下级医院进行业务技术指导和培训人才；完成培养各种高级医疗专业人才的教学和承担省以上科研项目的任务；参与和指导一、二级预防工作。

3. 医院分等标准

根据各级医院的技术水平、质量水平和管理水平的高低,并参照必要的设施条件,分别划分为甲、乙、丙等,三级医院增设特等。医院分等的标准主要内容是:(1)医院的规模,包括床位设置、建筑、人员配备、科室设置等四方面的要求和指标;(2)医院的技术水平,即与医院级别相应的技术水平,在标准中按科室提出要求与指标;(3)医疗设备;(4)医院的管理水平,包括院长的素质、从事管理、信息管理、现代管理技术、医院感染控制、资源利用、经济效益等七方面的要求与指标;(5)医院服务质量,包括诊断质量、治疗质量、护理质量、工作质量、综合质量等等几方面的要求与指标。我国现行的医院分等标准,主要是以各级甲等医院为标杆制订的。甲等医院的标准是现行的、或今后3—5年内能够达到国家、医院管理学和卫生学有关要求的标准,是同级医院中的先进医院标准。

三、医院评审

(一) 概述

按照卫生部《医院评审暂行办法》的规定,医院评审是指医院根据医疗机构基本标准和医院评审标准,开展自我评价,持续改进医院工作,并接受卫生行政部门对其规划级别的功能任务完成情况进行评价,以确定医院等级的过程。医院评审坚持政府主导、分级负责、社会参与、公平公正的原则和以评促建、以评促改、评建并举、重在内涵的方针,围绕质量、安全、服务、管理、绩效,体现以病人为中心。

医院评审包括周期性评审和不定期重点检查。周期性评审是指卫生行政部门在评审期满时对医院进行的综合评审。医院评审周期为4年。不定期重点检查是指卫生行政部门在评审周期内适时对医院进行的检查和抽查。

(二) 医院评审组织

评审组织是在卫生行政部门领导下,具体负责医院评审的技术性工作的专门机构。卫生部和卫生部医院评审委员会负责全国医院评审的领导、组织及监督管理,委员会下设办公室。各省级卫生行政部门成立医院评审领导小组,负责本辖区的医院评审工作,领导小组组长由省级卫生行政部

门的主要负责人兼任。上级卫生行政部门应当对下级卫生行政部门的评审工作进行监督和指导。

省级以上卫生行政部门应当组建由卫生行政部门、行业学（协）会、医疗保险机构、社会评估机构、医疗机构等方面的专家和群众代表组成的评审专家库。

（三）评审的申请和受理

1. 申请

医院在等级证书有效期满前3个月可以向有评审权的卫生行政部门提出评审申请。评审申请应提交：(1) 医院评审申请书；(2) 医院自评报告；(3) 评审周期内接受卫生行政部门及其他有关部门检查、指导结果及整改情况；(4) 评审周期内各年度出院患者病案首页信息及其他反映医疗质量安全、医院效率及诊疗水平等的数据信息；(5) 省级卫生行政部门规定提交的其他材料。医院在提交评审申请材料前，应当开展不少于6个月的自评工作。医院在规定期限内没有申请评审的，卫生行政部门应当要求其在15个工作日内补办申请手续；在限期内仍不申请补办手续的，视为放弃评审申请。

新建医院在取得《医疗机构执业许可证》，执业满3年后方可申请首次评审。医院设置级别发生变更的，应当在变更后执业满3年方可按照变更后级别申请首次评审。

2. 受理

申请材料不齐全或者不符合规定内容及形式的，应当在5个工作日内书面告知医院需要补正的材料及提交期限；医院逾期不补正或者补正不完全的，不予受理。

申请材料齐全且符合要求的，或者医院按照卫生行政部门的书面告知进行补正符合要求的，应当在10个工作日内予以受理。卫生行政部门在受理评审申请后，应当在20个工作日内向医院发出受理评审通知，明确评审时间和日程安排。

（四）评审的实施

卫生行政部门对医院发出评审受理通知后，应当于5个工作日内通知评审组织；评审组织接到通知后，应当从医院评审专家库中抽取专家组建评审小组，在规定时间内完成评审工作。

1. 医院周期性评审的内容

医院周期性评审包括：对医院的书面评价、医疗信息统计评价、现场评价和社会评价等方面的综合评审。(1) 书面评价的内容和项目包括：评审申请材料；不定期重点评价结果及整改情况报告；接受省级以上卫生行政部门组织的专科评价、技术评估等的评价结果；接受地市级以上卫生行政部门设立的医疗质量评价控制组织检查评价结果及整改情况；省级卫生行政部门规定的其他内容和项目。(2) 医疗信息统计评价的内容和项目包括：各年度出院患者病案首页等诊疗信息；医院运行、患者安全、医疗质量及合理用药等监测指标；利用疾病诊断相关分组（DRGs）等方法评价医院绩效；省级卫生行政部门规定的其他内容和项目。(3) 现场评价的主要内容包括：医院基本标准符合情况；医院评审标准符合情况；医院围绕以病人为中心开展各项工作的情况；与公立医院改革相关工作开展情况；省级卫生行政部门规定的其他内容。(4) 社会评价的主要内容和项目包括：地方政府开展的医疗机构行风评议结果；卫生行政部门开展或者委托第三方社会调查机构开展的患者满意度调查结果；省级卫生行政部门规定的其他内容和项目。

评审周期内，卫生行政部门应当组织对医院的管理、专科技术水平等进行不定期重点评价，分值应当不低于下次周期性评审总分的 30%。不定期重点评价的具体内容与办法由省级卫生行政部门规定。

2. 评审工作报告

评审小组应当在评审结束后 5 个工作日内，完成评审报告，并经评审小组长签字后提交给评审组织。评审工作报告应当包括：(1) 评审工作概况；(2) 书面评价、医疗信息统计评价、现场评价及社会评价结果；(3) 被评审医院的总分及评审结论建议；(4) 被评审医院存在的主要问题、整改意见及期限；(5) 应当说明的其他问题；(6) 省级卫生行政部门规定的其他内容。评审工作报告经评审组织审核同意后，报卫生行政部门。评审组织认为必要时，可要求评审小组对某些内容进行重新审议或者评审。具

体程序由省级卫生行政部门规定。

3. 评审结论

卫生行政部门在收到评审工作报告后,应当在30个工作日内作出评审结论。各级医院评审结论分为甲等、乙等、不合格。甲等、乙等医院,由省级卫生行政部门发给卫生部统一格式的等级证书及标识。等级证书的有效期与评审周期相同。等级证书有效期满后,医院不得继续使用该等级证书。医院的等级标识必须与等级证书相符。

卫生行政部门应当对评审结论为"不合格"的医院下达整改通知书,给予3-6个月的整改期。医院应当于整改期满后5个工作日内向卫生行政部门申请再次评审,再次评审结论分为乙等或者不合格。医院整改期满后未在规定时间内提出再次评审申请的,卫生行政部门应当直接判定再次评审结论为不合格。再次评审不合格的医院,由卫生行政部门根据评审具体情况,适当调低或撤销医院级别;有违法违规行为的,依法进行相应处理。卫生行政部门作出不合格评审结论前,应当告知医院有要求听证的权利;医院在被告知之日起5个工作日内提出听证申请的,卫生行政部门应当在15个工作日内组织听证。卫生行政部门应当结合听证情况,作出有关评审结论的决定。卫生行政部门在作出不合格评审结论时,应当说明依据,并告知医院享有依法申请行政复议或者提起行政诉讼的权利。

卫生行政部门应当将医院评审结论以适当方式在辖区内公布,公示期为7至15天。公示结果不影响评审结论的,书面通知被评审医院、评审组织和有关部门,同时报送上级卫生行政部门备案。

四、医院工作制度

为了规范医院管理,提高医疗护理质量,卫生部先后制定了《全国医院工作条例》《医院工作制度》《医院工作人员制作》《医务人员医德规范及实施办法》和《医院工作制度的补充规定》(试行)》等。

《全国医院工作条例》对医院的领导体制、组织管理、医疗预防、教学科研、技术管理、经济管理和总务工作和思想政治工作进行了规定。《医院工作制度》是为了加强对医院的科学管理,建立正常工作秩序,改善服务态度，提高医疗护理质量，防止医疗差错事故，使医院工作适应社会主义建设的要求，而由卫生部制定的医院工作的各个方面和环节的具体制度。《医院工作人员职责》则对医院岗位的职责做了详细的规定。

五、急救医疗机构管理的法律规定

(一) 立法概况

1980年，卫生部发布了《关于加强城市急救工作的意见》，提出急救站和急救分站的任务、设置原则和组织管理。1983年，发布了《城市医院急救科（室）建设方案》。1986年，发布了《进一步加强急诊抢救工作的补充规定》。1995年，卫生部发布了《灾害事故医疗救援工作管理办法》，对灾情报告、现场医疗救护、部门协调与培训等做了明确规定，促进了全国范围内三级医疗机构内普遍建立了急诊科室，部分城市建立了急救中心，使急救医疗逐步步入法制轨道。2004年，卫生部和信息产业部联合下发了《关于加强院前急救网络建设及"120"特服号码管理的通知》，对院前急救工作的重要性、院前急救网络的组建、院前急救机构的设置和管理以及医疗急救号码设置的规范等作了规定。为进一步加强和规范各级急救中心建设，提高应对突发公共卫生事件的院前急救能力，完善我国公共卫生服务体系，2008年，卫生部发布了《急救中心建设标准》，2009年，卫生部发布了《急诊科建设与管理指南（试行）》。

(二) 法律规定的主要内容

1. 急救医疗机构的任务

独立急救站的主要任务是：在市卫生局直接领导下，统一指挥全市日常急救工作；以医疗急救为中心，负责对各科急危重患者及意外灾害事故病人的现场和护送途中的抢救治疗；在基层卫生组织和群众中宣传普及急救知识，有条件的急救站可承担一定的科研教学任务；接受上级指派的临时救护任务。

医院急诊室的任务是接受急救站和病人来诊的急危重患者的抢救、诊治和留观工作。

2. 急救医疗机构的组织管理

急救中心（站）与医院急诊室分工负责、密切配合，做好全市的急救工作；遇有重大灾害、意外事故时，各级急救组织应迅速报告卫生局，并立即组织现场抢救和护送伤病员；急救站应有比较现代化的通讯设备和车辆维修场地，合理分配和配备救护车；急救站必须加强救护车辆的管理，提高救护车急救的使用率；各级急救组织必须建立健全以岗位责任制为中心的规章制度，切实提高科学管理水平，提高急救质量，改善服务态度。

复习思考题

1. 简述医院分级分等的标准。
2. 简述医院评审的程序。

【思考案例】

家住郑州市金水区的郭某某的丈夫刘某，于2003年12月17日早晨身感不适，于上午8点40分呼叫郑州市120急救指挥中心要求救治，120急救中心即通知郑州市第五人民医院。该医院接到通知后，指派一名尚未取得医师资格的应届毕业生和一名护士等人随同该医院的救护车赶到患者家中，将患者接到医院进行抢救，患者刘某经抢救无效死亡。

2004年5月9日，郭某某以被告郑州市第五人民医院违反相关法律，委派未取得医师资格的人员接诊患者，且在患者入院后被告没有尽到应尽义务误诊、误治，延误最佳救时机等理由，将医院告上了法庭，要求被告对原告予以赔偿。一审中，法院委托相关机构对刘某的死因进行技术鉴定，并得出了"不属于医疗事故"的结论。（案例来源：卫生法制网 http://www.zgwsfz.org.cn/2010/0321/20280.html）

请问：郑州市第五人民医院的行为是否违反了法律的相关规定？应否承担法律责任？

链接资源：

1. www.moh.gov.cn 卫生部网站

2. www.zgwsfz.org.cn 卫生法制网
3. www.chnma.org 中华医院管理协会
4. www.niha.org.cn 卫生部医院管理研究所

第四节　中医医疗机构管理

【引导案例】

江苏鹏鹞药业有限公司1974年开始研制抗癌平丸，1978年研制成功并通过新药鉴定，1979年开始生产。1995年，亨新公司开始生产抗癌平丸。2000年，亨新公司向国家药监局中药保护办公室申请抗癌平丸为中药保护品种。2002年4月9日，国家药监局向亨新公司颁发了《中药保护品种证书》，保护期7年，即自2002年9月12日到2009年9月12日。在亨新公司申请中药保护品种的同时，鹏鹞公司也于2002年7月18日向国家药监局提出抗癌平丸中药保护品种申请，并于2004年4月15日得到《中药保护品种证书》。亨新公司发现，鹏鹞公司从2002年9月12日到2003年3月15日期间，继续大量生产和低价销售同品种的抗癌平丸，严重冲击了该公司的生产和销售。于是便将鹏鹞公司告上法庭。（案例来源：卫生法制网：http://www.zgwsfz.org.cn/2010/0712/34024.html）

【问题思考】

该案中鹏鹞公司是否侵犯了亨新公司的权利？

一、中医药立法概况

为了促进中医医疗机构的建设与中医药事业的发展，国家先后颁布了多个中医药相关的法律法规，主要包括：2003年国务院颁布的《中医药条例》、2009年发布了《关于扶持和促进中医药事业发展的若干意见》、

1982年卫生部年颁布的《全国中医医院工作条例（试行）》、1984年颁布了《全国中医医院医疗设备标准（试行）》，1986年颁布了《中医医院工作制度（试行）》、《中医医院工作人员职责（试行）》，1989年国家中医药管理局颁布了《中医医疗机构管理办法（试行）》、1993年颁布了《全国示范中医医院建设验收标准》、2003年颁布了《中医医院信息化建设基本规范（试行）》、2005年颁布了《中医医院管理评价指南（试行）》、2006年颁布了《中医医院中医药特色评价指南（试行）》。

二、中医医疗机构的开办审批登记

（一）中医医疗机构的开办条件要求

根据《中医药条例》第八条的规定，开办中医医疗机构，应当符合国务院卫生行政部门制定的中医医疗机构设置标准和当地区域卫生规划，并按照《医疗机构管理条例》的规定办理审批手续，取得医疗机构执业许可证后，方可从事中医医疗活动。

开办中医医院（含中医院校及中医研究机构的附属医院）、中医专科医院、中医康复医院应具备如下条件：至少设病床30张；医师5人，其中主治中医师以上1人、中医师不少于2人；护师、士不少于5人；有相应的药剂、放射、检验等医技人员和诊断、治疗等仪器设备。

开设中医门诊部应具备如下条件：至少有医师3人，其中中医师至少2人；护师、士2人；并有相应的医技人员和房屋设备。

开设中医诊所应具备2名以上中医师及相应的房屋和设备。开设中医诊室应有1名以上中医师及相应的房屋和设备。

（二）中医医疗机构开业的审批

中医诊所、中医诊室，由当地县（区）级卫生行政部门审批；中医医院（含中医院校及中医研究机构的附属医院）中医专科医院、中医康复医院、中医门诊部、其它以各种名称面向社会而主要从事中医医疗业务的单位，由地（市）级或其以上中医药卫生行政部门审批。

中医医疗机构改变机构名称、增减病床、变更科目、停业、迁移都必须报原批准开业的中医药卫生行政部门审批登记。

三、中医医院管理

《全国中医医院工作条例（试行）》、《中医医院工作制度（试行）》等对中医医院的建设、工作制度、机构设置、人员配备和工作职责等作了具体规定。

（一）组织体制和人员配置

中医医院实行党委领导下的院长负责制。科室实行科主任负责制。业务科室应按照中医特点、医院规模、实际需要和业务发展情况设置。

根据《全国中医医院组织机构及人员编制标准（试行）》的规定，中医医院人员编制按病床与工作人员 1：1.3～1：1.7 计算。病床数与门诊量之比按 1：3 计算，不符合 1：3 时，按每增减一百门诊人次增减六到八人，增编人员要确保用于医疗、护理和药剂等工作的需要。各类人员的比例：行政管理、其他技术人员和工勤人员占总编的 28%～30%，其中行政管理人员占总编的 6%～8%，其他技术人员占总编的 2%，卫生技术人员占总编的 70%～72%。在医药人员中，中医药人员要逐步达到 70% 以上。

（二）人员职责

《中医医院工作人员职责（试行）》对中医医院中从院长、副院长、行政科室人员、业务科室人员到电话员等 94 种岗位的工作人员的职责及进行了详细的规定。2010 年国家中医药管理局发布的《中医医院中医护理工作指南（试行）》又对中医医院护理人员的工作职责进行了专门规定。

（三）工作制度

卫生部制定的《中医医院工作制度（试行）》对中医医院的工作制度作了详细规定。卫生部发布的《全国中医医院工作条例（试行）》也对中医的医疗工作、教学科研工作、管理工作和思想政治工作进行了规定，其中规定中医医院的医疗工作必须以四诊八纲，理、法、方、药，辨证论治为指导，并积极采用现代科学技术，不断提高诊治水平。

四、中药管理

(一) 中药的注册管理

2007年国家食品药品监督管理局颁布的《药品注册管理办法》规定，在中华人民共和国境内申请药物临床试验、药品生产和药品进口，以及进行药品审批、注册检验和监督管理，适用该办法的规定。同时，该办法第175条规定：实施批准文号管理的中药材、中药饮片以及进口中药材的注册管理规定，由国家食品药品监督管理局另行制定。

(二) 中药的研制

1987年卫生部、国家中医管理局发布《关于加强中药剂型研制工作的意见》明确要求中药剂型研制工作必须注意遵循中医药理论体系，突出中医药特色；应抓好传统中药剂型的继承和发扬；加强研制开发中药新剂型；抓好剂型研制工作的基地建设；应加强专业技术队伍建设。1993年，卫生部发布《中药注射剂研制指导原则（试行）》，对中药注射剂的研究工作作了规定。

(三) 中药的生产

根据《药品管理法》的规定，国家发展传统中药，充分发挥其在预防、医疗和保健中的作用。国家保护野生药材资源，鼓励培育中药材。《中医药条例》规定县级以上地方人民政府应当加强中药材的合理开发和利用，鼓励建立中药材种植、培育基地，促进短缺中药材的开发、生产。

《药品管理法》规定，开办药品生产企业，须经企业所在地省级人民政府药品监督管理部门批准并发给《药品生产许可证》，凭《药品生产许可证》到工商行政管理部门办理登记注册。无《药品生产许可证》的，不得生产药品。

卫生部2002年发布的《中药材生产质量管理规范（试行）》对产地生态环境、种质和繁殖材料、栽培与养殖管理、采收与初加工、包装、运输与贮藏、质量管理等作了规定。2003年，国家食品药品监督管理局发布了《中药材生产质量管理规范认证管理办法（试行）》和《中药材 GAP

认证检查评定标准（试行）》，以保障中药材的质量。

中药炮制是祖国医药宝库的组成部分，是中药行业特有的传统制药技术。为继承和发扬这一传统文化遗产，不断提高饮片质量，保证中医辨症施治临床用药安全有效，国家中医药管理局制定了《中药饮片生产企业质量管理办法（试行）》，规定：中药饮片必须按照国家药品标准炮制；国家药品标准没有规定的，必须按照省级人民政府药品监督管理部门制定的炮制规范炮制。省级人民政府药品监督管理部门制定的炮制规范应当报国务院药品监督管理部门备案。

为了保障中药材的质量，国家食品药品监督管理局发布了《关于加强中药饮片包装监督管理的通知》以加强对中药饮片保障的管理。

（四）中药的经营

药品经营企业必须持有《药品经营许可证》。药品经营企业销售中药材，必须标明产地。城乡集市贸易市场可以出售中药材，国务院另有规定的除外。城乡集市贸易市场不得出售中药材以外的药品，但持有《药品经营许可证》的药品零售企业在规定的范围内可以在城乡集市贸易市场设点出售中药材以外的药品。具体办法由国务院规定。为加强流通领域的中药质量管理，1989年，国家中医药管理局发布《中药商业质量管理规范（试行）》，加强对中药商业收购（调拨）销售、储存等流通环节的质量管理。

（五）医疗机构的中药管理

2007年国家中医药管理局、卫生部制定的《医院中药饮片管理规范》对各级各类医院中药饮片采购、验收、保管、调剂、临方炮制、煎煮等管理作了规定。该《规范》明确要求：医院的中药饮片管理由本单位法定代表人全面负责，中药饮片管理应当以质量管理为核心，实行岗位责任制。二级以上医院的中药饮片管理由单位的药事管理委员会监督指导，药学部门主管，中药房主任或相关部门负责人具体负责。直接从事中药饮片技术工作的，应当是中药学专业技术人员。负责中药饮片验收的，在二级以上医院应当是具有中级以上专业技术职称和饮片鉴别经验的人员；在一级医院应当是具有初级以上专业技术职称和饮片鉴别经验的人员。负责中药饮

片临方炮制工作的，应当是具有三年以上炮制经验的中药学专业技术人员。中药饮片煎煮工作应当由中药学专业技术人员负责，具体操作人员应当经过相应的专业技术培训。2011年卫生部、国家中医药管理局、总后勤部、卫生部联合制定的《医疗机构药事管理规定》对医疗机构的中药管理也做了相应要求。

(六) 中药保护

1992年，国家中医药管理局和国家保密局制定下发了《中医药行业国家秘密及其密级具体范围的规定》。该规定对中医药工作中属于绝密、机密、秘密级事项的具体范围进行了明确。1992年，国务院制定了《中药品种保护条例》，对除了申请专利的中药品种以外的中国境内生产制造的中药品种的保护以及中药保护品种等级的划分和审批作了规定。根据《中药品种保护条例》的规定，可以申请一级保护的有：（1）对特定疾病有特殊疗效的；（2）相当于国家一级保护野生药材物种的人工制成品；（3）用于预防和治疗特殊疾病的。可以申请二级保护的有：（1）符合申请一级保护条件的品种或者已经解除一级保护的品种；（2）对特定疾病有显著疗效的；（3）从天然药物中提取的有效物质及特殊制剂。中药一级保护品种保护期分别为30年、20年、10年。中药二级保护品种保护期为7年。保护期满后可以申请延长，每次延长的保护期限不得超过第一次批准的保护期限。批准保护的中药品种，由国务院卫生行政部门发给《中药保护品种证书》。

五、民族医药管理

我国悠久的民族历史也沉淀下丰富的民族医药资源，如藏医药、蒙医药、傣医药等在治疗一些特殊的疾病上，都具有突出的疗效。我国政府也非常重视民族医药的发展。1951年12月开始施行的《全国少数民族卫生工作方案》曾指出："对于用草药土方治病之民族医，应尽量团结与提高。"六十年代初期，贯彻"调整、巩固、充实、提高"的八字方针，各民族地区在恢复发展民族医方面都做了不少工作。十年动乱期间，民族医药学遭到极其严重的摧残。党的十一届三中全会以来，民族医药事业又得到了一定的恢复和发展。1983年,卫生部、国家民委发布《关于继承、发扬民族医药学的意见》。2007年,国家中医药管理局、国家民族事务委员会、卫生部等11个部、委、局联合下发《关于切实加强民族医药事业发展的指导意见》(国中医药发〔2007〕48号)对加强民族医药事业的发展提出了意见。

(一)部分民族医学介绍

藏医药学已有一千多年的历史,它是藏族人民在青藏高原与疾病作斗争的经验总结,至8世纪,出现了《月王药诊》《四部医典》等著作,分布在西藏、青海、四川、甘肃、云南等地。

蒙医药学以藏医《四部医典》为基础,结合自己的民族文化和医疗实践,逐步发展成为具有自己特点的蒙医药学,主要分布在内蒙、辽宁、吉林、黑龙江、青海、新疆等地。

维吾尔医药学是在总结天山南北、塔里木盆地人民群众防治疾病经验的基础上,吸收中外医学的长处,形成了自己的医学体系,以乌鲁木齐、喀什、和田、吐鲁番为基地,足迹遍及天山南北。

傣医主要分布在云南西双版纳傣族自治州和德宏傣族景颇族自治州,已有一千多年的历史,在用傣文刻写的古老的贝叶经上,即有医药、方剂、制剂的记载。西双版纳素称"瘴疠之区",傣医利用当地丰富的草药资源与疾病作斗争,积累了丰富的经验。

(二)少数民族传统医药的保护和发展

国务院办公厅《少数民族事业"十一五"规划》(国办发〔2007〕14号),提出少数民族事业"十一五"规划的主要任务包括:加大少数民族传统医药的保护和抢救力度,实施少数民族传统医药发展工程。开展少数民族传统医药资源研究与保护性开发,建立少数民族传统医药野生资源保护区。大力推广民族医药适宜技术,加大乡村民族医药工作者培训力度。加强民族医药基础理论和临床研究,鼓励科研院所和高等院校设立民族医药专业、开展民族医药学科建设,培养一批民族医药专业技术骨干和学术带头人。

提倡建设少数民族传统医药发展工程。重点建设若干民族医医院、民族医特色专科。加强民族自治地方的县民族医医院基础设施改造，大力改善乡村民族医药工作者的工作环境条件。加大少数民族医诊疗方法、学术经验和技术专长的保护抢救力度，抢救、保护、整理、研究和发掘少数民族传统医药文献资料，建立中国少数民族传统医药名录及其数据库。加强少数民族传统医药野生资源保护区、药材规范化种植基地（GAP）、医药研发基地和医药推广培训中心建设。制订民族医诊疗标准、民族药药材标准、民族药药品标准和民族药炮制规范，编制民族药基本药物目录。开展民族药药用资源普查工作，制订民族药注册分类管理办法。大力发展少数民族传统医药资源人工种植养殖业，建立若干少数民族传统医药资源人工种植养殖培训基地。

六、中医药教育与科研管理

（一）中医药教育

1997年，国家教委、国家中医药管理局《关于中医药教育改革和发展的若干意见》（教高〔1997〕14号）明确了"九五"期间及至2010年中医药教育和改革和发展的目标和任务，提出了优化教育结构，推进教育管理体制改革，深化教育教学领域改革，促进产、学、研结合，加强对中医药教育的宏观调控的指导性意见。2002年，国家中医药管理局发布《关于进一步加强中医药继承发展工作意见的通知》，通知明确和强调了中医药继承发展工作的重要性、指导思想和重要任务。2003年，国务院制定的《中医药条例》设专章对中医药教育和科研作了规定。该条例规定：国家采取措施发展中医药教育事业。各类中医药教育机构应当加强中医药基础理论教学，重视中医药基础理论与中医药临床实践相结合，推进素质教育。2007年2月1日起施行的，由卫生部发布的《传统医学师承和确有专长人员医师资格考核考试办法》对中医学和少数民族医学师承人员或确有专长人员的出师考核、确有专长考核、医师资格考试等作了规定。

1. 学历教育

学历教育是中医药教育的重要组成部分。卫生部、教育部等部委先后发布了《关于加强高等中医教育工作的意见》《培养医学博士（临床医学）研究生的试行办法（中医、中西医结合）》(已失效)、《中等中医药学校中医士专业建设标准（试行）》、《关于加强高等中医教育临床教学工作的意见》《关于改进和加强中医药研究生教育工作的意见》。

2001年卫生部、教育部制定的《中国医学教育改革和发展纲要》指出：高等中医药教育是我国高等医药教育的特色和优势，要充分认识高等中医药教育在我国高等医药教育发展中的重要地位和作用，要以具有中国特色、时代特征和中医药教育特点的思想、观念，推动高等中医药教育事业的改革和发展。2003年，国家中医药管理局办公室、教育部办公厅联合下发《关于中医药教育若干问题的意见》，对各类高校增设中医药专业、中医药成人教育等问题给出了指导意见。

2. 继续教育

1992年，国家中医药管理局发布《关于开展中医药继续教育若干问题的意见》，2002年，国家中医药管理局发布《中医药继续教育规定》，2006年，发布《中医药继续教育登记办法》《中医药继续教育规定》《中医药继续教育"十一五"规划》，2007年分别修订了《中医药继续教育委员会章程》《继续教育项目管理办法》《中医药继续教育学分管理办法》。上述规定保障了中医药继续教育的顺利健康发展。

3. 农村中医药教育

2004年，国家中医药管理局制定《关于农村中医药人才培养和队伍建设的实施意见》，明确了农村农村中医药人才培养和队伍建设工作的指导思想、工作任务。2005年，国家中医药管理局办公室、教育部办公厅制定了《乡村医生中等中医专业人才培养指导方案》。2011年，国家中医药管理局制定《农村中医药工作指南（试行）》，其中第五部分明确：农村中医药人才培养，要求通过院校教育、毕业后教育、继续教育、跟师学习等多种形式，不断提高中医药专业技术人员业务水平和职业道德素质，特别注重培养中医全科医生，并引导农村西医人员学习和运用中医药。

4. 老中医药专家学术经验继承

老中医药专家的学术经验与技术专长是中医药理论与他们实践经验和

相结合的结晶,是中医药学科的宝贵财富。老中医药专家学术经验继承工作是指遴选有丰富、独到学术经验和技术专长的老中医药专家为指导教师,选配具有相当专业理论和一定实践经验的中青年业务骨干为他们的继承人,采取师承方式进行培养。人事部、卫生部、国家中医药管理局1990年作出了《关于采取紧急措施做好老中医药专家学术经验继承工作的决定》。2002年又作出《全国老中医药专家学术经验继承工作管理暂行规定》,该规定对遴选条件、程序、教学管理、教学方式和要求、考核、组织管理等问题作了规定。这些规定对老中医药专家学术经验继承起到了积极作用。

5. 传统医学师承和确有专长人员医师资格考核考试

《执业医师法》第11条规定:以师承方式学习传统医学满三年或者经多年实践医术确有专长的,经县级以上人民政府卫生行政部门确定的传统医学专业组织或者医疗、预防、保健机构考核合格并推荐,可以参加执业医师资格或者执业助理医师资格考试。考试的内容和办法由国务院卫生行政部门另行制定。卫生部在2006年制定了《传统医学师承和确有专长人员医师资格考核考试办法》。2007年国家中医药管理局制定《传统医学出师考核和确有专长考核实施方案(试行)》和《传统医学出师考核和确有专长考核大纲(试行)》。

考核是对传统医学师承和确有专长人员申请参加医师资格考试的资格评价和认定,分为传统医学师承出师考核(以下简称出师考核)和传统医学医术确有专长考核(以下简称确有专长考核)。考试是评价申请医师资格者是否具备执业所需的专业知识与技能的考试,是国家医师资格考试的组成部分。该办法分别对出师考核和确有专长考核的条件、程序、提交的材料等内容作了规定。考试方式分为实践技能考试和医学综合笔试,实践技能考试合格的方可参加医学综合笔试。师承和确有专长人员取得《传统医学师承出师证书》或《传统医学医术确有专长证书》后,在执业医师指导下,在授予《传统医学师承出师证书》或《传统医学医术确有专长证书》的省(自治区、直辖市)内的医疗机构中试用期满1年并考核合格,可以申请参加执业助理医师资格考试。师承和确有专长人员取得执业助理医师执业证书后，在医疗机构中从事传统医学医疗工作满5年，可以申请参加执业医师资格考试。

（二）中医药科研管理

对中医药科研，《中医药条例》规定"国家发展中医药科学技术，将其纳入科学技术发展规划，加强重点中医药科研机构建设"。2009年国家中医药管理局制定了《科技项目管理办法（试行）》，通过科研立项来支持中医药研究。为加强中医药科研实验室建设，2005年国家中医药管理局发布了《医药科研实验室管理办法（修订）》。为了鼓励中医药科研优秀成果，1988年国家中医管理局就制定了《中医药科学技术进步奖励管理办法（试行）》，对奖励范围、标准和等级等作了规定。为了加强中医药科学技术成果（以下简称科技成果）的管理，促进科技成果的交流、应用和推广，1991年，国家中医药管理局制定了《中医药科学技术成果登记管理办法（试行）》。

复习思考题

1. 中医医疗机构的必备条件有哪些？
2. 可以申请一级保护的中药品种有哪些？
3. 可以申请二级保护的中药品种有哪些？

【思考案例】

患者王某因吃葡萄引起腹泻，到当地某中医院找她很熟悉的医生李某，李某用一超声诊断申请单在其背面开了如下处方：熟附片30g，枳实15g，红花10g，干良姜各15g，厚朴12g，丹参20g，茯苓20g，桃仁15g，郁金20g，木香15g，白芍20g，甘草6g 二剂。患者持方到该院中药房取药时，值班药师张某、赵某二人见各药没有标"先煎""煨"等小注，按方取药后将各药全部包在一起便交与患者。当日患者服药后出现异常反应，便到该院急诊科急诊，经急诊科初诊后以"视力模糊"收入五官科，住院数日后出院，滋生医药费若干。此事发生后，患者持原处方找药

师张某、赵某追究责任,说是他们取药时没有将熟附片另包作"先煎"处理,导致了附子中毒,现在发生的医药费和以后出现的后遗症都要他俩负责。张某、赵某一看处方,熟附片右上角原本没有的"先煎"二字,这时却又写上了"先煎"。患者还将此事上告到当地食品药品监督管理局。

请问:本案患者与中医院发生纠纷的根源是什么?中医院和医师应当怎样防范此类纠纷的发生?

链接资源:

1. www.satcm.gov.cn 国家中医药管理局网站
2. www.moh.gov.cn 卫生部网站
3. www.zgwsfz.org.cn 卫生法制网
4. www.tcmhm.com 中医药管理网
5. www.zhzyw.org 中华中医网

(本章撰稿人 谭晓莉)

第九章 医务人员管理法律制度

【教学目标】

通过本章学习,熟悉医师资格考试和医师执业注册的要求,执业医师的权利与义务,违反《执业医师法》的法律责任;熟悉护士的执业注册、护士的权利和义务,违反《护士条例》的法律责任;了解乡村医生执业注册制度、乡村医生的执业规则、考核,违反《乡村医生从业管理条例》的法律责任。

【引导案例】

2003年8月13日,梁小姐在青岛市某医院被诊断为早孕。9月2日上午,梁小姐在朋友初小姐的陪同下到该院做无痛人工流产手术。手术中,医院安排了8名医学院的学生对手术过程进行了全程教学观摩。这些实习生进出手术室时,在门口等待的初小姐就此向值班医生提出质疑,医生说已经征得梁小姐的同意。手术结束后,初小姐询问梁小姐是否同意让见习医生观摩,梁小姐当即否认了此事。随后两人一起找值班医生,医生只是说病人同意了,但不肯当面对质。梁小姐遂一纸诉状将医院告至市南法院,要求医院向其支付医药费、交通费和精神损害抚慰金等两万元。法院审理认为:妇女的人工流产属于个人隐私,被告将原告的人工流产过程及生殖器官暴露于与原告手术无关的人员应是对原告隐私权的侵犯。虽然医院医学教学具有一定的公益性质,但医院的医学教学活动不能以牺牲原

告的隐私权为代价。医院侵害原告的隐私权,原告的精神受到了伤害,依法酌情判决被告医院赔偿原告精神损失1万元。①

【问题思考】
1. 医师是否有权要求患者接受医学生实习观摩?
2. 该事件对医院管理管理有何启发意义?

第一节 执业医师管理法律制度

一、执业医师的概念

执业医师是指取得执业医师资格或者执业助理医师资格,经注册取得医师执业证书,在医疗、预防或保健机构(包括计划生育技术服务机构)中执业的专业医务人员,包括执业医师和执业助理医师两个等级,分为临床、中医、口腔和公共卫生四类。

新中国成立以后,我国先后颁布了一系列医师管理的法规和规章。1951年颁布了《医师暂行条例》和《中医师暂行条例》,1982年公布了《医院工作人员职责》,1988年颁布了《医师、中医师个体开业暂行管理办法》,1998年6月26日,九届全国人大常委会审议通过了《中华人民共和国执业医师法》(以下简称《执业医师法》),并于1999年5月1日起开始实施。《执业医师法》共6章48条,对医师考试注册、执业规则、考核培训、法律责任等作了明确规定。为了配合该法的实施,卫生部先后颁布了《医师资格考试暂行办法》、《医师执业注册暂行办法》等配套规章制度。

《执业医师法》的颁布对于加强医师队伍建设、提高医师的职业道德

---

① 《做人流遭观摩一女青年获赔万元》,载法律快车网,www.lawtime.cn/info/yiliao/ylsgal/2011071128845.html,访问时间2011-12-1。

和业务素质、维护医师的合法权益、保护人民的身心健康提供了有力的制度保障。

二、医师资格考试和注册

（一）医师资格考试制度

《执业医师法》规定：国家实行医师资格考试制度。医师资格考试分为执业医师资格考试和执业助理医师资格考试。医师资格考试办法，由国务院卫生行政部门制定，医师资格考试由省级以上卫生行政部门组织实施。

1. 执业医师资格考试的报名条件

根据《执业医师法》的规定，具有下列条件之一的，可以报名参加执业医师资格考试：

（1）有高等学校医学专业本科以上学历，在执业医师指导下，在医疗、预防、保健机构中试用期满1年的；

（2）取得执业助理医师执业证书后，具有高等学校医学专科学历，在医疗、预防、保健机构中工作满2年的；

（3）具有中等专业学校医学专业学历，在医疗、预防、保健机构中工作满5年的。

2. 执业助理医师资格报名考试条件

根据《执业医师法》规定，具有高等学校医学专科学历或者中等专业学校医学专业学历，在执业医师指导下，在医疗、预防、保健机构中试用期满1年的，可以报名参加执业助理医师资格考试。

3. 传统医学执业医师资格考试报名条件

根据《执业医师法》规定，以师承方式学习传统医学满3年或者经多年实践医术确有专长的，经县级以上人民政府卫生行政部门确定的传统医学专业组织或者医疗、预防、保健机构考核并推荐，可以参加执业医师资格或者执业助理医师资格考试，考试的内容和办法由卫生部另行规定。

（二）医师执业注册

《执业医师法》规定，国家实行医师执业注册制度。取得医师资格的，

可以向所在地县级以上卫生行政部门申请注册；受理申请的卫生行政部门，对符合注册条件的，应当自收到申请之日起 30 日内准予注册，并发给由卫生部统一印制的医师执业证书。医疗、预防、保健机构可以为本机构中的医师集体办理注册手续。医师经注册后，可以在医疗、预防、保健机构中按照注册的执业地点、执业类别、执业范围执业；未经医师注册取得执业证书，不得从事医疗活动。

1. 申请医师执业注册不予注册的规定

《执业医师法》规定，有下列情形之一的，不予注册：①不具有完全民事行为能力的；②因受刑事处罚，自刑罚执行完毕之日起至申请注册之日止不满 2 年的；③受吊销医师执业证书行政处罚决定之日起至申请注册之日止不满 2 年的；④有国务院卫生行政部门规定不宜从事医疗、预防、保健业务的其他情形的。

2. 医师执业注册的注销

医师执业注册后有下列情形之一的，其所在的医疗、预防、保健机构应当在 30 日内报告准予注册的卫生行政部门，卫生行政部门应当注销注册，收回医师执业证书：①死亡或者被宣告失踪的；②受刑事处罚的；③受吊销医师执业证书行政处罚的；④因参加医师考核不合格暂停执业活动期满，再次考核仍不合格的；⑤中止医师执业活动满 2 年的；⑥有国务院卫生行政部门规定不宜从事医疗、预防、保健业务的其他情形的。

3. 变更注册和重新注册

根据《执业医师法》规定，医师变更执业地点、执业类别、执业范围等注册事项的，应当到准予注册的卫生行政部门办理变更注册手续。

中止医师执业活动 2 年以上以及有关不予注册的情形已消失的，申请重新执业时，应当由县级以上卫生行政部门委托的机构或者组织考核合格，并向所在地县级以上卫生行政部门申请重新注册。

（三）个体行医的规定

申请个体行医的执业医师，须经注册后在医疗、预防、保健机构中执业满 5 年，并按照国家有关规定办理审批手续；未经批准，不得个体行医。

三、执业医师的权利与义务

(一) 执业医师的权利

根据《执业医师法》规定，医师在执业活动中享有下列权利：①在注册的执业范围内，进行医学诊查、疾病调查、医学处置、出具相应的医学证明文件，选择合理的医疗、预防、保健方案；②有权获得与本人执业活动相当的医疗设备基本条件；③从事医学研究、学术交流，参加专业学术团体的权利；④参加专业培训，接受继续医学教育的权利；⑤在执业活动中，人格尊严、人身安全不受侵犯的权利；⑥获取工资报酬和津贴，享受国家规定的福利待遇；⑦有权对所在机构和卫生行政部门的工作提出意见和建议，依法参与所在机构的民主管理。

(二) 医师的义务

执业医师法规定，医师在执业活动中应当履行下列义务：①遵守法律、法规、遵守技术操作规范；②树立敬业精神、遵守职业道德、尽职尽责为患者服务；③关心、爱护、尊重患者的隐私；④努力钻研业务，更新知识，提高专业技术水平；⑤宣传卫生保健知识，对患者进行健康教育。

(三) 医师的执业规则

医师在执业活动中，依法享有上述权利、履行上述义务的同时，还应遵循以下执业规则：

1. 医师实施医疗、预防、保健措施，签署有关医学证明文件，必须亲自诊查（谨慎医疗的义务）；

2. 不得出具与自己执业范围无关或者与执业类别不相符的医学证明文件；

3. 对急危患者，医师应当立即采取紧急措施及时进行诊治，不得拒绝急救处置；

4. 应当使用经国家有关部门批准使用的药品、消毒药剂和医疗器械，按照规定使用麻醉药品、医疗用毒性药品、精神药品和放射药品；

5. 应当如实向患者或者其家属介绍病情，但应注意避免对患者产生

不利后果；

6. 医师进行实验性医疗，应当经医院批准并征得患者本人或者其家属同意；

7. 医师不得利用职务之便，索取、非法收受患者财物或者牟取其他不正当利益；

8. 遇有自然灾害、传染病流行、突发重大死亡事故及其他严重威胁人民生命健康的紧急情况时，医师应当服从县级以上人民政府卫生行政部门的调遣；

9. 医师发生医疗事故或者发现传染病疫情时，应当依照有关规定及时向所在机构或者卫生行政部门报告；发现患者涉嫌伤害事件或者非正常死亡时，应当按照有关规定向有关部门报告。

执业助理医师在医疗活动中同样应遵守上述医师执业规则。

四、执业医师的考核与培训

县级以上卫生行政部门负责指导、检查和监督医师考核工作，并有权委托相应机构按照医师执业标准，对医师的业务水平、工作成绩和职业道德状况进行定期考核。对医师的考核结果，考核机构应当报告准予注册的卫生行政部门备案。对考核不合格的医师，县级以上人民政府卫生行政部门可以责令其暂停执业活动3—6个月，并接受培训和继续医学教育。暂停执业活动期满，再次进行考核，对考核合格的，允许其继续执业；对考核不合格的，由县级以上人民政府卫生行政部门注销注册，收回医师执业证书。

县级以上卫生行政部门应当制定医师培训计划，对医师进行多种形式的培训，为医师接受继续医学教育提供条件。县级以上卫生行政部门应当采取有力措施，对在农村和少数民族地区从事医疗、预防、保健业务的医务人员实施培训。医疗、预防、保健机构应当按照规定和计划保证本机构医师的培训和继续医学教育。县级以上卫生行政部门委托的承担医师考核任务的医疗卫生机构，应当为医师的培训和接受继续医学教育提供和创造条件。

第九章 医务人员管理法律制度

五、违反《执业医师法》的法律责任

（一）行政责任

1. 行政处分

根据规定，具有下列行为之一的，应当受到行政处分：①以不法手段取得医师执业证书的；②医疗、预防、保健机构未将应当注销注册者在30日内报告卫生行政部门并导致严重后果的；③卫生行政部门工作人员或者医疗、预防、保健机构工作人员弄虚作假、玩忽职守、滥用职权、徇私舞弊，尚不构成犯罪的。

2. 行政处罚

医师在执业活动中，有下列行为之一的，由县级以上卫生行政部门给予警告或者责令暂停6个月以上1年以下执业活动；情节严重的，吊销其医师执业证书：①违反卫生行政规章制度或者技术操作规范，造成严重后果的；②由于不负责任延误急危病重患者的抢救和诊治，造成严重后果的；③造成医疗责任事故的；④未经亲自诊查、调查、签署诊断、治疗、流行病学等证明文件或者有关出生、死亡等证明文件的；⑤隐匿、伪造或者擅自销毁医学文书及有关资料的；⑥使用未经批准使用的药品、消毒药剂和医疗器械的；⑦不按照规定使用麻醉药品、医疗用毒性药品、精神药品和放射性药品的；⑧未经患者或者其家属同意，对患者进行实验性临床医疗的；⑨泄露患者隐私，造成严重后果的；⑩利用职务之便，索取、非法收受患者财物或者牟取其他不正当利益的；⑪发生自然灾害、传染病流行、突发重大伤亡事故以及其他严重威胁人民生命健康的紧急情况时，不服从卫生行政部门调遣的；⑫发生医疗事故或者发现传染病疫情，患者涉嫌伤害事件或者非正常死亡，不按照规定报告的。

未经批准擅自开办医疗机构行医或者非医师行医的，由县级以上卫生行政部门予以取缔，没收其违法所得及其药品、器械，并处10万以下的罚款。对医师吊销其执业证书；医疗、预防、保健机构未依照执业医师法的有关规定履行报告职责，导致严重后果的，由县级以上人民政府卫生行政部门给予警告；阻碍医师依法执业，侮辱、诽谤、威胁、殴打医师或者

侵犯医师人身自由、干扰医师正常工作、生活的，依照治安管理处罚条例的规定处罚。

（二）民事责任

《执业医师法》第39条规定，未经批准擅自开办医疗机构行医或者非医师行医，给患者造成损害的，依法承担赔偿责任。关于医师在医疗机构执业活动中的医疗损害赔偿责任，我国《侵权责任法》作出了具体的规定，有关内容在第十章"医疗损害责任与医疗事故处理法律制度"阐述。

（三）刑事责任

违反执业医师法，构成犯罪的，依法追究刑事责任。

《刑法》第335条（医疗事故罪）规定：医务人员由于严重不负责任，造成就诊人死亡或者严重损害就诊人身健康的，处3年以下有期徒刑或者拘役。在这里，"医务人员"是指在医疗机构从事对病人救治、护理工作的医生和护士。

第336条（非法行医罪）规定：未取得医生执业资格的人非法行医，情节严重的，处3年以下有期徒刑、拘役或者管制，并处或者单处罚金；严重损害就诊人身体健康的，处3年以上10年以下有期徒刑，并处罚金；造成就诊人死亡的，处10年以上有期徒刑，并处罚金；未取得医生执业资格的人擅自为他人进行节育复通手术、假节育手术、终止妊娠手术或者摘取宫内节育器，情节严重的，处3年以下有期徒刑、拘役或者管制，并处或者单处罚金；严重损害就诊人身体健康的，处3年以上10年以下有期徒刑，并处罚金；造成就诊人死亡的，处10年以上有期徒刑，并处罚金。

为保障公民身体健康和生命安全，依法惩处非法行医犯罪，2008年《最高人民法院关于审理非法行医刑事案件具体应用法律若干问题的解释》对审理非法行医刑事案件具体应用法律的若干问题作出如下解释：第一条具有下列情形之一的，应认定为刑法第336条第一款规定的"未取得医生执业资格的人非法行医"：①未取得或者以非法手段取得医师资格从事医疗活动的；②个人未取得《医疗机构执业许可证》开办医疗机构的；③被

第九章 医务人员管理法律制度

依法吊销医师执业证书期间从事医疗活动的；④未取得乡村医生执业证书，从事乡村医疗活动的；⑤家庭接生员实施家庭接生以外的医疗行为的；第二条 具有下列情形之一的，应认定为刑法第336条第一款规定的"情节严重"：①造成就诊人轻度残疾、器官组织损伤导致一般功能障碍的；②造成甲类传染病传播、流行或者有传播、流行危险的；③使用假药、劣药或不符合国家规定标准的卫生材料、医疗器械，足以严重危害人体健康的；④非法行医被卫生行政部门行政处罚两次以后，再次非法行医的；⑤其他情节严重的情形；第三条具有下列情形之一的，应认定为刑法第336条第一款规定的"严重损害就诊人身体健康"：①造成就诊人中度以上残疾、器官组织损伤导致严重功能障碍的；②造成三名以上就诊人轻度残疾、器官组织损伤导致一般功能障碍的；第四条实施非法行医犯罪，同时构成生产、销售假药罪，生产、销售劣药罪，诈骗罪等其他犯罪的，依照刑法处罚较重的规定定罪处罚；第5条本解释所称"轻度残疾、器官组织损伤导致一般功能障碍"、"中度以上残疾、器官组织损伤导致严重功能障碍"，参照卫生部《医疗事故分级标准（试行）》认定。

此外，卫生行政部门工作人员或者医疗、预防、保健机构工作人员利用职务之便，索取、非法收受患者财物或者牟取其他不正当利益，构成犯罪的，依照《刑法》第383条、385条的规定处罚；弄虚作假、玩忽职守、滥用职权、徇私舞弊，构成犯罪的，依照《刑法》第397条处罚。

第二节 执业护士管理法律制度

护士是指经执业注册取得护士执业证书，依照规定从事护理活动，履行保护生命、减轻痛苦、增进健康职责的卫生技术人员。根据卫生部颁布的《卫生技术人员职务试行条例》的规定，护士的技术职称依次分为主任护师、副主任护师、主管护师、护师、护士。2008年1月23日国务院通过了《护士条例》，并自2008年5月12日起施行。同时，卫生部还制定了《护士执业注册管理办法》《护士执业资格考试办法》等规章配套实施。

一、护士的执业注册

护士执业应当经执业注册取得护士执业证书。

申请护士执业注册,应当具备下列条件:(一)具有完全民事行为能力;(二)在中等职业学校、高等学校完成国务院教育主管部门和国务院卫生主管部门规定的普通全日制3年以上的护理、助产专业课程学习,包括在教学、综合医院完成8个月以上护理临床实习,并取得相应学历证书;(三)通过国务院卫生主管部门组织的护士执业资格考试;(四)符合国务院卫生主管部门规定的健康标准。具体健康标准包括:无精神病史,无色盲、色弱、双耳听力障碍,无影响履行护理职责的疾病、残疾或者功能障碍。

护士执业注册申请,应当自通过护士执业资格考试之日起3年内提出;逾期提出申请的,除应当具备前述第(一)项、第(二)项和第(四)项规定条件外,还应当在符合规定医疗卫生机构接受3个月临床护理培训并考核合格。

申请护士执业注册,应当向拟执业地省级卫生主管部门提出申请。收到申请的卫生主管部门应当自收到申请之日起20个工作日内做出决定,对具备《护士条例》规定条件的,准予注册,并发给护士执业证书;对不具备《护士条例》规定条件的,不予注册,并书面说明理由。

护士执业注册有效期为5年。

护士在其执业注册有效期内变更执业地点的,应当向拟执业地省级卫生行政部门申请变更执业地点。收到报告的卫生行政部门应当自收到报告之日起7个工作日内为其办理变更手续。护士跨省级变更执业地点的,收到报告的卫生行政部门还应当向其原执业地省级卫生行政部门通报。

护士执业注册有效期届满需要继续执业的,应当在护士执业注册有效期届满前30日向执业地省级卫生行政部门申请延续注册。收到申请的卫生行政部门对具备《护士条例》规定条件的,准予延续,延续执业注册有效期为5年;对不具备规定条件的,不予延续,并书面说明理由。

第九章 医务人员管理法律制度

护士执业注册后有下列情形之一的,原注册部门应办理注销执业注册:(一)注册有效期届满未延续注册;(二)受吊销《护士执业证书》处罚;(三)护士死亡或者丧失民事行为能力。

二、护士的权利和义务

(一)护士的权利

(1)有按照国家有关规定获取工资报酬、享受福利待遇、参加社会保险的权利。

(2)有获得与其所从事的护理工作相适应的卫生防护、医疗保健服务的权利。从事直接接触有毒有害物质、有感染传染病危险工作的护士,有依法接受职业健康监护的权利;患职业病的,有依法获得赔偿的权利。

(3)有按照国家有关规定获得与本人业务能力和学术水平相应的专业技术职务、职称的权利;有参加专业培训、从事学术研究和交流、参加行业协会和专业学术团体的权利。

(4)有获得疾病诊疗、护理相关信息的权利和其他与履行护理职责相关的权利,有权对医疗卫生机构和卫生主管部门的工作提出意见和建议。

国务院有关部门对在护理工作中做出杰出贡献的护士,应当授予全国卫生系统先进工作者荣誉称号或者颁发白求恩奖章,受到表彰、奖励的护士享受省部级劳动模范、先进工作者待遇;对长期从事护理工作的护士应当颁发荣誉证书。县级以上地方人民政府及其有关部门对本行政区域内做出突出贡献的护士,按照省级人民政府的有关规定给予表彰、奖励。

(二)护士的义务

(1)护士执业应当遵守法律、法规、规章和诊疗技术规范。

(2)护士在执业活动中,发现患者病情危急,应当立即通知医师;在紧急情况下为抢救垂危患者生命,应当先行实施必要的紧急救护。

(3)护士发现医嘱违反法律、法规、规章或者诊疗技术规范规定的,应当及时向开具医嘱的医师提出;必要时,应当向该医师所在科室的负责人或者医疗卫生机构负责医疗服务管理的人员报告。

(4) 护士应当尊重、关心、爱护患者，保护患者的隐私。

(4) 护士在发生自然灾害、公共卫生事件等严重威胁公众生命健康的突发事件，应当服从县级以上卫生主管部门安排，参加医疗救护。

三、医疗卫生机构对护士的管理

(一) 依法配备护士

医疗卫生机构配备护士的数量不得低于国务院卫生主管部门规定的护士配备标准。医疗卫生机构不得允许下列人员在本机构从事诊疗技术规范规定的护理活动：（1）未取得护士执业证书的人员；（2）未依照《护士条例》的规定办理执业地点变更手续的护士；（3）护士执业注册有效期届满未延续执业注册的护士。在教学、综合医院进行护理临床实习的人员应当在护士指导下开展有关工作。

(二) 保障护士合法权益

医疗卫生机构应当为护士提供卫生防护用品，并采取有效的卫生防护措施和医疗保健措施。医疗卫生机构应当执行国家有关工资、福利待遇等规定，按照国家有关规定为在本机构从事护理工作的护士足额缴纳社会保险费用，保障护士的合法权益。对在艰苦边远地区工作，或者从事直接接触有毒有害物质、有感染传染病危险工作的护士，所在医疗卫生机构应当按照国家有关规定给予津贴。医疗卫生机构应当制定、实施本机构护士在职培训计划，并保证护士接受培训。护士培训应当注重新知识、新技术的应用；根据临床专科护理发展和专科护理岗位的需要，开展对护士的专科护理培训。

(三) 加强护士管理

医疗卫生机构应当按照国务院卫生主管部门的规定，设置专门机构或者配备专（兼）职人员负责护理管理工作。医疗卫生机构应当建立护士岗位责任制并进行监督检查。护士因不履行职责或者违反职业道德受到投诉的，其所在医疗卫生机构应当进行调查，经查证属实的，医疗卫生机构应当对护士做出处理，并将调查处理情况告知投诉人。

四、法律责任

（一）护士的法律责任

根据《护士条例》的规定，护士在执业活动中有下列情形之一的，由县级以上卫生行政部门依法责令改正，给予警告；情节严重的，暂停其6个月以上1年以下执业活动，直至由原发证部门吊销其护士执业证书：（1）发现患者病情危急未立即通知医师的；（2）发现医嘱违反法律、法规、规章或者诊疗技术规范的规定，未依照规定提出或者报告的；（3）泄露患者隐私的；（四）发生自然灾害、公共卫生事件等严重威胁公众生命健康的突发事件，不服从安排参加医疗救护的。护士在执业活动中造成医疗事故的，依照医疗事故处理的有关规定承担法律责任。护士被吊销执业证书的，自执业证书被吊销之日起2年内不得申请执业注册。

（二）医疗机构的法律责任

医疗卫生机构有下列情形之一的，由县级以上卫生行政部门责令限期改正，给予警告；逾期不改正的，依法核减其诊疗科目，或者暂停其6个月以上1年以下执业活动；政府举办的医疗卫生机构有下列情形之一、情节严重的，还应当对负有责任的主管人员和其他直接责任人员依法给予处分：（1）违反《护士条例》的规定，护士的配备数量低于国务院卫生主管部门规定的护士配备标准的；（2）允许未取得护士执业证书的人员或者允许未依照《护士条例》规定办理执业地点变更手续、延续执业注册有效期的护士在本机构从事诊疗技术规范规定的护理活动的。

医疗卫生机构有下列情形之一的，依照有关法律、行政法规的规定给予处罚；国家举办的医疗卫生机构有下列情形之一、情节严重的，还应当对负有责任的主管人员和其他直接责任人员依法给予处分：（1）未执行国家有关工资、福利待遇等规定的；（2）对在本机构从事护理工作的护士，未按照国家有关规定足额缴纳社会保险费用的；（3）未为护士提供卫生防护用品，或者未采取有效的卫生防护措施、医疗保健措施的；（4）对在艰苦边远地区工作，或者从事直接接触有毒有害物质、有感染传染病危险工

作的护士,未按照国家有关规定给予津贴的。

(三)卫生行政部门及其他人员的法律责任

卫生行政部门的工作人员未依照《护士条例》的规定履行职责,在护士监督管理工作中滥用职权、徇私舞弊,或者有其他失职、渎职行为的,依法给予处分;构成犯罪的,依法追究刑事责任。

扰乱医疗秩序,阻碍护士依法开展执业活动,侮辱、威胁、殴打护士,或者有其他侵犯护士合法权益行为的,由公安机关依照治安管理处罚法的规定给予处罚;构成犯罪的,依法追究刑事责任。

第三节 乡村医生管理法律制度

长期以来,乡村医生在保障农村居民的健康上发挥了积极作用。国务院 2003 年 7 月 30 日通过了《乡村医生从业管理条例》,自 2004 年 1 月 1 日起施行。该条例对提高乡村医生的职业道德和业务素质,加强乡村医生从业管理,保护乡村医生的合法权益,保障村民获得初级卫生保健服务具有积极作用。

乡村医生是指尚未取得执业医师资格或者执业助理医师资格,经注册在村医疗卫生机构从事预防、保健和一般医疗服务的医务人员。卫生部负责全国乡村医生的管理工作。县级以上地方卫生行政部门负责本行政区域内乡村医生的管理工作。

一、乡村医生执业注册制度

国家实行乡村医生执业注册制度。县级卫生行政部门负责乡村医生执业注册工作。

《乡村医生从业管理条例》第 10 条规定,《乡村医生从业管理条例》公布前的乡村医生,取得县级以上地方生行政主管部门颁发的乡村医生证书,并符合下列条件之一的,可以向县级卫生行政主管部门申请乡村医生

第九章
医务人员管理法律制度

执业注册，取得乡村医生执业证书后，继续在村医疗卫生机构执业：（一）已经取得中等以上医学专业学历的；（二）在村医疗卫生机构连续工作20年以上的；（三）按照省级卫生行政主管部门制定的培训规划，接受培训取得合格证书的。

对具有县级以上地方卫生行政部门颁发的乡村医生证书，但不符合《乡村医生从业管理条例》第十条规定条件的，县级卫生行政部门应当进行有关预防、保健和一般医疗服务基本知识的培训，并根据省级卫生行政部门确定的考试内容、考试范围进行考试，经培训并考试合格的，可以申请乡村医生执业注册；经培训但考试不合格的，县级卫生行政部门应当组织对其再次培训和考试。不参加再次培训或者再次考试仍不合格的，不得申请乡村医生执业注册。

《乡村医生从业管理条例》公布之日起进入村医疗卫生机构从事预防、保健和医疗服务的人员，应当具备执业医师资格或者执业助理医师资格。不具备规定条件的地区，根据实际需要，可以允许具有中等医学专业学历的人员，或者经培训达到中等医学专业水平的其他人员申请执业注册，进入村医疗卫生机构执业。具体办法由省级人民政府制定。

申请在村医疗卫生机构执业的人员，应当持村医疗卫生机构出具的拟聘用证明和相关学历证明、证书，向所在地的县级卫生行政部门申请执业注册。县级卫生行政部门应当自受理申请之日起15日内完成审核工作，对符合条件的，准予执业注册，发给乡村医生执业证书；对不符合规定条件的，不予注册，并书面说明理由。乡村医生经注册取得执业证书后，方可在聘用其执业的村医疗卫生机构从事预防、保健和一般医疗服务。未经注册取得乡村医生执业证书的，不得执业。

乡村医生有下列情形之一的，不予注册：（一）不具有完全民事行为能力的；（二）受刑事处罚，自刑罚执行完毕之日起至申请执业注册之日止不满2年的；（三）受吊销乡村医生执业证书行政处罚，自处罚决定之日起至申请执业注册之日止不满2年的。

乡村医生执业证书有效期为5年。乡村医生执业证书有效期满需要继续执业的，应当在有效期满前3个月申请再注册。县级卫生行政部门应当

自受理申请之日起 15 日内进行审核,对符合省级卫生行政主管部门规定条件的,准予再注册,换发乡村医生执业证书;对不符合条件的,不予再注册,由发证部门收回原乡村医生执业证书。

乡村医生应当在聘用其执业的村医疗卫生机构执业;变更执业的村医疗卫生机构的,应当依照法定程序办理变更注册手续。

乡村医生有下列情形之一的,由原注册的卫生行政主管部门注销执业注册,收回乡村医生执业证书:(一)死亡或者被宣告失踪的;(二)受刑事处罚的;(三)中止执业活动满 2 年的;(四)考核不合格,逾期未提出再次考核申请或者经再次考核仍不合格的。

县级卫生行政主管部门应当将准予执业注册、再注册和注销注册的人员名单向其执业的村医疗卫生机构所在地的村民公告,并由设区的市级卫生行政主管部门汇总,报省级卫生行政主管部门备案。

二、乡村医生的权利与义务

(一)乡村医生的权利

乡村医生在执业活动中依法享有下列权利:

1. 进行一般医学处置,出具相应的医学证明;
2. 参与医学经验交流,参加专业学术团体;
3. 参加业务培训和教育;
4. 在执业活动中,人格尊严、人身安全不受侵犯;
5. 获取报酬;
6. 对当地的预防、保健、医疗工作和卫生行政主管部门的工作提出意见和建议。

(二)乡村医生的义务

乡村医生在执业活动中应当履行下列义务:

1. 遵守法律、法规、规章和诊疗护理技术规范、常规;
2. 树立敬业精神,遵守职业道德,履行乡村医生职责,为村民健康服务;

第九章 医务人员管理法律制度

3. 关心、爱护、尊重患者,保护患者的隐私;
4. 努力钻研业务,更新知识,提高专业技术水平;
5. 向村民宣传卫生保健知识,对患者进行健康教育。

乡村医生应当协助有关部门做好初级卫生保健服务工作,按照规定及时报告传染病疫情和中毒事件,如实填写并上报有关卫生统计报表,妥善保管有关资料。乡村医生在执业活动中,不得重复使用一次性医疗器械和卫生材料,对使用过的一次性医疗器械和卫生材料,应当按照规定处置。乡村医生应当如实向患者或者其家属介绍病情,对超出一般医疗服务范围或者限于医疗条件和技术水平不能诊治的病人,应当及时转诊;情况紧急不能转诊的,应当先行抢救并及时向有抢救条件的医疗卫生机构求助。乡村医生不得出具与执业范围无关或者与执业范围不相符的医学证明,不得进行实验性临床医疗活动。乡村医生应当在乡村医生基本用药目录规定的范围内用药。

三、乡村医生的培训与考核

省级人民政府组织制定乡村医生培训规划,保证乡村医生至少每2年接受一次培训。县级人民政府根据培训规划制定本地区乡村医生培训计划。对承担国家规定的预防、保健等公共卫生服务的乡村医生,其培训所需经费列入县级财政预算。对边远贫困地区,设区的市级以上地方人民政府应当给予适当经费支持。国家鼓励社会组织和个人支持乡村医生培训工作。县级人民政府卫生行政主管部门根据乡村医生培训计划,负责组织乡村医生的培训工作。乡、镇人民政府以及村民委员会应当为乡村医生开展工作和学习提供条件,保证乡村医生接受培训和继续教育。

县级卫生行政主管部门负责组织本地区乡村医生的考核工作。对乡村医生的考核,每2年组织一次。对乡村医生的考核应当客观、公正,充分听取乡村医生执业的村医疗卫生机构、乡村医生本人、所在村村民委员会和村民的意见。

县级卫生行政主管部门负责检查乡村医生执业情况,收集村民对乡村医生业务水平、工作质量的评价和建议,接受村民对乡村医生的投诉,并进行汇总、分析。汇总、分析结果与乡村医生接受培训的情况作为对乡村医生进行考核的主要内容。

乡村医生经考核合格的，可以继续执业；经考核不合格的，在6个月之内可以申请进行再次考核。逾期未提出再次考核申请或者经再次考核仍不合格的乡村医生，原注册部门应当注销其执业注册，并收回乡村医生执业证书。

四、法律责任

（一）乡村医生的法律责任

乡村医生在执业活动中，违反《乡村医生从业管理条例》的规定，有下列行为之一的，由县级卫生行政主管部门责令限期改正，给予警告；逾期不改正的，责令暂停3个月以上6个月以下执业活动；情节严重的，由原发证部门暂扣乡村医生执业证书：

1. 执业活动超出规定的执业范围，或者未按照规定进行转诊的；
2. 违反规定使用乡村医生基本用药目录以外的处方药品的；
3. 违反规定出具医学证明，或者伪造卫生统计资料的；
4. 发现传染病疫情、中毒事件不按规定报告的。

乡村医生在执业活动中，违反规定进行实验性临床医疗活动，或者重复使用一次性医疗器械和卫生材料的，由县级卫生行政主管部门责令停止违法行为，给予警告，可以并处1000元以下的罚款，情节严重的，由原发证部门暂扣或者吊销乡村医生执业证书。

乡村医生变更执业的村医疗卫生机构，未办理变更执业注册手续的，由县级卫生行政主管部门给予警告，责令限期办理变更注册手续。以不正当手段取得乡村医生执业证书的，由发证部门收缴乡村医生执业证书；造成患者人身损害的，依法承担民事赔偿责任；构成犯罪的，依法追究刑事责任。

未经注册在村医疗卫生机构从事医疗活动的，由县级以上地方人民政府卫生行政主管部门予以取缔，没收其违法所得以及药品、医疗器械，违法所得5000元以上的，并处违法所得1倍以上3倍以下的罚款；没有违法所得或者违法所得不足5000元的,并处1000元以上3000元以下的罚款;造成患者人身损害的,依法承担民事赔偿责任;构成犯罪的,依法追究刑事责任。

(二) 相关部门与人员的法律责任

县级人民政府卫生行政主管部门未按照乡村医生培训规划、组织乡村医生培训的,由本级人民政府或者上一级人民政府卫生行政主管部门责令改正;情节严重的,对直接负责的主管人员和其他直接责任人员依法给予行政处分。

县级人民政府卫生行政主管部门,对不符合规定条件的人员发给乡村医生执业证书,或者对符合条件的人员不发给乡村医生执业证书的,由本级人民政府或者上一级人民政府卫生行政主管部门责令改正,收回或者补发乡村医生执业证书,并对直接负责的主管人员和其他直接责任人员依法给予行政处分。

寻衅滋事、阻碍乡村医生依法执业、侮辱、诽谤、威胁、殴打乡村医生,构成违反治安管理行为的,由公安机关依法予以处罚;构成犯罪的,依法追究刑事责任。

复习思考题

1. 执业医师的权利和义务有哪些?
2. 护士的合法权利有那些?
3. 法律对乡村医生的执业行为有哪些规范?

【思考案例】

郭某怀孕,分别于孕14周、28周、33周、38周到某医院进行产前检查,均诊断为无异常。后郭某在某医院分娩产出蒲某,诊断其患有先天性脊柱裂、脊膜膨出。双方为产前检查、患儿患有先天性脊柱裂、脊膜膨出的赔偿问题发生纠纷。诉讼中,经鉴定机关鉴定:医院产前未能告知亦未进行胎儿唐氏综合症和开放性神经管缺陷筛查,存在过失,但不属于医

疗事故。先天性脊柱裂是被鉴定人蒲某自身所患疾病,与医院的医疗行为无关。由于房山医院的医疗过失,产前漏诊了胎儿先天性脊柱裂、脊膜膨出,致使郭某夫妇丧失了选择是否让残疾胎儿出生的机会。一审法院认为,房山医院的医疗过失造成蒲某的不当出生,导致了郭某夫妇的精神损害,对赔偿精神抚慰金的请求应予支持。但蒲某患有先天性脊柱裂与医方的医疗过失行为没有因果关系,其要求医方承担先天性脊柱裂的治疗费、护理费、营养费、交通费、伙食补助费以及静候抚养费等,依据不足,不予支持。医方在郭某孕期检查中存在过失,没有达到检查目的,该孕期检查费用应由医方承担。二审法院审查认为房山医院的医疗过失与蒲某因患有先天性脊柱裂、脊膜膨出而导致的住院治疗存在直接的因果关系。郭某夫妇由此支付的医疗费、交通费、住院伙食补助费及护理等费用,与抚养一个健康的子女所需要的费用相比较,属于额外支付的费用,房山医院应承担相应的责任并予以赔偿,故对此部分改判,由房山医院赔偿郭某夫妇25000元。因蒲某运动肢体状况尚不稳定,鉴定机构认为尚不符合残疾评定的时机,无法鉴定其是否构成残疾,故对郭某夫妇所主张蒲某自出生到18周岁的抚养费、护理费的请求,不予支持,待实际发生后可另行解决。二审法院判决后,双方当事人人均表示同意判决。①

请问:该案例对医疗机构及医护人员有何启示意义?

链接资源:

1. www.zgwsfz.org.cn 卫生法制网
2. www.law.harvard.edu/programs/petrie-flom 哈佛大学卫生法与政策研究中心

(撰稿人 刘俊荣、徐喜荣)

---

① 北京市第一中级人民法院(2009)一中民终字第08998号,参见单国军:《医疗损害》,中国法制出版社2010年版,第175—176页。

第十章　医疗损害责任与医疗事故处理法律制度

【教学目标】

通过本章的学习，熟悉《侵权责任法》关于医疗损害民事责任的规定、《医疗事故处理条例》关于医疗事故处理的基本规定，具备依法防范和排解医疗纠纷，维护患者和医护人员的合法权益的基本能力。

【引导案例】

2006年4月底，甲因为肝病到广州某医院就诊。出于病情需要，4月底至5月上旬的12天时间里，某医院共给他注射了24支"齐二药"生产的"亮菌甲素注射液"。在此治疗过程中，受害人的凝血酶、总胆红素的数值急剧上升，各种体征发生变化，出现肾衰竭、神志不清等症状并不断加重。院方在得知病变的情况下，停用了该注射液，并就这一问题向上级主管部门进行了通告。

2006年5月3日，广东省食品药品监督管理局接到报告：部分患者使用齐齐哈尔第二制药有限公司（以下简称"齐二药"）生产的亮菌甲素注射液后，出现严重不良反应。经调查，"齐二药"生产的亮菌甲素注射液为假药，其生产环节存在明显漏洞。5月11日，国家食品药品监督管理局发出紧急通知，在全国范围内停止销售和使用"齐二药"生产的所有药品，同时要求各地药监部门在本辖区范围内就地查封、扣押。

　　2006年7月18日，甲因为肾衰竭而终告不治。甲的家属与其他9名受害者一同向法院起诉，认为被告方——"齐二药"、金蘅源公司、医保品公司和广州某医院应当承担连带赔偿责任。

　　广州某医院称其在发现患者可能因注射亮菌甲素注射液而出现肾衰竭症状时，及时地停止了临床应用该药物，并及时向上级主管部门通报了这一情况。在患者出现急性肾衰竭的病情之后，医院无偿对其进行了及时的治疗，已经履行了相应的义务，不应当承担赔偿责任。

　　2008年12月10日，广州市中级人民法院终审判决：假药生产商"齐二药"应当赔偿11名受害人经济损失合计人民币350余万元，用药的广州某医院和两家药品销售商则要承担连带赔偿责任。[①]

【问题思考】

　　你认为该事件医院是否应承担法律责任？上述事件对我们有何启发意义？

第一节　医疗损害责任制度

一、医疗纠纷及其立法概述

　　近年来，我国各地的医疗纠纷大幅度增长，医患矛盾日益突出，暴力袭医的现象时有发生，医疗损害索赔频率和索赔金额不断上升。[②] 严峻的医患矛盾和医疗责任风险已经严重影响到正常的医疗秩序，威胁到医方的执业安全，严重困扰诊疗活动的所有参与者，甚至已经成了制约我国医疗

[①] 刘鑫、张宝珠、陈特主编：《侵权责任法"医疗损害责任"条文深度解读与案例剖析》，人民军医出版社2010年版，第140-141页。

[②] 据北京市卫生局某负责人公布的数据，北京市2003年共发生医疗纠纷8000余起，赔偿金额达5000万元，占医疗机构业务总支出的1%-2%，最高单起赔偿数额达130万元。参见《医疗责任险元月实施：医疗纠纷不可再"私了"》，载人民网http://www.people.com.cn/BIG5/shehui/1063/3098458.html，访问时间2011-12-1。

第十章
医疗损害责任与医疗事故处理法律制度

卫生事业发展的"瓶颈"。依法处理医患纠纷，才能保障和促进医学科学的发展，才是构建和谐医患关系之本。

长期以来，我国对于医疗纠纷的处理主要依据的是行政法规。最早的《医疗事故处理办法》，由于其本身存在的问题而受到社会的广泛批评。2002年9月1日实施的《医疗事故处理条例》，尽管改革了鉴定体制、提高了对医疗损害的赔偿数额、加大了对医疗机构行政处罚的力度等，但实施后，医疗纠纷并未得到有效的缓解，加之行政法规与民事法律法规的不协调，导致医疗纠纷处理鉴定双轨制、赔偿不统一，使医疗纠纷陷入了越来越难以处理的怪圈。2009年12月26日第十一届全国人大常务委员会通过了《侵权责任法》，该法设专章规定了医疗损害责任，共11条内容，明确规定了医疗损害责任的归责原则及其责任构成，医疗损害的类型及其免责事由，医疗过失的认定标准，侵犯患者知情同意权、隐私权、过度检查的法律责任等。

《侵权责任法》的实施，《医疗事故处理条例》中关于医疗事故损害赔偿的规定将失效，医疗侵权赔偿案件，无论是否构成医疗事故，都将适用于《侵权责任法》。

同时，应当指出，《侵权责任法》第七章绝不是对《医疗事故处理条例》的简单否定，而是在《医疗事故处理条例》实施7年的基础上，积累了大量的医疗纠纷民事处理经验和教训的基础上制定的。不可否认，《侵权责任法》是由全国人大常务委员会颁布的法律，而《医疗事故处理条例》是国务院发布的行政法规，两者属于不同层次的法，因此，在同一问题均有规定且存在冲突的情况下，根据法的一般原理，显然前者的效力高于后者。

二、医疗侵权行为

医疗侵权行为是指因医疗机构及其医护人员的过错，致使患者在诊疗活动中受到损害，医疗机构对患者及其家属承担民事赔偿责任的行为。

医疗侵权行为属于一种特殊的侵权行为，承担医疗侵权责任应具备一般侵权责任的构成要件。医疗侵权责任的构成要件包括四个方面：违法行为，损害后果，因果关系，主观过错。医疗侵权行为须同时具备四个要件，医疗侵权民事责任才能成立，才需由医疗机构承担赔偿责任。以下分述医疗侵权的构成要件。

（一）医疗机构及其医务人员存在违法医疗行为

医疗机构及其医务人员在诊疗活动中存在违法行为是构成医疗损害民事责成立的要件之一。这一要件包括三方面的要求，即首先主体必须是医疗机构及其医务人员，其次必须是发生在诊疗活动过程中，最后必须存在违法性。

（二）患者遭受了非正常的损失

医疗行为不同于一般的民事行为，其本身往往具有侵害性，即在治疗疾病的同时亦会给患者造成一定的损害后果。患者如果同意医疗机构为其实施治疗行为，则视为患者同意接受这种侵袭行为及其后果。但是，如果这一行为超出了医疗技术允许的合理范围，则构成了非正常损失。只有在侵害了患者的合法权益造成患者非正常损失的情况下，才需要考虑医疗机构及其医护人员是否存在过错，是否需要由医疗机构承担医疗损害民事责任的问题。

（三）医疗机构及其医护人员存在过错

这是医疗损害民事责任构成的主观要件，体现了医疗机构及其医护人员的侵害行为在主观上的应受责难性。按照侵权责任法第54条的规定："患者在诊疗活动中受到损害，医疗机构及其医务人员有过错的，由医疗机构承担赔偿责任。"过错责任原则的基本含义是：过错是加害人承担民事责任的基础。之所以规定由加害人承担相应的民事责任，是因为其主观上具有可以归责的事由——故意或者过失，如果加害人主观上没有过错，当然就无需负担损害赔偿责任了。① 耶林曾经对过失或者过错责任作出过这样的经典表述：使人负损害赔偿责任的，不是因为有损害，而是因为有过失，其道理就如同化学上之原则，使蜡烛燃烧的，不是光，而是氧，一

---

① 张新宝：《侵权责任法原理》，中国人民大学出版社2005年版，第31页。

般的浅显明白。①

同时,《侵权责任法》规定了医务人员过错的判断标准,《侵权责任法》第 57 条:医务人员在诊疗活动中未尽到与当时的医疗水平相应的诊疗义务,造成患者损害的,医疗机构应当承担赔偿责任。本条规定的诊疗义务可以理解为一般情况下医务人员可以尽到的、通过谨慎的作为或者不作为避免患者受到损害的义务。医疗纠纷解决的时间可能较长,判断是否尽到诊疗义务应当以诊疗行为发生时的诊疗水平为参照。

《侵权责任法》第 58 条规定了三种推定医疗机构存在过错的情形,其目的在于减轻患者的举证责任。《侵权责任法》第 58 条规定,患者有损害,因下列情形之一的,推定医疗机构有过错:(一)违反法律、行政法规、规章以及其他有关诊疗规范的规定;(二)隐匿或者拒绝提供与纠纷有关的病历资料;(三)伪造、篡改或者销毁病历资料。

《侵权责任法》关于医疗损害民事责任的归责原则是以过错责任原则为一般要求,以过错推定责任原则为例外。换言之,医疗损害责任的一般归责原则是过错责任原则,只有在法律规定的特殊情形,才实行过错推定原则。过错推定的结果就是举证责任倒置,在医疗机构无法举证证明自身不存在主观过错时,就需要承担相应的医疗损害赔偿责任。

(四)违法医疗行为与损害后果存在因果关系

因果关系是医疗损害民事责任构成要件的一个重要方面,其所反应的是医疗机构及其医护人员的违法行为和患者的损害后果之间引起和被引起的关系。

三、医疗机构及其医务人员的义务

(一)说明与征得同意的义务

《侵权责任法》第 55 条规定:医务人员在诊疗活动中应当向患者说明病情和医疗措施。需要实施手术、特殊检查、特殊治疗的,医务人员应当

---

① 王泽鉴:《民法学说与判例研究(2)》,中国政法大学出版社 1998 年版,第 144—145 页。

及时向患者说明医疗风险、替代医疗方案等情况,并取得其书面同意;不宜向患者说明的,应当向患者的近亲属说明,并取得其书面同意。医务人员未尽到前款义务,造成患者损害的,医疗机构应当承担赔偿责任。

医疗告知是指作为医疗行为主体的医疗机构及其医务人员,在医疗活动中,将患者的病情、医疗措施、医疗风险(并发症)等有关诊疗信息向患者或者其近亲属如实告知的行为。依照《侵权责任法》和《执业医师法》等有关法律法规规定,医疗告知是医方在执业过程中必须履行的一项法定义务。

医务人员在诊疗活动中应当向患者说明病情和医疗措施,这是医务人员在诊疗活动中一般应尽的义务。此种说明义务的对象主要是医疗过程中具有严重损伤后果的医疗行为,该行为可能影响身体机能甚至危及生命,因此需要患者在知晓自己病情并了解该医疗行为风险的基础上,作出是否同意该医疗措施的决定。除此以外,如果需要实施手术、特殊检查、特殊治疗的,还应当及时向患者说明医疗风险、替代医疗方案等情况,并取得其书面同意。上述说明如果不宜向患者说明,例如造成患者悲观、恐惧、心里负担沉重、不利于治疗,医务人员应当向患者的近亲属说明,并取得其书面同意。医务人员未尽到前述义务,造成患者损害的,医疗机构应当承担赔偿责任。这里需要说明一点,不是说医务人员尽到了说明义务,在后续的诊疗活动中造成患者损害的,医疗机构就可以不承担赔偿责任了。因为医务人员尽管取得了患者或者其近亲属同意相关治疗的签字,但如果在后续的诊疗活动中未尽到与当时的医疗水平相适应的诊疗义务,造成患者损害的,医疗机构仍应当承担赔偿责任。《医疗机构管理条例实施细则》第88条规定:"特殊检查、特殊治疗是指具有下列情形之一的诊断、治疗活动:(一)有一定危险性,可能产生不良后果的检查和治疗;(二)由于患者体质特殊或者病情危笃,可能对患者产生不良后果和危险的检查和治疗;(三)临床试验性检查和治疗;(四)收费可能对患者造成较大经济负担的检查和治疗。"

同时,《侵权责任法》第56条对紧急情况下的说明义务作了特别规定:"因抢救生命垂危的患者等紧急情况,不能取得患者或者其近亲属意见的，经医疗机构负责人或者授权的负责人批准，可以立即实施相应的医疗措施。"病人生命垂危，应当立即进行抢救，任何延误都有可能失去宝贵的医疗机会。针对抢救危及患者等紧急情况下的知情同意，本条规定的"不能取得患者或者近亲属意见"，主要是指患者不能表达意志，也无近亲属陪伴，又联系不到近亲属的情况，不包括患者或者近亲属明确表示拒绝采取医疗措施的情况。

（二）如实记录、保管及提供病历资料的义务

记录诊疗护理活动的病历资料，是认定是否存在医疗过错的重要依据。很多医疗纠纷结果的成败往往取决于相关病历资料的证明效力。而医疗行业的高度专业性和闭锁性特点，决定了这类重要的证据资料从产生时起至争议发生时止，都处于医疗机构一方的控制之中，患者的举证能力处于劣势。因此，《侵权责任法》第61条规定："医疗机构及其医务人员应当按照规定填写并妥善保管住院志、医嘱单、检验报告、手术及麻醉记录、病理资料、护理记录、医疗费用等病历资料。患者要求查阅、复制前款规定的病历资料的，医疗机构应当提供。"

（三）保护患者隐私的义务

患者到医院就医，对医务人员提出的要求几乎是不加任何怀疑地配合，包括赤身裸体接受医务人员的检查和治疗，毫不保留地将个人的私密信息告诉医护人员，医务人员自然首先要知晓患者的病情与既往病史，要根据患者的陈述制作门诊或住院病历。在必要的情况下，还需要对患者的身体进行接触和观察，以便对疾病予以正确的治疗。因此，在医疗机构内，患者的隐私和个人信息几乎无处不在，如果医务人员没有隐私保护观念，患者的隐私很容易被侵犯，患者的个人信息很容易被泄露。《侵权责任法》第62条规定："医疗机构及其医务人员应当对患者的隐私保密。泄露患者隐私或者未经患者同意公开其病历资料，造成患者损害的，应当承担侵权责任。"

（四）不得实施过度检查的义务

《侵权责任法》第63条规定："医疗机构及其医务人员不得违反诊疗

规范实施不必要的检查。"过度检查具有以下的特征：(1) 为诊疗疾病所采取的检查手段超出疾病诊疗的基本要求，不符合疾病的规律和特点。(2) 采用非"金标准"的诊疗手段，所谓"金标准"，是指当前临床医学界公认的诊断疾病的最可靠方法。较为常用的金标准有活检、手术发现、微生物培养、特殊检查和影像诊断，以及长期随访的结果等。(3) 费用超出与疾病对基本诊疗需求无关的过度消费。过度检查不仅给患者造成过重经济负担，对患者身体也会带来不必要的风险和损害。①

四、医疗物品侵权民事责任

因药品、消毒药剂、医疗器械的缺陷，或者输入不合格的血液造成患者损害的案件时有发生。为了更好地维护患者的权益，便利患者受到损害后主张权利，《侵权责任法》第59条规定："因药品、消毒药剂、医疗器械的缺陷，或者输入不合格的血液造成患者损害的，患者可以向生产者或者血液提供机构请求赔偿，也可以向医疗机构请求赔偿。患者向医疗机构请求赔偿的，医疗机构赔偿后，有权向负有责任的生产者或者血液提供机构追偿。"理解本条中"缺陷"的含义，可以参考《产品质量法》第46条的规定，即"是指产品存在危及人身、他人财产安全的不合理的危险；产品有保障人体健康和人身、财产安全的国家标准、行业标准的，是指不符合该标准"。根据《侵权责任法》第59条的规定，医疗机构或者生产者的主观过错并不影响赔偿责任的承担。医疗机构是否知道医疗物品存在缺陷，对于缺陷所导致的患者损害后果是否有故意或者过失，这些主观因素都不构成医疗机构承担或者免除赔偿责任的理由。于此，对于医疗物品侵权适用的是无过错责任原则。无过错责任原则又称为严格责任原则，是指不以行为人的过错为要件，只要其活动或者所管理的人或者物损害了他人的民事权益，除非有法定的免责事由，行为人就要承担侵权责任。这一规则原则侧重于对患者利益的保护，对医疗机构则提出了更高程度的义务要求。

---

① 全国人大常委会法制工作委员会民法室编：《中华人民共和国侵权责任法条文说明、立法理由及相关规定》，北京大学出版社2010年版，第260—261页。

五、医疗损害责任的免责事由

医疗行为具有高技术性、高风险性、复杂性以及不可控因素,还有很多未知领域需要探索,医疗结果有时具有不确定性和不可预见性。现代医学技术水平的发展具有局限性,目前还不能达到百分之百的治愈率。据统计,即使是在发达国家,临床医疗确诊率也仅有70%左右。医学作为发展中的科学,人们至今还在实践中不断探索并寻找解除疾病的办法。即使医学家开始从基因水平认识疾病,人类对癌症、艾滋病等疾病仍没有根治手段。此外,由于病人个体的差异性,就是治疗常见病或者治疗同一种疾病,即便医生采取相同的诊疗措施,所达到的效果也不尽一样。因此,法律对医务人员采取的诊疗行为是否存在过错的判断,只能基于当时的医学科学本身的发展,即是否尽到与当时的医疗水平相适应的诊疗义务,尽到该项义务的,就视为医疗机构及其医务人员没有过错,对于患者的损害不承担赔偿责任。①

考虑到广大患者利益以及整个医疗行业健康发展的平衡。对医疗机构的责任,如果法律规定得过于严格,可能导致医务人员在诊疗活动中大量采取保守性甚至防御性治疗措施,对于存在风险的治疗方案畏首畏尾,最终牺牲的还是广大患者的利益。法律在制度上为医务人员在医学科学技术的探索和创新上提供保障,也是最终为广大患者利益服务的需要。② 因此,《侵权责任法》第60条规定,"患者有损害,因下列情形之一的,医疗机构不承担赔偿责任:(一)患者或者其近亲属不配合医疗机构进行符合诊疗规范的诊疗;(二)医务人员在抢救生命垂危的患者等紧急情况下已经尽到合理诊疗义务;(三)限于当时的医疗水平难以诊疗。"

---

① 全国人大常委会法制工作委员会民法室编:《中华人民共和国侵权责任法条文说明、立法理由及相关规定》,北京大学出版社2010年版,第246—247页。
② 全国人大常委会法制工作委员会民法室编:《中华人民共和国侵权责任法条文说明、立法理由及相关规定》,北京大学出版社2010年版,第247页。

第二节 医疗事故处理法律制度

一、《侵权责任法》与《医疗事故处理条例》的关系

《侵权责任法》于 2010 年 7 月 1 日起施行。该法第七章关于医疗损害责任的特别规定亦将生效。在《侵权责任法》实施过程中,人们将面临的一个现实问题,即同样是为解决医疗纠纷问题而特别制定的《医疗事故处理条例》是否仍然有效。对此问题,主持制定《侵权责任法》的全国人大常委会法制工作委员会副主任王胜明对此问题回答称《医疗事故处理条例》没有废除,仍然有效。① 医疗损害与医疗事故既有联系又有区别,两者都要求具备医疗过失、医疗违法行为、医疗损害事实、因果关系四个要件,但区别在于医疗事故对医疗损害事实的要求比较具体,必须是直接的人身损害后果。因此,医疗侵权可以看成是医疗事故的上位概念,包括医疗事故和其它造成患者精神、财产损害的侵权行为。

(一)《侵权责任法》效力高于《医疗事故处理条例》

对《侵权责任法》生效后《医疗事故处理条例》存废问题的回答,首先涉及法的效力层次问题。所谓法的效力层次,是指规范性法律文件之间的效力等级关系。根据我国《立法法》的有关规定,我国法的效力层次可以概括为:(1)上位法的效力高于下位法,即规范性法律文件的效力层次决定于其制定主体的法律地位。(2)在同一位阶的法律之间,特别法优于一般法,即对同一事项两种法律都有规定的,优先适用特别法。(3)新法优于旧法。《立法法》第 83 条明确规定,同一机关制定的法律、行政法规、地方性法规、自治条例和单行条例、规章,特别规定与一般规定不一致的,适用特别规定;新的规定与旧的规定不一致的,适用新的规定。

---

① 辛红:《最高院将制定相关司法解释》,载《法制日报》2009 年 12 月 30 日。

第十章
医疗损害责任与医疗事故处理法律制度

根据我国《立法法》的规定,全国人大常委会制定的规范性法律文件作为法律,国务院制定的规范性法律文件为行政法规,据据《立法法》第79条规定的上位法的效力高于下位法的原则,在对同一事件均有规定且有冲突时,《侵权责任法》条款规定的效力高于《医疗事故处理条例》的相关条款。

(二)《医疗事故处理条例》与《侵权责任法》相冲突的条款失效

根据上位法优于下位法的法律位阶原则,在不同层级的法律规范之间,如果较低层级的法律规范同较高层级的法律规范相冲突,则优先适用较高层级的规范。鉴于《医疗事故处理条例》的位阶低于《侵权责任法》,因此凡是《医疗事故处理条例》与《侵权责任法》相冲突的条款将失去其法律效力。

目前可以确定存在冲突的条款,是《医疗事故处理条例》第49条第2款、第50条和第51条关于医疗事故赔偿责任、赔偿项目及计算方法的相关规定。《医疗事故处理条例》的该部分规定与《侵权责任法》和最高人民法院根据《民法通则》制定的《关于审理人身损害赔偿案件适用法律若干问题的解释》存在诸多的冲突之处。例如《侵权责任法》和《关于审理人身损害赔偿案件适用法律若干问题的解释》均规定受害人死亡时侵权人应当支付死亡赔偿金,但是,《医疗事故处理条例》第50条和第51条却没有规定该项赔偿。另外,根据《侵权责任法》第54条规定,医疗机构承担医疗损害赔偿责任并不以构成医疗事故为前提,因此,《医疗事故处理条例》第49条第2款关于"不属于医疗事故的,医疗机构不承担赔偿责任"的条款将因与《侵权责任法》相关规定冲突而失去法律效力。需要说明的是,《医疗事故处理条例》部分条款的失效并不直接导致整部法规的失效,而且,根据《立法法》的规定,行政法规的废除尚需遵循严格的法定程序。

(三)医疗事故概念仍有存续价值

《医疗事故处理条例》设定医疗事故概念的宗旨与《侵权责任法》医疗损害责任的立法宗旨并不冲突。《医疗事故处理条例》是国务院颁布的

行政法规，尽管其主要功能是便于卫生行政部门对各类医疗机构及其医务人员进行行政管理，但其目的是为了减少医疗事故发生，保障患者生命健康安全。《侵权责任法》设定医疗损害责任的宗旨，亦是为了妥善处理医疗纠纷，界定医疗损害责任，切实保护患者的合法权益。从这点讲，《医疗事故处理条例》于《侵权责任法》之间并无本质冲突。在司法实践中，医疗损害责任不以是否构成医疗事故为前提，并不意味着医疗事故的概念应被完全摒弃。出于卫生行政管理的需要，医疗事故概念将回归其原有含义，在卫生行政管理方面仍有存在的价值。

二、医疗事故的概念

（一）医疗事故的概念

医疗事故是指医疗机构及其医务人员在医疗活动中，违反医疗卫生管理法律、行政法规、部门规章和诊疗护理规范、常规，过失造成患者人身损害的事故。医疗事故包括以下构成要件：

1. 主体是医疗机构及其医务人员

医疗事故是在依法取得了执业许可或者执业资格的医疗机构及其医务人员在其合法的医疗活动中发生的。国家对有权开展医疗活动的医疗机构和有权从事医疗活动的医务人员规定了严格的许可制度。凡未经卫生行政部门批准而开展医疗活动的，都是非法行医，依法应当追究刑事责任。非法行医造成患者身体健康损害的，不属于医疗事故。患者由于自己的过错造成的不良后果，也不能认定为医疗事故。

2. 行为具有违法性

医疗事故是违反医疗卫生管理法律、行政法规、部门规章和诊疗护理规范、常规的过失行为造成的。医疗活动充满了风险，为了把医疗风险控制在最小范围，将可能的不良后果降低到最小程度，国家制定了相应的医疗卫生管理法律、行政法规、部门规章和诊疗护理规范、常规如果医疗机构及其医务人员的行为没有违反上述法律规范，即使造成了患者事实上的严重损害，也不构成医疗事故。在遵守医疗卫生管理法律、行政法规、部门规章和诊疗护理规范、常规情况下发生的不良后果，医疗机构及其医务人员不承担任何责任。

3. 过失造成了患者人身损害

过失造成患者人身损害的含义是指：第一，医务人员对医疗事故的发生主观上不是故意但存在过失；第二，因医务人员的过失造成了患者的人身损害，即医务人员的过失行为与患者的人身损害有因果关系。

4. 不属于医疗事故的几种情况

《医疗事故处理条例》规定了不属于医疗事故的6种情形：（1）在紧急情况下为抢救垂危患者生命而采取紧急医学措施造成不良后果的；（2）在医疗活动中由于患者病情异常或者患者体质特殊而发生医疗意外的；（3）在现有医学科学技术条件下，发生无法预料或者不能防范的不良后果的；（4）无过错输血感染造成不良后果的；（5）因患方原因延误诊疗导致不良后果的；（6）因不可抗力造成不良后果的。

三、医疗事故的分级

根据对患者人身造成的损害程度，医疗事故分为四级：

一级医疗事故：造成患者死亡、重度残疾的。具体划分为，（一）一级甲等医疗事故：死亡。（二）一级乙等医疗事故：重要器官缺失或功能完全丧失，其他器官不能代偿，存在特殊医疗依赖，生活完全不能自理。例如造成患者下列情形之一的：1. 植物人状态；2. 极重度智能障碍；3. 临床判定不能恢复的昏迷；4. 临床判定自主呼吸功能完全丧失，不能恢复，靠呼吸机维持；5. 四肢瘫，肌力0级，临床判定不能恢复。

二级医疗事故：造成患者中度残疾、器官组织损伤导致严重功能障碍的。具体划分为：

（一）二级甲等医疗事故：器官缺失或功能完全丧失，其他器官不能代偿，可能存在特殊医疗依赖，或生活大部分不能自理。例如造成患者双眼球摘除或双眼经客观检查证实无光感；小肠缺失90%以上，功能完全丧失等；

（二）二级乙等医疗事故：存在器官缺失、严重缺损、严重畸形情形之一，有严重功能障碍，可能存在特殊医疗依赖，或生活大部分不能自理。例如造成患者重度智能障碍、双侧上颌骨或双侧下颌骨完全缺失、双

侧卵巢缺失、未育妇女子宫全部缺失或大部分缺损等;

(三)二级丙等医疗事故:存在器官缺失、严重缺损、明显畸形情形之一,有严重功能障碍,可能存在特殊医疗依赖,或生活部分不能自理。例如造成患者面部重度毁容、双手拇、食指均缺失或功能完全丧失无法矫正;

(四)二级丁等医疗事故:存在器官缺失、大部分缺损、畸形情形之一,有严重功能障碍,可能存在一般医疗依赖,生活能自理。例如造成患者中度智能障碍等。

三级医疗事故:造成患者轻度残疾、器官组织损失导致一般功能障碍的,具体包括:

(一)三级甲等医疗事故:存在器官缺失、大部分缺损、畸形情形之一,有较重功能障碍,可能存在一般医疗依赖,生活能自理。例如造成患者面部轻度毁容等;

(二)三级乙等医疗事故:器官大部分缺损或畸形,有中度功能障碍,可能存在一般医疗依赖,生活能自理。例如造成患者轻度智能减退、头皮、眉毛完全缺损等;

(三)三级丙等医疗事故:器官大部分缺损或畸形,有轻度功能障碍,可能存在一般医疗依赖,生活能自理。例如造成患者喉保护功能丧失,饮食时呛咳并易发生误吸,临床判定不能恢复等;

(四)三级丁等医疗事故:器官部分缺损或畸形,有轻度功能障碍,无医疗依赖,生活能自理。例如造成患者发声及言语困难等;

(五)三级戊等医疗事故:器官部分缺损或畸形,有轻微功能障碍,无医疗依赖,生活能自理。例如造成患者发声或言语不畅等。

四级医疗事故:造成患者明显人身损害的其他后果的。例如造成患者双侧轻度不完全性面瘫,无功能障碍;面部轻度色素沉着或脱失;一侧眼睑有明显缺损或外翻;拔除健康恒牙;组织、器官轻度损伤,行修补术后无功能障碍;软组织内异物滞留;体腔遗留异物已包裹,无需手术取出,无功能障碍;局部注射造成组织坏死,成人大于体表面积2%,儿童大于体表面积5%;剖宫产术引起胎儿损伤等。

三、医疗事故的预防和处置

(一) 预防措施

1. 医疗机构应当对其医务人员进行医疗卫生管理法律、行政法规、部门规章和诊疗护理规范、常规的培训和医疗服务职业道德教育。

2. 医疗机构应当设置医疗服务质量监控部门或者配备专(兼)职人员,具体负责监督本医疗机构的医务人员的医疗服务工作,检查医务人员执业情况,接受患者对医疗服务的投诉,向其提供咨询服务。

3. 医疗机构应当按照国务院卫生行政部门规定的要求,书写并妥善保管病历资料。因抢救急危患者,未能及时书写病历的,有关医务人员应当在抢救结束后6小时内据实补记,并加以注明。严禁涂改、伪造、隐匿、销毁或者抢夺病历资料。

4. 医疗机构应当制定防范、处理医疗事故的预案,减轻医疗事故的损害。

5. 在医疗活动中,医疗机构及其医务人员应当将患者的病情、医疗措施、医疗风险等如实告知患者,及时解答其咨询;但是,应当避免对患者产生不利后果。

6. 患者要求复印其门诊病历、住院志、体温单、医嘱单、化验单(检验报告)、医学影像检查资料、特殊检查同意书、手术同意书、手术及麻醉记录单、病理资料、护理记录等国务院卫生行政部门规定的病历资料,医疗机构应当提供复印并在复印的病历资料上加盖证明印记。复印或者复制病历资料时,应当有患者在场。

(二) 处置

1. 报告制度

医务人员在医疗活动中存在引起医疗事故的医疗过失行为或者发生医疗事故争议的,应当立即向所在科室负责人报告,科室负责人应当及时向本医疗机构负责医疗服务质量监控的部门报告。负责医疗服务质量监控的部门接到报告后,应当立即进行调查核实,将有关情况如实向本医疗机构

的负责人报告,并向患者通报、解释。

发生医疗事故的,医疗机构应当按照规定向所在地卫生行政部门报告。发生下列重大医疗过失行为的,医疗机构应当在12小时内向所在地卫生行政部门报告:导致患者死亡或者可能为二级以上的医疗事故;导致3人以上人身损害后果;国务院卫生行政部门和省级人民政府卫生行政部门规定的其他情形。

2. 按法定要求封存病历和现场实物等证据

发生或者发现医疗过失行为,医疗机构及其医务人员应当立即采取有效措施,避免或者减轻对患者身体健康的损害,防止损害扩大。发生医疗事故争议时,死亡病历讨论记录、疑难病例讨论记录、上级医师查房记录、会诊意见、病程记录应当在医患双方在场的情况下封存和启封,封存的病例资料可以是复印件,由医疗机构保管。疑似输液、输血、注射、药物等引起不良后果的,医患双方应当共同对现场实物进行封存和启封,封存的现场实物由医疗机构保管,需要检验的,应当由双方共同指定的、依法具有检验资格的检验机构进行检验;双方无法共同指定时,由卫生行政部门指定。疑似输血引起不良后果,需要对血液进行封存保留的,医疗机构应当通知提供该血液的采供血机构派员到场。患者死亡,医患双方当事人不能确定死因或者对死因有异议的,应当在患者死亡后48小时内进行尸检,具备尸体冻存条件的,可以延长至7日。尸检应当经死者近亲属同意并签字。医疗事故争议双方当事人可以请法医病理学人员进行尸检,也可以委派代表观察尸检过程。拒绝或者拖延尸检,超过规定时间,影响对死因判定的,由拒绝或者拖延的一方承担责任。患者在医疗机构内死亡的,尸体应当立即移放太平间。死者尸体存放时间一般不得超过2周,逾期不处理的尸体,经医疗机构所在地卫生行政部门批准,并报经同级公安部门备案后,由医疗机构按照规定进行处理。

四、医疗事故的技术鉴定

(一)鉴定机构及其组成人员

卫生行政部门接到医疗机构关于重大医疗过失行为的报告或者医疗事

故争议当事人要求处理医疗事故争议的申请后,对需要进行医疗事故技术鉴定的,应当交由负责医疗事故技术鉴定工作的医学会组织鉴定;医患双方协商解决医疗事故争议,需要进行医疗事故技术鉴定的,由双方当事人共同委托负责医疗事故技术鉴定工作的医学会组织鉴定。

首次鉴定由设区的市级地方医学会和省级直接管辖的县(市)地方医学会负责组织;再次鉴定由省级地方医学会负责。当出现疑难、复杂并在全国有重大影响的医疗事故争议时,中华医学会必要时可以组织技术鉴定工作。

医学会应当建立专家库负责医疗事故技术鉴定工作。专家库由具备下列条件的医疗卫生专业技术人员组成:有良好的业务素质和职业品德;受聘于医疗卫生机构或者医学教学、科研机构并担任相应专业高级技术职务3年以上。负责首次医疗事故技术鉴定工作的医学会原则上聘请本行政区域内的专家建立专家库;当本行政区域内的专家不能满足建立专家库需要时,可以聘请本省级范围内的专家进入本专家库。

负责再次医疗事故技术鉴定工作的医学会原则上聘请本省级范围内的专家建立专家库;当本省级范围内的专家不能满足建立专家库需要时,可以聘请其他省级的专家进入本专家库。

医疗卫生机构或医学教学、科研机构、同级的医药卫生专业学会应当按照医学会要求,推荐专家库成员候选人;符合条件的个人经所在单位同意后也可以直接向组建专家库的医学会申请。医学会对专家库成员候选人进行审核,审核合格的,予以聘任,并发给中华医学会统一格式的聘书。符合条件的医疗卫生专业技术人员和法医,有义务受聘进入专家库。专家库成员聘用期为4年。在聘用期间出现下列情形之一的,应当由专家库成员所在单位及时报告医学会,医学会应根据实际情况及时进行调整:(一)因健康原因不能胜任医疗事故技术鉴定的;(二)变更受聘单位或被解聘的;(三)不具备完全民事行为能力的;(四)受刑事处罚的;(五)省级以上卫生行政部门规定的其他情形。聘用期满需继续聘用的,由医学会重新审核、聘用。

(二) 鉴定的程序

1. 鉴定的提起

双方当事人协商解决医疗事故争议，需进行医疗事故技术鉴定的，应共同书面委托医疗机构所在地的负责首次鉴定的医学会进行医疗事故技术鉴定。县级以上地方卫生行政部门对接到的医疗事故争议申请，认为需要进行医疗事故技术鉴定的，应当书面移交相应鉴定工作的医学会组织鉴定。协商解决医疗事故争议涉及多个医疗机构的，应当由涉及的所有医疗机构与患者共同委托其中任何一所医疗机构所在地负责首次鉴定的医学会进行医疗事故技术鉴定。医疗事故争议涉及多个医疗机构，当事人申请卫生行政部门处理的，只可以向其中一所医疗机构所在地卫生行政部门提出处理申请。

2. 鉴定的受理

医学会应当自受理医疗事故技术鉴定之日起5日内，通知医疗事故争议双方当事人按照《医疗事故处理条例》第28条规定提交医疗事故技术鉴定所需的材料。当事人应当自收到医学会的通知之日起10日内提交有关医疗事故技术鉴定的材料、书面陈述及答辩。对不符合受理条件的，医学会不予受理。不予受理的，医学会应说明理由。

有下列情形之一的，医学会不予受理医疗事故技术鉴定：

（一）当事人一方直接向医学会提出鉴定申请的；

（二）医疗事故争议涉及多个医疗机构，其中一所医疗机构所在地的医学会已经受理的；

（三）医疗事故争议已经人民法院调解达成协议或判决的；

（四）当事人已向人民法院提起民事诉讼的（司法机关委托的除外）；

（五）非法行医造成患者身体健康损害的；

（六）卫生部规定的其他情形。

委托医学会进行医疗事故技术鉴定，应当按规定缴纳鉴定费。双方当事人共同委托医疗事故技术鉴定的，由双方当事人协商预先缴纳鉴定费。卫生行政部门移交进行医疗事故技术鉴定的，由提出医疗事故争议处理的当事人预先缴纳鉴定费。经鉴定属于医疗事故的，鉴定费由医疗机构支付；经鉴定不属于医疗事故的，鉴定费由提出申请的当事人支付。县级以上地方卫生行政部门接到医疗机构关于重大医疗过失行为的报告后，对需要移交医学会进行医疗事故技术鉴定的，鉴定费由医疗机构支付。

有下列情形之一的，医学会中止组织医疗事故技术鉴定：（一）当事人未按规定提交有关医疗事故技术鉴定材料的；（二）提供的材料不真实的；（三）拒绝缴纳鉴定费的；（四）卫生部规定的其他情形。

3. 成立专家鉴定组

医学会应当根据医疗事故争议所涉及的学科专业，确定专家鉴定组的构成和人数。专家鉴定组组成人数应为3人以上单数。医疗事故争议涉及多学科专业的，其中主要学科专业的专家不得少于专家鉴定组成员的二分之一。医学会应当提前通知双方当事人，在指定时间、指定地点，从专家库相关学科专业组中随机抽取专家鉴定组成员。医学会主持双方当事人抽取专家鉴定组成员前，应当将专家库相关学科专业组中专家姓名、专业、技术职务、工作单位告知双方当事人。当事人要求专家库成员回避的，应当说明理由。符合下列情形之一的，医学会应当将回避的专家名单撤出，并经当事人签字确认后记录在案：

（1）医疗事故争议当事人或者当事人的近亲属的；

（2）与医疗事故争议有利害关系的；

（3）与医疗事故争议当事人有其他关系，可能影响公正鉴定的。

医学会对当事人准备抽取的专家进行随机编号，并主持双方当事人随机抽取相同数量的专家编号，最后一个专家由医学会随机抽取。双方当事人还应当按照规定的方法各自随机抽取一个专家作为候补。涉及死因、伤残等级鉴定的，应当按照前款规定由双方当事人各自随机抽取一名法医参加鉴定组。随机抽取结束后，医学会当场向双方当事人公布所抽取的专家鉴定组成员和候补成员的编号并记录在案。现有专家库成员不能满足鉴定工作需要时，医学会应当向双方当事人说明，并经双方当事人同意，可以从本省级其他医学会专家库中抽取相关学科专业组的专家参加专家鉴定组；本省级医学会专家库成员不涌满足鉴定工作需要时，可以从其他省级医学会专家库中抽取相关学科专业组的专家参加专家鉴定组。从其他医学

会建立的专家库中抽取的专家无法到场参加医疗事故技术鉴定，可以以函件的方式提出鉴定意见。专家鉴定组成员确定后，在双方当事人共同在场的情况下，由医学会对封存的病历资料启封。专家鉴定组应当认真审查双方当事人提交的材料，妥善保管鉴定材料，保护患者的隐私，保守有关秘密。

4. 鉴定程序

医学会应当自接到双方当事人提交的有关医疗事故技术鉴定的材料、书面陈述及答辩之日起45日内组织鉴定并出具医疗事故技术鉴定书。医学会可以向双方当事人和其他相关组织、个人进行调查取证，进行调查取证时不得少于2人。调查取证结束后，调查人员和调查对象应当在有关文书上签字。如调查对象拒绝签字的，应当记录在案。医学会应当在医疗事故技术鉴定7日前，将鉴定的时间、地点、要求等书面通知双方当事人。双方当事人应当按照通知的时间、地点、要求参加鉴定。参加医疗事故技术鉴定的双方当事人每一方人数不超过3人。任何一方当事人无故缺席、自行退席或拒绝参加鉴定的，不影响鉴定的进行。

医学会应当在医疗事故技术鉴定7日前书面通知专家鉴定组成员。专家鉴定组成员接到医学会通知后认为自己应当回避的，应及时提出书面回避申请，并说明理由。专家鉴定组成员因回避或因其他原因无法参加鉴定时，医学会应当通知相关学科专业组候补成员参加医疗事故技术鉴定。专家鉴定组组长由专家鉴定组成员推选产生，也可以由医疗事故争议所涉及的主要学科专家中具有最高专业技术职务任职资格的专家担任。

鉴定由专家鉴定组组长主持，并按照以下程序进行：（一）双方当事人在规定的时间内分别陈述意见和理由。陈述顺序先患方，后医疗机构；（二）专家鉴定组成员根据需要可以提问，当事人应当如实回答。必要时，可以对患者进行现场医学检查；（三）双方当事人退场；（四）专家鉴定组对双方当事人提供的书面材料、陈述及答辩等进行讨论；（五）经合议，根据半数以上专家鉴定组成员的一致意见形成鉴定结论。专家鉴定组成员在鉴定结论上签名。专家鉴定组成员对鉴定结论的不同意见，应当予以注明。

第十章
医疗损害责任与医疗事故处理法律制度

医疗事故技术鉴定书应当根据鉴定结论作出,其文稿由专家鉴定组组长签发。医疗事故技术鉴定书盖医学会医疗事故技术鉴定专用印章。医学会应当及时将医疗事故技术鉴定书送达移交鉴定的卫生行政部门,经卫生行政部门审核,对符合规定作出的医疗事故技术鉴定结论,应当及时送达双方当事人;由双方当事人共同委托的,直接送达双方当事人。医疗事故技术鉴定书应当包括下列主要内容:(一)双方当事人的基本情况及要求;(二)当事人提交的材料和医学会的调查材料;(三)对鉴定过程的说明;(四)医疗行为是否违反医疗卫生管理法律、行政法规、部门规章和诊疗护理规范、常规;(五)医疗过失行为与人身损害后果之间是否存在因果关系;(六)医疗过失行为在医疗事故损害后果中的责任程度;(七)医疗事故等级;(八)对医疗事故患者的医疗护理医学建议。

医疗事故技术鉴定书格式由中华医学会统一制定。

专家鉴定组应当综合分析医疗过失行为在导致医疗事故损害后果中的作用、患者原有疾病状况等因素,判定医疗过失行为的责任程度。医疗事故中医疗过失行为责任程度分为:(一)完全责任,指医疗事故损害后果完全由医疗过失行为造成。(二)主要责任,指医疗事故损害后果主要由医疗过失行为造成,其他因素起次要作用。(三)次要责任,指医疗事故损害后果主要由其他因素造成,医疗过失行为起次要作用。(四)轻微责任,指医疗事故损害后果绝大部分由其他因素造成,医疗过失行为起轻微作用。

因当事人拒绝配合,无法进行医疗事故技术鉴定的,应当终止本次鉴定,由医学会告知移交鉴定的卫生行政部门或共同委托鉴定的双方当事人,说明不能鉴定的原因。医学会对经卫生行政部门审核认为参加鉴定的人员资格和专业类别或者鉴定程序不符合规定,需要重新鉴定的,应当重新组织鉴定。重新鉴定时不得收取鉴定费。如参加鉴定的人员资格和专业类别不符合规定的,应当重新抽取专家,组成专家鉴定组进行重新鉴定。如鉴定的程序不符合规定而参加鉴定的人员资格和专业类别符合规定的,可以由原专家鉴定组进行重新鉴定。

任何一方当事人对首次医疗事故技术鉴定结论不服的,可以自收到首次医疗事故技术鉴定书之日起 15 日内，向原受理医疗事故争议处理申请的卫生行政部门提出再次鉴定的申请，或由双方当事人共同委托省级医学会组织再次鉴定。县级以上地方卫生行政部门对发生医疗事故的医疗机构和医务人员进行行政处理时，应当以最后的医疗事故技术鉴定结论作为处理依据。当事人对鉴定结论无异议，负责鉴定的医学会应当及时将收到的病历资料原件等退还当事人，保留有关复印件。当事人提出再次鉴定申请的，首次鉴定的医学会应当及时将收到的鉴定材料移送再次鉴定的医学会。医学会应当将鉴定结论、医疗事故技术鉴定书文稿和复印的有关病历资料等存档，保存期限不得少于 20 年。在受理医患双方共同委托医疗事故技术鉴定后至专家鉴定组作出鉴定结论前，双方当事人或者一方当事人提出停止鉴定的，医疗事故技术鉴定终止。

五、医疗事故的行政处理与监督

（一）行政处理

卫生行政部门应当依照本条例和有关规定，对发生医疗事故的医疗机构和医务人员作出行政处理。卫生行政部门接到医疗机构关于重大医疗过失行为的报告后，除责令医疗机构及时采取必要的医疗救治措施，防止损害后果扩大外，应当组织调查，判定是否属于医疗事故。对于能判定是否属于医疗事故的，应当依照《医疗事故处理条例》的有关规定交由负责医疗事故技术鉴定工作的医学会组织鉴定。发生医疗事故争议，当事人申请卫生行政部门处理的，应当提出书面申请。申请书应当载明申请人的基本情况、有关事实、具体请求及理由等。当事人自知道或者应当知道其身体健康受到损害之日起 1 年内，可以向卫生行政部门提出医疗事故争议处理申请。当事人申请卫生行政部门处理的，由医疗机构所在地的县级卫生行政部门受理。有下列情形之一的，县级卫生行政部门应当自接到医疗机构的报告或者当事人提出医疗事故争议处理申请之日起 7 日内移送上一级人民政府卫生行政部门处理：(1) 患者死亡；(2) 可能为二级以上的医疗事故；(3) 国务院卫生行政部门和省级人民政府卫生行政部门规定的其他情形。

卫生行政部门应当自收到医疗事故争议处理申请之日起 10 日内进行审查，作出是否受理的决定。对符合《医疗事故处理条例》规定的，予以受理，需要进行医疗事故技术鉴定的，应当自作出受理决定之日起 5 日内将有关材料交由负责医疗事故技术鉴定工作的医学会组织鉴定并书面通知申请人；对不符合《医疗事故处理条例》规定，不予受理的，应当书面通知申请人并说明理由。当事人对首次医疗事故技术鉴定结论有异议，申请再次鉴定的，卫生行政部门应当自收到申请之日起 7 日内交由省级医学会组织再次鉴定。当事人既向卫生行政部门提出医疗事故争议处理申请，又向人民法院提起诉讼的，卫生行政部门不予受理；卫生行政部门已经受理的，应当终止处理。

（二）监督

卫生行政部门收到医学会出具的医疗事故技术鉴定书后，应当对参加鉴定的人员资格和专业类别、鉴定程序进行审核；必要时，可以组织调查，听取医疗事故双方当事人的意见。卫生行政部门经审核，对符合《医疗事故处理条例》规定作出的鉴定结论，应当作为作出行政处理以及进行医疗事故赔偿调解的依据；经审核，发现鉴定不符合《医疗事故处理条例》规定的，应当要求重新鉴定。医疗事故争议双方当事人自行协商解决的，医疗机构应当自协商解决之日起 7 日内向卫生行政部门作出书面报告，并附协议书。医疗事故争议经人民法院调解或者判决解决的，医疗机构应当自收到生效的调解书或者判决书之日起 7 日内向所在地卫生行政部门作出书面报告，并附具调解书或者判决书。卫生行政部门应当依照有关规定，对医疗机构和医务人员作出行政处理，并将对医疗事故的行政处理情况，逐级上报卫生部。

六、法律责任

（一）卫生行政部门工作人员的违法责任

卫生行政部门工作人员在处理医疗事故过程中，利用职务上的便利收受他人财物或者其他利益，滥用职权，玩忽职守，或者发现违法行为不予查处，造成严重后果的，依照刑法关于受贿罪、滥用职权罪、玩忽职守罪或者其他有关罪的规定，依法追究刑事责任；尚不够刑事处罚的，依法给予降级或者撤职的行政处分。

（二）卫生行政部门的违法责任

卫生行政部门有下列情形之一的，由上级卫生行政部门给予警告并责令限期改正；情节严重的，对负有责任的主管人员和其他直接责任人员依法给予行政处分：1. 接到医疗机构关于重大医疗过失行为的报告后，未及时组织调查的；2. 接到医疗事故争议处理申请后，未在规定时间内审查或者移送上一级卫生行政部门处理的；3. 未将应当进行医疗事故技术鉴定的重大医疗过失行为或者医疗事故争议移交医学会组织鉴定的；4. 未按照规定逐级将发生的医疗事故以及行政处理情况上报的；5. 未依照规定审核医疗事故技术鉴定书的。

（三）医疗机构的违法责任

医疗机构发生医疗事故的，由卫生行政部门根据医疗事故等级和情节，给予警告；情节严重的，责令限期停业整顿直至由原发证部门吊销执业许可证，对负有责任的医务人员依照刑法关于医疗事故罪的规定，依法追究刑事责任；尚不够刑事处罚的，依法给予行政处分或者纪律处分。对发生医疗事故的有关医务人员，除依照前款处罚外，并可以责令暂停6个月以上1年以下执业活动；情节严重的，吊销其执业证书。

医疗机构违反《医疗事故处理条例》的规定，有下列情形之一的，由卫生行政部门责令改正；情节严重的，对负有责任的主管人员和其他直接责任人员依法给予行政处分或者纪律处分：

1. 未如实告知患者病情、医疗措施和医疗风险的；
2. 拒绝为患者提供复印或者复制病历资料服务的；
3. 未按照卫生部规定书写和妥善保管病历资料的；
4. 未在规定时间内补记抢救工作病历内容的；
5. 未按照规定封存、保管和启封病历资料和实物的；
6. 未设置医疗服务质量监控部门或者配备专（兼）职人员的；

第十章
医疗损害责任与医疗事故处理法律制度

7. 未制定有关医疗事故防范和处理预案的;
8. 未在规定时间内向卫生行政部门报告重大医疗过失行为的;
9. 未按照规定向卫生行政部门报告医疗事故的;
10. 未按照规定进行尸检和保存、处理尸体的。

(四)医疗事故技术鉴定人员的违法责任

参加医疗事故技术鉴定工作的人员违反《医疗事故处理条例》的规定,接受申请鉴定双方或者一方当事人的财物或者其他利益,出具虚假医疗事故技术鉴定书,造成严重后果的,依照刑法关于受贿罪的规定,依法追究刑事责任;尚不够刑事处罚的,由原发证部门吊销其执业证书或者资格证书。

(五)扰乱医疗秩序的法律责任

以医疗事故为由,寻衅滋事、抢夺病历资料、扰乱医疗机构正常医疗秩序和医疗事故技术鉴定工作的,依照刑法关于扰乱社会秩序罪的规定,依法追究刑事责任;尚不够刑事处罚的,依法给予治安管理处罚。

复习思考题

1. 如何理解医疗侵权行为的构成要件?
2. 如何理解患者的知情同意权?
3. 试比较医疗侵权与医疗事故的区别。
4. 简述医疗损害民事责任的免责事由。
5. 简述医疗事故的分级。

【思考案例】

1997年10月5日,余某某把怀有双胞胎的妻子李某某送进福建某医院待产,第一胎顺利出生,可第二胎却没有了动静。据李某某回忆:医师将手伸入其产道对胎儿进行翻转,1小时后,第二名男婴分娩出生,比正常时间迟了近半小时。第二名男婴一出生便有窒息、抽搐现象,医院诊断蛛网膜下腔出血,缺血缺氧,并伴有阴囊水肿、脑水肿。这些症状导致孩子落下脑瘫。

2001年6月，余某某将该医院告上南平中院。司法部技术鉴定中心认定余某某的妻子及儿子两份仅70页的病历竟有68处被涂改。

随后法院又先后委托福建省司法技术鉴定中心、北京市法庭科学技术鉴定研究所鉴定"医院在诊疗护理过程中有无过错"，但两部门都认为原始病历有68处涂改，真实性已受到质疑，继续鉴定无实际意义，因此均不予受理。法院又委托中华医学会对该案进行医疗事故鉴定，同样被退回。由于鉴定无法作出，该案的审理长期难以进行下去。①

请问：

1. 在上述案例中医院的诊疗活动是否存在违规之处？
2. 第二名男婴的脑瘫应由谁承担赔偿责任？说明理由。
3. 请谈谈该案对医疗机构及医护人员有何启示意义？

链接资源：

1. www.zgwsfz.org.cn 卫生法制网
2. www.law.harvard.edu/programs/petrie-flom 哈佛大学卫生法与政策研究中心

（撰稿人 徐喜荣）

---

① 刘鑫、张宝珠、陈特主编：《侵权责任法"医疗损害责任"条文深度解读与案例剖析》，人民军医出版社2010年版，第170页。

第十一章 食品安全与化妆品卫生法律制度

【教学目标】

通过学习本章，了解我国食品安全法律制度的基本问题，熟悉食品安全标准、食品安全风险监测和评估制度、食品生产经营制度、食品检验制度、食品进出口制度、食品安全监督管理与事故处置制度及化妆品卫生监督制度。

【引导案例】

2009年4月，家住天津市塘沽区的孙女士在塘沽区福州道某超市购买了一袋某品牌果珍。孩子冲饮后即发生腹泻。孙女士注意到该果珍包装袋显示其已过期。孙女士已将购物小票丢弃，只好作罢。事隔一个多月，6月3日，孙女士再次到该超市购物，发现此前购买的过期果珍仍然摆在货架上。孙女士购买了8袋该果珍，随后，与该超市交涉，但超市的解决方案让孙女士不满意。于是，孙女士拿着8袋过期果珍及购物凭证来到塘沽消协投诉。消协工作人员经查看销售记录并与超市核实，认定孙女士提供购物的凭证属实。该超市应根据6月1日起实施的《食品安全法》第96条的规定，对孙女士予以赔偿。经消协调解，超市对孙女士购买8袋过期果珍的价款109.6元予以全额退还，同时支付孙女士该价款十倍的赔偿金1096元，并另外支付孙女士24元打车费用。最终，孙女士共获得了

1230元的经济补偿。①

请问：该超市的行为违反了《食品安全法》哪些规定？应承担何种法律责任？

第一节 食品安全法律制度

一、食品安全立法概述

"国以民为本，民以食为天，食以安为先"，食品安全关系到国家和社会的稳定，关系到公民的生命健康权利。食品安全（food safety）是指食物中有毒、有害物质对人体健康影响的公共卫生问题。在食品安全的理解上，国际社会已经基本形成共识，即食品的种植、养殖、加工、包装、贮藏、运输、销售、消费等活动符合国家强制标准和要求，不存在可能损害或威胁人体健康的有毒、有害物质致消费者病亡或者危及消费者及其后代的隐患。②

我国长期以来重视食品安全及其立法，相继颁布了一系列法规、规章，如1953年卫生部颁布了《清凉饮料食物管理暂行办法》，1960年国务院颁发了《食用合成染料管理办法》，1965年卫生部、商业部联合颁发了《食品卫生管理试行办法》，1979年国务院颁布了《食品卫生管理条例》，1982年全国人大常委会通过了《食品卫生法（试行）》。随后的十多年中，我国加快了食品卫生标准和管理办法的法制建设，颁布了与食品卫生试行法配套的规章、标准及技术等。1995年10月30日全国人大常委会通过了《食品卫生法》，进一步明确了各级卫生行政机关是食品卫生监督的执法主体，强化了行政机关的执法责任，加大了对违法行为的处罚力

---

① 《天津首次出现食品安全"十倍赔偿"案例》，http://china.findlaw.cn/xfwq/shipinanquan/aqal/11501.html，2012-4-16访问。

② 信春鹰主编：《中华人民共和国食品安全法释义》，法律出版社2009年版，第2页。

度，明确了保健食品的监督管理，加强了对食品中毒的控制措施。现在，我国已经基本形成了由食品卫生法、食品卫生法规和规章、食品卫生标准和技术规范以及与食品卫生有关的其他法律规范所组成的食品卫生法律体系。卫生部于2003年8月制定了《食品安全行动计划》，其总目标是控制食品污染，减少食源性疾病，保障消费者健康，促进经济发展。2004年9月1日，国务院发出《关于进一步加强食品安全工作的决定》，指出根据食品安全的形势，为恢复和提高我国食品信誉，确保人民身体健康和生命安全，必须采取切实有效的措施，进一步加强食品安全工作。2007年7月26日，国务院发布《关于加强食品等产品安全监督管理的特别规定》，旨在加强食品等产品安全监督管理，进一步明确生产经营者、监督管理部门和地方人民政府的责任，加强各监督管理部门的协调、配合，保障人体健康和声明安全。2007年12月，全国人大常委会初次审议了《食品安全法（草案）》，2009年2月28日第十一届全国人大常委员会第七次会议通过了《中华人民共和国食品安全法》。2009年7月8日国务院第73次常务会议通过了《中华人民共和国食品安全法实施条例》。

二、《食品安全法》的基本问题

（一）《食品安全法》相关基本概念

食品是指各种供人食用或者饮用的成品和原料以及按照传统既是食品又是药品的物品，但是不包括以治疗为目的的物品（即药品）。

食品安全，指食品无毒、无害，符合应当有的营养要求，对人体健康不造成任何急性、亚急性或者慢性危害。

预包装食品，指预先定量包装或者制作在包装材料和容器中的食品。

食品添加剂，指为改善食品品质和色、香、味以及为防腐、保鲜和加工工艺的需要而加入食品中的人工合成或者天然物质。

用于食品的包装材料和容器，指包装、盛放食品或者食品添加剂用的纸、竹、木、金属、搪瓷、陶瓷、塑料、橡胶、天然纤维、化学纤维、玻璃等制品和直接接触食品或者食品添加剂的涂料。

用于食品生产经营的工具、设备，指在食品或者食品添加剂生产、流通、使用过程中直接接触食品或者食品添加剂的机械、管道、传送带、容器、用具、餐具等。

用于食品的洗涤剂、消毒剂，指直接用于洗涤或者消毒食品、餐饮具以及直接接触食品的工具、设备或者食品包装材料和容器的物质。

保质期，指预包装食品在标签指明的贮存条件下保持品质的期限。

食源性疾病，指食品中致病因素进入人体引起的感染性、中毒性等疾病。

食物中毒，指食用了被有毒有害物质污染的食品或者食用了含有毒有害物质的食品后出现的急性、亚急性疾病。

（二）食品安全法的适用

在中华人民共和国境内从事食品生产和加工（以下称食品生产）、食品流通和餐饮服务（以下称食品经营）、食品添加剂的生产经营、用于食品的包装材料、容器、洗涤剂、消毒剂和用于食品生产经营的工具、设备（以下称食品相关产品）的生产经营、食品生产经营者使用食品添加剂、食品相关产品、对食品、食品添加剂和食品相关产品的安全管理等都应当适用食品安全法的规定。

对于供食用的源于农业的初级产品（以下称食用农产品）的质量安全管理，适用《农产品质量安全法》的规定。但是，制订有关食用农产品的质量安全标准、公布食用农产品安全有关信息，应当遵守《食品安全法》的有关规定。

（三）食品安全监管

国务院设立食品安全委员会，其工作职责由国务院规定。国务院卫生行政部门承担食品安全综合协调职责，负责食品安全风险评估、食品安全标准制定、食品安全信息公布、食品检验机构的资质认定条件和检验规范的制定，组织查处食品安全重大事故。国务院质量监督、工商行政管理和国家食品药品监督管理部门依照本法和国务院规定的职责，分别对食品生产、食品流通、餐饮服务活动实施监督管理。

县级以上地方人民政府统一负责、领导、组织、协调本行政区域的食品安全监督管理工作,建立健全食品安全全程监督管理的工作机制;统一领导、指挥食品安全突发事件应对工作;完善、落实食品安全监督管理责任制,对食品安全监督管理部门进行评议、考核。县级以上地方人民政府依照本法和国务院的规定确定本级卫生行政、农业行政、质量监督、工商行政管理、食品药品监督管理部门的食品安全监督管理职责。有关部门在各自职责范围内负责本行政区域的食品安全监督管理工作。县级以上卫生行政、农业行政、质量监督、工商行政管理、食品药品监督管理部门应当加强沟通、密切配合,按照各自职责分工,依法行使职权,承担责任。

食品行业协会应当加强行业自律,引导食品生产经营者依法生产经营,推动行业诚信建设,宣传、普及食品安全知识。国家鼓励社会团体、基层群众性自治组织开展食品安全法律、法规以及食品安全标准和知识的普及工作,倡导健康的饮食方式,增强消费者食品安全意识和自我保护能力。新闻媒体应当开展食品安全法律、法规以及食品安全标准和知识的公益宣传,并对违反本法的行为进行舆论监督。食品生产经营者应当依照法律、法规和食品安全标准从事生产经营活动,对社会和公众负责,保证食品安全,接受社会监督,承担社会责任。任何组织或者个人有权举报食品生产经营中违反本法的行为,有权向有关部门了解食品安全信息,对食品安全监督管理工作提出意见和建议。食品安全监督管理部门应当依照《食品安全法》及其实施条例的规定公布食品安全信息。

三、食品安全风险监测和评估制度

(一)食品安全风险监测、评估的主体、内容

国家建立食品安全风险监测制度,对食源性疾病、食品污染以及食品中的有害因素进行监测。国家食品安全风险监测计划,由国务院卫生行政部门会同国务院质量监督、工商行政管理和国家食品药品监督管理以及国务院商务、工业和信息化等部门,根据食品安全风险评估、食品安全标准制定与修订、食品安全监督管理等工作的需要制定。

有下列情形之一的,国务院卫生行政部门应当组织食品安全风险评估工作:

1. 为制定或者修订食品安全国家标准提供科学依据；
2. 为确定监督管理的重点领域、重点品种需要；
3. 发现新的可能危害食品安全的因素的；
4. 需要判断某一因素是否构成食品安全隐患的；
5. 国务院卫生行政部门认为需要的其他情形。

省级卫生行政部门根据国家食品安全风险监测计划，结合本行政区域的具体情况，组织制订、实施本行政区域的食品安全风险监测方案。省级卫生行政部门应当组织同级质量监督、工商行政管理、食品药品监督管理、商务、工业和信息化等部门，制订本行政区域的食品安全风险监测方案，报国务院卫生行政部门备案。

国务院农业行政、质量监督、工商行政管理和国家食品药品监督管理等有关部门获知有关食品安全风险信息后，应当立即向国务院卫生行政部门通报。国务院卫生行政部门会同有关部门对信息核实后，应当及时调整食品安全风险监测计划。

食品安全风险评估主要对食品、食品添加剂中生物性、化学性和物理性危害进行风险评估。国务院卫生行政部门负责组织食品安全风险评估工作，成立由医学、农业、食品、营养等方面的专家组成的食品安全风险评估专家委员会进行食品安全风险评估。对农药、肥料、生长调节剂、兽药、饲料和饲料添加剂等的安全性评估，应当有食品安全风险评估专家委员会的专家参加。国务院卫生行政部门通过食品安全风险监测或者接到举报发现食品可能存在安全隐患的，应当立即组织进行检验和食品安全风险评估。

医疗机构发现其接收的病人属于食源性疾病病人、食物中毒病人，或者疑似食源性疾病病人、疑似食物中毒病人的，应当及时向所在地县级人民政府卫生行政部门报告有关疾病信息。接到报告的卫生行政部门应当汇总、分析有关疾病信息，及时向本级人民政府报告，同时报告上级卫生行政部门；必要时，可以直接向国务院卫生行政部门报告，同时报告本级人民政府和上级卫生行政部门。

（二）食品安全风险监测、评估结果

国务院农业行政、质量监督、工商行政管理和国家食品药品监督管理等有关部门应当向国务院卫生行政部门提出食品安全风险评估的建议，并提供有关信息和资料。国务院卫生行政部门应当及时向国务院有关部门通报食品安全风险评估的结果。食品安全风险评估结果是制定、修订食品安全标准和对食品安全实施监督管理的科学依据。食品安全风险评估结果得出食品不安全结论的，国务院质量监督、工商行政管理和国家食品药品监督管理部门应当依据各自职责立即采取相应措施，停止该食品生产经营，并告知消费者停止食用；需要制定、修订相关食品安全国家标准的，国务院卫生行政部门应当立即制定、修订。国务院卫生行政部门应当会同国务院有关部门，对食品安全状况进行综合分析，对经综合分析表明可能具有较高程度安全风险的食品，应当及时提出食品安全风险警示，并予以公布。

四、食品安全标准

食品安全标准应当以保障公众身体健康为宗旨，做到科学合理、安全可靠。食品安全标准是强制执行的标准。除食品安全标准外，不得制定其他的食品强制性标准。食品安全标准应当包括下列内容：

（一）食品、食品相关产品中的致病性微生物、农药残留、兽药残留、重金属、污染物质以及其他危害人体健康物质的限量规定；

（二）食品添加剂的品种、使用范围、用量；

（三）专供婴幼儿和其他特定人群的主辅食品的营养成分要求；

（四）对与食品安全、营养有关的标签、标识、说明书的要求；

（五）食品生产经营过程的卫生要求；

（六）与食品安全有关的质量要求；

（七）食品检验方法与规程；

（八）其他需要制定为食品安全标准的内容。

食品安全国家标准由国务院卫生行政部门负责制定、公布，国务院标准化行政部门提供国家标准编号。食品中农药残留、兽药残留的限量规定

及其检验方法与规程由国务院卫生行政部门、国务院农业行政部门制定。屠宰畜、禽的检验规程由国务院有关主管部门会同国务院卫生行政部门制定。有关产品国家标准涉及食品安全国家标准规定内容的,应当与食品安全国家标准相一致。

国务院卫生行政部门应当对现行的食用农产品质量安全标准、食品卫生标准、食品质量标准和有关食品的行业标准中强制执行的标准予以整合,统一公布为食品安全国家标准。食品安全国家标准应当经食品安全国家标准审评委员会审查通过。食品安全国家标准审评委员会由医学、农业、食品、营养等方面的专家以及国务院有关部门的代表组成。制订食品安全国家标准,应当依据食品安全风险评估结果并充分考虑食用农产品质量安全风险评估结果,参照相关的国际标准和国际食品安全风险评估结果,并广泛听取食品生产经营者和消费者的意见。

没有食品安全国家标准的,可以制订食品安全地方标准。省级卫生行政部门组织制定食品安全地方标准,并报国务院卫生行政部门备案。食品没有食品安全国家标准或者地方标准的,生产企业应当制订企业标准,作为组织生产的依据。企业标准应当报省级卫生行政部门备案,在本企业内部适用。食品安全标准应当供公众免费查阅。

四、食品生产经营管理制度

(一)食品生产经营的要求

根据《食品安全法》的要求,食品生产经营应当符合食品安全标准,并符合下列要求:

1. 具有与生产经营的食品品种、数量相适应的食品原料处理和食品加工、包装、贮存等场所,保持该场所环境整洁,并与有毒、有害场所以及其他污染源保持规定的距离;

2. 具有与生产经营的食品品种、数量相适应的生产经营设备或者设施,有相应的消毒、更衣、盥洗、采光、照明、通风、防腐、防尘、防蝇、防鼠、防虫、洗涤以及处理废水、存放垃圾和废弃物的设备或者设施;

第十一章
食品安全与化妆品卫生法律制度

3. 有食品安全专业技术人员、管理人员和保证食品安全的规章制度；

4. 具有合理的设备布局和工艺流程，防止待加工食品与直接入口食品、原料与成品交叉污染，避免食品接触有毒物、不洁物；

5. 餐具、饮具和盛放直接入口食品的容器，使用前应当洗净、消毒，炊具、用具用后应当洗净，保持清洁；

6. 贮存、运输和装卸食品的容器、工具和设备应当安全、无害，保持清洁，防止食品污染，并符合保证食品安全所需的温度等特殊要求，不得将食品与有毒、有害物品一同运输；

7. 直接入口的食品应当有小包装或者使用无毒、清洁的包装材料、餐具；

8. 食品生产经营人员应当保持个人卫生，生产经营食品时，应当将手洗净，穿戴清洁的工作衣、帽；销售无包装的直接入口食品时，应当使用无毒、清洁的售货工具；

9. 用水应当符合国家规定的生活饮用水卫生标准；

10. 使用的洗涤剂、消毒剂应当对人体安全、无害；

11. 法律、法规规定的其他要求。

禁止生产经营下列食品：

1. 用非食品原料生产的食品或者添加食品添加剂以外的化学物质和其他可能危害人体健康物质的食品，或者用回收食品作为原料生产的食品；

2. 致病性微生物、农药残留、兽药残留、重金属、污染物质以及其他危害人体健康的物质含量超过食品安全标准限量的食品；

3. 营养成分不符合食品安全标准的专供婴幼儿和其他特定人群的主辅食品；

4. 腐败变质、油脂酸败、霉变生虫、污秽不洁、混有异物、掺假掺杂或者感官性状异常的食品；

5. 病死、毒死或者死因不明的禽、畜、兽、水产动物肉类及其制品；

6. 未经动物卫生监督机构检疫或者检疫不合格的肉类，或者未经检验或者检验不合格的肉类制品；

7. 被包装材料、容器、运输工具等污染的食品；

8. 超过保质期的食品；

9. 无标签的预包装食品；

10. 国家为防病等特殊需要明令禁止生产经营的食品；

11. 其他不符合食品安全标准或者要求的食品。

(二) 食品生产经营许可制度

食品生产经营许可制度是指从事食品生产、食品流通、餐饮服务,应当依法取得食品生产许可证、食品流通许可证、餐饮服务许可证才能从事相应活动。取得食品生产许可证的食品生产者在其生产场所销售其生产的食品,不需要取得食品流通的许可；取得餐饮服务许可的餐饮服务提供者在其餐饮服务场所出售其制作加工的食品,不需要取得食品生产和流通的许可；农民个人销售其自产的食用农产品,不需要取得食品流通的许可。食品生产加工小作坊和食品摊贩从事食品生产经营活动,应当符合本法规定的与其生产经营规模、条件相适应的食品安全要求,保证所生产经营的食品卫生、无毒、无害,有关部门应当对其加强监督管理,具体管理办法由省级人民代表大会常务委员会制定。

食品生产经营企业应当建立健全本单位的食品安全管理制度,加强对职工食品安全知识的培训,配备专职或者兼职食品安全管理人员,做好对所生产经营食品的检验工作,依法从事食品生产经营活动。

(三) 食品生产经营企业认证制度

国家实行食品生产经营企业认证制度,提高食品安全管理水平。认证机构对通过良好生产规范、危害分析与关键控制点体系认证的食品生产经营企业,应当依法发给相应认证证书并实施跟踪调查；对不再符合认证要求的企业,应当依法撤销认证,及时向有关管理部门通报,并向社会公布。认证机构实施跟踪调查不收取任何费用。

食品生产企业应当建立食品出厂检验记录制度,查验出厂食品的检验合格证和安全状况,并如实记录食品的名称、规格、数量、生产日期、生产批号、检验合格证号、购货者名称及联系方式、销售日期等内容。食品出厂检验记录应当真实,保存期限不得少于2年。食品、食品添加剂和食品相关产品的生产者,应当依照食品安全标准对所生产的食品、食品添加剂和食品相关产品进行检验,检验合格后方可出厂或者销售。食品经营者采购食品,应当查验供货者的许可证和食品合格的证明文件。食品经营企业应当建立食品进货查验记录制度,如实记录食品的名称、规格、数量、生产批号、保质期、供货者名称及联系方式、进货日期等内容。食品进货查验记录应当真实,保存期限不得少于2年。

(四)从业人员健康管理

食品生产经营者应当建立并执行从业人员健康管理制度。患有痢疾、伤寒、病毒性肝炎等消化道传染病的人员,以及患有活动性肺结核、化脓性或者渗出性皮肤病等有碍食品安全的疾病的人员,不得从事接触直接入口食品的工作。食品生产经营人员每年应当进行健康检查,取得健康证明后方可参加工作。

(五)食用农产品的安全要求

食用农产品生产者应当依照食品安全标准和国家有关规定使用农药、肥料、生长调节剂、兽药、饲料和饲料添加剂等农业投入品。食用农产品的生产企业和农民专业合作经济组织应当建立食用农产品生产记录制度。县级以上农业行政部门应当加强对农业投入品使用的管理和指导,建立健全农业投入品的安全使用制度。食品生产者采购食品原料、食品添加剂、食品相关产品,应当查验供货者的许可证和产品合格证明文件;对无法提供合格证明文件的食品原料,应当依照食品安全标准进行检验;不得采购或者使用不符合食品安全标准的食品原料、食品添加剂、食品相关产品。食品生产企业应当建立食品原料、食品添加剂、食品相关产品进货查验记录制度,如实记录食品原料、食品添加剂、食品相关产品的名称、规格、数量、供货者名称及联系方式、进货日期等内容。食品原料、食品添加剂、食品相关产品进货查验记录应当真实,保存期限不得少于2年。

实行统一配送经营方式的食品经营企业,可以由企业总部统一查验供货者的许可证和食品合格的证明文件,进行食品进货查验记录。食品经营

者应当按照保证食品安全的要求贮存食品,定期检查库存食品,及时清理变质或者超过保质期的食品。食品经营者贮存散装食品,应当在贮存位置标明食品的名称、生产日期、保质期、生产者名称及联系方式等内容。

(六) 食品标示的要求

食品经营者销售散装食品,应当在散装食品的容器、外包装上标明食品的名称、生产日期、保质期、生产经营者名称及联系方式等内容。

预包装食品的包装上应当有标签。标签应当标明下列事项:1. 名称、规格、净含量、生产日期;2. 成分或者配料表;3. 生产者的名称、地址、联系方式;4. 保质期;5. 产品标准代号;6. 贮存条件;7. 所使用的食品添加剂在国家标准中的通用名称;8. 生产许可证编号;9. 法律、法规或者食品安全标准规定必须标明的其他事项。专供婴幼儿和其他特定人群的主辅食品,其标签还应当标明主要营养成分及其含量。

(七) 食品添加剂及新资源食品

国家对食品添加剂的生产实行许可制度。申请食品添加剂生产许可的条件、程序,按照国家有关工业产品生产许可证管理的规定执行。食品添加剂应当有标签、说明书和包装。并在标签上载明"食品添加剂"字样。食品和食品添加剂的标签、说明书,不得含有虚假、夸大的内容,不得涉及疾病预防、治疗功能。生产者对标签、说明书上所载明的内容负责。食品和食品添加剂的标签、说明书应当清楚、明显,容易辨识。食品和食品添加剂与其标签、说明书所载明的内容不符的,不得上市销售。食品添加剂应当在技术上确有必要且经过风险评估证明安全可靠,方可列入允许使用的范围。卫生部应根据技术必要性和食品安全风险评估结果,及时对食品添加剂的品种、使用范围、用量的标准进行修订。食品生产者应当依照食品安全标准关于食品添加剂的品种、使用范围、用量的规定使用食品添加剂;不得在食品生产中使用食品添加剂以外的化学物质和其他可能危害人体健康的物质。

申请利用新的食品原料从事食品生产或者从事食品添加剂新品种、食品相关产品新品种生产活动的单位或者个人,应当向卫生部提交相关产品的安全性评估材料。卫生部应当自收到申请之日起 60 日内组织对相关产品的安全性评估材料进行审查；对符合食品安全要求的，依法决定准予许可并予以公布；对不符合食品安全要求的，决定不予许可并书面说明理由。

（八）功能食品管理

国家对具有特定保健功能的食品实行严格监管。具有特定保健功能的食品不得对人体产生急性、亚急性或者慢性危害，其标签、说明书不得涉及疾病预防、治疗功能，内容必须真实，应当载明适宜人群、不适宜人群、功效成分或者标志性成分及其含量等；产品的功能和成分必须与标签、说明书相一致。

（九）食品召回制度

国家建立食品召回制度。食品召回制度是指食品生产者与经营者发现其生产的食品不符合食品安全标准，应当立即停止生产销售，召回已经上市销售的食品，通知消费者，并记录召回和通知情况。

食品生产者与经营者应当对召回的食品采取补救、无害化处理、销毁等措施，并将食品召回和处理情况向县级以上质量监督部门报告。食品生产经营者未依照规定召回或者停止经营不符合食品安全标准的食品的，县级以上质量监督、工商行政管理、食品药品监督管理部门可以责令其召回或者停止经营。

五、食品检验

食品检验机构按照国家有关规定取得资质认定后，方可从事食品检验活动。

食品检验由食品检验机构指定的检验人独立进行。检验人应当依照有关法律、法规的规定，并依照食品安全标准和检验规范对食品进行检验，保证出具的检验数据和结论客观、公正。食品检验实行食品检验机构与检验人负责制。

食品安全监督管理部门对食品不得实施免检。

县级以上质量监督、工商行政管理、食品药品监督管理部门应当对食品进行定期或者不定期的抽样检验。进行抽样检验，应当购买抽取的样品，不收取检验费和其他任何费用。对检验结论有异议的，可以依法进行复检。复检机构名录由国务院认证认可并公布。复检机构出具的复检结论为最终检验结论。复检机构由复检申请人自行选择，复检机构与初检机构不得为同一机构。食品生产经营者对依法抽样检验结论有异议申请复检，复检结论表明食品合格的，复检费用由抽样检验的部门承担；复检结论表明食品不合格的，复检费用由食品生产经营者承担。

六、食品进出口

进口食品、食品添加剂以及食品相关产品应当符合我国食品安全国家标准。进口食品应当经出入境检验检疫机构检验合格后，海关凭出入境检验检疫机构签发的通关证明放行。进口尚无食品安全国家标准的食品，或者首次进口食品添加剂新品种、食品相关产品新品种，进口商应当向卫生部提出申请并提交相关的安全性评估材料，卫生部依法作出是否准予许可的决定，并及时制定相应的食品安全国家标准。

境外发生的食品安全事件可能对我国境内造成影响，或者在进口食品中发现严重食品安全问题的，国家出入境检验检疫部门应当及时采取风险预警或者控制措施，并向国务院有关部门通报。向我国境内出口食品的出口商或者代理商应当向国家出入境检验检疫部门备案。向我国境内出口食品的境外食品生产企业应当经国家出入境检验检疫部门注册。国家出入境检验检疫部门应当定期公布已经备案的出口商、代理商和已经注册的境外食品生产企业名单。

进口的预包装食品应当有中文标签、中文说明书并符合我国相关要求，否则不得进口。进口商应当建立食品进口和销售记录制度，食品进口和销售记录保存期限不得少于2年。

出口的食品由出入境检验检疫机构进行监督、抽检，海关凭出入境检验检疫机构签发的通关证明放行。出口食品生产企业和出口食品原料种植、养殖场应当向国家出入境检验检疫部门备案。

七、食品安全事故处置

国务院制定国家食品安全事故应急预案。县级以上地方人民政府根据上级人民政府的食品安全事故应急预案以及本地区的实际情况,制定本行政区域的食品安全事故应急预案,并报上一级人民政府备案。食品生产经营企业应当制定食品安全事故处置方案,定期检查本企业各项食品安全防范措施的落实情况,及时消除食品安全事故隐患。

发生食品安全事故的单位应当立即予以处置,防止事故扩大。发生食品安全事故的单位对导致或者可能导致食品安全事故的食品及原料、工具、设备等,应当立即采取封存等控制措施,并自事故发生之时起2小时内向所在地县级人民政府卫生行政部门报告。事故发生单位和接收病人进行治疗的单位应当及时向事故发生地县级卫生行政部门报告。农业行政、质量监督、工商行政管理、食品药品监督管理部门在日常监督管理中发现食品安全事故,或者接到有关食品安全事故的举报,应当立即向卫生行政部门通报。发生重大食品安全事故的,接到报告的县级卫生行政部门应当按照规定向本级人民政府和上级人民政府卫生行政部门报告。县级人民政府和上级人民政府卫生行政部门应当按照规定上报。

县级以上卫生行政部门接到食品安全事故的报告后,应当立即会同有关部门进行调查处理,并采取下列措施,防止或者减轻社会危害:

(一)对因食品安全事故导致人身伤害的人员,卫生行政部门应当立即组织救治;

(二)封存可能导致食品安全事故的食品及其原料,并立即进行检验;对确认属于被污染的食品及其原料,责令食品生产经营者予以召回、停止经营并销毁;

(三)封存被污染的食品用工具及用具,并责令进行清洗消毒;

(四)做好信息发布工作。

县级以上人民政府应当立即成立食品安全事故处置指挥机构,启动应急预案,依照前款规定进行处置。发生重大食品安全事故,设区的市级以上人民政府卫生行政部门应当立即会同有关部门进行事故责任调查,督促

有关部门履行职责，向本级人民政府提出事故责任调查处理报告。

发生食品安全事故，县级以上疾病预防控制机构应当协助卫生行政部门和有关部门对事故现场进行卫生处理，并对与食品安全事故有关的因素开展流行病学调查。

八、食品安全监督管理

（一）食品安全监管部门及其职权

县级以上质量监督、工商行政管理、食品药品监督管理部门履行各自食品安全监督管理职责，有权采取下列措施：1. 进入生产经营场所实施现场检查；2. 对生产经营的食品进行抽样检验；3. 查阅、复制有关合同、票据、账簿以及其他有关资料；4. 查封、扣押有证据证明不符合食品安全标准的食品，违法使用的食品原料、食品添加剂、食品相关产品，以及用于违法生产经营或者被污染的工具、设备；5. 查封违法从事食品生产经营活动的场所。县级以上农业行政部门应当依照《农产品质量安全法》规定的职责，对食用农产品进行监督管理。

县级以上质量监督、工商行政管理、食品药品监督管理部门对食品生产经营者进行监督检查，应当记录监督检查的情况和处理结果并归档。县级以上质量监督、工商行政管理、食品药品监督管理部门应当建立食品生产经营者食品安全信用档案，记录许可颁发、日常监督检查结果、违法行为查处等情况。

（二）食品安全信息统一公布制度

国家建立食品安全信息统一公布制度。下列信息由卫生部统一公布：

1. 国家食品安全总体情况；
2. 食品安全风险评估信息和食品安全风险警示信息；
3. 重大食品安全事故及其处理信息；
4. 其他重要的食品安全信息。

第2、3信息影响限于特定区域的，也可以由有关省级卫生行政部门公布。

县级以上农业行政、质量监督、工商行政管理、食品药品监督管理部门依据各自职责公布食品安全日常监督管理信息。

县级以上地方卫生行政、农业行政、质量监督、工商行政管理、食品药品监督管理部门获知上述1规定的信息,应当向上级主管部门报告,由上级主管部门立即报告卫生部。

九、法律责任

(一) 未经许可从事食品生产经营活动的法律责任

未经许可从事食品生产经营活动,或者未经许可生产食品添加剂的,由有关主管部门按照各自职责分工,没收违法所得、违法生产经营的食品、食品添加剂和用于违法生产经营的工具、设备、原料等物品;违法生产经营货值不足1万元的,并处2000元以上5万元以下罚款;货值金额1万元以上的,并处货值金额五倍以上十倍以下罚款。

(二) 生产经营禁止的食品的法律责任

有下列情形之一的,由有关主管部门按照各自职责分工,没收违法所得、违法生产经营的食品和用于违法生产经营的工具、设备、原料等物品;违法生产经营的食品货值金额不足1万元的,并处2000元以上5万元以下罚款;货值金额1万元以上的,并处货值金额五倍以上十倍以下罚款;情节严重的,吊销许可证:

1. 用非食品原料生产食品或者在食品中添加食品添加剂以外的化学物质,或者用回收食品作为原料生产食品;

2. 生产经营致病性微生物、农药残留、兽药残留、重金属、污染物质以及其他危害人体健康的物质含量超过食品安全标准限量的食品;

3. 生产经营营养成分不符合食品安全标准的专供婴幼儿和其他特定人群的主辅食品;

4. 经营腐败变质、油脂酸败、霉变生虫、污秽不洁、混有异物、掺假掺杂或者感官性状异常的食品;

5. 经营病死、毒死或者死因不明的禽、畜、兽、水产动物肉类,或者生产经营病死、毒死或者死因不明的禽、畜、兽、水产动物肉类的制品；

6. 经营未经动物卫生监督机构检疫或者检疫不合格的肉类，或者生产经营未经检验或者检验不合格的肉类制品；

7. 经营超过保质期的食品；

8. 生产经营明令禁止生产经营的食品；

9. 利用新的食品原料从事食品生产或者从事食品添加剂新品种、食品相关产品新品种生产，未经过安全性评估；

10. 食品生产经营者在有关主管部门责令其召回或者停止经营不符合食品安全标准的食品后，仍拒不召回或者停止经营的。

（三）食品生产过程不符合规定的法律责任

违反《食品安全法》规定，有下列情形之一的，由有关主管部门按照各自职责分工，没收违法所得、违法生产经营的食品和用于违法生产经营的工具、设备、原料等物品；违法生产经营的食品货值金额不足1万元的，并处2000以上5万元以下罚款；货值金额1万元以上的，并处货值金额二倍以上五倍以下罚款；情节严重的，责令停产停业，直至吊销许可证：

1. 经营被包装材料、容器、运输工具等污染的食品；

2. 生产经营无标签的预包装食品、食品添加剂或者标签、说明书不符合本法规定的食品、食品添加剂；

3. 食品生产者采购、使用不符合食品安全标准的食品原料、食品添加剂、食品相关产品；食品生产经营者在食品中添加药品。

违反《食品安全法》规定，有下列情形之一的，由有关主管部门按照各自职责分工，责令改正，给予警告；拒不改正的，处2000元以上2万元以下罚款；情节严重的，责令停产停业，直至吊销许可证：

1. 未对采购的食品原料和生产的食品、食品添加剂、食品相关产品进行检验；

2. 未建立并遵守查验记录制度、出厂检验记录制度；

3. 制定食品安全企业标准未依照本法规定备案；

4. 未按规定要求贮存、销售食品或者清理库存食品;

5. 进货时未查验许可证和相关证明文件;

6. 生产的食品、食品添加剂的标签、说明书涉及疾病预防、治疗功能;

7. 安排不能从事接触直接入口食品工作的人员从事该项工作。

(四) 事故单位未依法处置、报告的法律责任

事故单位在发生食品安全事故后未进行处置、报告的,由有关主管部门按照各自职责分工,责令改正,给予警告;毁灭有关证据的,责令停产停业,并处 2000 元以上 10 万元以下罚款;造成严重后果的,由原发证部门吊销许可证。

(五) 进出口食品不符合规定的法律责任

有下列情形之一的,依照规定给予处罚:

1. 进口不符合我国食品安全国家标准的食品;

2. 进口尚无食品安全国家标准的食品,或者首次进口食品添加剂新品种、食品相关产品新品种,未经过安全性评估;

3. 出口商未遵守本法的规定出口食品。

(六) 食品检验人员的法律责任

食品检验机构、食品检验人员出具虚假检验报告的,由授予其资质的主管部门或者机构撤销该检验机构的检验资格;依法对检验机构直接负责的主管人员和食品检验人员给予撤职或者开除的处分。违反《食品安全法》规定,受到刑事处罚或者开除处分的食品检验机构人员,自刑罚执行完毕或者处分决定作出之日起 10 年内不得从事食品检验工作。

食品安全监督管理部门或者承担食品检验职责的机构、食品行业协会、消费者协会以广告或者其他形式向消费者推荐食品的,由有关主管部门没收违法所得,依法对直接负责的主管人员和其他直接责任人员给予记大过、降级或者撤职的处分。

(七) 政府、行政部门的法律责任

县级以上地方人民政府在食品安全监督管理中未履行职责,本行政区

域出现重大食品安全事故、造成严重社会影响的,依法对直接负责的主管人员和其他直接责任人员给予记大过、降级、撤职或者开除的处分。

县级以上卫生行政、农业行政、质量监督、工商行政管理、食品药品监督管理部门或者其他有关行政部门不履行本法规定的职责或者滥用职权、玩忽职守、徇私舞弊的,依法对直接负责的主管人员和其他直接责任人员给予记大过或者降级的处分;造成严重后果的,给予撤职或者开除的处分;其主要负责人应当引咎辞职。

第二节 化妆品卫生监督法律制度

一、化妆品卫生监督立法概述

化妆品是指以涂擦、喷洒或者其他类似的方法,散布于人体表面任何部位(皮肤、毛发、指甲、口唇等),以达到清洁、消除不良气味、护肤、美容和修饰目的的日用化学工业产品。现代社会化妆品应用广泛,与人们的健康关系密切。为保证化妆品的卫生质量和使用安全,1989 年 11 月 13 日卫生部发布了《化妆品卫生监督条例》,并于 1991 年 3 月 27 日颁布了《化妆品卫生监督条例实施细则》。

根据规定,卫生部主管全国化妆品的卫生监督工作,县以上地方各级卫生行政部门主管本辖区内化妆品的卫生监督工作。凡从事化妆品生产、经营的单位和个人都必须遵守《化妆品卫生监督条例》。

二、化妆品生产的卫生监督

(一)化妆品生产卫生许可制度

国家对化妆品生产实行卫生许可制度。凡从事化妆品生产的单位,必须取得《化妆品生产企业卫生许可证》。《化妆品生产企业卫生许可证》由省级卫生行政部门批准并颁发。《化妆品生产企业卫生许可证》有效期 4

年,每 2 年复核一次。

化妆品生产企业必须符合下列卫生要求:

1. 生产企业应当建在清洁区域内,与有毒、有害场所保持符合卫生要求的间距;

2. 生产企业厂房的建筑应当坚固、清洁;

3. 生产企业应当设有与产品品种、数量相适应的化妆品原料、加工、包装、贮存等厂房或场所;

4. 生产车间应当有适合产品特点的相应的生产设施,工艺规程应当符合卫生要求;

5. 生产企业必须具有能对所生产的化妆品进行微生物检验的仪器设备和检验人员。

(二) 化妆品生产的卫生管理

直接从事化妆品生产的人员,必须每年进行健康检查,取得健康证后方可从事化妆品的生产活动。凡患有手癣、指甲癣、手部湿疹、发生于手部的银屑病或者鳞屑、渗出性皮肤病以及患有痢疾、伤寒、病毒性肝炎、活动性肺结核等传染病的人员,不得直接从事化妆品生产活动。

生产化妆品所需的原料、辅料以及直接接触化妆品的容器和包装材料必须符合国家卫生标准。使用化妆品新原料生产化妆品,必须经国务院卫生行政部门批准。生产特殊用途的化妆品,必须经国务院卫生行政部门批准,取得批准文号后方可生产。特殊用途化妆品是指用于育发、染发、烫发、脱毛、美乳、健美、除臭、祛斑、防晒的化妆品。

生产企业在化妆品投放市场前,必须按照国家化妆品卫生标准对产品进行卫生质量检验,对质量合格的产品应当附有合格标记。未经检验或者不符合卫生标准的产品不得出厂。化妆品标签上应当注明产品名称、厂名,并注明生产企业卫生许可证编号;小包装或者说明书上应当注明生产日期和有效使用期限。特殊用途的化妆品,还应当注明批准文号。对可能引起不良反应的化妆品,说明书上应当注明使用方法、注意事项。化妆品标签、小包装或者说明书上不得注有适应症,不得宣传疗效,不得使用医疗术语。

三、化妆品经营的卫生监督

化妆品经营单位和个人不得销售下列化妆品：（一）未取得《化妆品生产企业卫生许可证》的企业所生产的化妆品；（二）无质量合格标记的化妆品；（三）标签、小包装或者说明书不符合规定的化妆品；（四）未取得批准文号的特殊用途化妆品；（五）超过使用期限的化妆品。

化妆品的广告宣传不得有下列内容：（一）化妆品名称、制法、效用或者性能有虚假夸大的；（二）使用他人名义保证或以暗示方法使人误解其效用的；（三）宣传医疗作用的。

首次进口的化妆品，进口单位必须提供该化妆品的说明书、质量标准、检验方法等有关资料和样品以及出口国（地区）批准生产的证明文件，经国务院卫生行政部门批准，方可签定进口合同。进口的化妆品，必须经国家商检部门检验；检验合格的，方准进口。个人自用进口的少量化妆品，按照海关规定办理进口手续。

四、化妆品卫生监督机构的职责

各级卫生行政部门行使化妆品卫生监督职责，并指定化妆品卫生监督检验机构，负责本辖区内化妆品的监督检验工作。各级卫生行政部门设化妆品卫生监督员，对化妆品实施卫生监督。化妆品卫生监督员，由省级卫生行政部门和国务院卫生行政部门，从符合条件的卫生专业人员中聘任，并发给其证章和证件。

化妆品卫生监督员在实施化妆品卫生监督时，应当佩戴证章，出示证件，有权按照国家规定向生产企业和经营单位抽检样品，索取与卫生监督有关的安全性资料，任何单位不得拒绝、隐瞒和提供假材料。化妆品卫生监督员对生产企业提供的技术资料应当负责保密。对因使用化妆品引起不良反应的病例，各医疗单位应当向当地卫生行政部门报告。

五、违反《化妆品卫生监督条例》的法律责任

未取得《化妆品生产企业卫生许可证》的企业擅自生产化妆品的，责

第十一章
食品安全与化妆品卫生法律制度

令该企业停产，没收产品及违法所得，并且可以处违法所得三到五倍的罚款。生产未取得批准文号的特殊用途的化妆品，或者使用化妆品禁用原料和未经批准的化妆品新原料的，没收产品及违法所得，处违法所得三到五倍的罚款，并且可以责令该企业停产或者吊销《化妆品生产企业卫生许可证》。进口或者销售未经批准或者检验的进口化妆品的，没收产品及违法所得，并且可以处违法所得三到五倍的罚款。对已取得批准文号的生产特殊用途化妆品的企业，违反本条例规定，情节严重的，可以撤销产品的批准文号。生产或者销售不符合国家《化妆品卫生标准》的化妆品的，没收产品及违法所得，并且可以处违法所得三到五倍的罚款。对违反本《化妆品卫生监督条例》其他有关规定的，处以警告，责令限期改进；情节严重的，对生产企业，可以责令该企业停产或者吊销《化妆品生产企业卫生许可证》，对经营单位，可以责令其停止经营，没收违法所得，并且可以处违法所得二到三倍的罚款。

上述处罚由县级以上卫生行政部门决定。违反有关广告管理的行政处罚，由工商行政管理部门决定。吊销《化妆品生产企业卫生许可证》的处罚由省级卫生行政部门决定；撤销特殊用途化妆品批准文号的处罚由国务院卫生行政部门决定。对违反本条例造成人体损伤或者发生中毒事故的，有直接责任的生产企业和经营单位或者个人应负损害赔偿责任。对造成严重后果，构成犯罪的，由司法机关依法追究刑事责任。

化妆品卫生监督员滥用职权，营私舞弊以及泄露企业提供的技术资料的，由卫生行政部门给予行政处分，造成严重后果，构成犯罪的，由司法机关依法追究刑事责任。

复习思考题

1. 食品安全风险监测与评估由哪些部门负责？
2. 食品安全标准具有怎样的法律效力？
3. 简述食品生产经营召回法律制度主要内容。
4. 简评我国食品免检制度的废除。
5. 我国食品金钩需要满足哪些条件？

6. 食品安全事故有哪些责任主体？

7. 简述化妆品经营的卫生监督。

【思考案例】

2005年6月5日，英国食品标准局在英国一家知名的超市连锁店出售的鲑鱼体内发现"孔雀石绿"成分，随即发出了继"苏丹红1号"之后的又一食品安全警报。英国食品标准局发布消息称，孔雀石绿是一种对人体有极大副作用的化学制剂，任何鱼类都不允许含有此类物质，这种化学物质也不应该出现在任何食品中。国内媒体经调查发现，我国河南、湖北等地的水产养殖业和水产品贩运中，普遍使用孔雀石绿。重庆市执法部门在某水产交易市场查获六百多只含孔雀石绿成分的甲鱼。有些地区则在鳗鱼制品中检出孔雀石绿。在我国，孔雀石绿是一种具有杀菌功效的兽药。具有高毒素、高残留和致癌、致畸、致突变等副作用。我国于2002年4月明确禁止使用其作为兽药。但是，据业内知情者透露，鱼从鱼塘到当地水产品批发市场，再到外地水产品批发市场，要经过多次装卸和碰撞，容易使鱼鳞脱落，引起鱼体霉烂，鱼快速死亡。为了延长鱼生存的时间，绝大多数贩运商在运输前都用孔雀石绿溶液对车厢进行消毒，不少储放活鱼的鱼池也采用这种消毒方式。一些酒店同样用其消毒延长鱼的存活时间。使用孔雀石绿消毒后，鱼即使死亡也较为鲜亮，消费者很难从外表分辨。①

思考：从上述案件谈谈如何保证食品安全。

链接资源：

1. www.foodlaw.cn 中国食品安全法制网

（撰稿人 徐喜荣）

---

① 于江华主编：《食品安全法》，对外经济贸易大学出版社2010年版，第50页。

第十二章　药品管理法律制度

【教学目标】

通过本章学习，了解药品的概念与分类，熟悉药品研制、生产、经营、使用的基本制度、药品监管体制以及因违反《药品管理法》等相关法规而应当承担的法律责任。

【引导案例】

2003年10月11日，某县卫生院指派三位医生到该县一镇中心小学进行甲肝疫苗预防接种。该校学生成某（9岁）接种后的第二天下午感到腹部胀痛，即到该县人民医院就诊，于次日上午抢救无效死亡。后经尸体解剖，确认为中毒性休克死亡。于是死者家属将该县卫生院告上法院，请求法院判决被告就其医疗过错行为承担赔偿责任。后经法院委托市医疗事故鉴定中心鉴定，鉴定结论为成某被注射的甲肝疫苗质量可靠，成某的死亡与接种的甲肝疫苗本身无直接因果关系，不构成医疗事故。

在处理本案过程中，双方当事人存在两种不同意见。被告方认为经医疗鉴定，明确了本案不属于医疗事故，卫生院因此不应当承担赔偿责任。而原告方则认为，《甲型肝炎减毒活疫苗使用说明书》上明确记载了接种甲肝疫苗四种禁忌症：（1）身体不适，体温超过37.5℃者；（2）急性传染病或其他严重疾病者；（3）免疫缺陷或接受免疫抑制剂者；（4）过敏体质者。本案成某之死虽与接种甲肝疫苗无直接因果关系，不属医疗事故，

但被告卫生院在为成某接种甲肝疫苗时，未严格按照说明书上的要求操作，接种前既未对成某进行相应的身体检查，又未排除成某患有禁忌症的可能性。不符合医疗操作规范，存在过错，应对产生的后果承担责任。

法院经过审理，最后判决被告某卫生院应当承担赔偿责任，共计支付原告赔偿金128000余元。

请问：

1. 因接种疫苗而死亡的因果关系如何举证，举证责任如何负担？

2. 如果相关各方都没有过错，你认为因疫苗接种而死亡的责任应该由谁来承担比较公平？

第一节　普通药品管理制度

一、药品及相关概念

（一）药品的概念

药品是指用于预防、治疗、诊断人的疾病，有目的地调节人的生理机能并规定有适应症或者功能主治、用法和用量的物质，包括中药材、中药饮片、中成药、化学原料药及其制剂、抗生素、生化药品、放射性药品、血清、疫苗、血液制品和诊断药品等。

药品具有商品的一般属性，但又不同于一般的商品，其特殊性在于药品的选择依赖于一定的专业知识，同时药品与人的健康权益息息相关，既能治病，又会带来副作用。由于药品的特殊性，政府把药品作为一种特殊商品予以规制。政府一般通过对药品质量设置强制性标准、对药品研制、生产、销售主体设置较高的准入门槛、只有医生才能指导用药等来规制药品。

（二）新药、仿制药品、预防性生物制品和中药保护品种

1. 新药

新药是指我国从未批准生产上市的药品。已生产的药品改变剂型、改

变给药途径、增加新的适应证或制成新的复方制剂的，按新药管理。

研制新药必须按照国家规定如实报送有关资料和样品，经批准后方可进行临床试验。完成临床试验并通过审批的新药，经国家药品监督管理局批准发给新药证书。拥有新药证书的单位在两年内无特殊理由既不生产亦不转让者，国家将撤销对该新药的保护。生产新药必须经国家食品药品监督管理局批准，并发给药品批准文号。

2. 仿制药品

仿制药品是指仿制国家已批准正式生产，并收载于国家药品标准的品种。《仿制药品审批办法》规定，国家鼓励创新和技术进步，控制仿制药品的审批。仿制药品的质量不得低于被仿制药品，使用说明书等应与被仿制药品保持一致。试行标准的药品及受国家行政保护的品种不得仿制。对已有国家标准且不在新药保护期内的化学药品，凡工艺进行重大改变的，应按仿制药品申报。凡申请生产仿制药品，经审核后由国家食品药品监督管理局对同意仿制的药品编排统一的批准文号。

3. 预防性生物制品

预防性生物制品是指以天然的或人工改造的微生物、细胞及各种动物和人源的组织、液体等生物材料制备、用于人类疾病预防的生物制品。目前，我国预防性生物制品主要包括：细菌类疫苗（含类毒素）、病毒类疫苗、抗毒素、免疫血清及其他活性制剂（包括毒素、抗原、单克隆抗体、重组 DNA 产品、抗原抗体复合物、免疫调节剂等）。国家对预防性生物制品的流通实行特殊管理。

新生物制品是指我国未批准上市的生物制品。已批准上市的生物制品，当改换制备疫苗和生产技术产品的菌毒种、细胞株及其他重大生产工艺，对制品的安全性、有效性可能有显著影响时，按新生物制品审批。《新生物制品审批办法》规定，新生物制品审批实行国家一级审批制度。新生物制品临床试验结束报经国家药品监督管理部门审查批准后发给新药证书。申报生产新生物制品的企业，报经国家食品药品监督管理部门审查批准后发给批准文号方能生产。

4. 中药保护品种

为了促进中药事业的发展，国务院发布了《中药品种保护条例》。该条例规定，国家鼓励研制开发临床有效的中药品种（包括中成药、天然药物的提取物及其制剂和中药人工制成品，但不包括依照专利法的规定办理申请专利的中药品种），对质量稳定、疗效确切的中药品种实行分级保护制度。中药一级保护品种是指对特定疾病有特殊疗效、相当于国家一级保护野生药材物种的人工制品、用于预防和治疗特殊疾病的中药品种，经批准可分别获得 30 年、20 年、10 年保护期；中药二级保护品种是指对特别疾病有显著疗效的、从天然药物提取的有效物质及特殊制剂或者已解除一级保护的中药品种，经批准可获得 7 年保护期。

（三）麻醉药品、精神药品、毒性药品、放射性药品

麻醉药品是指连续使用后易产生生理依赖性，能成瘾癖的药品，包括：阿片类、可卡因类、大麻类、合成麻醉药类及卫生部指定的其他易成瘾的药品、药用原植物及其制剂。

精神药品是指直接作用于中枢神经系统，使之兴奋或抑制，连续使用能产生依赖性的药品。国家公布了麻醉药品与精神药品目录明确其范围。

毒性药品是指毒性剧烈，治疗量与中毒剂量相近，使用不当会致人中毒或死亡的药品。

放射性药品是指用于临床诊断或者治疗的放射性核素制剂或者其标记药物，包括裂变制品、加速器制品、放射性同位素发生器及配套药盒、放射性免疫分析药盒等。

（四）处方药和非处方药

处方药是指凭执业医师和执业助理医师处方方可购买、调配和使用的药品。处方药只准在专业性医药报刊进行广告宣传，非处方药经审批可以在大众传播媒介进行广告宣传。

非处方药是指由国务院药品监督管理部门公布的、不需要凭执业医师和执业助理医师处方、消费者可以自行判断、购买和使用的药品。

二、药品管理立法概况

1984 年 9 月 20 日全国人民代表大会常务委员会通过了《中华人民共

和国药品管理法》。这是我国第一部药品管理法律。2001年2月28日，全国人大常委会审议通过了修改的《中华人民共和国药品管理法》（以下简称为《药品管理法》），并自2001年12月1日起施行。

配合《药品管理法》的贯彻实施，国务院发布了《药品管理法实施条例》《麻醉药品和精神药品管理条例》《医疗用毒性药品管理办法》《放射性药品管理办法》等行政法规；卫生部、国家食品药品监督管理局相继发布了《新药审批办法》《新生物制品审批办法》《新药保护和技术转让的规定》《仿制药品审批办法》《进口药品管理办法》《药品生产质量管理规范（1998年修订）》《戒毒药品管理办法》《麻黄素管理办法》《处方药与非处方药分类管理办法》《药品流通监督管理办法（暂行）》《药品经营许可证管理办法》《药品注册管理办法》《药物非临床研究质量管理规范》《药物临床试验质量管理规范》《药品不良反应报告和监测管理办法》和《药品监督行政处罚程序》等规章，各地也制定了一些地方法规，形成了具有中国特色的药品监督管理法律体系。

三、药品管理基本制度

（一）药品标准

药品标准是国家对药品质量规格及检验方法所作的技术规定，是药品生产、供应、使用、检验和管理部门共同遵循的法定依据。药品标准属于强制性标准，药品必须符合国家药品标准。国务院药品监督管理部门颁布的《中华人民共和国药典》和药品标准为国家药品标准。国务院药品监督管理部门组织药典委员会，负责国家药品标准的制定和修订。国务院药品监督管理部门的药品检验机构负责标定国家药品标准品、对照品。

由于历史原因，我国药品标准曾有国家标准和地方标准两种。2001年12月1日实施的《药品管理法》规定，国务院药品监督管理部门颁布的《中华人民共和国药典》和药品标准为国家药品标准，明确取消了地方药品标准。已纳入国家标准的原地方标准药品流通和使用至2003年6月30日，没有纳入国家标准的地方标准药品立即停止生产、销售和使用，从2003年7月1日开始全面停止地方标准药品的流通和使用。国家药品

标准包括《中华人民共和国药典》、国家药品监督管理局颁布的药品标准以及《中国生物制品规程》。列入国家药品标准的药品名称为药品通用名称，该名称不得作为药品商标使用。

(二)药品注册

药品注册是指依照法定程序，对拟上市销售的药品的安全性、有效性、质量可控性等进行系统评价，并做出是否同意进行药物临床研究、生产药品或者进口药品的审批过程。

药品注册申请包括新药申请、已有国家标准药品的申请和进口药品申请及其补充申请。

(三)药品的包装及相关标识要求

直接接触药品的包装材料和容器，必须符合药用要求，符合保障人体健康、安全的标准，并由药品监督管理部门在审批药品时一并审批。药品生产企业不得使用未经批准的直接接触药品的包装材料和容器。

药品包装必须按照规定贴有标签并附有说明书。标签或者说明书上必须注明药品的通用名称、成分、规格、生产企业、批准文号、产品批号、生产日期、有效期、适应症或者功能主治、用法、用量、禁忌、不良反应和注意事项。麻醉药品、精神药品、医疗用毒性药品、放射性药品、外用药品和非处方药的标签，必须印有规定的标志。

(四)药品价格管理

国家对药品价格实行政府定价、政府指导价或者市场调节价。列入国家基本医疗保险药品目录的药品以及国家基本医疗保险药品目录以外具有垄断性生产、经营的药品，实行政府定价或者政府指导价；对其他药品，实行市场调节价。

医疗机构应当向患者提供所用药品的价格清单。

(五)药品广告管理

《药品管理法》规定，药品广告在发布前必须经企业所在地省级药品监督管理部门批准，并发给药品广告批准文号；未取得药品广告批准文号的，不得发布。处方药可以在医学、药学专业刊物上介绍，但不得在大众传播媒介发布广告。

禁止发布虚假广告；禁止发布片面误导性广告；禁止界限模糊性的广告。

（六）国家基本药物管理

国家基本药物制度是指国家通过对基本药物的研制、生产、流通、使用等环节制订行为准则和推行措施并实施宏观指导和监督管理，旨在保证社会公众基本药物需求，提高药品的可获得性和可支付性，合理配置医药资源，有效协调医疗、医药、基本卫生保障体系之间关系的一项可持续性发展的方针制度。1996年年初，国家公布了第一批国家基本药物目录，1998年年底，又公布了调整后的国家基本药物品种目录。

2009年4月7日，《中共中央国务院关于深化医药卫生体制改革的意见》明确提出，建立国家基本药物制度。同年8月18日，卫生部、国家发展改革委等九部委联合发布了《关于建立国家基本药物制度的实施意见》，并配套下发了《国家基本药物目录管理办法（暂行）》《国家基本药物目录（基层医疗卫生机构配备使用部分）》。

（七）药品不良反应报告制度

药品不良反应是指合格药品在正常用法用量下出现的与用药目的无关的或意外的有害反应。因服用药品引起以下损害情形之一的，属于药品严重不良反应：（1）引起死亡；（2）致癌、致畸、致出生缺陷；（3）对生命有危险并能够导致人体永久的或显著的伤残；（4）对器官功能产生永久性损伤；（5）导致住院或住院时间延长。2004年3月卫生部和国家食品药品监督管理局发布了《药品不良反应报告和监测管理办法》，其要求药品生产企业、药品经营企业、医疗卫生机构应按规定报告所发现的药品不良反应。企业和医疗卫生机构必须指定专（兼）职人员负责本单位生产、经营、使用药品的不良反应报告和监测工作，发现可能与用药有关的不良反应的，应向所在地的省、自治区、直辖市药品不良反应监测中心报告，并采取有效措施减少和防止药品不良反应的重复发生。

四、药品生产企业管理

(一) 开办药品生产企业的条件

设立药品生产企业,要满足《公司法》规定的设立条件,同时也必须具备下列条件:

1. 具有依法经过资格认定的药学技术人员、工程技术人员及相应的技术工人;

2. 具有与其药品生产相适应的厂房、设施和卫生环境;

3. 具有能对所生产药品进行质量管理和质量检验的机构、人员及必要的仪器设备;

4. 具有保证药品质量的规章制度。

设立药品生产企业,申请人应向拟办企业所在地省级药品监督管理部门提出申请。省级药品监督管理部门自收到申请之日起 30 个工作日内,依法进行审查,并作出是否同意筹建的决定。同意筹建的,申办人完成筹建后,应当向原审批部门申请验收。原审批部门应当自收到申请之日起 30 个工作日内,依据《药品管理法》及《公司法》规定的开办条件组织验收;验收合格的,发给药品生产许可证。申办人凭药品生产许可证到工商行政管理部门依法办理登记注册。

药品生产许可证有效期为 5 年。有效期届满,需要继续生产药品的,持证企业应当在许可证有效期届满前 6 个月,按照规定申请换发药品生产许可证。药品生产企业终止生产药品或者关闭的,药品生产许可证由原发证部门缴销。

无药品生产许可证的,不得生产药品。

(二) 药品生产质量管理

《产品质量法》和《药品管理法》都明确规定药品生产企业必须保证药品的质量安全。为保证药品质量安全,国家制定了《药品生产质量管理规范》(Good Manufacturing Practice,GMP),并且《药品管理法》规定,药品生产企业必须按照该规范组织生产。所谓 GMP,是一种特别注重制造过程中产品质量与卫生安全的自主性管理制度,是一套适用于制药、食品等行业的强制性标准,要求企业在原料、人员、设施设备、生产过程、包装运输、质量控制等方面,达到国家有关法规规定的卫生质量要求,形成一套可操作的作业规范。

1. 药品生产质量管理认证

药品认证是指药品监督管理部门对药品研制、生产、经营、使用单位实施相应质量管理规范进行检查、评价,并决定是否发给相应认证证书的活动。药品监督管理部门按照规定,对认证合格的,发给认证证书。

2. 生产记录

除中药饮片的炮制外,药品必须按照国家药品标准和药监部门批准的生产工艺进行生产,生产记录必须完整准确。药品生产企业改变影响药品质量的生产工艺的,必须报原批准部门审核批准。

3. 质量检验

药品生产企业必须对其生产的药品进行质量检验;不符合国家药品标准或者不按照省级药品监督管理部门制定的中药饮片炮制规范炮制的,不得出厂。

(三) 药品委托生产管理

经国务院药品监督管理部门或者授权的省级药品监督管理部门批准,药品生产企业可以接受委托生产药品。接受委托生产药品的,受托方必须持有与其受托生产的药品相适应的《药品生产质量管理规范》认证证书。

疫苗、血液制品和国务院药品监督管理部门规定的药品,不得委托生产。

(四) 从业人员健康检查

药品生产企业直接接触药品的工作人员,必须每年进行健康检查。患有传染病或者其他可能污染药品的疾病的,不得从事直接接触药品的工作。

四、药品经营企业管理

(一) 药品经营企业的开办

开办药品批发企业,应符合省、自治区、直辖市药品批发企业合理布局的要求，并符合以下条件：

1. 具有依法经过资格认定的药学技术人员和与经营规模相适应的一定数量的执业药师；

2. 具有与所经营药品相适应的营业场所及办公用房、保证药品储存质量要求的设备、仓储设施；

3. 具有与所经营药品相适应的质量管理机构、药品质量规章制度。

开办药品零售企业，应符合方便群众购药的原则，并符合以下设置要求：

1. 具有保证所经营药品质量的规章制度。

2. 具有依法经过资格认定的药学技术人员。

3. 企业、企业法定代表人、企业负责人、质量负责人符合《药品管理法》规定的条件。

4. 具有与所经营药品相适应的营业场所、设备、仓储设施以及卫生环境。

5. 具有能够配备满足当地消费者所需药品的能力，并能保证24小时供应。

药品批发经营企业开办者应当向拟办企业所在地省级药品监督管理部门提出申请，药品监督管理部门应当自收到申请之日起30个工作日内，依据设置标准，作出是否同意筹建的决定；符合条件的，做出同意筹建的决定；开办人完成筹建后，应向原审批部门申请验收；原审批部门应当自收到申请之日起30个工作日内，依据规定的开办条件组织验收，符合条件的，发给药品经营许可证。开办人凭药品经营许可证到工商行政管理部门依法办理工商企业登记注册。

开办药品零售业务的企业的过程与上述程序基本一样。

药品经营许可证有效期为5年。有效期届满，需要继续经营的，应当在许可证有效期届满前6个月，按照规定申请换发药品经营许可证。药品经营企业终止经营药品或者关闭的，药品经营许可证由原发证机关缴销。

（二）药品经营质量管理

药品在其生产、经营和销售的全过程中，由于内外因素作用，随时都

有可能发生质量问题,必须在所有环节上采取严格措施,从根本上保证药品质量。我国对药品经营质量管理主要包括:

1. 药品经营质量管理认证

药品经营质量管理认证是指药品监督管理部门按照规定,对药品经营企业是否符合《药品经营质量管理规范》要求进行认证,对认证合格的,发给 GSP(英文 Good Supply Practice 的缩写)认证证书。药品经营企业必须按照《药品经营质量管理规范》(GSP)经营药品。

2. 进货检查验收制度

药品经营企业购进药品,必须建立并执行进货检查验收制度,验明药品合格证明和其他标识;不符合规定要求的,不得购进。

3. 购销记录制度

药品经营企业购销药品,必须有真实完整的购销记录。购销记录必须注明药品的通用名称、剂型、规格、批号、有效期、生产厂商、购(销)货单位、购(销)货数量、购销价格、购(销)货日期等。

4. 准确标识说明药品

药品经营企业销售药品必须准确无误,并正确说明用法、用量和注意事项;调配处方必须经过核对,对处方所列药品不得擅自更改或者代用;对有配伍禁忌或者超剂量的处方,应拒绝调配。药品经营企业销售中药材,必须标明产地。

(三)药品进出口管理

药品进口,须经国家药品监督管理部门审查,经审查确认符合质量标准、安全有效的方可批准进口,并发给进口药品注册证书。

国家禁止进口疗效不确定、不良反应大或者有其他原因危害人体健康的药品。进口麻醉药品和国家规定范围内的精神药品,必须持有国家食品药品监督管理局发给的进口许可证。医疗机构临床急需或者个人自用进口的少量药品,按照国家有关规定办理进口手续。

药品必须从允许药品进口的口岸进口,并由进口药品的企业向口岸所在地药品监督管理部门登记备案。海关凭药品监督管理部门出具的进口药品通关单放行。

我国制造销售的药品出口经省级药品监督管理部门审核批准后，出具有关证明办理相关出口手续。未经批准不得组织药品出口。

五、医疗机构制剂管理

医疗机构制剂是医疗机构根据本单位需要经批准而自行配制剂以用于本单位的临床和科研的固定处方制剂。《药品管理法》规定，医疗机构配制制剂必须具备以下条件：

1. 配备依法经过资格认定的药学技术人员；
2. 具有能够保证制剂质量的设施、管理制度、检验仪器和卫生条件；
3. 经所在地省级卫生行政部门审核同意，由省级药品监督管理部门批准，并发给《医疗机构制剂许可证》。

医疗机构制剂许可证有效期为5年，到期重新审查发证。

医疗机构配制的制剂，必须按照规定进行质量检验；合格的，凭医师处方在本医疗机构使用。特殊情况下，经国务院或省级药品监督管理部门批准，可以在指定的医疗机构之间调剂使用。医疗机构配制的制剂，不得在市场销售。

六、医疗机构药事管理

医疗机构药事管理是指医疗机构内以医院药学为基础，以临床药学为核心，促进临床科学、合理用药的药学技术服务和相关的药品管理工作。2002年卫生部制定的《医疗机构药事管理暂行规定》规定，医疗机构根据实际工作需要，应设立药事管理组织和药学部门；逐步建立临床药师制；创造条件支持药学研究管理。2011年3月1日，卫生部、国家中医药管理局、总后勤部卫生部联合颁布实施《医疗机构药事管理规定》，进一步规范医疗机构药事活动。

促进合理用药是医疗机构药事管理的核心目标。2004年8月19日，卫生部、国家中医药管理局、总后勤部卫生部联合颁布了《抗菌药物临床应用指导原则》。《抗菌药物临床应用指导原则》规定，各医疗机构应结合本机构实际情况，根据抗菌药物特点、临床疗效、细菌耐药、不良反应以及当地社会经济状况、药品价格等因素,将抗菌药物分为非限制使用、限制使用与特殊使用三类进行分级管理。各级医疗机构必须加强抗菌药物临床应用的管理,制定"抗菌药物临床应用实施细则",并履行其职责,开展合理用药培训与教育,督导本机构临床合理用药工作。

七、药品监督管理

(一) 药品监督管理机构

药品监督管理机构是国家与地方各级食品药品监督管理局。国家食品药品监督管理局主管全国药品监督管理工作,地方各级食品药品监督管理局负责本行政区域内的药品监督管理工作。药品监督管理机构主要职责有:

1. 监督检查

药品监督管理部门有权对审批的药品研制和生产、经营以及医疗机构使用药品的事项进行监督检查,有关单位和个人不得拒绝和隐瞒;进行监督检查时,必须出示证明文件,对监督检查中知悉的技术秘密和业务秘密应当保密。

2. 抽样检验

药品监督管理部门根据监督检查的需要,有权对药品质量进行抽查检验。被抽检方应当提供抽检样品,不得拒绝。拒绝抽查检验的,国务院药品监督管理部门和省级药品监督管理部门可以宣布停止该单位拒绝抽检的药品上市销售和使用。抽查检验应当按照规定抽样,并不得收取任何费用。所需费用按照国务院规定列支。药品监督管理部门应当定期公告药品质量抽查检验的结果。

(二) 药品检验机构

药品检验机构是指承担药品法定检验工作的机构。根据《药品管理法》的规定,国家食品药品监督管理局设置国家药品检验机构,省级食品药品监督管理局可以在本行政区域内设置药品检验机构,地方药品检验机构的设置由省级食品药品监督管理局提出,报省级人民政府批准。国家食

品药品监督管理局和省级食品药品监督管理局也可根据需要，确定符合药品检验条件的检验机构承担药品检验工作。

药品检验机构依法承担药品审批和药品质量监督检查所需的药品检验工作，《药品管理法》明确规定：药品检验机构不得参与药品生产经营活动，不得以其名义推荐或者监制药品，药品检验机构工作人员不得参与药品生产经营活动。

八、法律责任

（一）行政责任

违反《药品管理法》，有下列情形之一的，由县级以上药品监督管理部门根据职责分工予以相应行政处罚，但吊销《药品生产许可证》《药品经营许可证》《医疗机构制剂许可证》《医疗机构执业许可证》或者撤销药品批准证明文件的，由原发证、批准的部门决定：

1. 未取得《药品生产许可证》《药品经营许可证》或者《医疗机构制剂许可证》生产药品、经营药品的，依法予以取缔，没收违法生产、销售的药品和违法所得，并处违法生产、销售的药品货值金额二倍以上五倍以下的罚款；

2. 生产、销售假药的，没收违法生产、销售的药品和违法所得，并处违法生产、销售药品货值金额二倍以上五倍以下的罚款；有药品批准证明文件的予以撤销，并责令停产、停业整顿；情节严重的，吊销《药品生产许可证》《药品经营许可证》或者《医疗机构制剂许可证》；

3. 生产、销售劣药的，没收违法生产、销售的药品和违法所得，并处违法生产、销售药品货值金额一倍以上三倍以下的罚款；情节严重的，责令停产、停业整顿或者撤销药品批准证明文件、吊销《药品生产许可证》《药品经营许可证》或者《医疗机构制剂许可证》；

4. 知道或者应当知道属于假劣药品而为其提供运输、保管、仓储等便利条件的，没收全部运输、保管、仓储的收入，并处违法收入50%以上三倍以下的罚款；

5. 药品的生产企业、经营企业、药物非临床安全性评价研究机构、药物临床试验机构未按照规定实施《药品生产质量管理规范》、《药品经营质量管理规范》、药物非临床研究质量管理规范、药物临床试验质量管理规范的,给予警告,责令限期改正;逾期不改正的,责令停产、停业整顿,并处 5000 元以上 2 万元以下的罚款;情节严重的,吊销《药品生产许可证》、《药品经营许可证》和药物临床试验机构的资格;

6. 药品的生产企业、经营企业或者医疗机构从无《药品生产许可证》、《药品经营许可证》的企业购进药品的,责令改正,没收违法购进的药品,并处违法购进药品货值金额二倍以上五倍以下的罚款;有违法所得的,没收违法所得;情节严重的,吊销《药品生产许可证》《药品经营许可证》或者医疗机构执业许可证书;

7. 伪造、变造、买卖、出租、出借许可证或者药品批准证明文件的,没收违法所得,并处违法所得一倍以上三倍以下的罚款;没有违法所得的,处 2 万元以上 10 万元以下的罚款;情节严重的,并吊销《药品生产许可证》《药品经营许可证》《医疗机构制剂许可证》或者撤销药品批准证明文件;

8. 提供虚假的证明、文件资料样品或者采取其他欺骗手段取得《药品生产许可证》《药品经营许可证》《医疗机构制剂许可证》或者药品批准证明文件的,吊销《药品生产许可证》《药品经营许可证》《医疗机构制剂许可证》或者撤销药品批准证明文件,5 年内不受理其申请,并处 1 万元以上 3 万元以下的罚款;

9. 医疗机构将其配制的制剂在市场销售的,责令改正,没收违法销售的制剂,并处违法销售制剂货值金额一倍以上三倍以下的罚款;有违法所得的,没收违法所得;

10. 药品标识不符合规定的,责令改正,给予警告;情节严重的,撤销该药品的批准证明文件;

11. 药品检验机构出具虚假检验报告,责令改正,给予警告,对单位并处 3 万元以上 5 万元以下的罚款;对直接负责的主管人员和其他直接责任人员依法给予降级、撤职、开除的处分,并处 3 万元以下的罚款;有违法所得的,没收违法所得;情节严重的,撤销其检验资格;

12. 药品的生产企业、经营企业、医疗机构在药品购销中暗中给予、收受回扣或者其他利益的，药品的生产企业、经营企业或者其代理人给予使用其药品的医疗机构的负责人、药品采购人员、医师等有关人员以财物或者其他利益的，由工商行政管理部门处 1 万元以上 20 万元以下的罚款，有违法所得的，予以没收；情节严重的，由工商行政管理部门吊销药品生产企业、药品经营企业的营业执照，并通知药品监督管理部门，由药品监督管理部门吊销其《药品生产许可证》《药品经营许可证》；

13. 药品监督管理部门违反本法规定发放有关许可证书的，由其上级主管机关责令收回违法发给的许可证书，对直接负责的主管人员和其他直接责任人员依法给予行政处分；

14. 药品检验机构在药品监督检验中违法收取检验费用的，责令退还，对直接负责的主管人员和其他直接责任人员依法给予行政处分，情节严重的，撤销其检验资格。

（二）民事责任

《药品管理法》规定，药品的生产企业、经营企业、医疗机构违反法律规定，给药品使用者造成损害的，依法承担赔偿责任。药品检验机构出具的检验结果不实，造成有关单位损失的，应当承担相应的赔偿责任。

（三）刑事责任

违反《药品管理法》的规定，生产销售假药、劣药，构成犯罪的，依法追究刑事责任。

《刑法》第 141 条规定，生产、销售假药，足以严重危害人体健康的，处 3 年以下有期徒刑或者拘役，并处或者单处销售金额 50% 以上二倍以下罚金；对人体健康造成严重危害的，处 3 年以上 10 年以下有期徒刑，并处销售金额 50% 以上二倍以下罚金；致人死亡或者对人体健康造成特别严重危害的，处 10 年以上有期徒刑、无期徒刑或者死刑，并处销售金额 50% 以上二倍以下罚金或者没收财产。

《刑法》第 142 条规定，生产、销售劣药，对人体健康造成严重危害的，处 3 年以上 10 年以下有期徒刑，并处销售金额 50％以上二倍以下罚金；后果特别严重的，处 10 年以上有期徒刑或者无期徒刑，并处销售金额 50％以上二倍以下罚金或者没收财产。

第二节 特殊药品管理法律制度

特殊药品是指使用管理不当极易给患者或者社会造成危害的药品，具体是指麻醉药品、精神药品、医疗用毒性药品和放射性药品。依照《药品管理法》及相应管理办法，国家对这些药品实行更加严格的管理。

一、麻醉药品与精神药品管理的法律规定

为了加强麻醉药品和精神药品的管理，确保安全、合理使用麻醉药品和精神药品，2005 年 7 月 26 日国务院通过、8 月 3 日颁布、11 月 1 日实施了《麻醉药品和精神药品管理条例》，并同时废止了 1987 年 11 月 28 日发布的《麻醉药品管理办法》与 1988 年 12 月 27 日发布的《精神药品管理办法》。《医疗机构麻醉药品、第一类精神药品管理规定》《麻醉药品临床应用指导原则》《精神药品临床应用指导原则》《处方管理办法》等法规对麻醉药品和精神药品管理与使用等方面也作了比较详细的规定。

(一) 麻醉药品精神药品的概念

麻醉药品和精神药品是指列入麻醉药品目录、精神药品目录的药品和其他物质，具体范围包括：阿片类、可卡因类、大麻类、合成麻醉药类及国务院有关部门（国家食品药品监督管理局、公安部、卫生部）指定的其他易成瘾的药品、药用原植物及其制剂。2007 年 10 月 11 日公布的《麻醉药品品种目录》公布了 123 个品种。精神药品是指直接作用中枢神经系统，使之兴奋或抑制、连续使用能产生依赖性的药品。依据精神药品使人体产生的依赖性和危害人体健康的程度，精神药品分为第一类精神药品和第二类精神药品，2007 年 10 月 11 日我国公布了第一类精神药品 53 个，

第二类精神药品 79 个。

（二）麻醉药品和精神药品主管部门

1. 药品监督管理部门

国家食品药品监督管理局负责全国麻醉药品和精神药品的监督管理工作，并会同国务院农业主管部门对麻醉药品药用原植物实施监督管理。

2. 公安部门

公安部门负责对造成麻醉药品药用原植物、麻醉药品和精神药品流入非法渠道进行查处。

3. 卫生部

卫生部主管全国医疗机构麻醉药品和精神药品使用管理工作。

（三）麻醉药品与精神药品的生产

1. 麻醉药品药用原植物种植由国务院药品监督管理部门和农业主管部门共同确定种植单位，其他单位和个人不得种植麻醉药品药用原植物。

2. 麻醉药品和第一类精神药品的临床试验，不得以健康人为受试对象。

3. 国家对麻醉药品和精神药品实行定点生产，从事麻醉药品、第一类精神药品生产以及第二类精神药品原料药生产的企业，应当由国务院药品监督管理部门批准；从事第二类精神药品制剂生产的企业，应当经所在地省级药品监督管理部门批准；定点生产企业生产麻醉药品和精神药品，应当依照药品管理法的规定取得药品批准文号。

4. 定点生产企业应当严格按照麻醉药品和精神药品年度生产计划安排生产，并依照规定向所在地省级药品监督管理部门报告生产情况。

5. 定点生产企业应当将生产的麻醉药品和精神药品销售给具有麻醉药品和精神药品经营资格的企业。

（四）麻醉药品与精神药品的经营

1. 国家对麻醉药品和精神药品实行定点经营制度。

2. 非麻醉药品与精神药品定点经营企业不得经营麻醉药品原料药和第一类精神药品原料药。

3. 全国性批发企业应当从定点生产企业购进麻醉药品和第一类精神

药品；区域性批发企业可以从全国性批发企业购进麻醉药品和第一类精神药品，经批准，也可以从定点生产企业购进麻醉药品和第一类精神药品；定点经营企业向医疗机构销售麻醉药品和第一类精神药品，应当将药品送至医疗机构，医疗机构不得自行提货。

4. 麻醉药品和第一类精神药品不得零售，第二类精神药品零售企业应当凭执业医师出具的处方，按规定剂量销售第二类精神药品，禁止超剂量或者无处方销售第二类精神药品，不得向未成年人销售第二类精神药品。

5. 麻醉药品和精神药品实行政府定价。

（五）麻醉药品与精神药品的使用

1. 医疗机构需要使用麻醉药品和第一类精神药品的，应当经所在地设区的市级人民政府卫生主管部门批准，取得麻醉药品、第一类精神药品购用印鉴卡（以下称印鉴卡），凭印鉴卡向本省定点批发企业购买麻醉药品和第一类精神药品。

2. 医疗机构应当对本单位执业医师进行有关麻醉药品和精神药品使用知识的培训、考核，经考核合格的，授予麻醉药品和第一类精神药品处方资格，并报所在地设区的市级卫生行政部门。执业医师取得麻醉药品和第一类精神药品的处方资格后，方可在本医疗机构开具麻醉药品和第一类精神药品处方，但不得为自己开具该种处方。

3. 执业医师应当使用专用处方开具麻醉药品和精神药品，单张处方的最大用量应当符合国务院卫生主管部门的规定；对麻醉药品和第一类精神药品处方，处方的调配人、核对人核对后认为不符合规定的，应当拒绝发药。

4. 医疗机构应当对麻醉药品和精神药品处方进行专册登记，加强管理，醉药品处方至少保存3年，精神药品处方至少保存2年。

（六）麻醉药品与精神药品的存储

1. 麻醉药品和第一类精神药品生产、销售、使用单位应当设置储存麻醉药品和第一类精神药品的专库，严防丢失被盗。

2. 麻醉药品和第一类精神药品生产、销售、使用单位应当配备专人负责管理该工作,并建立储存麻醉药品和第一类精神药品的专用账册,药品入库双人验收,出库双人复核,做到账物相符。专用账册的保存期限应当自药品有效期期满之日起不少于5年。第二类精神药品经营企业应当在药品库房中设立独立的专库或者专柜储存第二类精神药品,并建立专用账册,实行专人管理。专用账册的保存期限应当自药品有效期期满之日起不少于5年。

二、放射性药品管理的法律规定

(一) 放射性药品的概念

放射性药品是指用于临床诊断或者治疗的放射性核素制剂或者其标记药物,如131碘、125碘、131碘—邻碘马尿酸钠等。放射性药品释放出的射线具有穿透性,当其通过人体时,可与人体组织发生电离作用。因此为保证达到诊断与治疗的目的又使正常组织少受或免受损害,对它的质量要求比一般药品需更加严格监管。1989年1月13日国务院颁布并实施了《放射性药品管理办法》,对放射性药品的研究、生产、经营、运输、使用、检验等进行了严格规范。2011年1月8日对该办法的第12条进行了修改。

(二) 主管部门

卫生部主管全国放射性药品监督管理工作,能源部主管放射性药品生产、经营管理工作。

(三) 放射性新药的研制和审批

1. 放射性新药研制应当报送能源部备案,并报所在地省级卫生行政部门汇总后,报卫生部备案。

2. 研制的放射性新药,在进行临床试验或者验证前,应当向卫生部门提出申请,经卫生部审批同意后,在卫生部指定的医院进行临床研究;在临床研究结束后,向卫生部提出申请,经卫生部审核批准,发给新药证书。卫生部在审核批准时,应当征求能源部的意见。

3. 放射性新药投入生产，需由生产单位凭新药证书（副本）向卫生部提出生产该药的申请，并提供样品，由卫生部审核发给批准文号。

（四）放射性药品的生产、经营和进出口

1. 开办放射性药品生产、经营企业，必须具备《药品管理法》第5条规定的条件，符合国家的放射卫生防护基本标准，并履行环境影响报告的审批手续，经能源部审查同意，卫生部审核批准后，由所在省，自治区、直辖市卫生行政部门发给《放射性药品生产企业许可证》《放射性药品经营企业许可证》。《放射性药品生产企业许可证》《放射性药品经营企业许可证》的有效期为5年，期满前6个月，经审批批准后，换发新证。

2. 生产已有国家标准的放射性药品，必须经卫生部征求能源部意见后审核批准，并发给批准文号。凡是改变卫生部已批准的生产工艺路线和药品标准的，生产单位必须经卫生部批准后方能生产。

3. 放射性药品生产、经营企业，必须配备与生产、经营放射性药品相适应的专业技术人员，具有安全防护和三废处理等设施；产品出厂前，须经质量检验，符合国家药品标准的方可出厂；经卫生部审核批准的含有短半衰期放射性核素的药品，可以边检验边出厂。

4. 医疗单位凭省级公安、环保和卫生行政部门联合发给的《放射性药品使用许可证》，申请办理订货。

5. 进口放射性药品，由对外经济贸易部指定的单位报卫生部审批同意后，方得办理进出口手续；进口放射性药品，必须经中国药品生物制品检定所抽检合格，方准进口。

（五）放射性药品的包装和运输

1. 放射性药品的包装必须安全实用，具有与放射性剂量相适应的防护装置，包装必须分内包装和外包装两部分，外包装必须贴有商标、标签、说明书和放射性药品标志，内包装必须贴有标签，标签必须注明药品品名、放射性比活度、装量。

2. 放射性药品的运输，按国家运输、邮政等部门制订的有关规定执行,严禁任何单位和个人随身携带放射性药品乘坐公共交通运输工具。

(六)放射性药品的使用

1. 医疗单位设置核医学科、室,必须配备与其医疗任务相适应的并经核医学技术培训的技术人员。

2. 医疗单位使用放射性药品,必须符合国家放射性同位素卫生防护管理的有关规定,并取得省级公安、环保和卫生行政部门联合核发的《放射性药品使用许可证》;该许可证有效期为5年。

3. 使用放射性药品的医疗单位,必须对使用的放射性药品进行临床质量检验,收集药品不良反应并定期向所在地卫生行政部门报告。

4. 放射性药品使用后的废物(包括患者排出物),必须按国家有关规定处置。

(七)放射性药品标准和检验

放射性药品的国家标准,由卫生部药典委员会负责制定和修订,报卫生部审批颁发。

放射性药品的检验由中国药品生物制品检定所或者卫生部授权的药品检验所承担。

三、毒性药品管理的法律规定

为加强医疗用毒性药品的管理,防止中毒或死亡事故的发生,1988年11月15日国务院通过,1988年12月27日颁布并实施了《医疗用毒性药品管理办法》,对医疗用毒性药品的生产、供应、使用作了相应规范。1999年8月23日国家药监局颁布的《关于加强亚砷酸注射液管理工作的通知》、2001年10月14日颁布的《关于切实加强医疗用毒性药品监管的通知》也是毒性药品管理的组成部分。

(一)医疗用毒性药品(以下简称毒性药品)的概念

毒性药品系指毒性剧烈、治疗剂量与中毒剂量相近、使用不当极易致人中毒或死亡的药品。我国公布进行管制的毒性药品包括中药品种27种、西药品种13种。中药品种包括:砒石(红、白)、砒霜、水银、生马钱子、生川乌、生草乌、生白附子、生附子、生半夏、生南星、生巴豆、斑蝥、青娘虫、红娘子、生甘遂、生狼毒、生藤黄、生千金子、生天仙子、闹羊花、雪上一枝蒿、白降丹、蟾酥、洋金花、红粉、轻粉、雄黄。西药品种包括：去乙酰毛花甙丙、阿托品、洋地黄毒甙、氢溴酸后马托品、三氧化二砷、毛果芸香碱、升汞、水杨酸毒扁豆碱、亚砷酸钾、氢溴酸东莨菪碱、士的年、亚砷酸注射液、A型肉毒毒素及其制剂。

（二）毒性药品的生产、收购、供应、使用

1. 生产毒性药品药厂必须由医药专业人员负责生产、配制和质量检验，并建立严格的管理制度，每次配料，必须经2人以上复核无误，并详细记录每次生产所用原料和成品数，经手人要签字备查。标示量要准确无误，包装容器要有毒药标志。

2. 生产毒性药品及其制剂，必须严格执行生产工艺操作规程，在本单位药品检验人员的监督下准确投料，并建立完整的生产记录，保存5年备查。

3. 凡加工炮制毒性中药，必须按照《中华人民共和国药典》或者省、自治区、直辖市卫生行政部门制定的《炮制规范》的规定进行。药材符合药用要求的，方可供应、配方和用于中成药生产。

4. 毒性药品的收购、经营，由各级医药管理部门指定的药品经营单位负责；配方用药由国营药店、医疗单位负责。

5. 收购、经营、加工、使用毒性药品的单位必须建立健全保管、验收、领发、核对等制度；严防收假、发错，严禁与其他药品混杂。

毒性药品的包装容器上必须印有毒药标志，在运输毒性药品的过程中，应当采取有效措施，防止发生事故。

6. 医疗单位供应和调配毒性药品，凭医生签名的正式处方。国营药店供应和调配毒性药品，凭盖有医生所在的医疗单位公章的正式处方。每次处方剂量不得超过2日剂量。

7. 科研和教学单位所需的毒性药品，必须持本单位的证明信，经单位所在地县以上卫生行政部门批准后，供应部门方能发售。

8. 群众自配民间单、秘、验方需用毒性中药，购买时要持有本单位或者城市街道办事处、乡（镇）人民政府的证明信，供应部门方可发售。每次购用量不得超过 2 日剂量。

复习思考题

1. 简述《药品管理法》关于药品标准的规定。
2. 简述《药品管理法》对药品不良反应的规定。
3. 简述假药的范围以及生产、销售假药的法律责任。
4. 简述我国对麻醉药品管理的法律规定。

【思考案例】

2006 年 1 月 5 日，郭某因患细菌性痢疾住进市 A 医院内科传染病治疗，入院后经口服鲁米那、痢特灵等药物治疗，服药后当天即出现全身皮疹，即停药。主治医生陈某、住院医师张某均认为系药物过敏性皮炎，但未在病历上作记录，未注明是何种药物过敏。改用其他药物治疗，5 天后病情好转，过敏性皮疹消失。后因患者睡眠不好，夜班值班大夫又给患者服用了鲁米那 0.06 克，当日再度发生全身性皮疹，渗出严重，患者烦躁不安。次日上午主治医师陈某上班后，听取了夜班医师的汇报，又指使护士给患者肌肉注射鲁米那 0.1 克，后病人皮疹加剧，全身红肿，有大量炎性渗出物，体温 39℃，病情危重，主治医师陈某和住院医师张某均未引起重视，也未追溯患者过敏根源。直到郭某家属见势不好，急找陈、张二人诊治，虽立即采取抢救措施，但为时已晚，终因药物过敏性休克、药物过敏性皮疹严重而死亡。

事发后，死者家属以 A 医院为被告向区人民法院提起了民事赔偿之诉；同时向市中级人民法院提起了刑事自诉，要求法院追究医生陈某、张某的刑事责任。

请问：

1. 上述案例中郭某死亡应由谁承担责任？
2. 该事件对医务人员用药有何警示意义？

链接资源：

1. www.zgwsfz.org.cn 卫生法制网
2. www.law.harvard.edu/programs/petrie-flom 哈佛大学卫生法与政策研究中心
3. www.sfda.gov.cn 国家药品食品监督管理局
4. www.westlawchina.com 万律网

（撰稿人 曾益康）

第十三章 医疗器械监督管理法律制度

【教学目标】

通过本章学习,学生应了解医疗器械法定分类、立法概况,熟悉医疗器械研制、生产、经营、使用的法律规定、医疗器械的监管体制以及违反《医疗器械监督管理条列》等相关法规的法律责任。

【引导案例】

王某因车祸导致创伤失血性休克、左股骨开放粉碎性骨折、左腓骨骨折、脑外伤等,被送入某市第一人民医院治疗。医院在为王某治疗左股骨开放粉碎性骨折时实施了植入内固定手术,植入的内固定产品为该市某医疗器械有限公司(以下简称某公司)经销的股骨髁支持钢板。不久,王某术后出院。半年后,到该市第二人民医院复查,门诊病历记录为:X线摄片左股骨下肢骨折,对位对线良好。因考虑外固定石膏已坏、发软,医生为其拆除石膏,改用木质夹板继续固定并嘱一个月后复查。一个月后,王某再次到第二人民医院门诊,门诊诊断为:左下肢能不用拐跛行无痛感约半年,昨傍晚在家行走时,突感左肢剧痛不能站立;查左下肢肿胀,压痛明显,活动受限;X线摄片显示左股骨远端骨折内同定,对位对线尚可,有螺丝钉断裂,钢板内固定断裂。建议转第一人民医院。一个月后,王某因体内的钢板断裂不得不在第一人民医院进行更换钢板手术。

第十三章 医疗器械监督管理法律制度

术后不久,王某一纸诉状将钢板的经销商某公司以及该市第一人民医院作为共同被告告上了法庭。王某认为正是由于某公司提供的金属钢板质量存在缺陷,才导致钢板断裂并进行更换手术,某公司应当对手术前后的全部医疗开销承担赔偿责任。第一人民医院的诊疗行为虽无过错,但其使用了不合格产品,作为有相应资质的专业医疗机构,理应对手术中所用材料的适用性和安全性承担责任。

请问:

1. 医院与医疗器械厂家是否应承担法律责任?说明理由。

2. 由于医疗产品的缺陷引发的医疗产品侵权纠纷,我国法律是如何规定的?

第一节 医疗器械的生产、经营、使用

一、医疗器械概述

(一)医疗器械的概念

根据医学史书记载,商代就已经能借助某些专门工具,医治疾病,如针灸使用的砭石。在漫长医疗探索过程中,我们的先人还创造了手术用的刀、剪、钳、镊,以及对骨折作固定、复位用的"小夹板"等医疗用具。医疗器械的迅速发展与普遍使用却是新中国成立改革开放以后。经过近几十年的发展,我国医疗器械品种不断增多,质量、性能逐步提高。

根据《医疗器械监督管理条例》《医疗器械临床使用安全管理规范(试行)》的规定,医疗器械是指依照相关的法规取得市场准入,在医疗活动中应用的、单独或者组合使用于人体的仪器、设备、器具、材料或者其他物品,包括所需要的软件。

需要特别注意的是临床使用的以下物品不作为医疗器械管理:眼科用护眼罩、卫生袋、病理实验室组织切片机用一次性刀片、药品恒温冷藏柜

等。国家食品药品监督管理局认为医疗器械是人们用来预防、诊断和治疗疾病的重要医疗产品，必须具有明确适应症。

（二）医疗器械的分类

医疗器械根据不同的标准有不同的分类结果。我国根据医疗器械的安全性，从管理的需要将医疗器械分为第一类医疗器械、第二类医疗器械、第三类医疗器械。

第一类是指通过常规管理足以保证其安全性、有效性的医疗器械，例如齿科反光镜、酒精棉片、碘酒棉棒等。

第二类是指对其安全性、有效性必须严格控制的医疗器械，例如硅橡胶齿状弹力拉伸线、眼科理疗仪、妇科阴道数字观察系统、内窥镜套管等。

第三类是指植入人体，用于支持、维持生命，对人体具有潜在危险，对其安全性、有效性必须严格控制的医疗器械，例如心血管支架、心脏瓣膜封堵器、人造血管、内镜定位标记液等。

为了明确各种医疗器械的类别，国家食品药品监督管理局专门公布了《医疗器械分类规则》和《医疗器械分类目录》。

二、医疗器械生产企业设立

（一）设立条件

设立医疗器械生产企业，必须满足有关法律规定的企业设立条件，同时还应当具备下列条件：

1. 具有与其生产的医疗器械相适应的专业技术人员；
2. 具有与其生产的医疗器械相适应的生产场地及环境；
3. 具有与其生产的医疗器械相适应的生产设备；
4. 具有对其生产的医疗器械产品进行质量检验的机构或者人员及检验设备。

（二）设立程序

开办第一类医疗器械生产企业，应当向省级药品监督管理部门备案。

开办第二类、第三类医疗器械生产企业，应当经省级药品监督管理部门审查批准，并发给医疗器械生产企业许可证。无医疗器械生产企业许可证的，工商行政管理部门不得发给营业执照。医疗器械生产企业许可证有效期5年，期满前6个月，企业应向原发证机关提出换证申请，按规定办理换证手续。

三、医疗器械的临床试验

（一）医疗器械临床试验

第二类、第三类医疗器械新产品，应当经批准后进行临床试验，以检验其安全性与有效性。医疗器械临床试验分临床试用和临床验证。医疗器械临床试用是指通过临床使用来验证该医疗器械理论原理、基本结构、性能等要素能否保证安全性、有效性，试用的范围是市场上尚未出现过，安全性、有效性有待确认的医疗器械。医疗器械临床验证是指通过临床使用来验证该医疗器械与已上市产品的主要结构、性能等要素是否实质性等同，是否具有同样的安全性、有效性。验证的范围是同类产品已上市，其安全性、有效性需要进一步确认的医疗器械。

省级药品监督管理部门负责审批本行政区域内第二类医疗器械的临床试用或者临床验证。国家食品药品监督管理局负责审批第三类医疗器械的临床试用和临床验证。申请注册该医疗器械产品的单位应委托具有相关资质的医疗机构负责执行临床试验。医疗器械临床试验应当在两家以上（含两家）医疗机构进行。

（二）医疗器械临床试验方案及实施

医疗器械临床试验方案指的是阐明试验目的、风险分析、总体设计、试验方法和步骤等内容的文件。医疗器械临床试验前应制定试验方案，临床试验必须按照该试验方案进行。医疗器械临床试验方案应当以最大限度地保障受试者权益、安全和健康为首要原则，应当由负责临床试验的医疗机构和实施者按规定的格式共同设计制定，报伦理委员会认可后实施；若有修改，必须经伦理委员会同意。

医疗器械临床试用方案应当证明受试产品理论原理、基本结构、性能等要素的基本情况以及受试产品的安全性、有效性。医疗器械临床验证方案应当证明受试产品与已上市产品的主要结构、性能等要素是否实质性等同，是否具有同样的安全性、有效性。

实施者向医疗机构免费提供受试产品，与医疗机构共同设计、制定医疗器械临床试验方案，并说明受试产品的原理、适应症、功能、预期达到的使用目的、使用要求、安装要求、技术指标、可能产生的风险、推荐防范及紧急处理方法、可能涉及的保密问题；对医疗器械临床试验人员进行培训，向医疗机构提供担保；发生严重副作用应当如实、及时分别向受理该医疗器械注册申请的省、自治区、直辖市（食品）药品监督管理部门和国家食品药品监督管理局报告，同时向进行该医疗器械临床试验的其他医疗机构通报；受试产品对受试者造成损害的，实施者应当按医疗器械临床试验合同给予受试者补偿。

（三）临床试验报告

医疗器械临床试验完成后，承担临床试验的医疗机构应当按医疗器械临床试验方案的要求和规定的格式出具临床试验报告。医疗器械临床试验报告应当由临床试验人员签名、注明日期，并由承担临床试验的医疗机构中的临床试验管理部门签署意见、注明日期、签章。

医疗器械临床试验报告包括以下内容：

1. 试验的病种、病例总数和病例的性别、年龄、分组分析，对照组的设置（必要时）；

2. 临床试验方法；

3. 所采用的统计方法及评价方法；

4. 临床评价标准；

5. 临床试验结果；

6. 临床试验结论；

7. 临床试验中发现的不良事件和副作用及其处理情况；

8. 临床试验效果分析；

9. 适应症、适用范围、禁忌症和注意事项；

10. 存在问题及改进建议。

医疗器械临床试验资料应当妥善保存和管理。医疗机构应当保存临床试验资料至试验终止后 5 年。实施者应当保存临床试验资料至最后生产的产品投入使用后 10 年。

医疗机构根据本单位的临床需要，可以研制医疗器械。研制第二类医疗器械的，应当报省级药品监督管理部门审查批准，研制第三类医疗器械的，应当报国家食品药品监督管理局审查批准。所研制产品只限于在执业医师指导下在本单位使用，发给使用批准证书，证书有效期 2 年。

四、医疗器械生产的注册

国家对医疗器械实行产品生产注册制度。生产医疗器械，必须进行注册登记。未经注册取得注册证书的医疗器械产品，不得生产销售。

完成临床试验并通过国家食品药品监督管理局组织专家评审的医疗器械新产品，由国家食品药品监督管理局发给新产品证书，生产企业可凭新产品证书申办产品注册。

申报注册医疗器械，应按国家食品药品监督管理局的规定，提交技术指标、临床试验合同、临床试验方案、临床试验报告和其他有关资料（临床试验须知、知情同意书、临床试验原始记录）。生产第一类医疗器械，由设区的市级药品监督管理部门审查批准，并发给产品生产注册证书。生产第二类医疗器械，由省、自治区、直辖市人民政府药品监督管理部门审查批准，并发给产品生产注册证书。生产第三类医疗器械，由国家食品药品监督管理局审查批准，并发给产品生产注册证书。医疗器械产品注册证书有效期为 4 年，持证单位应当在产品注册证书有效期满前 6 个月内申请重新注册。已注册的医疗器械产品连续停产 2 年以上的，产品生产注册证书自行失效。

生产医疗器械，应当符合医疗器械国家标准；没有国家标准的，应当符合医疗器械行业标准或制定注册产品标准。医疗器械国家标准由国务院标准化行政主管部门会同国务院药品监督管理部门制定。医疗器械行业标准由国务院药品监督管理部门制定。注册产品标准不得低于国家标准或者行业标准，应当依据国家食品药品监督管理局规定的医疗器械标准管理要求编制。

医疗器械的使用说明书、标签、包装应当符合国家有关标准或者规定。医疗器械及其外包装上，应当标明产品注册证书编号。

五、医疗器械的经营

（一）医疗器械经营企业的设立条件和程序

1. 医疗器械经营企业的设立条件

设立医疗器械经营企业，应当符合企业法律规定的设立条件，同时必须满足：

（1）具有与其经营的医疗器械相适应的经营场地及环境；

（2）具有与其经营的医疗器械相适应的质量检验人员；

（3）具有与其经营的医疗器械产品相适应的技术培训、维修等售后服务能力。

开办第一类医疗器械经营企业，应当向省级人民政府药品监督管理部门备案。开办第二类、第三类医疗器械经营企业，应当经省级人民政府药品监督管理部门审查批准，并发给医疗器械经营企业许可证。医疗器械经营企业许可证有效期为5年，有效期届满应当重新审查发证。无医疗器械经营企业许可证的，工商行政管理部门不得发给营业执照。

省级人民政府药品监督管理部门应当自受理医疗器械生产企业、经营企业许可证申请之日起30个工作日内，作出是否发证的决定；不予发证的，应当书面说明理由。

（二）医疗器械经营管理

未取得"医疗器械经营企业许可证"不得经营第二类、第三类医疗器械。医疗器械经营企业在经营中不得有下列行为：

1. 伪造、变造、转让、出租医疗器械经营企业许可证；
2. 经营质量不合格的产品；
3. 经营未经备案或未取得医疗器械生产企业许可证的企业生产的医

疗器械；

4. 经营无医疗器械注册证的医疗器械；

5. 经营过期、失效或国家明令淘汰的医疗器械。

(三) 医疗器械广告的管理

卫生部、工商总局、食品药品监督管理局于2009年4月7日发布了《医疗器械广告审查办法》，对医疗器械广告进行了规范。

1. 审查监督管理机关

省级药品监督管理部门负责本行政区域内医疗器械广告审查工作。县级以上工商行政管理部门是医疗器械广告监督管理机关。

2. 广告申请与审查批准

申请广告批准文号，应当填写《医疗器械广告审查表》，并附与发布内容相一致的样稿（样片、样带）和医疗器械广告电子文件，同时提交申请人的营业执照复印件、《医疗器械生产企业许可证》或者《医疗器械经营企业许可证》复印件。广告中涉及医疗器械注册商标、专利、认证等内容的，应当提交相关有效证明文件的复印件。

审查机关对申请材料齐全的，应当在自受理之日起20个工作日内进行审查。审查合格的医疗器械广告，发给医疗器械广告批准文号。对批准的医疗器械广告，应当报国家食品药品监督管理局备案，同时药品监督管理部门应当通过政府网站向社会予以公布。医疗器械广告批准文号有效期为1年。

六、医疗器械的使用

医疗机构应当从取得医疗器械生产企业许可证的生产企业或者取得医疗器械经营企业许可证的经营企业购进合格的医疗器械，并验明产品合格证明。医疗机构不得使用未经注册、无合格证明、过期、失效或者淘汰的医疗器械。

医疗机构对一次性使用的医疗器械不得重复使用；使用过的，应当按照国家有关规定销毁，并作记录。

第二节 医疗器械的监督管理与法律责任

一、医疗器械监督管理机构

国家食品药品监督管理局主管医疗器械的监督管理,县级以上食品药品监督管理局负责本行政区域内的医疗器械监督管理工作。国家食品药品监督管理局医疗器械司具体分管,其监督管理职责包括:组织拟订国家医疗器械标准并监督实施;拟订医疗器械分类管理目录;承担医疗器械的注册和监督管理工作;拟订医疗器械临床试验、生产、经营质量管理规范并监督实施;拟订医疗器械生产、经营企业准入条件并监督实施;承担医疗器械临床试验机构资格认定工作;负责组织和管理医疗器械注册现场核查工作;承担医疗器械检测机构资格认定和监督管理;承担医疗器械生产、经营许可的监督工作;承担有关指定医疗器械产品出口监管事项;组织开展医疗器械不良事件监测、再评价和淘汰工作。

(一)医疗器械监督员

县级以上药品监督管理部门设医疗器械监督员。医疗器械监督员对本行政区域内的医疗器械生产企业、经营企业和医疗机构进行监督、检查。必要时,可以按照国务院药品监督管理部门的规定,抽取样品和索取有关资料,有关单位、人员不得拒绝和隐瞒。监督员对所取得的样品、资料负有保密义务。

(二)医疗器械检测机构

国家对医疗器械检测机构实行资格认可制度。经国家药品监督管理部门会同国务院质量技术监督部门认可的检测机构,方可对医疗器械实施检测。医疗器械检测机构及其人员对被检测单位的技术资料负有保密义务,并不得从事或者参与同检测有关的医疗器械的研制、生产、经营和技术咨询等活动。

第十三章
医疗器械监督管理法律制度

二、法律责任

（一）行政责任

1. 未取得医疗器械产品生产注册证书进行生产的，由县级以上药品监督管理部门责令停止生产，没收违法生产的产品和违法所得，违法所得1万元以上的，并处违法所得三倍以上五倍以下的罚款；没有违法所得或者违法所得不足1万元的，并处1万元以上3万元以下的罚款；情节严重的，由省级药品监督管理部门吊销其《医疗器械生产企业许可证》；

2. 未取得《医疗器械生产企业许可证》生产第二类、第三类医疗器械的，由县级以上药品监督管理部门责令停止生产，没收违法生产的产品和违法所得，违法所得1万元以上的，并处违法所得三倍以上五倍以下的罚款；没有违法所得或者违法所得不足1万元的，并处1万元以上3万元以下的罚款；

3. 生产不符合医疗器械国家标准或者行业标准的医疗器械的，由县级以上药品监督管理部门予以警告，责令停止生产，没收违法生产的产品和违法所得，违法所得5000元以上的，并处违法所得二倍以上五倍以下的罚款；没有违法所得或者违法所得不足5000元的，并处5000元以上2万元以下的罚款；情节严重的，由原发证部门吊销产品生产注册证书；

4. 未取得《医疗器械经营企业许可证》经营第二类、第三类医疗器械的，由县级以上药品监督管理部门责令停止经营，没收违法经营的产品和违法所得，违法所得5000元以上的，并处违法所得二倍以上五倍以下的罚款；没有违法所得或者违法所得不足5000元的，并处5000元以上2万元以下的罚款；

5. 经营无产品注册证书、无合格证明、过期、失效、淘汰的医疗器械的，或者从无《医疗器械生产企业许可证》、《医疗器械经营企业许可证》的企业购进医疗器械的，由县级以上人民政府药品监督管理部门责令停止经营，没收违法经营的产品和违法所得，违法所得5000元以上的，并处违法所得二倍以上五倍以下的罚款；没有违法所得或者违法所得不足5000元的，并处5000元以上2万元以下的罚款；情节严重的，由原发证

部门吊销《医疗器械经营企业许可证》;

6. 以欺骗手段骗取医疗器械产品注册证书的,由原发证部门撤销产品注册证书,两年内不受理其产品注册申请,并处1万元以上3万元以下的罚款;对已经进行生产的,并没收违法生产的产品和违法所得,违法所得1万元以上的,并处违法所得三倍以上五倍以下的罚款;没有违法所得或者违法所得不足1万元的,并处1万元以上3万元以下的罚款;

7. 医疗机构使用无产品注册证书、无合格证明、过期、失效、淘汰的医疗器械的,或者从无《医疗器械生产企业许可证》《医疗器械经营企业许可证》的企业购进医疗器械的,或者重复使用一次性使用的医疗器械的,或者对应当销毁未进行销毁的,由县级以上药品监督管理部门责令改正,给予警告,没收违法使用的产品和违法所得,违法所得5000元以上的,并处违法所得二倍以上五倍以下的罚款;没有违法所得或者违法所得不足5000元的,并处5000元以上2万元以下的罚款;对主管人员和其他直接责任人员依法给予纪律处分;

8. 承担医疗器械临床试用或者临床验证的医疗机构提供虚假报告的,或者医疗器械检测机构出具虚假检测报告的,由省级以上药品监督管理部门责令改正,给予警告,可以处1万元以上3万元以下罚款;情节严重的,撤销其临床试用或者临床验证资格,对主管人员和其他直接责任人员依法给予纪律处分;

9 医疗器械监督管理人员滥用职权、徇私舞弊、玩忽职守,尚不构成犯罪的,依法给予行政处分。

(二)民事责任

由于医疗器械质量不合格而给患者造成损害的,生产者或者经营者依法承担赔偿责任。

(三)刑事责任

生产、销售医疗器械不符合国家规定的相应安全标准,造成严重社会危害的,依法承担刑事责任。我国刑法对此有明确的规定。《刑法》第145条规定:生产不符合保障人体健康的国家标准、行业标准的医疗器械、医用卫生材料，或者销售明知是不符合保障人体健康的国家标准、行业标准的医疗器械、医用卫生材料，对人体健康造成严重危害的，处5年以下有期徒刑，并处销售金额50%以上二倍以下罚金；后果特别严重的，处5年以上10年以下有期徒刑，并处销售金额50%以上二倍以下罚金；其中情节特别恶劣的，处10年以上有期徒刑或者无期徒刑，并处销售金额50%以上二倍以下罚金或者没收财产。

复习思考题

1. 我国法律规定医疗器械生产企业的设立条件有哪些？谈谈你对设立条件的认识。
2. 简述医疗器械注册制度及其作用。
3. 生产不符合医疗器械国家标准或者行业标准的医疗器械、尚未构成犯罪的，依法应如何处罚？
4. 生产不符合国家标准的医疗器械造成使用患者死亡的，依法应承担怎样的刑事责任？

【思考案例】

患者王先生因"阵发性胸闷、憋气2个月，伴心率减慢"入某市人民医院住院治疗。入院后，诊断为"冠心病、Ⅱ型房室传导阻滞"。根据王先生身体及治疗的需要，医院决定为其植入本院刚刚引进的双腔心脏起搏器。一个月后，医院为王先生行"心脏起搏器安装术"。手术后，王先生的心率出现失常，窦房出现传导阻滞，经检查诊断确定为心脏起搏器电极导线于王先生右锁骨部位折断。由于协商没有结果，王先生一纸诉状将医院作为被告起诉至当地法院。原告称该医院引进的心脏起搏器存在严重的质量问题，医院作为心脏起搏器的购入者和植入者，未对质量进行必要的审查，由于被告的过错，使自己造成了巨大的经济损失和精神损失，请求法院依法判令被告赔偿医疗费、误工费、相关经济损失及精神损害赔偿金等共计20万元。

法院在审理过程中查明以下事实：一、某市人民医院为王先生植入的

心脏起搏器存在质量上的瑕疵。二、心脏起搏器的生产公司系有正式注册信息的"皮包公司"。为此,法院判决:市人民医院为王先生植入的心脏起搏器存在缺陷,并且因该缺陷产品导致了王先生的人身、财产损害,医院应当为此承担王先生的各项损失共计20余万元。法院判决作出后,医患双方均未提出上诉。

请问:

1. 在上述案例中心脏起搏器的生产公司是否应承担赔偿责任?
2. 由医疗产品缺陷而导致的损害,适用何种归责原则?
3. 请你谈谈该案例对医疗机构及医护人员有何启示意义?

链接资源:

1. www.zgwsfz.org.cn 卫生法制网
2. www.law.harvard.edu 哈佛大学卫生法与政策研究中心
3. www.sfda.gov.cn 国家药品食品监督管理局
4. www.westlawchina.com 万律网

(撰稿人 曾益康)

第十四章 血液管理法律制度

【教学目标】

通过学习本章，了解我国血液管理的立法概况，熟悉血液管理的原则与献血者的健康要求，掌握血站采供血的法律要求、医疗机构临床用血的规范要求，提高输血安全的法律意识。

【引导案例】

据报道，"血荒"在全国绝大多数城市成为常发事件，同时公众的献血意愿却有下降趋势。《新京报》曾报道在个别地区，血液供应紧张或呈"常态化"趋势。对此，有专家建议献血年龄从18至55周岁放宽至17—60周岁。也有人认为："免费献血却以一袋200元甚至更高的价格卖给用血者，血站有没有从中牟利？公众对此存在疑问，建立公开透明的、让人信任的献血用血机制和政策有助于改变公众献血意愿下降的趋势。"还有人认为："为了让自己和家人免费用血是很多人献血的理由，但在实际操作中，献血者用血时需要先垫付用血费，然后拿着献血证回到原来献血地区的卫生部门报销，很多人都不胜其烦，放弃了本应属于他们的用血权利，这严重影响了献血者再次献血的热情。"

【问题思考】

你认为出现血荒的原因还有哪些？解决血荒我国的血液管理制度应如何完善？

第一节 概述

一、血液与医疗

人类很早就发现血液与人的生命健康存在密切的关系，并尝试通过向病人输血治疗某些疾病，但直到1901年奥地利病理学家兰德斯坦纳（Landsteiner）发现了人的ABO血型系统，创立了科学的输血理论后，临床输血才成为一项有效的治疗手段，兰德斯坦纳为此获得了1930年诺贝尔奖。兰德斯坦纳后来又发现了MN、P、Rh等稀有血型，对人类血型研究作出了重大贡献，赢得了"血型之父"的美誉。到目前为止，人类仍然无法通过人工手段制造临床输血使用的血液，向公民采集血液是获得血液的唯一途径，同时临床输血也会由于不健康的血液使输血者感染新的疾病。因此，在普遍实行自愿无偿献血的情况下，需要通过相应的血液管理法律制度保障献血者与临床输血的安全。

二、我国血液管理立法概况

我国血液管理法律制度经历一个从有偿献血到提倡无偿献血，最终实行全部自愿无偿献血的过程。20世纪70年代以前，一直实行有偿献血制度。1978年11月24日，卫生部《关于加强输血工作的请示报告》首次提出了实行公民义务献血制度。1984年，卫生部与中国红十字会总会在全国提倡自愿无偿献血，无偿献血得到广大公民的支持。1997年12月29日，第八届全国人大常委会通过《中华人民共和国献血法》，该法规定实施全面自愿无偿献血制度。

目前，我国制定了一系列血液管理法律、法规、规章、技术规范，主要包括：《献血法》《血站管理办法》《单采血浆站管理办法》《血站质量管理规范》《医疗机构临床用血管理办法（试行）》《临床输血技术规范》《血液制品管理条例》和《全国无偿献血表彰奖励办法》等。上述法律法规为卫生行政机关加强血液管理提供了法律依据，有效促进了临床用血安全。

三、血液管理法律制度的原则

（一）保障临床用血安全原则

输血是一项有效的医疗方法，但是错误的输血以及输入不合格的血液会给患者造成严重的伤害，因此保障临床用血安全应是血液管理的出发点与最终目的，保障临床用血安全应是血液管理的首要原则。《献血法》第一条规定：为保证医疗临床用血需要和安全，保障献血者和用血者身体健康，……制定本法。《血站管理办法》第一条规定：为了确保血液安全，规范血站执业行为，促进血站的建设与发展，根据《献血法》制定本办法。这些规定都充分肯定了保障临床用血安全原则。

（二）自愿无偿献血原则

1946年国际红十字会提出"出于人道主义动机的志愿的献血，不领取任何报酬的无偿献血，才是血液需求最安全最有效的道路"。当今全球八十多个国家和地区实行自愿无偿献血实践表明无偿献血制度是输血安全的必然选择。显然，自愿无偿献血能够有效保障血液质量，是临床用血安全的重要保障。我国《献血法》第二条规定"国家实行无偿献血制度。国家提倡十八周岁至五十五周岁的健康公民自愿献血"，该规定明确肯定了自愿无偿献血原则。

（三）采供血血站独占原则

《血站管理办法》第十三条规定：血站开展采供血活动，应当向所在省级人民政府卫生行政部门申请办理执业登记，取得《血站执业许可证》。没有取得《血站执业许可证》的，不得开展采供血活动。《医疗机构临床用血管理办法》第四条规定：医疗机构临床用血，由县级以上人民政府卫生行政部门指定的血站供给。医疗机构开展的患者自身储血、自体输血除外。上述规定肯定了采供血血站独占原则。从血液安全管理的角度考虑，实行血站独占采供血有助于保障采供血的质量，显然是临床用血安全的重要保障，是非常正确的选择。

（四）献血者权益保障原则

虽然适当献血对献血者不会造成健康损害，但由于种种原因，献血者在献血时或者献血后偶然出现一些不良反应甚至一些伤害难以避免，在自愿无偿献血制度下，应当对献血者由此发生的损害给予充分补偿以肯定无偿献血的义举，同时也应给予无偿献血者一定制度性奖励以褒扬该行为，这样有助于无偿献血制度的良性运行。因此，献血者权益保障原则应作为我国血液管理制度（自愿无偿献血制度）的一项原则。《献血法》第一条规定"为保证医疗临床用血需要和安全，保障献血者和用血者身体健康，……制定本法"；第十四条规定"无偿献血者临床需要用血时，免交前款规定的费用（血液的采集、储存、分离、检验等费用）；无偿献血者的配偶和直系亲属临床需要用血时，可以按照省级人民政府的规定免交或者减交前款规定的费用"。这些规定实际上肯定了献血者权益保障原则。现实中献血者权益规定不够明确（比如免费用血量），实现权益存在一定障碍（比如免费用血报销程序条件复杂）都不符合献血者权益保障原则的要求。

第二节　采供血管理

一、一般血站的设置与职责

血站是依法设立的、取得血站执业许可证专门从事采供血的公益性卫生机构。我国将血站分为一般血站与特殊血站，一般血站包括血液中心、中心血站和中心血库，特殊血站包括脐带血造血干细胞库和卫生部根据医学发展需要批准设置的其他类型血库。

血液中心、中心血站和中心血库由地方人民政府设立。一个省级行政区域在直辖市、省会市、自治区首府市设置一个血液中心，血液中心的主要职责是：在本行政区域内开展无偿献血者的招募、血液的采集与制备、临床用血供应以及医疗用血的业务指导工作;负责对本行政区域内血站进行质量控制与评价;承担本行政区域内血站的业务培训与技术指导;负责对本行政区域内血液的集中化检测任务;开展血液相关的科研工作等。一个设区的市设置一个中心血站,中心血站的主要职责是:在本行政区域内开展无偿献血者的招募、血液的采集与制备、临床用血供应以及医疗用血的业务指导工作;负责供血区域范围内血液储存的质量控制;对所在行政区域内的中心血库进行质量控制等。直辖市、省会市、自治区首府市已经设置血液中心的,不再设置中心血站。中心血库设置在中心血站服务覆盖不到地区的县级综合医院内,中心血库的主要职责是:在规定范围内开展无偿献血者的招募、血液的采集与制备、临床用血供应以及医疗用血业务指导等。

二、采血行政许可

血站开展采血活动,应当向所在省级卫生行政部门申请办理执业登记。血站没有取得《血站执业许可证》不得开展采血活动。血站申请办理执业登记应提交《血站执业登记申请书》。省级卫生行政部门在受理血站执业登记申请后,应当组织有关专家根据《血站质量管理规范》和《血站实验室质量管理规范》对申请单位进行技术审查并提交技术审查报告,在接到技术审查报告后20日内省级卫生行政部门对申请事项进行审核,审核合格的,发给卫生部统一样式的《血站执业许可证》及其副本。《血站执业许可证》有效期为3年。

对血站的执行申请,经审核有下列情形之一的,不予执业登记:《血站质量管理规范》技术审查不合格的;《血站实验室质量管理规范》技术审查不合格的;血液质量检测结果不合格的。

《血站执业许可证》有效期满前3个月,血站应当办理再次执业登记,并提交《血站再次执业登记申请书》及《血站执业许可证》。省级卫生行政部门应当根据血站业务开展和监督检查情况进行审核,审核合格的,继续执业,未通过审核的,责令其限期整改,经整改仍审核不合格的,注销其《血站执业许可证》。未办理再次执业登记手续或者被注销《血站执业许可证》的血站,不得继续执业。

血站因采供血需要,报所在省级卫生行政部门批准,可以在规定的服务区域内设置分支机构;设置固定采血点(室)或者流动采血车的,应报省级卫生行政部门备案。为保证辖区内临床用血需要,血站经省级卫生行政部门批准可以设置储血点储存血液。

三、血站执业规范

为了保障临床用血安全,血站执业应遵守如下规范要求:

(一)根据医疗机构临床用血需求,制定血液采集、制备、供应计划,保障临床用血安全、及时、有效;

(二)采集血液应当遵循自愿和知情同意的原则对献血者履行规定的告知义务,并建立献血者信息保密制度;

(三)应按规定对献血者进行健康检查、身份核对登记,严禁采集冒名顶替者的血液,严禁超量、频繁采集血液;

(四)应为献血者提供安全、卫生、便利的条件和良好的服务;

(五)不得采集血液制品生产用原料血浆;

(六)血站工作人员应当符合岗位执业资格的规定,领取岗位培训合格证书后方可上岗;

(七)建立人员岗位责任制度和采供血管理工作制度,并定期检查执行和落实情况;

(八)建立业务岗位工作记录,并由操作者签名,献血、检测和供血的原始记录应当至少保存10年,血液检测的全血标本的保存期应当与全血有效期相同,血清(浆)标本的保存期应当在全血有效期满后半年;

(九)应当实行全面质量管理,严格遵守《中国输血技术操作规程》《血站质量管理规范》和《血站实验室质量管理规范》等技术规范和标准;

(十)发现法定传染病疫情时,应当按照规定向有关部门报告;

(十一)应当保证发出的血液质量符合国家有关标准,其品种、规格、数量、活性、血型无差错,未经检测或者检测不合格的血液,不得向医疗机构提供;

（十二）无偿献血的血液必须用于临床，不得买卖，血站剩余成分血浆由省级卫生行政部门协调血液制品生产单位解决，血站剩余成分血浆进行调配所得的收入，全部用于无偿献血者用血返还费用，不得挪作他用。

四、献血者

我国实行自愿无偿献血制度。自愿献血者献血，血站必须免费进行必要的健康检查，符合卫生部规定的献血者健康标准的才能献血，身体状况不符合献血条件的，血站应当向其说明情况，不得采集血液。

血站对献血者每次采集血液量一般为200毫升，最多不得超过400毫升，两次采集间隔期不少于6个月。

自愿献血者应如实回答采血人员《献血者健康情况征询表》的问题。

自愿献血者献血享有如下权利：

（一）取得无偿献血证书；

（二）获得所在单位适当补贴；

（三）本人、配偶和直系亲属临床用血费用依照规定免费。以广州市为例，无偿献血者及其配偶、直系亲属免费用血规定为：无偿献血者献血后，经检验其血液合格的，本人及其配偶和直系亲属享有以下临床用血权利：

1. 无偿献血200毫升以上者，本人可免交血液的采集、储存、分离、检验、运输等费用；

2. 无偿献血累计600毫升以上者，本人的配偶和直系亲属临床用血时，免交上述费用；

3. 无偿献血者献血后，经检验其血液不合格的，本人用血可按献血量等量免交血液的采集、储存、分离、检验、运输等费用。

五、特殊血站（脐带血造血干细胞库）

特殊血站目前主要是指脐带血造血干细胞库。脐带血是胎儿娩出断脐后，残留在脐带和胎盘中的血液。当代医学研究发现，脐带血中含有大量的干细胞，是宝贵的人类生物资源，能够被广泛地应用于临床治疗多种血

液系统恶性肿瘤如：急性双表型白血病、急性淋巴细胞白血病、急性髓性白血病、急性未分化性白血病、青少年慢性髓性白血病、青少年粒单核细胞白血病等。根据《血站管理办法》的规定，脐带血造血干细胞库是以人体造血干细胞移植为目的、具有采集、处理、保存和提供造血干细胞能力的、不以营利为目的的特殊血站。

（一）脐带血造血干细胞库的设置

设置脐带血造血干细胞库，应向所在地省级卫生行政部门提出申请，省级卫生行政部门初审后报卫生部审批。卫生部组织专家对申请单位的设置条件进行审查，符合设置条件的，批准设置。

（二）脐带血造血干细胞库的执业许可

脐带血造血干细胞库执业应向所在地省级卫生行政部门申请执业登记。省级卫生行政部门应当组织有关专家和技术部门，按照卫生部制定的脐带血造血干细胞库的基本标准、技术规范进行技术审查及执业验收，审查合格的，发给《血站执业许可证》，并注明开展的业务。

脐带血造血干细胞库未取得血站执业许可证的，不得开展采供脐带血造血干细胞等业务。

脐带血造血干细胞库取得的血站执业许可证有效期为3年，在有效期满后继续执业的，应当在有效期满前3个月向原执业登记的省级卫生行政部门申请办理再次执业登记手续。

（三）脐带血造血干细胞库的执业规范

1. 严格遵守一般血站的执业要求；
2. 严格遵守卫生部规定的脐带血造血干细胞库基本标准、技术规范；
3. 采集脐带血必须符合医学伦理的要求并遵循自愿和知情同意的原则，与捐献者签署经执业登记机关审核的知情同意书；
4. 脐带血造血干细胞库只能向有造血干细胞移植经验和基础，并装备有造血干细胞移植所需的无菌病房等必须设施的医疗机构提供脐带血造血干细胞；
5. 脐带血成分必须用于临床。

六、单采血浆站

单采血浆站是指由血液制品生产单位设置的、采集生产血液制品用原料血浆的具有独立法人资格的单位。

（一）设置

单采血浆站设置应符合当地单采血浆站设置规划并经省级卫生行政部门批准。单采血浆站应设置在县级市并不得与一般血站设置在同一县级行政区域内，有地方病或者经血传播的传染病流行、高发的地区不得规划设置单采血浆站，上一年度和本年度自愿无偿献血未能满足临床用血的市级行政区域内不得新建单采血浆站。

设置单采血浆站必须具备下列条件：

1. 符合采供血机构设置规划、单采血浆站设置规划以及《单采血浆站基本标准》要求的条件；
2. 具有采集原料血浆相适应的卫生专业技术人员；
3. 具有采集原料血浆相适应的场所及卫生环境；
4. 具有识别供血浆者的身份识别系统；
5. 具有采集原料血浆的单采血浆机械及其他设施；
6. 具有对原料血浆进行质量检验的技术人员以及必要的仪器设备；
7. 符合国家生物安全管理相关规定。

设置单采血浆站应向设置地县级卫生行政部门提出申请并按规定报送申请材料，县级卫生行政部门初审后报经设区的市级卫生行政部门审查，审查同意后报省级卫生行政部门审批。省级卫生行政部门组织有关专家根据《单采血浆站质量管理规范》进行技术审查，经审查符合条件的，由省级卫生行政部门核发《单采血浆许可证》，并报卫生部备案。

《单采血浆许可证》有效期为2年，有效期满前3个月，单采血浆站应当向原发证部门申请延续。省级卫生行政部门依法进行审核，合格的，予以延续。经审核不合格的，责令其限期整改；经整改仍不合格的，注销其《单采血浆许可证》，单采血浆站不得继续执业。

（二）执业

单采血浆站的主要负责人应对采集的原料血浆质量安全负责。

单采血浆站应遵守如下执业规范要求：

1. 对供血浆者进行健康教育、健康状况征询、健康检查和血样化验，并按照卫生部发布的供血浆者须知对供血浆者履行告知义务；

2. 对健康检查合格的申请供血浆者核对身份证、填写供血浆者名册、报所在地县级卫生行政部门审核合格后，由县级卫生行政部门发给《供血浆证》；

3. 采集原料血浆应遵循自愿和知情同意的原则；

4. 采集血浆必须使用单采血浆机械，严禁手工采集血浆；

5. 每次采集血浆前必须将供血浆者持有的身份证、《供血浆证》与计算机档案管理内容进行核实，确认无误的，方可进行健康检查和血样化验；对检查、化验合格的，按照操作标准和程序采集血浆并详细记录；每次采集血浆量不得超过 580 毫升，两次供血浆时间间隔不得少于 14 天；

6. 单采血浆站在采集血浆中发现《供血浆证》内容变更的或者供血浆者健康检查不合格的，应当收缴《供血浆证》并及时告知当地县级卫生行政部门；

7. 严禁采集非划定采浆区域内供血浆者的血浆，严禁采集冒名顶替者及无《供血浆证》者的血浆，严禁采集血液或者将所采集的原料血浆用于临床；

8. 应建立对有易感染经血液传播疾病危险行为的供血浆者供血浆后的报告工作程序、供血浆者屏蔽和淘汰制度；

9. 对血浆采集工作实行全面质量管理，严格遵守《药典》血液制品原料血浆规程、《单采血浆站质量管理规范》等技术规范和标准；

10. 应建立人员岗位责任制和采供血浆管理相关工作制度，并定期检查、考核确保落实；

11. 关键岗位工作人员应当符合岗位执业要求，领取岗位培训合格证书后方可上岗；患有传染病、严重皮肤感染和体表伤口未愈者，不得从事采集血浆、检验、消毒、供应等岗位工作；

12. 单采血浆站各业务岗位应建立工作记录,有操作者和复核者签名,血浆采集、检测和供浆的原始记录应当至少保存10年;

13. 应保证对采集的血浆均进行严格的检测,采集的每袋血浆必须留存血浆标本,保存期应不少于血液制品生产投料后2年;

14. 血浆采集后必须单人份冰冻保存,严禁混浆;

15. 单采血浆站的实验室应配备必要的生物安全设备和设施,工作人员应当接受生物安全知识培训;

16. 单采血浆站人员发现法定传染病疫情时,应按照按照规定向有关部门报告;

17. 原料血浆包装袋应按照规定标明单采血浆站的名称、供血浆者姓名、编号、血浆重量、血浆类型、采集日期、血浆编号、有效期、储存条件等;运输装箱时,每箱内均应有装箱单并附有化验合格单以及血浆复检标本;

18. 单采血浆站只能向设置其的血液制品生产单位供应原料血浆;

19. 严格执行对有易感染经血液传播疾病危险行为的供血浆者采取保密性弃血处理。

第三节 临床用血管理

一、临床用血的原则

临床用血是指医疗机构对具有临床输血适应症的患者输全血或者成份血。临床用血应遵守以下原则:

(一)临床用血安全原则

临床用血安全原则是指医疗机构对患者进行输血治疗应严格遵守输血治疗技术规范、尽力避免输血治疗给患者造成伤害。由于医学的局限,到目前为止输血治疗仍然可能会给患者造成一定甚至严重的医疗损害,如输血反应、经血液途径感染某些疾病,因此,保障临床用血安全是患者健康权益的必然要求,是临床用血应遵守的首要原则。

(二) 合理输血、节约用血原则

合理输血、节约用血原则是指医疗机构对患者输血治疗必须严格掌握输血适应症,对于具有输血治疗适应症必须采取输血治疗的患者才能进行输血治疗,反对滥用输血治疗。由于输血治疗存在安全隐患,从患者健康权益考虑,必须严格控制输血治疗,必须在患者存在输血适应症时才能输血治疗,加之临床用血供应长期不足,因此医疗机构临床用血应遵守合理用血、节约用血的原则。《医疗机构临床用血管理办法(试行)》第四条规定:医疗机构临床用血应当遵照合理、科学的原则,制定用血计划,不得浪费和滥用血液。该规定明确肯定了合理输血、节约用血原则。

(三) 临床用血供应血站独占原则

临床用血供应血站独占原则是指医疗机构临床输血除医疗机构开展的患者自身储血、自体输血外,必须使用县级以上卫生行政部门指定的血站提供的血液。为了减少输血可能给患者造成的损害,保障血液质量是关键;从管理的角度,由政府设置的血站独占采血与血液供应有助于保障血液质量,因此实行临床用血供应血站独占原则是输血安全的必然要求。《医疗机构临床用血管理办法(试行)》第四条第二款规定:医疗机构临床用血,由县级以上人民政府卫生行政部门指定的血站供给。医疗机构开展的患者自身储血、自体输血除外。该规定肯定了临床用血供应血站独占原则。

二、临床用血管理机构

县级以上卫生行政部门负责对所辖医疗机构临床用血监督管理。

开展临床输血治疗的医疗机构设立临床输血管理委员会负责本医疗机构临床用血的规范管理和技术指导,开展临床合理用血、科学用血的教育和培训,该委员会由医院领导、业务主管部门及相关科室负责人组成。

二级以上医疗机构设立输血科(血库),在本院临床输血管理委员会领导下负责本单位临床用血的计划申报、储存血液、临床用血制度执行情况进行检查，并参与临床有关疾病的诊断、治疗。

医疗机构指定医务人员负责血液的收领、发放工作，核查血袋包装，对验收合格的血液，作好入库登记，分别存放于专用冷藏设施内储存，并签名和签署入库时间。

三、临床输血规范

根据《医疗机构临床用血管理办法（试行）》的相关规定，医疗机构临床输血应遵守下列规范：

（一）临床输血的患者必须具有输血适应症。凡患者血红蛋白低于100g/L和血球压积低于30%的属输血适应症。

（二）实行输血治疗前，经治医师应当向患者或其家属告之输血目的、可能发生的输血反应和经血液途径感染疾病的可能性，由医患双方共同签署用血志愿书或输血治疗同意书；输血治疗时须经治医师申报，上级医师核准签字后报输血科（血库）。急诊用血事后应补办手续。

（三）医疗机构的临床科室应有专人持领血单领取临床用血，输血科检查领血单合格后方可发血。

（四）医务人员给患者输血前，应检查血袋标签记录无误后方可进行输血治疗，检查结果详细记入病历。

（五）临床用血除患者自身储血、自体输血外医疗机构不得自行采集血液；患者亲友献血由血站采集血液和初、复检，并负责调配合格血液。

（六）医疗机构应急用血需要临时采集血液必须同时符合以下条件：

1. 边远地区的医疗机构和所在地无血站（或中心血库）；

2. 急需输血否则危及患者生命，而其他医疗措施不能替代；

3. 具备交叉配血及快速诊断方法检验乙型肝炎病毒表面抗原、丙型肝炎病毒抗体、艾滋病病毒抗体的条件。

（七）医务人员应严格执行《临床输血技术规范》的要求。

第四节 法律责任

一、非法采血的法律责任

有下列行为之一的,属于非法采血,由县级以上卫生行政部门予以取缔,没收违法所得,可以并处 10 万元以下的罚款;足以危害人体健康构成犯罪的,对行为人处 5 年以下有期徒刑或者拘役,并处罚金,对人体健康造成严重危害的,处 5 年以上 10 年以下有期徒刑,并处罚金,造成特别严重后果的,处 10 年以上有期徒刑或者无期徒刑,并处罚金或者没收财产:

(一)未经批准,擅自设置血站开展采供血活动的;

(二)已被注销的血站仍开展采供血活动的;

(三)已取得设置批准但尚未取得《血站执业许可证》即开展采供血活动,或者《血站执业许可证》有效期满未再次登记仍开展采供血活动的;

(四)租用、借用、出租、出借、变造、伪造《血站执业许可证》开展采供血活动的。

二、血站违规采供血的法律责任

(一)血站违规采血的法律责任

血站有下列违规采血行为之一的,由县级以上卫生行政部门予以警告、责令改正;逾期不改正,或者造成经血液传播疾病发生,或者造成其他严重后果的,对负有责任的主管人员和其他直接负责人员,依法给予行政处分,注销其《血站执业许可证》;造成危害他人身体健康后果构成犯罪的,对其直接负责的主管人员和其他直接责任人员,处 5 年以下有期徒刑或者拘役,并对单位判处罚金:

1. 超出执业登记的项目、内容、范围开展业务活动的;

2. 工作人员未取得相关岗位执业资格或者未经执业注册而从事采供血工作的;

3. 血液检测实验室未取得相应资格即进行检测的;

4. 擅自采集原料血浆、买卖血液的;

5. 采集血液前,未按照国家颁布的献血者健康检查要求对献血者进行健康检查、检测的;

6. 采集冒名顶替者、健康检查不合格者血液以及超量、频繁采集血液的;

7. 违反输血技术操作规程、有关质量规范和标准的;

8. 采血前未向献血者履行规定的告知义务的;

9. 擅自涂改、毁损或者不按规定保存工作记录的;

10. 使用的药品、体外诊断试剂、一次性卫生器材不符合国家有关规定的;

11. 重复使用一次性卫生器材的;

12. 对检测不合格或者报废的血液未按有关规定处理的;

13. 擅自跨省调配血液的;

14. 擅自向境外医疗机构提供血液或者特殊血液成分的;

15. 未按规定保存血液标本的;

16. 脐带血造血干细胞库等特殊血站违反有关技术规范的。

(二) **血站违规包装、储存、运输血液的法律责任**

血站采集临床用血的包装、储存、运输不符合国家规定的卫生标准和要求的,由县级以上卫生行政部门责令改正,给予警告。

(三) **血站违规供血的法律责任**

血站向医疗机构提供不符合国家规定标准的血液的,由县级以上卫生行政部门责令改正;造成经血液途径传播的疾病传播或者有传播严重危险的,限期整顿并对直接负责的主管人员和其他责任人员,依法给予行政处分;造成危害他人身体健康后果的,对直接负责的主管人员和其他直接责任人员,处五年以下有期徒刑或者拘役,并对单位判处罚金。

三、卫生行政部门工作人员的法律责任

卫生行政部门工作人员有下列行为之一的，由上级行政机关责令改正；情节严重的，对直接负责的主管人员和其他直接责任人员依法给予行政处分；滥用职权或者玩忽职守构成渎职犯罪的，处 3 年以下有期徒刑或者拘役，情节特别严重的，处 3 年以上 7 年以下有期徒刑；索贿、受贿构成犯罪的，依照《刑法》受贿罪的规定追究刑事责任。

（一）未按规定的程序审查而使不符合条件的设置血站申请者得到许可的；

（二）对不符合条件的申请者准予血站执业许可或者超越法定职权作出准予血站执业许可；

（三）在血站许可审批过程中弄虚作假的；

（四）对符合条件的血站设置及执业登记申请不予受理的；

（五）对符合条件的血站设置或者执业申请不在法定期限内作出许可决定的；

（六）不依法履行对血站的监督职责或者监督不力造成严重后果的；

（七）在履行职责过程中徇私舞弊、索贿受贿的。

复习思考题

1. 我国关于血液管理的主要立法有哪些？
2. 如何理解临床用血安全原则？
3. 简述我国采血行政许可制度的主要内容。
4. 简述血站执业规范的主要内容。
5. 谈谈我国献血者权益保护存在的问题及其对策。
6. 简述医疗机构临床输血的基本要求。
7. 简述血站违规采供血的主要行为及其法律责任。

【思考案例】

2003 年 1 月 12 日，患者朱某不慎坠地受伤被送入该市人民医院抢救治疗。在抢救治疗过程中，医师给患者输血站供全血400毫升。因治疗效果不佳转入该市中心医院治疗，同年3月15日出院。同月20日，朱某因发热5天皮肤黄染3天再次到该市人民医院就诊，因病情严重，医师采取由其父供血为其输血二次，共计200毫升。由于病情不见好转，于3月30日转该市中心医院。中心医院4月6日给朱某作血液检验时，发现其艾滋病毒抗体初筛呈阳性，随即对朱某父母血液进行艾滋病毒抗体检验，结果均呈阴性。之后将其血样报国家指定的艾滋病毒检测实验室检测，确认朱某感染上了艾滋病毒。

朱某父母认为是由于该市人民医院输血导致朱某感染艾滋病，朱某父母与医院多次协商未果。2003年8月10日，朱某向人民法院提起诉讼，要求该市人民医院和提供血液的血站赔偿艾滋病治疗费250万元、精神损失费30万元，共计280万元。

在法院审理过程中，血站将朱某所用的血液委托该市卫生防疫站进行检测，结果显示该血液艾滋病毒抗体呈阴性，但没有提供献血员的献血档案。医院提交了护士交班报告、当班护士的当庭证言、记载核对情况的病历以及输血惯例等证据，证明输血没有过失。

请问：

1. 在上述案例中医院的临床输血是否存在违规之处？
2. 朱某感染艾滋病依法应由谁承担赔偿责任？说明理由。
3. 请你谈谈该案例对医疗机构临床用血有何启示意义？

链接资源：

1. www.zgxianxue.com 中国献血网
2. www.gzbc.org 广州血液中心
3. www.brcbc.org 北京红十字血液中心

（撰稿人 肖 鹏）

第十五章 医学教学科研管理法律制度

第一节 医学教育法律制度

【教学目标】

通过本章学习，了解医学教育改革与发展的主要内容、我国现行医学教育体系，熟悉《广东省高等学校学生实习与毕业生就业见习条例》的主要内容、药物临床试验和医疗器械临床试验的法律规定、病源微生物实验室生物安全管理规定，掌握实验动物的检疫和传染病控制的法律规定、尸体解剖的法律规定、病源微生物实验室生物安全管理的规定。

一、医学教育概述

人类在与疾病斗争的过程中产生了医学，为了把长期积累起来的医疗经验传给下一代，便产生了医学教育。起初是以师带徒的形式，随着知识量的扩大和对医务人员需要量的增加，学校形式的医学教育便应运而生。我国早在公元 443 年已设立了官方的医学教育机构，19 世纪以后，西方医学传入我国，教会在各地陆续办医院、创办医学校，西方医学教育引入我国。1881年清政府在天津开设医学馆,1903年在北京京师大学堂内增设医学馆。这以后全国各地建立许多医学院校。中华人民共和国成立后,逐步形成了一套完整的包括基础医学教育（包括初等医学教育、中等医学教育、高等医学教育）、毕业后教育和继续医学教育在内的多层次的医学教育体系。

二、医学教育的相关立法

为了加强对医学教育的管理,1980年6月,卫生部、教育部联合召开全国高等医学教育工作会议,修订了《全国高等医学教育事业发展规划》。之后,卫生部陆续颁发了《高等医药院校教学教研室工作条例》《高等医药院校五年制医学生基本技能训练项目（草案）》《关于培养临床医学硕士和博士学位研究生的试行办法》《普通高等医学教育临床教学基地管理暂行规定》《关于扩大医药高等院校自主权的几点意见》《卫生技术人员进修教育工作条例（试行草案）》《继续医学教育暂行规定》《九十年代医学教育成人教育发展规划》《医学成人高等学历教育暂行规定》《社会力量办医科类学校管理办法》《关于医药卫生类高职高专教育的若干意见》《全科医师规范化培训试行办法》等。2010年1月22日,广东省十一届人大常委会第十六次会议通过《广东省高等学校学生实习与毕业生就业见习条例》。这是全国首例对高等学校学生实习、毕业生见习的立法,其适用对象当然也包括医学生。这些立法保证了医学教育的健康发展。

根据2001年颁布的《中国医学教育改革发展纲要》,我国医学教育改革与发展的主要内容包括:

1. 深入贯彻党的教育和卫生工作方针,根据人民群众对卫生服务的需求,顺应医学科学发展趋势,紧密结合卫生改革与发展的实际,深化医学教育改革,推动医学教育发展,全面推进素质教育,培养高质量的医药卫生人才。在医学教育改革和发展的实践中必须突出重点,实行分类指导,建立并完善适应21世纪社会、经济、科技、卫生发展需要的医学教育体系。

2. 坚持优化结构,深化改革,稳步发展,提高质量的方针。

3. 医学教育改革与发展的目标是到 2015 年建立起层次和专业布局合理、规模适当、开放的医学教育体系，实现医学教育现代化。各层次医学教育招生规模所占比例，本专科教育（含高等职业技术教育）提高到 60%，研究生教育提高到 12%；中等教育减少到 28%。进一步调整专业设置，普通本科主要设置医学、口腔医学、中医学、药学、中药学和护理学专业，高等职业技术教育和中等教育主要设置医学相关类专业，形成具有中国特色的医学普通专业教育与医学职业技术教育并举、分工明确、互相沟通、彼此衔接的医学人才培养体系，以及专科医师与全科医师同步发展的培训制度，使医学教育质量有明显提高。

4. 医学教育工作重点要采取多种形式为农村基层培养"下得去、留得住、用得上"的全心全意为人民服务的专科以上的医药卫生人才。

三、医学教育管理机构

我国医学教育由教育部和卫生部（或国家中医药管理局）共同管理。教育部负责教育方针政策、规划、规章制度的制定和统一安排。卫生部负责管理医学教育的具体业务。卫生部设科技教育司，其职责是：拟定医学教育发展规划和成人医学教育管理办法；指导医学专业学位建设和高、中等医学教育教学工作，指导部属院校的教学。各级卫生行政管理部门设有相应的专门管理机构，负责本地区的医学教育管理工作。

四、医学教育体系

我国医学教育体系包括初等医学教育、中等医学教育、高等医学教育、毕业后医学教育、继续医学教育等五个方面，现分述如下。

(一) 初等医学教育

初等医学教育是对基层卫生组织中从事简易技术工作的初级卫生技术人员进行的专业培养，包括对专业的初级卫生技术人员的培训和对不脱产的卫生技术人员的培训。前者是在地方卫生行政部门统一规划和管理下，由医疗卫生机构承担，培训形式主要有两种：一种是举办短期训练班，另一种是在工作中培训。不脱产的卫生技术人员培训是对乡村卫生人员的培训，培训方式主要是培训、复训，对象主要是乡村医师和基层不脱产卫生人员。

（二）中等医学教育

中等医学教育任务是培养各类中级卫生技术人员，旨在加强基础医疗卫生工作，发展我国城乡医药卫生事业服务。其专业培养目标是使学生具有中等卫生技术人才所必需的文化基础知识、基础理论、专业知识和实际技能。中等卫生学校的招生对象是初中毕业生，学制有三年制、四年制，专业设置主要有护理、助产、卫生保健、医学检验、人口与计划生育管理、卫生信息管理、医学生物技术、药剂等22个专业，部分专业的教学计划、课程安排、讲课、实验课和毕业实习等由卫生部统一制定。

（三）高等医学教育

高等医学教育的主要任务是培养高级医药卫生人才，同时承担医学科学研究和提供高水平的医疗卫生保健服务。

高等医学教育的专业培养目标是使学生掌握本专业所需的基础理论、基本知识和基本技能，并运用于实际工作，了解本专业范围内科学研究的新发展，比较熟练地运用一种外语阅读专业书刊，具有初步的科研能力。高等医学教育的学制由国家统一管理，医学本科5—6年，少数为7—8年，中医、儿科、公共卫生、口腔专业5—6年，药学专业为4—5年；医学专科为3年。我国高等医学院校的教学计划、教学大纲和教材由卫生部统一制定颁布，各院校参照执行。全国高等医学教育共分为八大类16个专业。这八类是基础医学类、预防医学类、临床医学与医学技术类、口腔医学类、中医学类、法医学类、护理学类、药学类。16个专业是基础医学、预防医学、临床医学、麻醉学、医学摄影学、医学检验、口腔医学、中医学、针灸推拿学、蒙医学、藏医学、法医学、护理学、药学、中药学、药物制剂。

（四）毕业后医学教育

毕业后医学教育是指在医学院校毕业后的卫生人员进行规范化的专业化培训，包括临床住院医师和专科医师培训及研究生培养等。毕业后医学教育的相关立法主要有《临床住院医师规范化培训试行办法》《医院药师规范化培训大纲》《住院医师规范化培训合格证书颁发管理办法（试行）》等具体规定。

1. 住院医师培养

有关机构按照《临床住院医师规范化培训大纲》要求对住院医师进行培训，各项考核、考试成绩合格，达到《住院医师规范化培训试行方法》中的第三条要求，发给《住院医师规范化培训合格证书》。《住院医师规范化培训合格证书》的颁发单位是经卫生部选定，科技教育司授权的省级卫生厅（局）和部属高等学校，卫生部科技教育司对证书颁发的过程进行必要的监督检查。

只有经住院医师培训结束并考核合格的住院医师，方可申请继续参加专科医师培养。专科医师培养和准入制度是国际医学界公认的医学生毕业后的高等教育制度。我国迄今尚无规范的专科医师培养、准入和管理制度。

2. 研究生教育

研究生教育是大学本科毕业后继续培养高级医药卫生技术人才的一种教育。其培养目标主要是医学科学研究人员和医学院校教师。

攻读硕士学位的研究生，必须在本学科内掌握坚实的基础理论和系统的专门知识，掌握一门外语，具有从事科学研究、教学工作或独立担负专门技术工作的能力。硕士研究生学制3年，在职研究生学制一般为4年。

攻读博士学位的研究生，必须掌握本学科宽广的基础理论和系统深入的专门知识，掌握两门外语，具有独立从事科研和教学工作的能力，在科学和专门技术上作出创造性成果。医科博士生招收已获硕士学位或具有相当水平的人员，学制2—3年。

（五）继续医学教育

继续医学教育是以学习新理论、新知识、新技术、新方法为主的医学教育。通过继续医学教育可以不断提高卫生专业技术人员业务素质和卫生队伍整体素质。卫生部对此十分重视，先后颁发了《全国继续医学教育委员会章程》《继续医学教育"十五"计划》《继续医学教育规定（试行）》《国家级继续医学教育项目申报、认可办法》《国家级继续教育学分授予办法》《国家级继续医学教育认可标准及管理办法》《继续医学教育"十一五"规划》等规定。

《继续医学教育"十一五"规划》明确规定,要严格按照《继续医学教育规定(试行)》要求,规范继续医学教育的对象、学分授予、考核、登记、验证等环节的管理,将继续医学教育的成绩与卫生技术人员的考核、聘任、晋升、任职、执业注册等密切结合。

各级卫生行政部门对继续医学教育进行领导、鼓励、监督和组织卫生技术人员参加继续医学教育活动。

五、关于医学学生实习与毕业生就业见习的相关规定

高等学校医学生见习、毕业实习是医学教育的重要一环,但一直面临"单位难联系,经费难落实,过程难监管,质量难保证,权益难保障,事故难处理"的"六难"。为此,2010年广东省在深入调查研究和充分协调论证的基础上,出台了《广东省高等学校学生实习与毕业生就业见习条例》作出了一系列具有创新意义的规定。该条例的主要内容[1]包括:

(一)明确企业培养人才的社会责任

该条例对企业培养人才的社会责任从三个层次作了规定。一是强调保障学生实习是全社会的共同责任;二是明确要求国家机关、国有和国有控股企业、财政拨款的事业单位和社会团体按照在职职工的一定比例接收学生实习;三是明确其他企业事业单位、社会团体及社会组织应当为学校组织的学生实习活动提供帮助和便利。

(二)加大各级政府扶持力度

第一,规定了政府建设信息平台的义务。该条例要求政府建设实习和见习的公共服务信息平台,及时公布每年各机关、企业计划提供的实习、见习岗位与当年本地高校的实习计划,并进行专业、时间等方面的统计、对接,引导学校和实习单位各取所需,实现最大程度的专业、岗位优化

---

[1] 柯旭:《先行立法破解难题——〈广东省高等学校学生实习与毕业生就业见习条例〉解读》,《人民之声》2010年第3期。

配置。

第二，规定了政府投入资金的义务和资金的筹集使用办法。该条例要求各级人民政府按照国家和省的有关规定在本级财政预算中安排资金，用于实习和见习的指导、培训和补贴等，规定了政府投入的基本任务；另一方面，还规定"资金的筹集和使用管理办法，由各级人民政府制定"，为各级政府探索多样化的资金筹集办法留下了余地。

第三，具体规定了激励企业参与实习、见习工作的措施。条例明确了政府对建立实习、见习基地企业的资金扶持和项目扶持，通过补贴、提供资金和项目支持、税费优惠等措施鼓励企业参与实习、见习工作。

第四，规定了见习人员的医疗保险。该条例规定见习人员可以在见习基地所在地参加城镇居民基本医疗保险，个人缴费标准和政府补助标准按照当地学生参加城镇居民基本医疗保险相应标准执行，并享受相应待遇。

（三）强化了对实习学生和见习毕业生的权益保护

第一，要求实习基地、学校和学生之间应当签定实习协议，鼓励其他实习单位、学校和学生之间签订实习协议，要求见习单位与毕业生签订见习协议。

第二，具体规定了学生和毕业生的休息权、安全生产环境与条件等权利。参照劳动法、劳动合同法对劳动者权益的有关规定，实习单位和见习单位不能安排超时工作，不能安排从事高毒、易燃易爆、国家规定的第四级体力劳动强度以及其他具有安全隐患的劳动等。

第三，规定了意外伤害保险制度。实习协议确定的投保人，应当及时为学生办理意外伤害保险等相关保险。见习单位应当为见习人员购买人身伤害意外保险。

第四，规定了实习补助、实习报酬和见习补贴的支付。学生顶岗实习期间，实习单位应当按照同岗位职工工资的一定比例向学生支付实习报酬。见习单位应当每月向见习人员提供不低于当地最低工资标准80%的生活补贴。

第五，对顶岗实习和见习的人数作了限制。用人单位接受顶岗实习和见习人员的人数不得超过本单位在职职工总人数的30%。

第六,明确了实习、见习活动的监管主体。即由人力资源和社会保障部门予以查处实习、见习单位违反条例的行为。

第二节 医学科研管理法律制度

【引导案例】

某 P3 实验室泄露烈性传染病①

2009年2月16日中国生命科学权威网站"生物通"报道:据 The Scientist 网站最新消息报道,美国新泽西一家生物安全三级实验室丢失了两只带有鼠疫细菌的实验小鼠尸体,可能造成公共安全威胁。这家实验室隶属于新泽西医科口腔大学的一个系,去年12月份,该实验室两只携带有鼠疫病原菌的冰冻小鼠尸体丢失。本周 New Jersey Star Ledger 向媒体报告了该事件。根据公共卫生研究所的规定,携带有这些烈性病原体动物尸体和生物实验垃圾必须进行无害化处理,最好是进行焚烧。

当发现携带鼠疫病原菌的小鼠尸体失踪后,P3 实验室立即将情况汇报给联邦政府,并通知 FBI。FBI 评估认为这起事件不会引发公共卫生安全问题。据悉,早在2005年时,该研究所就曾犯同样的错误,当时丢失的是两只携带鼠疫病原菌的活小鼠。

【问题思考】

1. 上述事件中试验小鼠的丢失事件依法应如何处理?
2. 我们应吸取怎样教训?

---

① http://www.ebiotrade.com/newsf/2009-2/2009213170508.htm。2012年2月1日访问。

一、临床试验的法律规定

临床试验是以患者本人为受试对象的研究活动。临床试验根据研究目的不同可以分为药物临床试验与医疗器械临床试验。我国先后于2003年6月、2004年1月由国家食品药品监督管理局通过了《药物临床试验质量管理规范》《医疗器械临床试验规定》,对临床试验做了相应规范。

(一)药物临床试验的法律规定

1. 在药物临床试验前,申办者应满足以下必要条件:

(1)申办者必须提供临床试验前的研究资料,包括组成、制造工艺和质量检验结果。所提供的临床试验前的资料必须符合进行相应各期临床试验的要求,同时还应提供试验药物和其他地区正在进行与临床试验有关的有效性和安全性资料;

(2)临床试验药物的制备符合《药品生产质量管理规范》;

(3)药物临床试验必须有充分的科学依据,即申办者必须周密考虑试验的目的及要解决的问题,权衡对受试者和公众健康预期的受益与风险,预期的受益应超过可能出现的损害,选择临床试验方法符合科学和伦理要求;

(4)药物临床试验机构的设施与条件满足安全有效地进行临床试验的需要,具体包括:所有研究者都应具有承担临床试验的专业特长、资格和能力,并经过培训;研究者和申办者应就试验方案、试验的监查、稽查和标准操作规程以及实验的职责分工等达成书面协议。

2. 药物临床试验的申办者

药物临床试验的申办者是指发起一项临床试验并对该试验的启动、管理、财务和监查负责的公司、机构或组织。其主要职责包括:

(1)选择临床试验的机构和研究者;

(2)向研究者提供研究者手册(研究者手册的内容包括:试验药物的化学、药学、病理学、药理学和临床的(包括以前的和正在进行的试验)资料和数据);

(3)与研究者共同设计临床试验方案并与研究者述明在方案实施、数据管理、统计分析、结果报告、发表论文等方面的职责及分工;

第十五章
医学教学科研管理法律制度

（4）向研究者提供有易于识别和正确的编码并贴有特殊标签的试验药物、标准品、对照药品或安慰剂，并保证质量合格；

（5）任命为研究者所接受的合格监查员；

（6）对研究中发生的严重不良事件，应与研究者迅速研究，采取必要的措施以保证受试者的安全和权益，同时及时向药品监督管理部门和卫生行政管理部门报告，向涉及同一药物的临床试验的其他研究院通报；

（7）对受试者提供保险，对于受试者出现与试验相关的损害或死亡承担医疗的费用及相应的经济补偿；

（8）研究者不遵从已经批准的方案或有关法规进行临床试验时，指出并要求纠正，如坚持不改，则应终止研究者参加临床试验并向药品监督管理部门报告；

（9）向国家食品药品监督管理部门递交试验的总结报告。

3．受试者的权益保障

《药物临床试验质量管理规范》明确规定在药物临床试验的过程中，必须对受试者的个人权益给予充分的保障，规定了伦理委员会与受试者的知情同意书两方面内容来保障受试者权益。

（1）伦理委员会

伦理委员会由从事医药相关专业人员、非医药专业人员、法律专家及来自其他单位的人员组成，总数不少于5人，并有不同性别的委员。伦理委员会的组成和工作不应受任何参与试验者的影响。伦理委员会对试验方案审议后做出批准与否的决定，试验方案必须经伦理委员会同意并签署批准意见后方可实施。

伦理委员会应从保障受试者权益的角度严格按下列各项审议试验方案：研究者的资格、经验，是否有充分的时间参加临床试验，人员配备及设备条件等是否符合试验要求；试验方案是否充分考虑了伦理原则，包括研究目的、受试者及其他人员可能遭受的风险和受益及试验设计的科学性；受试者入选的方法，向受试者（或其家属、监护人、法定代理人）提供有关本试验的信息资料是否完整易懂，获取知情同意书的方法是否适当；受试者因参加临床试验而受到损害甚至发生死亡时，给予的治疗和或

337

保险措施；对试验方案提出的修正意见是否可接受；定期审查临床试验进行中受试者的风险程度。

（2）受试者的知情同意书

受试者接受临床试验，研究者必须获得受试者的知情同意书。研究者在获得受试者的知情同意书之前，必须将临床试验的下列情况详细向受试者说明：受试者参加试验应是自愿的，而且有权在试验的任何阶段随时退出试验而不会遭到歧视或报复，其医疗待遇与权益不会受到影响；参加试验及在试验中的个人资料均属保密；告知受试者预期可能的受益和风险、受试者可能被分配到试验的不同组别。

研究者必须给受试者充分的时间以便考虑是否愿意参加试验，对无能力表达同意的受试者，应向其法定代理人提供上述介绍与说明。知情同意过程应采用受试者或法定代理人能理解的语言和文字，试验期间，受试者可随时了解与其有关的信息资料；如发生与试验相关的损害时，受试者可以获得治疗和相应的补偿。

经充分和详细解释试验的情况后，研究者由受试者或者其法定代理人在知情同意书上签字并注明日期而获得知情同意书，执行知情同意过程中研究者也需要在知情同意书上签署姓名和日期。儿童作为受试者，研究者必须征得其法定监护人的知情同意书并签署知情同意书；当儿童能作出同意参加研究决定时，还必须征得其本人同意。

研究者在获得受试者知情同意书后，如发现试验药物的重要新资料，必须将知情同意书作书面修改送伦理委员会批准后，再次征得本人同意。

受试者知情同意书的例外情况是：在紧急情况下，无法取得本人及其合法代理人的知情同意书，并缺乏已被证实的治疗方法，试验药物有望挽救生命、恢复健康，或减轻病痛，可考虑将患者作为药物试验的受试者，但需要在试验方案和有关文件中说明情况接受这些受试者的方法，并事先取得伦理委员会同意。

4．临床试验的研究者

（1）研究者的条件

负责临床试验的研究者应同时具备下列五项研究条件：第一、在医疗机构中具有相应专业技术职务任职和行医资格；第二、具有试验方案中所要求的专业知识和经验；第三、对临床试验方法具有丰富经验或者能得到本单位有经验的研究者在学术上的指导；第四、熟悉申办者所提供的与临床试验有关的资料与文献；第五、有权支配参与该项试验的人员和使用该项试验所需的设备。

(2) 研究者的职责

负责临床试验的研究者必须履行下列职责：第一、研究者必须详细阅读和了解试验方案的内容，并严格按照方案执行；第二、了解并熟悉试验药物的性质、作用、疗效及安全性（包括该药物临床前研究的有关资料），同时也应掌握临床试验进行期间发现的所有与该药物有关的新信息；第三、在有良好医疗设施、实验室设备、人员配备的医疗机构进行临床试验；第四、应获得所在医疗机构或主管单位的同意，保证有充分的时间在方案规定的期限内负责和完成临床试验；第五、向参加临床试验的所有工作人员说明有关试验的资料、规定和职责，确保有足够数量并符合试验方案的受试者进入临床试验；第六、应向受试者说明经伦理委员会同意的有关试验的详细情况，并取得知情同意书；第七、采取必要的措施以保障受试者的安全，并记录在案。在临床试验过程中如发生严重不良事件，应立即对受试者采取适当的治疗措施，同时报告药品监督管理部门、卫生行政部门、申办者和伦理委员会，并在报告上签名及注明日期；第八、应保证将数据真实、准确、完整、及时、合法地载入病历和病例报告表；第九、应接受申办者派遣的监查员或稽查员的监查和稽查及药品监督管理部门的稽查和视察，确保临床试验的质量；第十、研究者应与申办者商定有关临床试验的费用，并在合同中写明，在临床试验过程中，不得向受试者收取试验用药所需的费用；第十一、临床试验完成后，研究者必须写出总结报告，签名并注明日期后送申办者；第十二、中止临床试验必须通知受试者、申办者、伦理委员会和药品监督管理部门，并阐明理由。

5. 药物临床试验监查员

药物临床试验监查员是为保证研究者遵循已批准的方案和有关法规进行临床研究，由申办者任命的对研究者临床试验活动进行监查的人。监查员的人数取决与临床试验的复杂程度和参与实验的医疗机构的数目。监查员的职责主要包括：

(1) 在试验前确认试验承担单位已具有适当的条件，包括人员配备与培训情况，实验室设备齐全、运转良好，具备各种与试验有关的检查条件，估计有足够数量的受试者，参与研究人员熟悉试验方案中的要求；

(2) 在试验过程中监查研究者对试验方案的执行情况，确认在试验前取得所有受试者的知情同意书，了解受试者的入选率及试验的进展状况，确认入选的受试者合格；

(3) 确认所有数据的记录与报告正确完整，所有病例报告表填写正确，并与原始资料一致；

(4) 确认所有不良事件均记录在案，严重不良事件在规定时间内作出报告并记录在案；

(5) 核实试验用药品按照有关法规进行供应、贮藏、分发、收回，并做相应的记录；

(6) 协助研究者进行必要的通知及申请事宜，向申办者报告试验数据和结果；

(7) 应清楚如实记录研究者未能做到的随访、未进行的试验、未做的检查，以及是否对错误、遗漏作出纠正；

(8) 根据申办者的要求对临床试验进行访视，每次访视后作书面报告递送申办者，报告应述明监查日期、时间、监查员姓名、监查的发现等。

(二) 医疗器械临床试验的法律规定

1. 医疗器械临床试验的前提条件

(1) 该产品具有复核通过的注册产品标准或相应的国家、行业标准；

(2) 该产品具有自测报告；

(3) 该产品具有国务院食品药品监督管理部门会同国务院质量技术监督部门认可的检测机构出具的产品型式试验报告，且结论为合格；

(4) 受试产品为首次用于植入人体的医疗器械的，应当具有该产品的动物试验报告。

2. 医疗器械临床试验的实施者

医疗器械临床试验的实施者是为申请注册医疗器械产品而发起、资助、实施、组织和监查临床试验的单位。

医疗器械临床试验的实施者主要职责是：（1）依法选择医疗机构；（2）向医疗机构提供《医疗器械临床试验须知》；（3）与医疗机构共同设计、制定医疗器械临床试验方案，签署双方同意的医疗器械临床试验方案及合同；（4）向医疗机构免费提供受试产品；（5）对医疗器械临床试验人员进行培训；（6）向医疗机构提供担保；（7）发生严重副作用应当如实、及时分别向受理该医疗器械注册申请的省级食品药品监督管理部门和国家食品药品监督管理局报告，同时向进行该医疗器械临床试验的其他医疗机构通报；（8）受试产品对受试者造成损害的，实施者应当按医疗器械临床试验合同给予受试者补偿；（9）实施者中止医疗器械临床试验前，应当通知医疗机构、伦理委员会和受理该医疗器械注册申请的省级食品药品监督管理部门和国家食品药品监督管理局，并说明理由。

3. 医疗器械临床试验方案

医疗器械临床试验方案是实施者与负责临床试验的医疗机构共同制订的阐明实验目的、风险分析、总体设计、试验方法和步骤内容的文件。医疗器械临床试验方案由负责临床试验的医疗机构和实施者按规定的格式共同设计制订、报伦理委员会认可后实施，若有修改，必须经伦理委员会同意，该试验方案以最大限度地保障受试者权益、安全和健康为首要原则。医疗器械临床试验方案应在临床试验开始前制订，必须按照制订并经伦理委员会同意的试验方案进行。

医疗器械临床试验方案应当包括的内容是：（1）临床试验的题目；（2）临床试验的目的、背景和内容；（3）临床评价标准；（4）临床试验的风险与受益分析；（5）临床试验人员姓名、职务、职称和任职部门；（6）总体设计，包括成功或失败的可能性分析；（7）临床试验持续时间及其确定理由；（8）每病种临床试验例数及其确定理由；（9）选择对象范围、对象数量及选择的理由，必要时对照组的设置；（10）治疗性产品应当有明确的适应症或适用范围；（11）临床性能的评价方法和统计处理方法；

(12)副作用预测及应当采取的措施;(13)受试者《知情同意书》;(14)各方职责。

医疗器械临床试验应当在两家以上(含两家)医疗机构进行。

4. 医疗器械临床试验的医疗机构及临床试验人员

医疗器械临床试验的医疗机构必须是经过国家食品药品监督管理局会同卫生部认定的药品临床试验基地。

医疗器械临床试验的人员应当具备的条件是:(1)具备承担该项临床试验的专业特长、资格和能力;(2)熟悉实施者所提供的与临床试验有关的资料与文献。(3)临床试验负责人应当具备主治医师以上的职称。

负责医疗器械临床试验的医疗机构及临床试验人员的职责包括:(1)应当熟悉实施者提供的有关资料,并熟悉受试产品的使用;(2)与实施者共同设计、制定临床试验方案,双方签署临床试验方案及合同;(3)如实向受试者说明受试产品的详细情况,临床试验实施前,必须给受试者充分的时间考虑是否参加临床试验;(4)如实记录受试产品的副作用及不良事件,并分析原因;发生不良事件及严重副作用的,应当在24小时内向省级药监部门和国家药监部门报告;(5)在发生副作用时,临床试验人员应当及时做出临床判断,采取措施,保护受试者利益;必要时,伦理委员会有权立即中止临床试验;(6)对实施者提供的资料负有保密义务;(7)提出临床试验报告,并对报告的正确性及可靠性负责;(8)临床试验中止的,应当通知受试者、实施者、伦理委员会和受理该医疗器械注册申请的省级食品药品监督管理局和国家食品药品监督管理局,并说明理由。

5. 受试者权益保障

医疗器械临床试验负责人应当向受试者或其法定代理人详细说明如下事项:(1)受试者自愿参加临床试验,有权在临床试验的任何阶段退出;(2)受试者的个人资料保密,除伦理委员会、食品药品监督管理部门、实施者外其他人不得查阅受试者的资料,同时上述查阅人员不得对外披露其内容;(3)医疗器械临床试验方案,特别是医疗器械临床试验目的、过程和期限、预期受试者可能的受益和可能产生的风险;(4)医疗器械临床试验期间,医疗机构有义务向受试者提供与该临床试验有关的信息资料;

(5) 因受试产品原因造成受试者损害，实施者应当给予受试者相应的补偿，同时不得向受试者收取费用。

6. 医疗器械临床试验报告

医疗器械临床试验完成后，承担临床试验的医疗机构应当按医疗器械临床试验方案的要求和规定的格式出具临床试验报告。

医疗器械临床试验报告应当包括以下内容：(1) 试验的病种、病例总数和病例的性别、年龄、分组分析，对照组的设置（必要时）；(2) 临床试验方法；(3) 所采用的统计方法及评价方法；(4) 临床评价标准；(5) 临床试验结果；(6) 临床试验结论；(7) 临床试验中发现的不良事件和副作用及其处理情况；(8) 临床试验效果分析；(9) 适应症、适用范围、禁忌症和注意事项；(10) 存在问题及改进建议。

医疗器械临床试验报告应当由临床试验人员签名、注明日期，并由承担临床试验的医疗机构中的临床试验管理部门签署意见、注明日期、签章。

医疗机构应当保存临床试验资料至试验终止后 5 年。实施者应当保存临床试验资料至最后生产的产品投入使用后 10 年。

二、医学实验动物管理的法律规定

医学实验动物是指经人工饲育，对其携带的微生物实行控制，遗传背景明确或者来源清楚的，用于科学研究、教学、生产、检定以及其他科学实验的动物。医学实验动物的管理包括对医学实验动物和动物实验的管理两部分。

1988 年 11 月 14 日国家科学技术委员会发布了《实验动物管理条例》，2002 年 1 月 1 日科技部、卫生部、教育部、农业部、国家质检总局、国家中医药管理局、解放军总后卫生部联合发布了《实验动物许可证管理办法（试行）》。上述规定加强了实验动物管理，有效保障了医学科学研究水平。

（一）医学实验动物的管理部门

国家科学技术委员会主管全国实验动物工作。省级科学技术委员会主

管本地区的实验动物工作。国务院各有关部门负责管理本部门的实验动物工作。

我国实行实验动物许可证制度。许可证包括实验动物生产许可证和实验动物使用许可证。在我国境内从事与实验动物工作有关的组织和个人获得许可证后方可进行相关活动。许可证由各省级科技厅（科委）印制、发放和管理。

(二) 实验动物的饲育管理

从事实验动物饲育工作的单位，必须根据遗传学、微生物学、营养学和饲育环境方面的标准，定期对实验动物进行质量监测。各项作业过程和监测数据应有完整、准确的记录，并建立统计报告制度。

实验动物的饲育室、实验室应按照科学的管理制度和操作规程操作，应设在不同区域，并进行严格隔离。

实验动物必须按照不同来源，不同品种、品系和不同的实验目的，分开饲养。实验动物分为四级：一级，普通动物；二级，清洁动物；三级，无特定病原体动物；四级，无菌动物。对不同等级的实验动物，应当按照相应的微生物控制标准进行管理。实验动物必须饲喂质量合格的全价饲料。霉烂、变质、虫蛀、污染的饲料，不得用于饲喂实验动物。直接用作饲料的蔬菜、水果等，要经过清洗消毒，并保持新鲜。一级实验动物的饮水，应当符合城市生活饮水的卫生标准。二、三、四级实验动物的饮水，应当符合城市生活饮水的卫生标准并经灭菌处理。实验动物的垫料应当按照不同等级实验动物的需要，进行相应处理，达到清洁、干燥、吸水、无毒、无虫、无感染源、无污染。

(三) 实验动物的检疫和传染病控制

1. 对引入的实验动物，必须隔离检疫

为补充种源或开发新品种而捕捉的野生动物，必须在当地进行隔离检疫，并取得动物检疫部门出具的证明。野生动物运抵实验动物处所，需经再次检疫，方可进入实验动物饲育室。对必须进行预防接种的实验动物，应当根据实验动物要求或者按照《家畜家禽防疫条例》的有关规定，进行预防接种，但用作生物制品原料的实验动物除外。实验动物患病死亡的，应当及时查明原因，妥善处理，并记录在案。

2. 实验动物患有传染性疾病的，必须立即视情况分别予以销毁或者隔离治疗

对可能被传染的实验动物，进行紧急预防接种，对饲育室内外可能被污染的区域采取严格消毒措施，并报告上级实验动物管理部门和当地动物检疫、卫生防疫单位，采取紧急预防措施，防止疫病蔓延。

（四）实验动物的应用

应用实验动物应当根据不同的实验目的，选用相应的合格实验动物。申报科研课题和鉴定科研成果，应当把应用合格实验动物作为基本条件。应用不合格实验动物取得的检定或者安全评价结果无效，所生产的制品不得使用。

供应用的实验动物应当具备下列完整的资料：品种、品系及亚系的确切名称；遗传背景或其来源；微生物检测状况；合格证书；饲育单位负责人签名。无上述资料的实验动物不得应用。

实验动物运输工作应当有专人负责。实验动物的装运工具应当安全、可靠。不得将不同品种、品系或者不同等级的实验动物混合装运。

（五）实验动物的进口与出口管理

进口、出口实验动物的检疫工作，按照《中华人民共和国进出口动植物检疫条例》的规定办理。

从国外进口作为原种的实验动物，应附有饲育单位负责人签发的品系和亚系名称以及遗传和微生物状况等资料。无上述资料的实验动物不得进口和应用。

实验动物工作单位从国外进口实验动物原种，必须向国家科学技术委员会指定的保种、育种和质量监控单位登记。

出口实验动物，必须报国家科学技术委员会审批。经批准后，方可办理出口手续。

（六）从事实验动物工作的人员

实验动物工作单位应当根据需要，配备科技人员和经过专业培训的饲

育人员。各类人员都要遵守实验动物饲育管理的各项制度，熟悉、掌握操作规程。实验动物工作单位对直接接触实验动物的工作人员，必须定期组织检查。对患有传染性疾病，不宜承担所做工作的人员，应当及时调换工作。

（七）申请实验动物生产许可证的条件

1. 实验动物种子来源于国家实验动物保种中心或国家认可的种源单位，遗传背景清楚，质量符合现行的国家标准；

2. 具有保证实验动物及相关产品质量的饲养、繁育、生产环境设施及检测手段；

3. 使用的实验动物饲料、垫料及饮水等符合国家标准及相关要求；

4. 具有保证正常生产和保证动物质量的专业技术人员、熟练技术工人及检测人员；

5. 具有健全有效的质量管理制度；

6. 生产的实验动物质量符合国家标准；

7. 法律、法规规定的其他条件。

（八）申请实验动物使用许可证的条件

1. 使用的实验动物及相关产品必须来自有实验动物生产许可证的单位，质量合格；

2. 实验动物饲育环境及设施符合国家标准；

3. 使用的实验动物饲料符合国家标准；

4. 有经过专业培训的实验动物饲养和动物实验人员；

5. 具有健全有效的管理制度；

6. 法律、法规规定的其他条件。

（九）实验动物许可证的审批和发放

省级科技厅（科委）负责受理许可证申请，并进行考核和审批。

各省级科技厅（科委）受理申请后，应组织专家组对申请单位的申请材料及实际情况进行审查和现场验收，出具专家组验收报告。对申请生产许可证的单位，其生产用的实验动物种子须按照《关于当前许可证发放过程中有关实验动物种子问题处理意见》进行确认。

省级科技厅（科委）在受理申请后的三个月内给出相应的评审结果。合格者由省级科技厅（科委）签发批准实验动物生产或使用许可证的文件，发许可证。

省级科技厅（科委）将有关材料（申请书及申请材料、专家组验收报告、批准文件）报送科技部及有关部门备案。

（十）实验动物许可证的管理和监督

凡取得实验动物生产许可证的单位，应严格按照国家有关实验动物的质量标准进行生产和质量控制，在出售实验动物时应提供实验动物质量合格证，并附符合标准规定的近期实验动物质量检测报告。许可证的有效期为五年。具有实验动物使用许可证的单位在接受外单位委托的动物实验时，双方应签署协议书，使用许可证复印件必须与协议书一并使用，方可作为实验结论合法性的有效文件。

实验动物许可证不得转借、转让、出租给他人使用，取得实验动物生产许可证的单位也不得代售无许可证单位生产的动物及相关产品。许可证实行年检管理制度。

未取得实验动物生产许可证的单位不得从事实验动物生产、经营活动。未取得实验动物使用许可证的研究单位，或者使用的实验动物及相关产品来自未取得生产许可证的单位或质量不合格的，所进行的动物实验结果不予承认。

已取得实验动物许可证的单位，违反《实验动物许可证管理办法（试行）》第十四条规定或生产、使用不合格的动物，一经核实，发证机关有权收回其许可证，并予公告。情节恶劣、造成严重后果的，依法追究行政责任。

四、尸体解剖的法律规定

解剖尸体对于医学教学科研，分析病因、死因具有不可代替的作用。为了有助于开展尸体解剖，保护善良风俗，卫生部于1979年9月10日修订并发布了《解剖尸体规则》。这是我国当前规范尸体解剖的唯一法规。

（一）尸体解剖单位

根据《解剖尸体规则》，尸体解剖分为普通解剖、法医解剖与病理解剖三类。普通解剖限于医学院校和其他有关教学、科研单位的人体学科在教学和科学研究时施行。法医解剖限于各级人民法院、人民检察院、公安局以及医学院校设置的法医科（室）对涉及刑事案件必须经过尸体解剖方能判明死因的尸体、有关他杀或自杀嫌疑者尸体、其他涉及法律问题需要查明死因的尸体进行解剖。病理解剖限于研究教学、医疗、医学科学研究和医疗预防机构的病理科（室）对死因不清楚的尸体，有科学研究价值者尸体，死者生前有遗嘱或家属愿供解剖者尸体，疑似职业中毒、烈性传染病或集体中毒死亡者尸体进行解剖。

（二）尸体解剖的基本要求

尸体解剖前必须经过医师进行死亡鉴定，并签署死亡证明。供普通解剖的无主尸体，应保存1个月后方可使用。在此1个月内，如发现姓名及通信地址时，应及时通知家属在限期内前来认领，逾期不领者，在呈报主管机关和公安部门批准后，即可解剖。

病理解剖科（室）只接受医疗、预防、科研、卫生行政机构和其他有关国家机关的委托进行尸体解剖。病理解剖发现有他杀或自杀嫌疑时，病理解剖单位应通知公安局派法医进行解剖或由法医与病理师共同进行解剖。

病理解剖、法医解剖应以尽量保持外形完整为原则，如有损坏外形必要时，应征得家属或死者生前所在单位同意。

（三）尸体解剖登记

开展病理解剖和法医解剖的单位应建立尸体解剖登记簿，对尸体进行解剖登记。

尸体解剖登记簿应记载如下事项：尸体编号、姓名、年龄、性别、籍贯等、尸体来历、解剖原因、临床诊断、解剖时间、解剖人姓名、解剖后诊断、解剖报告日期。

施行病理解剖和法医解剖的单位应将尸体的情况（包括尸体解剖诊断），每年至少向其主管部门书面报告一次。

五、病源微生物实验室生物安全管理的规定

为了加强我国境内病原微生物实验室及其从事实验活动〔是指实验室从事与病原微生物菌（毒）种、样本有关的研究、教学、检测、诊断等活动〕的生物安全管理，保护实验室工作人员和公众的健康，国务院于2004年11月12日颁布并实施了《病原微生物实验室生物安全管理条例》，2006年3月国家环境保护总局颁布了《病原微生物实验室生物安全环境管理办法》并于5月1日起施行。

（一）病原微生物的种类

国家根据病原微生物的传染性、感染后对个体或者群体的危害程度，将病原微生物分为四类：

第一类病原微生物，是指能够引起人类或者动物非常严重疾病的微生物，以及我国尚未发现或者已经宣布消灭的微生物。

第二类病原微生物，是指能够引起人类或者动物严重疾病，比较容易直接或者间接在人与人、动物与人、动物与动物间传播的微生物。

第三类病原微生物，是指能够引起人类或者动物疾病，但一般情况下对人、动物或者环境不构成严重危害，传播风险有限，实验室感染后很少引起严重疾病，并且具备有效治疗和预防措施的微生物。

第四类病原微生物，是指在通常情况下不会引起人类或者动物疾病的微生物。

第一类、第二类病原微生物统称为高致病性病原微生物。

（二）采集病原微生物样本应当具备的条件

1. 具有与采集病原微生物样本所需要的生物安全防护水平相适应的设备；2. 具有掌握相关专业知识和操作技能的工作人员；3. 具有有效的防止病原微生物扩散和感染的措施；4. 具有保证病原微生物样本质量的技术方法和手段。

（三）运输高致病性病原微生物菌（毒）种或者样本的条件及批准

运输高致病性病原微生物菌（毒）种或者样本应具备下列条件：

1. 运输目的、高致病性病原微生物的用途和接收单位符合国务院卫生主管部门或者兽医主管部门的规定；

2. 高致病性病原微生物菌（毒）种或者样本的容器应当密封，容器或者包装材料还应当符合防水、防破损、防外泄、耐高（低）温、耐高压的要求；

3. 容器或者包装材料上应当印有国务院卫生主管部门或者兽医主管部门规定的生物危险标识、警告用语和提示用语。此外，运输高致病性病原微生物菌（毒）种或者样本，应当由不少于2人的专人护送，并采取相应的防护措施。

运输高致病性病原微生物菌（毒）种或者样本，应当经省级以上卫生主管部门或者兽医主管部门批准。在省级行政区域内运输的，由省级人民政府卫生主管部门或者兽医主管部门批准；需要跨省级运输或者运往国外的，由出发地的省级卫生主管部门或者兽医主管部门进行初审后，分别报国务院卫生主管部门或者兽医主管部门批准。出入境检验检疫机构在检验检疫过程中需要运输病原微生物样本的，由国务院出入境检验检疫部门批准，并同时向国务院卫生主管部门或者兽医主管部门通报。通过民用航空运输高致病性病原微生物菌（毒）种或者样本的，除了经过上述两环节的批准外，还应当经国务院民用航空主管部门批准。

（四）保藏机构

保藏机构是指国务院卫生主管部门或者兽医主管部门指定的菌（毒）种保藏中心或者专业实验室，其承担集中储存病原微生物菌（毒）种和样本的任务。

保藏机构承担如下义务：

1. 应当依照国务院卫生主管部门或者兽医主管部门的规定，储存实验室送交的病原微生物菌（毒）种和样本，并向实验室提供病原微生物（毒）种和样本；

2. 应当制定严格的安全保管制度，作好病原微生物菌（毒）种和样本进出和储存的记录，建立档案制度，并指定专人负责。对高致病性病原微生物菌（毒）种和样本应当设专库或者专柜单独储存；

3. 保藏机构储存、提供病原微生物菌（毒）种和样本，不得收取任何费用，其经费由同级财政在单位预算中予以保障；

4. 保藏机构应当依照本条例的规定取得的从事高致病性病原微生物相关实验活动的批准文件，向实验室提供高致病性病原微生物菌（毒）种和样本，并予以登记；

5. 保藏机构接受实验室送交的病原微生物菌（毒）种和样本，应当予以登记，并开具接收证明；

6. 高致病性病原微生物菌（毒）种或者样本在运输、储存中被盗、被抢、丢失、泄漏的，保藏机构（包括承运单位、护送人）应当采取必要的控制措施，并在2小时内分别向承运单位的主管部门、护送人所在单位和保藏机构的主管部门报告，同时向所在地的县级人民政府卫生主管部门或者兽医主管部门报告，发生被盗、被抢、丢失的，还应当向公安机关报告。

（五）实验室的设立和管理

国家根据实验室对病原微生物的生物安全防护水平，并依照实验室生物安全国家标准的规定，将实验室分为一级、二级、三级、四级。其中三级、四级实验室要通过国家认可，颁发相应级别的生物安全实验室证书，证书有效期为5年。新建、改建、扩建三级、四级实验室或者生产、进口移动式三级、四级实验室，应当编制环境影响报告书，并按照规定程序报国家环境保护总局审批。建成并通过国家认可的三级、四级实验室，应当在取得生物安全实验室证书后15日内填报三级、四级病原微生物实验室备案表，报所在地的县级人民政府环境保护行政主管部门。一级、二级实验室不得从事高致病性病原微生物实验活动。

1. 新建、改建、扩建三级、四级实验室或者生产、进口移动式三级、四级实验室的要求：

（1）符合国家生物安全实验室体系规划并依法履行有关审批手续；

（2）经国务院科技主管部门审查同意；

（3）符合国家生物安全实验室建筑技术规范；

（4）依照《中华人民共和国环境影响评价法》的规定进行环境影响评价并经环境保护主管部门审查批准；

（5）生物安全防护级别与其拟从事的实验活动相适应。

2. 三级、四级实验室从事高致病性病原微生物实验活动应当具备的条件：

（1）实验目的和拟从事的实验活动符合国务院卫生主管部门或者兽医主管部门的规定；

（2）通过实验室国家认可；

（3）具有与拟从事的实验活动相适应的工作人员；

（4）工程质量经建筑主管部门依法检测验收合格。

3. 实验室的管理

实验室的设立单位负责实验室的生物安全管理。

设立单位应当依法制定科学、严格的管理制度，定期对有关生物安全规定的落实情况进行检查，定期对实验室设施、设备、材料等进行检查、维护和更新，以确保其符合国家标准，同时实验室的设立单位及其主管部门应当加强对实验室日常活动的管理。

设立单位应当建立健全安全保卫制度，采取安全保卫措施，严防高致病性病原微生物被盗、被抢、丢失、泄漏，保障实验室及其病原微生物的安全。实验室的设立单位应当每年定期对工作人员进行培训，保证其掌握实验室技术规范、操作规程、生物安全防护知识和实际操作技能。实验室应当制定实验室感染应急处置预案，并向该实验室所在地的省级卫生主管部门或者兽医主管部门备案。

国务院卫生主管部门和兽医主管部门会同国务院有关部门组织病原学、免疫学、检验医学、流行病学、预防兽医学、环境保护和实验室管理等方面的专家，组成国家病原微生物实验室生物安全专家委员会，承担从事高致病性病原微生物相关实验活动的实验室的设立与运行的生物安全评估和技术咨询、论证工作。

国家环境保护总局设立病原微生物实验室生物安全环境管理专家委员会。该专家委员会负责审议有关实验室污染控制标准和环境管理技术规范、有关实验室环境影响评价文件，并提出审查建议。

实验室应当建立实验档案，记录实验室使用情况和安全监督情况。实

第十五章
医学教学科研管理法律制度

验室从事高致病性病原微生物相关实验活动的实验档案保存期，不得少于20年。实验室排放废水、废气的，应当按照国家环境保护总局的有关规定，执行排污申报登记制度。实验室产生危险废物的，必须按照危险废物污染环境防治的有关规定，向所在地县级以上地方人民政府环境保护行政主管部门申报危险废物的种类、产生量、流向、贮存、处置等有关资料。

（六）实验室感染控制与监督管理

1. 感染控制

实验室的设立单位应当指定专门的机构或者人员承担实验室感染控制工作，定期检查实验室的生物安全防护、病原微生物菌（毒）种和样本保存与使用、安全操作、实验室排放的废水和废气以及其他废物处置等规章制度的实施情况。实验室工作人员出现与本实验室从事的高致病性病原微生物相关实验活动有关的感染临床症状或者体征时，实验室负责人应当向负责实验室感染控制工作的机构或者人员报告，同时派专人陪同及时就诊。

实验室发生高致病性病原微生物泄漏时，实验室工作人员应当立即采取控制措施，防止高致病性病原微生物扩散，并同时向负责实验室感染控制工作的机构或者人员报告。

卫生主管部门或者兽医主管部门接到关于实验室发生工作人员感染事故或者病原微生物泄漏事件的报告，或者发现实验室从事病原微生物相关实验活动造成实验室感染事故的，应当立即组织疾病预防控制机构、动物防疫监督机构和医疗机构以及其他有关机构依法采取一系列预防、控制措施。

实验室发生泄露或者扩散，造成或者可能造成严重环境污染或者生态破坏的，应当立即采取应急措施，通报可能受到危害的单位和居民，并向当地人民政府环境保护行政主管部门和有关部门报告，接受调查处理。当地人民政府环境保护行政主管部门应当按照国家环境保护总局污染事故报告程序规定报告上级人民政府环境保护行政主管部门。

2. 监督管理

县级以上地方人民政府卫生主管部门、兽医主管部门依照各自分工，

实施如下监督管理职责：

（1）对病原微生物菌（毒）种、样本的采集、运输、储存进行监督检查；

（2）对从事高致病性病原微生物相关实验活动的实验室是否符合本条例规定的条件进行监督检查；

（3）对实验室或者实验室的设立单位培训、考核其工作人员以及上岗人员的情况进行监督检查；

（4）对实验室是否按照有关国家标准、技术规范和操作规程从事病原微生物相关实验活动进行监督检查。

县级以上地方人民政府卫生主管部门、兽医主管部门，主要检查反映实验室执行国家有关法律、行政法规以及国家标准和要求的记录、档案、报告。国务院认证认可监督管理部门依照《中华人民共和国认证认可条例》的规定对实验室认可活动进行监督检查。

县级以上环境保护行政主管部门应当定期对管辖范围内的实验室废水、废气和危险废物的污染防治情况进行监督检查。

县级以上卫生主管部门、兽医主管部门、环境保护主管部门在履行监督检查职责时，有权进入被检查单位和病原微生物泄漏或者扩散现场调查取证、采集样品，查阅复制有关资料。需要进入从事高致病性病原微生物相关实验活动的实验室调查取证、采集样品的，应当指定或者委托专业机构实施。被检查单位应当予以配合，不得拒绝、阻挠。

卫生主管部门、兽医主管部门、环境保护主管部门的执法人员执行职务时，应当有2名以上执法人员参加，出示执法证件，并依照规定填写执法文书。

【思考案例】

哈尔滨"10·11"案开始尸体解剖检验[①]

2008年10月25日新华网报道：哈尔滨市政府新闻办公室10月25

---

① 哈尔滨"10·11"案开始尸体解剖检验，http://news.qq.com/a/20081026/000001.htm。

日召开的新闻发布会称哈尔滨"10·11"案（警察殴打大学生致死案件）尸体解剖检验工作于10月25日下午进行。据哈尔滨市公安局副局长卢洪喜介绍，正式开始解剖是在14时左右，解剖一直到近18时才结束，进行了约4个小时。根据家属要求，10月26日检材将送到位于上海的司法部司法鉴定研究所作进一步检验，可能需要20个到30个工作日能有结果。

在新闻发布会现场，有记者问为什么尸检工作直到今日才进行。卢洪喜说，10月11日案发当晚，哈尔滨铁路公安局办案人员就要将死者尸体运到解剖室进行解剖（按规定铁路公安机关对此案也有管辖权），查明死亡原因，确定案件性质，家属不同意。12日上午，哈尔滨市公安局根据省公安厅指定接受此案后，再次提出对尸体进行解剖，家属还是不同意拉走尸体。中午11时30分左右，家属才同意将尸体运往解剖室，但仍不同意立即解剖。

卢洪喜称：公安机关充分尊重死者家属的意见，积极和他们协商，争取尽早进行尸体解剖。家属要求：家属到场，并聘请专家和相关人员到场。我们同意后聘请了省、市检察院的法医解剖，由于死者家属没有聘请到专家，解剖没能如期进行，按家属要求，将尸体冷冻封存，家属并在冷冻箱上贴了封条。10月19日，哈尔滨市公安部门与家属见面沟通，根据死者家属的要求，通过省公安厅邀请公安部、最高检的4名专家参加尸体解剖。10月21日，又书面通知死者家属4名专家的详细情况，家属没有异议，同时还提出自己要聘请两名专家：一名上海专家由他们负责邀请，一名江苏专家请公安机关帮助邀请。22日上午，死者家属聘请的律师电话告知要求再增加一名家属聘请的专家，并请公安机关出具手续帮助联系。22日下午，死者家属在尸体解剖通知书上签字同意尸体解剖。随后，哈尔滨市公安局有关部门人员陪同死者家属一同到解剖室对死者尸体进行解封、解冻，同时进行了其他解剖前的准备工作。

【问题思考】

本案件中属于什么类型的尸体解剖？是否符合有关规定？

链接资源

1. www.court.gov.cn 最高人民法院网站
2. www.moe.edu.cn 教育部网站
3. www.gdhed.edu.cn 广东省教育厅网站

第十六章　医学新技术中的法律问题

【教学目标】

通过本章学习，了解人工辅助生殖技术、器官移植和安乐死的概念，熟悉我国对相应医学新技术的规范管理及法律责任。

【引导案例】

谁对脑瘫儿负责？

马某是一位成功人士，妻子是一家单位的会计，曾经因为两次宫外孕导致输卵管切除，以至于无法怀孕生一儿半女。经考虑再三后，夫妻俩决定找人代孕。通过一家代孕机构，马某夫妻找到了合适的人选——小张。小张 26 岁，品貌端庄，但没有找到合适的工作。经过面谈，双方签下了代孕协议：小孩生下后，马某夫妻支付小张 15 万元感谢费。

小张的肚子很争气，没多久就怀孕了。这让马某夫妻非常高兴、满意，他们忙前忙后地照料小张，期待着孩子早日出生。眼看着小张就要分娩了，这时却出现了意外：孩子出现脐带绕颈，在宫内呼吸窘迫，需要立即实施剖腹产手术。不料小张死活不同意："在肚子上切个大口子，今后还怎么嫁人啊？"

拖延许久后，医生下了最后通牒："再不动手术，孩子保不住，大人也危险。"万般无奈下，小张只好同意做剖腹产手术。经抢救后，孩子的命保住了，但因为窒息，大脑长时间缺氧，留下了严重的后遗症——脑

瘫。听到这个结果,小张和马某夫妇都哭了。

不久后,小张拿着代孕协议来找马某夫妇要求感谢费时,被马某的妻子一口拒绝:"给我生了个傻子,你还好意思来要钱?"尽管小张多次哀求自己付出了很大代价,但始终没有得到张某夫妻的15万元。

问题思考:
1. 小张能否得到代孕协议约定的15万元?
2. 你如何看待代孕这种现象?
3. 该案件对医务人员有何启发?

第一节 人工辅助生殖技术中的法律问题

一、人工辅助生殖技术的概念

人类自然生殖是由男女两性性交、卵子与精子在输卵管内结合形成受精卵、受精卵植入子宫、宫内妊娠、分娩等步骤组成的复杂过程。然而,无论是历史还是现在、国内还是国外,育龄男女中约有10%的人患有不育症。婚后不育成为夫妻双方的伤痛,并影响了婚姻家庭的稳定。

人工生殖技术(artificial reproduction technique,ART)是指利用先进的仪器设备及其操作技术将精子注入卵子内,以达到人工受精怀孕的目的,替代人类自然生殖的某一环节或全部过程的技术方法。人工生殖技术的出现,对于解决不育症和由此而引起的生理、心理、家庭和社会等问题提供了必要的手段,也为计划生育和优生优育提供了技术保障。目前人工生殖技术包括人工授精、体外授精和无性生殖等。

二、人工生殖技术的分类及法律定位

(一)人工授精

1. 概述

人工授精(artificial insemination,AI)是指运用人工技术将精子注

入女性子宫内,以期达到受孕成功的一种方法。

人工授精按照提供的精液是否新鲜分为冻精液人工授精和鲜精液人工授精。根据精子的来源不同又可以分为夫精授精、供精授精以及混合授精三种:(1) 夫精授精:指丈夫的精子数较少,但活动度较好,可以采用夫精授精;(2) 供精授精:如果丈夫的精子数太少,且无活动精子,或者丈夫患有遗传疾病不宜生育,在夫妻双方协商一致的情况下,可以采用第三者的供精授精。但是,第三者的精子要经过严格检查,在确诊无传染病、性传播疾病等疾患,且血型也相配时方可使用;(3) 混合授精:指使用丈夫和捐赠者的精子同时进行人工授精,这种方法应用于丈夫并非完全不育的情况。混合授精会造成孩子身份不明,因此在医学界对此持反对意见。

由于人工授精成功率比较高,且这种方法既简便又经济,因此人工授精技术越来越被患有不孕症的家庭所接受。据统计,目前全世界妇女通过供体人工授精而出生的婴儿已逾40万例。人类冷冻精子库的建立,为治疗男性不孕症提供了更为广泛的物质条件。

2. 人工受精的法律定位

(1) 我国的基本法律规定

除以夫妻双方精卵结合的夫精授精人工授精一般不引起法律纠纷外,其余形式均可能引起抚养、继承等法律问题。我国《婚姻法》对人工授精所生子女的法律地位并未明确规定,最高人民法院(91)民他字第12号关于夫妻离婚后人工授精所生子女法律地位如何确定的复函中,对在夫妻关系存续期间双方一致同意进行人工授精所生子女应视为夫妻双方的婚生子女,父母子女之间的权利义务关系适用《婚姻法》有关规定。

(2) 特殊夫精人工授精(AIH)婴儿法律地位的确定

AIH所生子女与生母之夫存在着自然血亲关系,被视为婚生子女一般没有问题。但在丈夫死亡后,利用亡夫生前存于"精子银行"的冷冻精液怀孕所生子女是否具有同等的权利,现行法律没有明文规定。但《继承法》有两项原则:第一,继承人与被继承人存在配偶、子女、父母关系的,均为第一顺序的继承人,享有同等的继承权。第二,继承从被继承人死亡时开始,如果遗产分割时被继承人的遗腹子尚未出生的,应当保留胎儿的继承份额。那么，按照继承法的第一项原则用亡夫精子怀孕分娩的子女若被视为婚生子女，那么他们应享有同样的继承权；按照第二项原则，他们在其父死亡时根本不存在，就不能享有继承权。传统的继承法对夫精人工授精的遗腹子在适用时发生了碰撞。

(3) 供精人工授精（AID）婴儿法律地位的确定

因供精人工授精（AID）所生子女与生母之夫并不存在着自然血亲关系，而是来自第三者，因此，可能引起抚养、继承等法律问题。

美国在20世纪50年代当供精人工授精技术首次应用时，美国法院曾裁定妇女犯有通奸罪（即使经过丈夫同意），该婴儿的出生也是非法的。随着AID的广泛使用，法律也发生了相应的变化。1967年，美国俄克拉何马州首次就AID出生婴儿的法律地位作了以下法律规定：凡由指定的开业医生进行的AID，并附有夫妻双方同意书而出生的婴儿具有婚生子女身份。此后，美国陆续有25个州制定了这样的专门法律。在法国，根据亲子关系修正案的规定，对经丈夫同意而生的AID子女也视为夫之合法子女。丹麦、英国、瑞典、澳大利亚、以色列等国都有类似的规定。

从多数国家的发展趋势看，主张经过夫妻合意后出生的人工受精子女视为婚生子女，与母之夫的关系视为亲生父母子女关系。采用AID方法出生的婴儿可以说存在两个父亲，一个是生物学（遗传学）父亲，即供精者，一个是社会学（养育者）父亲，即生母之夫。现许多国家的立法大都认定后者为合法的父亲，承担相应的权利和义务。通过法律规定合意进行人工授精的夫妇离婚后，养育父亲不能拒绝对AID出生子女履行抚养义务，AID出生成年子女也不能拒绝履行赡养年老、无劳动能力的养育父亲。

(二) 体外授精

1. 概念

体外授精（in-vitro fertilization，IVF）是指用人工方法使卵子和精子在母体外（即试管内）结合形成胚胎并植入子宫妊娠的一种生殖技术。用这种技术生育出来的婴儿形象称为"试管婴儿"。

体外授精技术是由英国罗伯特·爱德华兹首先完成的。1978年7月

25日,爱德华兹用体外授精、胚胎移植技术成功地诞生了人类历史上第一个试管婴儿路易斯·布朗。此后,全世界陆续诞生了数十万个试管婴儿,其中还有双胞胎、三胞胎、四胞胎。体外授精主要是解决妇女因输卵管阻塞或男子精子数量很低而造成的不孕症。试管婴儿不只是给不育夫妇带来福音,其研究本身还可能会更深刻地揭示人类遗传病的奥秘,甚至有可能引起避孕方法的革新。

2. 法律定位

(1) 国外法律规定

德国颁布的《胚胎保护法》规定禁止人胚胎研究,不允许用已死亡人的精子和卵子进行体外授精,而且除患有严重遗传疾病危险的人外,不允许提前鉴定胎儿的性别。美国22个州的法律禁止胚胎研究。英国《人工授精和胚胎学》法案规定,配子的最长保管期为10年,胚胎保管期为5年。法国《生命科学与人权法案》规定,冷冻胚胎的保存期为5年。5年后,胚胎的亲生父母因死亡、离婚而不再成为夫妻后,必须对其进行销毁,但也可以转赠其他夫妇。此外,世界各国法律都禁止商业性获取胚胎。

(2) 体外受精(IVF)婴儿法律地位的确定

AID提出谁是孩子的父亲问题同样适用IVF,同时将同样的原则应用到卵子提供者身上,又产生了应当认定谁是婴儿的合法母亲的新问题。英国1990年的《人工授精和胚胎学》法案中规定一个由植入体内的胚胎或精子和卵子而孕育孩子的妇女应被视为该名孩子的母亲而非其他妇女。所以,即便采用IVF技术出生的孩子与准备充当孩子养育父母的夫妇双方毫无遗传和血缘关系,仍应确定这对夫妇为孩子的合法父母。通过IVF所生子女是他们的婚生子女,享有婚生子女的一切权利。因为孩子的遗传学父母仅仅是分别提供了精子和卵子而已。

3. 值得思考的问题

试管婴儿在给不孕夫妇带来"礼物"的同时,也给人们带来了有关他们的婚姻关系和亲缘关系应当如何规定的法律话题。受精卵和胚胎是不是"人"?"体外授精"是不是人体试验?浪费胚胎是不是浪费生命?胚胎的

销毁是否构成杀人？冷藏的"孤儿胚胎"法律地位应当如何确定？等等都是值得思考和法律需要面对的问题。

(三) 代孕

1. 概念

代孕生育是指运用夫妻自身的精子和卵子，经人工授精后请代孕母亲代为怀孕生育，或者夫妻只提供精子，借用代孕母亲的卵子授精，或采用他人的精子和卵子人工授精后，植入代孕母亲体内，在其代为生育后给付一定的报酬，俗称"借腹生子"。

代人妊娠的妇女称为代孕母亲（surrogate mother）。代孕母亲一般是指用他人的受精卵植入自己的子宫妊娠，或用自己的卵子人工授精后妊娠，分娩后将孩子交给委托人的妇女。

2. 法律定位

(1) 国外法律规定

美国各州对代孕有不同的规定，有些州允许将代孕作为一种商业行为。迄今，在美国委托代孕生育现象已经司空见惯。当然，由此产生的社会问题、法律纠纷也时有发生。为此，美国新泽西、密执安等州的法律规定以契约确定亲子关系，委托人是婴儿的法律父母；而俄亥俄等州的法律规定生育婴儿的母亲及其丈夫是婴儿的法律父母。

法国、德国则明令禁止进行这种医疗活动。法国 1992 年通过的《生物伦理法律草案》规定：代孕生育为非法行为，那些已代人怀孕的妇女生下的孩子只能归己所有，否则要追究其法律责任。日本政府也明确禁止"借腹生子"和"代理母亲"行为。英国采取折中的法律规定。英国仅在治疗不孕症的条件下允许以此作为的医疗手段，1985 年《代孕协议》法案明文规定禁止提供商业性代孕行为和刊登与代孕有关的广告行为，否则要进行刑事制裁。

(2) 代孕生育婴儿法律地位的确定

由于"代孕生育"总是以金钱交易为基础，代孕生育在给不育夫妇带来孩子的同时，也产生了一系列相关法律问题。因供精、供卵、体外受精、代孕生育技术相结合，一个孩子可以有 5 个父母。两个父亲：供精者，养育者；三个母亲：供卵者、代孕母亲、养育者。那么如何确定孩子的父母？通常"孕育母亲在母权确定中比遗传母亲处于优势"的原则适用在解决卵子提供者与 IVF 婴儿法律关系的问题上，同时推定该妇女的丈夫为该孩子的父亲，从而解决了谁是 IVF 婴儿父亲的问题。但随着国外代理母亲的出现，这一原则又遇到法律障碍。世界各国确定"谁是代理母亲所生婴儿的父母"的法律规定不尽相同，主要有三种情况：第一，以遗传学为根据确定亲子关系。这是人类在漫长的历史中一直适用的最基本原则。第二，按契约约定确定亲子关系。如美国新泽西、密执安等州法律规定，请人代生婴儿的夫妇，根据与代孕母亲签订的契约，为所生婴儿的养父母。第三，随着 AID 和 IVF 技术的应用，遗传母亲与孕育母亲不为同一人时，则应以生者为母。

3. 法律争议

代孕母亲的出现存在以下法律争议：（1）代孕母亲代生婴儿应归谁？（2）代孕生育的孩子质量如何保证？（3）"代孕生育"是否把妇女看成生育的机器，是对妇女尊严的侵犯？（4）如何对"代孕母亲"进行有效监督？有的母亲替女儿代孕，祖母替孙女代孕，导致婴儿在家庭中地位的微妙，破坏了现行的亲属关系制度，又使婚姻管理中对近亲婚配的限制处于尴尬境地。由于这些问题的存在，世界上大多数国家如法国、英国、瑞典等都明文禁止代孕行为，代生协议无效。

三、我国人工生殖技术的规范管理

（一）现状

我国人工生殖技术的研究和应用较晚，1983 年湖南医科大学首次用冷冻精液进行人工授精获得成功，1984 年上海第二医学院用洗涤过的丈夫精子实行人工授精也获成功，1986 年青岛医学院建立了我国第一个人工精子库，此后，湖南、上海等地也相继成立了精子库。1988 年 3 月 10 日，我国首例试管婴儿（女性）在北京医科大学附属第三医院顺利诞生，1990 年 3 月我国第一个冷冻胚胎库在湖南医科大学建成。目前，上海、广州、哈尔滨等地开展的体外授精技术已达到世界先进水平。

（二）法律规定

2001年卫生部发布了《人类辅助生殖技术管理办法》，2003年10月1日卫生部又颁布了《人类辅助生殖技术规范》、《人类精子库基本标准和技术规范》和《人类辅助生殖技术和人类精子库伦理原则》。《人类辅助生殖技术管理办法》确立了我国对人类辅助生殖技术和精子库技术实行的严格准入制度，明确规定由卫生部主管全国人类辅助生殖技术应用和全国人类精子库的监督管理工作，县级以上地方人民政府卫生行政部门负责本行政区域内人类辅助生殖技术和人类精子库的日常监督管理。

1．我国人类辅助生殖技术的应用原则

（1）人类辅助生殖技术的应用应当在医疗机构中进行，并以医疗为目的，符合国家计划生育政策、伦理原则和有关法律规定。

（2）人类辅助生殖技术实施严格的行政许可原则。

（3）实施人类辅助生殖技术应当符合卫生部制定的《人类辅助生殖技术规范》的规定。

（4）禁止以任何形式买卖配子、合子、胚胎。

（5）医疗机构和医务人员不得实施任何形式的代孕技术。

（6）遵循知情同意原则。

（7）医疗机构应当为当事人保密原则。

2．实施人工生殖技术的条件和程序

（1）人类辅助生殖技术应用规划

卫生部根据区域卫生规划、医疗需求和技术条件等实际情况，制订人类辅助生殖技术应用规划。

（2）医疗机构

A．申请：申请开展人类辅助生殖技术的医疗机构应当符合下列条件：具有与开展技术相适应的卫生专业技术人员和其他专业技术人员；具有与开展技术相适应的技术和设备；设有医学伦理委员会；符合卫生部制定的《人类辅助生殖技术规范》的要求。

B．审批：申请开展夫精人工授精技术的医疗机构，由省级人民政府卫生行政部门审查批准。申请开展供精人工授精和体外受精、胚胎移植技术及其衍生技术的医疗机构，由省级人民政府卫生行政部门提出初审意见报卫生部审批。

C. 登记：批准开展人类辅助生殖技术的医疗机构应当按照《医疗机构管理条例》的有关规定，持省级人民政府卫生行政部门或者卫生部的批准证书到核发其医疗机构执业许可证的卫生行政部门办理变更登记手续。人类辅助生殖技术批准证书每2年校验一次，校验由原审批机关办理。校验合格的，可以继续开展人类辅助生殖技术；校验不合格的，收回其批准证书。

3. 人类精子库的管理

（1）设置

人类精子库必须设置在持有《医疗机构执业许可证》的综合性医院、专科医院或持有《计划生育技术服务执业许可证》的省级以上计划生育服务机构内，其设置必须符合《人类精子库管理办法》的规定。中国人民解放军医疗机构中设置人类精子库的，由所在省级卫生厅局或总后卫生部科技部门组织专家论证评审、审核，报国家卫生部审批。中外合资、合作医疗机构，必须同时持有卫生部批准证书和原外经贸部（现商务部）颁发的《外商投资企业批准证书》。

（2）精子采集

精子的采集与提供应当在经过批准的人类精子库中进行，未经批准，任何单位和个人不得从事精子的采集与提供活动。人类精子库必须具有安全、可靠、有效的精子来源；人类精子库必须对精液的采供进行严格管理，必须按《供精者健康检查标准》和供精者基本条件进行严格筛查，保证所提供精子的质量；机构内如同时设有人类精子库和开展人类辅助生殖技术，必须严格分开管理。控制使用同一供精者的精液获得成功妊娠的数量，防止血亲通婚。

（3）日常管理

人类精子库必须具备完善、健全的规章制度，包括业务和档案管理规范、技术操作手册及人类精子采供计划书（包括采集和供应范围）等；必须定期或不定期对人类精子库进行自查，检查人类精子库规章制度执行情况、精液质量、服务质量及档案资料管理情况等，并随时接受审批部门的检查或抽查。

(4) 保密义务

人类精子库必须贯彻保密原则,除精子库负责人外,其他任何工作人员不得查阅有关供精者身份的资料。工作人员应尊重供精和受精当事人的隐私权并严格保密,除司法机关出具公函或相关当事人具有充分理由外,其他任何单位和个人一律谢绝查阅供精者的档案。

(5) 禁止事项

人类精子库不得开展以下工作:不得向未取得卫生部人类辅助生殖技术批准证书的机构提供精液;不得提供未经检验或检验不合格的精液;不得提供新鲜精液进行供精人工授精,精液冷冻保存需经半年检疫期并经复检合格后,才能提供临床使用;不得实施非医学指征的、以性别选择生育为目的的精子分离技术;不得提供2人或2人以上的混合精液;不得采集、保存和使用未签署供精知情同意书者的精液;人类精子库工作人员及其家属不得供精;设置人类精子库的科室不得开展人类辅助生殖技术,其专职人员不得参与实施人类辅助生殖技术。

(三) 法律责任

未经批准擅自开展人类辅助生殖技术和设置人类精子库的非医疗机构,由县级以上人民政府卫生行政部门责令其停止执业活动,没收非法所得和药品、器械,并可以根据情节处以1万元以下的罚款。

未经批准擅自开展人类辅助生殖技术和设置人类精子库的医疗机构,根据《医疗机构管理条例》和《医疗机构管理条例实施细则》,由县级以上人民政府卫生行政部门予以警告、责令其改正,并可以根据情节处以3000元以下的罚款;情节严重的,吊销其《医疗机构执业许可证》。

开展人类辅助生殖技术和设置人类精子库的医疗机构有下列行为之一的,由省级卫生行政部门给予警告或罚款,并给予有关责任人行政处分,构成犯罪的,依法追究刑事责任:

1. 买卖配子、合子、胚胎的;
2. 实施代孕技术的;
3. 使用不具有《人类精子库批准证书》机构提供的精子的;

4. 擅自进行性别选择的;
5. 实施人类辅助生殖技术档案不健全的;
6. 经指定技术评估机构检查技术质量不合格的;
7. 其他违反本办法规定的行为。

第二节 器官移植中的法律问题

一、器官移植的概念

器官移植是指将供者(即器官提供者)健康的器官移植到另一个受者(即器官接受者)体内,替代患者因患有疾病而丧失其原本应有功能的器官,使其迅速恢复功能获得健康的手术。捐出器官的一方称为供体,接受器官的一方称为受体。

器官移植包括心脏、肺脏、肝脏、肾脏或者胰腺等器官的全部或者部分,但不包括人体细胞和角膜、骨髓等人体组织移植。

二、器官移植的历史与现状

20 世纪医学的两大进步是抗生素的发现与器官移植。器官移植更被誉为"21 世纪医学之巅",它已经成为治疗脏器衰竭的主要手段。1954年,由美国波士顿的默里(Murray)第一次施行的同卵双生肾移植成功,并获长期存活,这是移植医学首次成功的病例。截止 2002 年底,全球共进行各种器官移植 935792 例次,其中肾移植 585877 例次、肝脏移植 112153 例次、心脏移植 66559 例次。此外,胰、肺、小肠等器官移植及心-肺、胰-肾、肝-肾、肝-肠等多脏器联合移植也都获得成功并应用于临床。

我国人体器官移植技术始于 20 世纪 50 年代末,与国外相比起步约晚了十几年,但发展很快,从移植数量上业已成为仅次于美国的世界第二大器官移植大国。据统计,至 2009 年,我国器官移植开展的手术数目已经累计高达 10 万多例。其中肾脏移植总数 86800 例,存活最长达 32 年,肾脏移植后10年生存率超过了60%；肝移植总数16000例，存活最长达12年，肝移植后3年生存率已经从37%上升至75%；心脏移植手术总数717例，手术后存活最长达16年；肺移植手术总数165例，移植手术后存活最长达8年。

目前器官移植技术已经相当发达，可供移植的器官却依旧来自于人类自身，可供移植的人体器官严重短缺。据世界卫生组织的统计数据显示：全世界在人体器官移植过程中人体器官来源严重不足，能提供器官的供者（即器官提供者）所捐献的人体器官的数量与实际需要器官进行器官移植的患者（即器官接受者）的人数的比值为1:30，而全球每年需要接受器官移植的患者还在以12%的速度快速增长。我国的器官移植中器官来源面临着更为严重的短缺现状。据卫生部门统计表明：每年我国有150万人需要做器官移植手术，而实际上只有约1万人能找到合适的器官，仅仅有大约1%。

三、我国器官移植立法现状

我国在器官移植这方面的立法开始得比较晚。1996年我国卫生部、海关总署和外经贸部联合制定了第一部部门规章——《关于进一步加强人体血液、组织器官管理有关问题的通知》；卫生部于1998年颁布了《涉及人体的生物医学研究伦理审查办法（试行）》。直到2006年3月27日，我国卫生部才颁布了《人体器官移植技术临床应用管理暂行规定》，2007年3月1日，国务院颁布实施了《人体器官移植条例》。

一些地方也颁布了相关地方性规定，如广州2001年颁布了《广州市志愿捐献遗体管理暂行办法》、上海2001年颁布了《上海市遗体捐献条例》，深圳2003年通过了《深圳经济特区人体器官捐献移植条例》，贵阳、山东、新疆等地也颁布了一些地方性法规或地方政府规章。

四、我国人体器官移植的规定

根据《人体器官移植条例》的规定，进行人体器官移植手术，应当遵守下列要求：

（一）成立专门审查委员会

进行人体器官移植的医疗机构应成立人体器官移植技术临床应用与伦理委员会，成员由医学、法学、伦理学等方面专家组成，其中从事人体器官移植的医学专家所占的委员人数比例不超过 1/4。

（二）提出申请

根据《条例》第 17 条规定：在摘取活体器官前或者尸体器官捐献人死亡前，负责人体器官移植的执业医师应当向所在医疗机构的人体器官移植技术临床应用与伦理委员会提出摘取人体器官审查申请。人体器官移植技术临床应用与伦理委员会不同意摘取人体器官的，医疗机构不得做出摘取人体器官的决定，医务人员不得摘取人体器官。

（三）审查

人体器官移植技术临床应用与伦理委员会收到摘取人体器官审查申请后，应当对下列事项进行审查，并出具同意或者不同意的书面意见：

1. 是否有变相买卖人体器官或买卖人体器官的情形；
2. 接受人的适应症和人体器官的配型是否符合人体器官移植技术管理规范和伦理原则；
3. 人体器官捐献人的捐献意愿是否是真实的。

（四）审查机构作出决定

人体器官移植技术临床应用与伦理委员会讨论表决，经 2/3 以上委员同意并出具同意摘取人体器官的书面意见方可进行相应移植手术，否则从事人体器官移植的医务人员及其医疗机构无权进行人体器官移植手术。

五、法律责任

（一）行政责任

1. 国家机关工作人员在人体器官移植监督管理工作中滥用职权、玩忽职守、徇私舞弊，构成犯罪的，依法追究刑事责任；尚不构成犯罪的，依法给予处分；国家工作人员参与买卖人体器官或者从事与买卖人体器官有关活动的,由有关国家机关依据职权依法给予撤职、开除的处分。

2. 医务人员违反《人体器官移植条例》规定,未对人体器官捐献人进行医学检查或者未采取措施,导致接受人因人体器官移植手术感染疾病的,依照《医疗事故处理条例》的规定予以处罚;医务人员违反本条例规定,泄露人体器官捐献人、接受人或者申请人体器官移植手术患者个人资料的,依照《执业医师法》或者国家有关护士管理的规定予以处罚。

此外,医务人员有下列情形之一的,依法给予处分;情节严重的,由县级以上地方人民政府卫生主管部门依照职责分工暂停其6个月以上1年以下执业活动;情节特别严重的,由原发证部门吊销其执业证书:未经人体器官移植技术临床应用与伦理委员会审查同意摘取人体器官的;摘取活体器官前未依照《人体器官移植条例》第十九条的规定履行说明、查验、确认义务的;对摘取器官完毕的尸体未进行符合伦理原则的医学处理,恢复尸体原貌的。

从事人体器官移植的医务人员参与尸体器官捐献人的死亡判定的,由县级以上地方人民政府卫生主管部门依照职责分工暂停其6个月以上1年以下执业活动;情节严重的,由原发证部门吊销其执业证书。

3. 医疗机构未办理人体器官移植诊疗科目登记,擅自从事人体器官移植的,依照《医疗机构管理条例》的规定予以处罚;此外,医疗机构有下列情形之一的,对负有责任的主管人员和其他直接责任人员依法给予处分;情节严重的,由原登记部门撤销该医疗机构人体器官移植诊疗科目登记,该医疗机构3年内不得再申请人体器官移植诊疗科目登记:不再具备《人体器官移植条例》规定的条件,仍从事人体器官移植的;未经人体器官移植技术临床应用与伦理委员会审查同意,做出摘取人体器官的决定,或者胁迫医务人员违反《人体器官移植条例》规定摘取人体器官的;有《人体器官移植条例》第二十八条第(二)项、第(三)项列举的情形的。

医疗机构未定期将实施人体器官移植的情况向所在地省级卫生主管部门报告的,由所在地省级卫生主管部门责令限期改正;逾期不改正的,对负有责任的主管人员和其他直接责任人员依法给予处分。

买卖人体器官或者从事与买卖人体器官有关活动的,由设区的市级以上卫生主管部门依照职责分工没收违法所得,并处交易额8倍以上10倍以下的罚款。

医疗机构参与上述活动的,还应当对负有责任的主管人员和其他直接责任人员依法给予处分,并由原登记部门撤销该医疗机构人体器官移植诊疗科目登记,该医疗机构3年内不得再申请人体器官移植诊疗科目登记;医务人员参与上述活动的,由原发证部门吊销其执业证书。

(二)民事责任

违反《人体器官移植条例》规定,给他人造成损害的,应当依法承担民事责任。

(三)刑事责任

违反《人体器官移植条例》规定,有下列情形之一,构成犯罪的,依法追究刑事责任:未经公民本人同意摘取其活体器官的;公民生前表示不同意捐献其人体器官而摘取其尸体器官的;摘取未满18周岁公民的活体器官的。

第三节 安乐死中的法律问题

一、安乐死的概念

"安乐死"一词源自希腊语 euthanasia,原意是无痛苦死亡。《中国大百科全书·法学卷》对安乐死的解释是:对于现代医学无可挽救的逼近死亡的病人,医生在患者本人真诚委托的前提下,为减少病人难以忍受的剧烈痛苦,可以采取措施提前结束病人的生命。

二、安乐死的历史与现状

早在史前时代,安乐死的实践就已存在。古游牧部落在迁移时,常常把病人、老人留下来,加速他们死亡。在古希腊和古罗马,允许病人结束

自己的生命,并可请外人助死。亚里士多德曾在其著作中表示支持这种做法。在《理想国》一书中,柏拉图赞成把自杀作为解除无法治疗的痛苦的一种办法。17世纪,弗兰西斯·培根在他的著作中也多次提到"无痛致死术"。20世纪30年代,欧美许多国家都有人积极提倡安乐死,由于德国纳粹分子在安乐死的借口下实行种族灭绝政策,使得安乐死声名狼藉,使人们在讨论安乐死问题时不能不有所忌讳。到了20世纪六七十年代,随着医学生物科学技术的发展,销声匿迹的安乐死又成为医学界、法律界以及公众关注的热点。

三、安乐死的争议

迄今为止,人们对安乐死仍褒贬不一。支持安乐死的人认为安乐死一方面可以减轻病人痛苦,当病人因垂死而遭受病痛的折磨,感到生不如死时,死亡比生存对他们更人道,体现了对生命尊严的维护和对生命权的尊重;另一方面可以减轻病人家属的精神痛苦和经济负担,又可以节省有限的医药资源,使之发挥更大的效用。他们看重生命的内容和方式,重视安乐死的利,提倡医学的根本任务是提升人的生死品质,在基本实现优生的前提下,医学也必须实现人的优死。而反对安乐死的人则认为,救死扶伤是医生的基本职业道德,对病人实施安乐死无异于医生用自己手中的技术"合法杀人",这不仅与医生的职责相冲突,而且还可能成为病人配偶、子女等亲属为了减轻自己的负担,或为了瓜分遗产等其他原因,被其利用,用以非法剥夺他人的生命。但经过半个多世纪的争论,时至今日,赞成安乐死的呼声愈来愈高。

四、国外安乐死的法律规定

荷兰是世界上第一个把安乐死合法化的国家。荷兰议会在1993年2月9日通过了关于安乐死的法案,允许医生在严格的条件下,可以对病人实施安乐死。2001年4月10日,荷兰一院(即上院)以46票赞成28票反对的结果通过积极安乐死法案,同年11月28日,荷兰二院又以104票赞成40票反对的表决结果通过了一项法案,该法案规定,实施"安乐死"

第十六章
医学新技术中的法律问题

的手段必须是医学方法,法案还规定生患不治之症的病人,在考虑成熟后,应自愿提出结束生命的书面请求,主治医生则应向患者详细陈述实际病情和后果预测,并由另一名医生协助诊断和确诊,最后实施"安乐死"。这使荷兰成为世界上第一个把安乐死合法化的国家。

美国的一些州也通过了安乐死法案。美国最高法院2006年裁定,医疗行为由各州自行管理,包括协助自杀。2008年11月,华盛顿州近60%的选民投票通过了第1000号动议案,成为继俄勒冈以后第二个由选民投票允许安乐死的州。华盛顿州允许安乐死的法律自2009年3月5日生效。该法案规定,患不治之症的病人如果剩下的时间不到6个月,可以要求医生对其实施安乐死;要求安乐死的病人必须年满18岁,有行为能力并是该州居民;病人必须提出两次口头申请,间隔15天,并在有两名见证人的情况下提出书面申请,其中一名见证人不能是病人的亲属、继承人、负责治疗的医生或与申请者所住医院相关的人;开致命性处方或实施安乐死的医生还必须向州卫生部门提交记录的复印件,州卫生部门就法律的实施情况撰写年度报告。

法国采取对消极安乐死的认可的态度。对是否实施安乐死法国进行了多年的讨论,终于在2002年3月公布了一项研究结果:在法国实施安乐死应该被视为"非法行为",但是在所有的医疗办法都无效的情况下,病人又强烈要求帮助解决无法忍受的痛苦时,并且只有在这种特殊情况下,实施安乐死是可以接受的。

1996年5月25日,澳大利亚北部地区议会通过了《晚期病人权利法》,从而使安乐死在该地区合法化。但就澳大利亚全国而言,至今仍无安乐死的国家立法。

在德国,安乐死协会的会员1994年已达4.4万人。1999年,德国外科学会首次把在一定情况下限制和终止治疗作为医疗护理原则的一项内容。

日本、瑞士等国也通过了安乐死法案。1976年日本东京举行了第一次安乐死国际会议。

除此之外,国外绝大多数国家对于安乐死是否要制定法律予以保护持慎重态度。

五、我国安乐死现状及立法思考

我国关于安乐死的讨论始于20世纪80年代初。1986年发生在陕西汉中的我国首例安乐死案件,曾历经6年艰难诉讼。医生蒲连升应患者儿女的要求,为患者实施了安乐死,后被检察院以涉嫌"故意杀人罪"批准逮捕。案件审理了6年后,蒲终获无罪释放。但这并不意味着安乐死的合法性,安乐死仍是违法的,只不过由于蒲连升给患者开具的冬眠灵"不是患者致死的主要原因,危害不大",才不构成犯罪。我国现行的国家法律未对安乐死加以认可。然而,安乐死案件却多次出现,在发生纠纷无相关法律调整的情况下,全国人民代表大会的部分代表先后数次提出议案,建议制定安乐死法。由于安乐死是一种具有特殊意义的死亡类型,它既是一个复杂的医学、法学问题,又是一个极为敏感的社会、伦理问题。因此,全国人民代表大会法制工作委员会及卫生部在经过反复研究后认为,目前,我国制定安乐死法规的条件尚不成熟,但可以促请有关部门积极研究这一课题,为安乐死立法做准备。为此,我们认为在安乐死立法时,应当注意以下问题:

(一)安乐死的条件

适用安乐死必须符合以下条件:(1)自愿原则,即病人请求安乐死是自愿的、经过充分考虑的、一贯坚持的和明确的;(2)严重痛苦,即按照目前的医学意见,病人的痛苦是不可忍受的,而且没有改善的希望;(3)濒临死亡;(4)施行方法应符合优质医疗实践,即执行安乐死的技术与方法必须是科学的、文明的、人道的。

(二)安乐死的程序

1. 申请

申请一律采用书面形式,即公民申请安乐死应当有本人亲自以书面形式主动提出,并附有身患绝症的医疗证明。

当病人表达了选择安乐死的意愿以后,病人亲属告知医院所在地市的中级人民法院。法院及时派工作人员到病房或专门场所主持申请的书写活动。法院必须指定公证机关到场公证。书写申请之前,法院须指定医师判断病人是否处于神志清醒的状态,神志不清醒的不得进行申请的书写活动。特殊情况下,口头(包括录音)申请者必须由两名无利害关系的证人出具书面证明。对于陷入永久性昏迷状态、不能表达意愿的病人,可由其法定监护人代为提出。

申请书写完毕以后,由公证人员当场制作公证书,证明申请的程序和内容合法有效,法院工作人员在监督书上签字。最后,申请书、公证书、监督书以及视听资料全部装入"安乐死案卷",由法院保管。

2. 受理

安乐死的受理机关必须是符合安乐死施行条件的医疗机构。县级以上的医疗单位应当设立安乐科,负责对安乐死申请的审查和批准。对不符合安乐死条件的申请者,审查单位应当在法定期限内以书面形式告知,并说明理由。对符合条件的申请者,应当批准申请,并经公证机关公证后,安排施行。

3. 执行

安乐死申请经批准并公证后,病人所在医院应当按照批准的时间和地点指定医生执行安乐死。执行前,病人可随时撤回申请(授权即无效);也可单独撤回授权而另行授权。病人撤回申请或表示反悔的,应当立即停止执行。医师非有正当理由不得随意撤回对授权的接受,撤回活动按前述程序进行。

病人撤回申请的,可以在自撤回申请之日起的7天之后再次申请,7天之内不得再次申请。撤回书、公证书、再次申请的申请书装入案卷,由法院保管。主管医生反对施行安乐死的,应当暂缓施行安乐死。

(三) 法律责任

违反安乐死规定的行为主要有:(1)对不符合安乐死条件的病人施行安乐死;(2)擅自执行安乐死的;(3)采用诱惑、欺骗、胁迫或其他手段强制病人施行安乐死的;(4)在申请、代理、审查、执行中弄虚作假的;(5)违反有关保密规定的;(6)不履行或不认真履行职责,造成重大医疗事故的。凡违反安乐死规定的直接责任人员,要承担相应的民事责任或行政责任,构成犯罪的应当依法追究其刑事责任。

复习思考题：

1. 简述人工生殖技术的概念和分类。
2. 人工生殖技术婴儿应处于怎样的法律地位？
3. 简述我国人类辅助生殖技术的应用原则。
4. 简述器官移植中违法行为应承担的法律责任。
5. 你是否赞成安乐死，为什么？

【思考案例】

　　河南省某县的一栋居民楼内，一套简装的三居室里住了十几人，他们都是年轻的小伙子，最大的不过 25 岁。他们来这里都有着同样的境遇——家穷、缺钱，他们也有着同样的目的——卖肝（肾）、赚钱。19 岁的杨某也来到了这里，成了其中年龄最小的一名。2009 年 4 月至 5 月间，该团伙介绍杨某冒充患者谢某的侄子，在北京市海淀区某医院进行了肝脏移植手术。其间刘某收了谢某人民币 15 万元，本答应给杨某 3.5 万元，最终只付了 2.5 万元。杨某获得 2.5 万元，却少了 60% 的肝脏。而其中的 2.5 万与 15 万元之间差价 12.5 万元，却被人体器官买卖中介获得。

　　2010 年 4 月，以刘强胜为首的倒卖器官团伙被检察院以"非法经营罪"罪名提起公诉。

【问题思考】

1. 你认为人体器官可否买卖？
2. 如何防治与打击器官买卖违法行为？

链接资源

1. www.transplantation.org.cn 器官移植网

　　　　　　　　　　　　　　　　　　　　　　（撰稿人　龚波）

附 录

1. 中华人民共和国执业医师法

（第九届全国人民代表大会常务委员会第三次会议于1998年6月26日通过，1999年5月1日起施行）

第一章 总 则

第一条 为了加强医师队伍的建设，提高医师的职业道德和业务素质，保障医师的合法权益，保护人民健康，制定本法。

第二条 依法取得执业医师资格或者执业助理医师资格，经注册在医疗、预防、保健机构中执业的专业医务人员，适用本法。

本法所称医师，包括执业医师和执业助理医师。

第三条 医师应当具备良好的职业道德和医疗执业水平，发扬人道主义精神，履行防病治病、救死扶伤、保护人民健康的神圣职责。

全社会应当尊重医师。医师依法履行职责，受法律 保护。

第四条 国务院卫生行政部门主管全国的医师工作。县级以上地方人民政府卫生行政部门负责管理本行政区域内的医师工作。

第五条 国家对在医疗、预防、保健工作中作出贡献的医师，给予奖励。

第六条 医师的医学专业技术职称和医学专业技术职务的评定、聘任，按照国

家有关规定办理。

第七条 医师可以依法组织和参加医师协会。

第二章 考试和注册

第八条 国家实行医师资格考试制度。医师资格考试分为执业医师资格考试和执业助理医师资格考试。

医师资格统一考试的办法，由国务院卫生行政部门制定。医师资格考试由省级以上人民政府卫生行政部门组织实施。

第九条 具有下列条件之一的，可以参加执业医师资格考试：

（一）具有高等学校医学专业本科以上学历，在执业医师指导下，在医疗、预防、保健机构中试用期满一年的；

（二）取得执业助理医师执业证书后，具有高等学校医学专科学历，在医疗、预防、保健机构中工作满二年的；具有中等专业学校医学专业学历，在医疗、预防、保健机构中工作满五年的。

第十条 具有高等学校医学专科学历或者中等专业学校医学专业学历，在执业医师指导下，在医疗、预防、保健机构中试用期满一年的，可以参加执业助理医师资格考试。

第十一条 以师承方式学习传统医学满三年或者经多年实践医术确有专长的，经县级以上人民政府卫生行政部门确定的传统医学专业组织或者医疗、预防、保健机构考核合格并推荐，可以参加执业医师资格或者执业助理医师资格考试。考试的内容和办法由国务院卫生行政部门另行制定。

第十二条 医师资格考试成绩合格，取得执业医师资格或者执业助理医师资格。

第十三条 国家实行医师执业注册制度。取得医师资格的，可以向所在地县级以上人民政府卫生行政部门申请注册，除有本法第十五条规定的情形外，受理申请的卫生行政部门应当自收到申请之日起三十日内准予注册，并发给由国务院卫生行政部门统一印制的医师执业证书。

医疗、预防、保健机构可以为本机构中的医师集体办理注册手续。

第十四条 医师经注册后，可以在医疗、预防、保健机构中按照注册的执业地点、执业类别、执业范围执业，从事相应的医疗、预防、保健业务。未经医师注册取得执业证书，不得从事医师执业活动。

第十五条 有下列情形之一的，不予注册：

（一）不具有完全民事行为能力的；

（二）因受刑事处罚，自刑罚执行完毕之日起至申请注册之日止不满二年的；

（三）受吊销医师执业证书行政处罚，自处罚决定之日起至申请注册之日止不满二年的；

（四）有国务院卫生行政部门规定不宜从事医疗、预防、保健业务的其他情形的。

受理申请的卫生行政部门对不符合条件不予注册的，应当自收到申请之日起三十日内书面通知申请人，并说明理由。申请人有异议的，可以自收到通知之日起十五日内，依法申请复议或者向人民法院提起诉讼。

第十六条 医师注册后有下列情形之一的，其所在的医疗、预防、保健机构应当在三十日内报告准予注册的卫生行政部门，卫生行政部门应当注销注册，收回医师执业证书：

（一）死亡或者被宣告失踪的；

（二）受刑事处罚的；

（三）受吊销医师执业证书行政处罚的；

（四）依照本法第三十一条规定暂停执业活动期满，再次考核仍不合格的；

（五）中止医师执业活动满二年的；

（六）有国务院卫生行政部门规定不宜从事医疗、预防、保健业务的其他情形的。

被注销注册的当事人有异议的，可以自收到注销注册通知之日起十五日内，依法申请复议或者向人民法院提起诉讼。

第十七条 医师变更执业地点、执业类别、执业范围等注册事项的，应当到准予注册的卫生行政部门依照本法第十三条的规定办理变更注册手续。

第十八条 中止医师执业活动二年以上以及有本法第十五条规定情形消失的，申请重新执业，应当由本法第三十一条规定的机构考核合格，并依照本法第十三条的规定重新注册。

第十九条 申请个体行医的执业医师，须经注册后在医疗、预防、保健机构中执业满五年，并按照国家有关规定办理审批手续；未经批准，不得行医。

县级以上地方人民政府卫生行政部门对个体行医的医师,应当按照国务院卫生行政部门的规定,经常监督检查,凡发现有本法第十六条规定的情形的,应当及时注销注册,收回医师执业证书。

第二十条 县级以上地方人民政府卫生行政部门应当将准予注册和注销注册的人员名单予以公告,并由省级人民政府卫生行政部门汇总,报国务院卫生行政部门备案。

第三章 执业规则

第二十一条 医师在执业活动中享有下列权利:

(一)在注册的执业范围内,进行医学诊查、疾病调查、医学处置、出具相应的医学证明文件,选择合理的医疗、预防、保健方案;

(二)按照国务院卫生行政部门规定的标准,获得与本人执业活动相当的医疗设备基本条件;

(三)从事医学研究、学术交流,参加专业学术团体;

(四)参加专业培训,接受继续医学教育;

(五)在执业活动中,人格尊严、人身安全不受侵犯;

(六)获取工资报酬和津贴,享受国家规定的福利待遇;

(七)对所在机构的医疗、预防、保健工作和卫生行政部门的工作提出意见和建议,依法参与所在机构的民主管理。

第二十二条 医师在执业活动中履行下列义务:

(一)遵守法律、法规,遵守技术操作规范;

(二)树立敬业精神,遵守职业道德,履行医师职责,尽职尽责为患者服务;

(三)关心、爱护、尊重患者,保护患者的隐私;

(四)努力钻研业务,更新知识,提高专业技术水平;

(五)宣传卫生保健知识,对患者进行健康教育。

第二十三条 医师实施医疗、预防、保健措施,签署有关医学证明文件,必须亲自诊查、调查,并按照规定及时填写医学文书,不得隐匿、伪造或者销毁医学文书及有关资料。

医师不得出具与自己执业范围无关或者与执业类别不相符的医学证明文件。

第二十四条 对急危患者,医师应当采取紧急措施进行诊治;不得拒绝急救处置。

第二十五条 医师应当使用经国家有关部门批准使用的药品、消毒药剂和医疗器械。除正当诊断治疗外，不得使用麻醉药品、医疗用毒性药品、精神药品和放射性药品。

第二十六条 医师应当如实向患者或者其家属介绍病情，但应注意避免对患者产生不利后果。医师进行实验性临床医疗，应当经医院批准并征得患者本人或者其家属同意。

第二十七条 医师不得利用职务之便，索取、非法收受患者财物或者牟取其他不正当利益。

第二十八条 遇有自然灾害、传染病流行、突发重大伤亡事故及其他严重威胁人民生命健康的紧急情况时，医师应当服从县级以上人民政府卫生行政部门的调遣。

第二十九条 医师发生医疗事故或者发现传染病疫情时，应当按照有关规定及时向所在机构或者卫生行政部门报告。

医师发现患者涉嫌伤害事件或者非正常死亡时，应当按照有关规定向有关部门报告。

第三十条 执业助理医师应当在执业医师的指导下，在医疗、预防、保健机构中按照其执业类别执业。

乡、民族乡、镇的医疗、预防、保健机构中工作的执业助理医师，可以根据医疗诊治的情况和需要，独立从事一般的执业活动。

第四章 考核和培训

第三十一条 受县级以上人民政府卫生行政部门委托的机构或者组织应当按照医师执业标准，对医师的业务水平、工作成绩和职业道德状况进行定期考核。

对医师的考核结果，考核机构应当报告准予注册的卫生行政部门备案。

对考核不合格的医师，县级以上人民政府卫生行政部门可以责令其暂停执业活动三个月至六个月，并接受培训和继续医学教育。暂停执业活动期满，再次进行考核，对考核合格的，允许其继续执业；对考核不合格的，由县级以上人民政府卫生行政部门注销注册，收回医师执业证书。

第三十二条 县级以上人民政府卫生行政部门负责指导、检查和监督医师考核

工作。

第三十三条 医师有下列情形之一的，县级以上人民政府卫生行政部门应当给予表彰或者奖励：

（一）在执业活动中，医德高尚，事迹突出的；

（二）对医学专业技术有重大突破，作出显著贡献的；

（三）遇有自然灾害、传染病流行、突发重大伤亡事故及其他严重威胁人民生命健康的紧急情况时，救死扶伤、抢救诊疗表现突出的；

（四）长期在边远贫困地区、少数民族地区条件艰苦的基层单位努力工作的；

（五）国务院卫生行政部门规定应当予以表彰或者奖励的其他情形。

第三十四条 县级以上人民政府卫生行政部门应当制定医师培训计划，对医师进行多种形式的培训，为医师接受继续医学教育提供条件。

县级以上人民政府卫生行政部门应当采取有力措施，对在农村和少数民族地区从事医疗、预防、保健业务的医务人员实施培训。

第三十五条 医疗、预防、保健机构应当按照规定和计划保证本机构医师的培训和继续医学教育。县级以上人民政府卫生行政部门委托的承担医师考核任务的医疗卫生机构，应当为医师的培训和接受继续医学教育提供和创造条件。

第五章 法律责任

第三十六条 以不正当手段取得医师执业证书的，由发给证书的卫生行政部门予以吊销；对负有直接责任的主管人员和其他直接责任人员，依法给予行政处分。

第三十七条 医师在执业活动中，违反本法规定，有下列行为之一的，由县级以上人民政府卫生行政部门给予警告或者责令暂停六个月以上一年以下执业活动；情节严重的，吊销其执业证书；构成犯罪的，依法追究刑事责任：

（一）违反卫生行政规章制度或者技术操作规范，造成严重后果的；

（二）由于不负责任延误急危患者的抢救和诊治，造成严重后果的；

（三）造成医疗责任事故的；

（四）未经亲自诊查、调查，签署诊断、治疗、流行病学等证明文件或者有关出生、死亡等证明文件的；

（五）隐匿、伪造或者擅自销毁医学文书及有关资料的；

（六）使用未经批准使用的药品、消毒药剂和医疗器械的；

(七) 不按照规定使用麻醉药品、医疗用毒性药品、精神药品和放射性药品的;

(八) 未经患者或者其家属同意,对患者进行实验性临床医疗的;

(九) 泄露患者隐私,造成严重后果的;

(十) 利用职务之便,索取、非法收受患者财物或者牟取其他不正当利益的;

(十一) 发生自然灾害、传染病流行、突发重大伤亡事故以及其他严重威胁人民生命健康的紧急情况时,不服从卫生行政部门调遣的;

(十二) 发生医疗事故或者发现传染病疫情,患者涉嫌伤害事件或者非正常死亡,不按照规定报告的。

第三十八条 医师在医疗、预防、保健工作中造成事故的,依照法律或者国家有关规定处理。

第三十九条 未经批准擅自开办医疗机构行医或者非医师行医的,由县级以上人民政府卫生行政部门予以取缔,没收其违法所得及其药品、器械,并处十万元以下的罚款;对医师吊销其执业证书;给患者造成损害的,依法承担赔偿责任;构成犯罪的,依法追究刑事责任。

第四十条 阻碍医师依法执业,侮辱、诽谤、威胁、殴打医师或者侵犯医师人身自由、干扰医师正常工作、生活的,依照治安管理处罚条例的规定处罚;构成犯罪的,依法追究刑事责任。

第四十一条 医疗、预防、保健机构未依照本法第十六条的规定履行报告职责,导致严重后果的,由县级以上人民政府卫生行政部门给予警告;并对该机构的行政负责人依法给予行政处分。

第四十二条 卫生行政部门工作人员或者医疗、预防、保健机构工作人员违反本法有关规定,弄虚作假、玩忽职守、滥用职权、徇私舞弊,尚不构成犯罪的,依法给予行政处分;构成犯罪的,依法追究刑事责任。

第六章 附 则

第四十三条 本法颁布之日前按照国家有关规定取得医学专业技术职称和医学专业技术职务的人员,由所在机构报请县级以上人民政府卫生行政部门认定,取得相应的医师资格。其中在医疗、预防、保健机构中从事医疗、预防、保健业务的医务人员,依照本法规定的条件,由所在机构集体核报县级以上人民政府卫生行政部门,予以注册并发给医师执业证书。具体办法由国务院卫生行政部门会同国务院人

事行政部门制定。

第四十四条 计划生育技术服务机构中的医师,适用本法。

第四十五条 在乡村医疗卫生机构中向村民提供预防、保健和一般医疗服务的乡村医生,符合本法有关规定的,可以依法取得执业医师资格或者执业助理医师资格;不具备本法规定的执业医师资格或者执业助理医师资格的乡村医生,由国务院另行制定管理办法。

第四十六条 军队医师执行本法的实施办法,由国务院、中央军事委员会依据本法的原则制定。

第四十七条 境外人员在中国境内申请医师考试、注册、执业或者从事临床示教、临床研究等活动的,按照国家有关规定办理。

第四十八条 本法自1999年5月1日起施行。

2. 医疗机构管理条例

(国务院1994年2月26日颁布,1994年9月1日实施)

第一章 总则

第一条 为了加强对医疗机构的管理,促进医疗卫生事业的发展,保障公民健康,制定本条例。

第二条 本条例适用于从事疾病诊断、治疗活动的医院、卫生院、疗养院、门诊部、诊所、卫生所(室)以及急救站等医疗机构。

第三条 医疗机构以救死扶伤,防病治病,为公民的健康服务为宗旨。

第四条 国家扶持医疗机构的发展,鼓励多种形式兴办医疗机构。

第五条 国务院卫生行政部门负责全国医疗机构的监督管理工作。

县级以上地方人民政府卫生行政部门负责本行政区域内医疗机构的监督管理工作。

中国人民解放军卫生主管部门依照本条例和国家有关规定,对军队的医疗机构实施监督管理。

第二章 规划布局和设置审批

第六条 县级以上地方人民政府卫生行政部门应当根据本行政区域内的人口、

医疗资源、医疗需求和现有医疗机构的分布状况，制定本行政区域医疗机构设置规划。

机关、企业和事业单位可以根据需要设置医疗机构，并纳入当地医疗机构的设置规划。

第七条 县级以上地方人民政府应当把医疗机构设置规划纳入当地的区域卫生发展规划和城乡建设发展总体规划。

第八条 设置医疗机构应当符合医疗机构设置规划和医疗机构基本标准。

医疗机构基本标准由国务院卫生行政部门制定。

单位或者个人设置医疗机构，必须经县级以上地方人民政府卫生行政部门审查批准，并取得设置医疗机构批准书，方可向有关部门办理其他手续。

第十条 申请设置医疗机构，应当提交下列文件：

（一）设置申请书；

（二）设置可行性研究报告；

（三）选址报告和建筑设计平面图。

第十一条 单位或者个人设置医疗机构，应当按照以下规定提出设置申请：

（一）不设床位或者床位不满100张的医疗机构，向所在地的县级人民政府卫生行政部门申请；

（二）床位在100张以上的医疗机构和专科医院按照省级人民政府卫生行政部门的规定申请。

第十二条 县级以上地方人民政府卫生行政部门应当自受理设置申请之日起30日内，作出批准或者不批准的书面答复；批准设置的，发给设置医疗机构批准书。

第十三条 国家统一规划的医疗机构的设置，由国务院卫生行政部门决定。

第十四条 机关、企业和事业单位按照国家医疗机构基本标准设置为内部职工服务的门诊部、诊所、卫生所（室），报所在地的县级人民政府卫生行政部门备案。

第三章 登 记

第十五条 医疗机构执业，必须进行登记，领取《医疗机构执业许可证》。

第十六条 申请医疗机构执业登记，应当具备下列条件：

（一）有设置医疗机构批准书；

（二）符合医疗机构的基本标准；

（三）有适合的名称、组织机构和场所；

（四）有与其开展的业务相适应的经费、设施、设备和专业卫生技术人员；

（五）有相应的规章制度；

（六）能够独立承担民事责任。

第十七条 医疗机构的执业登记，由批准其设置的人民政府卫生行政部门办理。

按照本条例第十三条规定设置的医疗机构的执业登记，由所在地的省、自治区、直辖市人民政府卫生行政部门办理。

机关、企业和事业单位设置的为内部职工服务的门诊部、诊所、卫生所（室）的执业登记，由所在地的县级人民政府卫生行政部门办理。

第十八条 医疗机构执业登记的主要事项：

（一）名称、地址、主要负责人；

（二）所有制形式；

（三）诊疗科目、床位；

（四）注册资金。

第十九条 县级以上地方人民政府卫生行政部门自受理执业登记申请之日起45日内，根据本条例和医疗机构基本标准进行审核。审核合格的，予以登记，发给《医疗机构执业许可证》；审核不合格的，将审核结果以书面形式通知申请人。

第二十条 医疗机构改变名称、场所、主要负责人、诊疗科目、床位，必须向原登记机关办理变更登记。

第二十一条 医疗机构歇业，必须向原登记机关办理注销登记。经登记机关核准后，收缴《医疗机构执业许可证》。医疗机构非因改建、扩建、迁建原因停业超过1年的，视为歇业。

第二十二条 床位不满100张的医疗机构，其《医疗机构执业许可证》每年校验1次；床位在100张以上的医疗机构，其《医疗机构执业许可证》每3年校验1次。校验由原登记机关办理。

第二十三条 《医疗机构执业许可证》不得伪造、涂改、出卖、转让、出借。

《医疗机构执业许可证》遗失的，应当及时申明，并向原登记机关申请补发。

第四章 执 业

第二十四条 任何单位或者个人，未取得《医疗机构执业许可证》，不得开展诊疗活动。

第二十五条 医疗机构执业，必须遵守有关法律、法规和医疗技术规范。

第二十六条 医疗机构必须将《医疗机构执业许可证》、诊疗科目、诊疗时间和收费标准悬挂于明显处所。

第二十七条 医疗机构必须按照核准登记的诊疗科目开展诊疗活动。

第二十八条 医疗机构不得使用非卫生技术人员从事医疗卫生技术工作。

第二十九条 医疗机构应当加强对医务人员的医德教育。

第三十条 医疗机构工作人员上岗工作，必须佩带载有本人姓名、职务或者职称的标牌。

第三十一条 医疗机构对危重病人应当立即抢救。对限于设备或者技术条件不能诊治的病人，应当及时转诊。

第三十二条 未经医师（士）亲自诊查病人，医疗机构不得出具疾病诊断书、健康证明书或者死亡证明书等证明文件；未经医师（士）、助产人员亲自接产，医疗机构不得出具出生证明书或者死产报告书。

第三十三条 医疗机构施行手术、特殊检查或者特殊治疗时，必须征得患者同意，并应当取得其家属或者关系人同意并签字；无法取得患者意见时，应当取得家属或者关系人同意并签字；无法取得患者意见又无家属或者关系人在场，或者遇到其他特殊情况时，经治医师应当提出医疗处置方案，在取得医疗机构负责人或者被授权负责人员的批准后实施。

第三十四条 医疗机构发生医疗事故，按照国家有关规定处理。

第三十五条 医疗机构对传染病、精神病、职业病等患者的特殊诊治和处理，应当按照国家有关法律、法规的规定办理。

第三十六条 医疗机构必须按照有关药品管理的法律、法规，加强药品管理。

第三十七条 医疗机构必须按照人民政府或者物价部门的有关规定收取医疗费用，详列细项，并出具收据。

第三十八条 医疗机构必须承担相应的预防保健工作，承担县级以上人民政府卫生行政部门委托的支援农村、指导基层医疗卫生工作等任务。

第三十九条 发生重大灾害、事故、疾病流行或者其他意外情况时，医疗机构及其卫生技术人员必须服从县级以上人民政府卫生行政部门的调遣。

第五章 监督管理

第四十条 县级以上人民政府卫生行政部门行使下列监督管理职权：

（一）负责医疗机构的设置审批、执业登记和校验；

（二）对医疗机构的执业活动进行检查指导；

（三）负责组织对医疗机构的评审；

（四）对违反本条例的行为给予处罚。

第四十一条 国家实行医疗机构评审制度，由专家组成的评审委员会按照医疗机构评审办法和评审标准，对医疗机构的执业活动、医疗服务质量等进行综合评价。医疗机构评审办法和评审标准由国务院卫生行政部门制定。

第四十二条 县级以上地方人民政府卫生行政部门负责组织本行政区域医疗机构评审委员会。医疗机构评审委员会由医院管理、医学教育、医疗、医技、护理和财务等有关专家组成。评审委员会成员由县级以上地方人民政府卫生行政部门聘任。

第四十三条 县级以上地方人民政府卫生行政部门根据评审委员会的评审意见，对达到评审标准的医疗机构，发给评审合格证书；对未达到评审标准的医疗机构，提出处理意见。

第六章 罚 则

第四十四条 违反本条例第二十四条规定，未取得《医疗机构执业许可证》擅自执业的，由县级以上人民政府卫生行政部门责令其停止执业活动，没收非法所得和药品、器械，并可以根据情节处以1万元以下的罚款。

第四十五条 违反本条例第二十二条规定，逾期不校验《医疗机构执业许可证》仍从事诊疗活动的，由县级以上人民政府卫生行政部门责令其限期补办校验手续；拒不校验的，吊销其《医疗机构执业许可证》。

第四十六条 违反本条例第二十三条规定，出卖、转让、出借《医疗机构执业许可证》的，由县级以上人民政府卫生行政部门没收非法所得，并可以处以5000元以下的罚款；情节严重的，吊销其《医疗机构执业许可证》。

第四十七条 违反本条例第二十七条规定，诊疗活动超出登记范围的，由县级以上人民政府卫生行政部门予以警告、责令其改正，并可以根据情节处以3000元以下的罚款；情节严重的，吊销其《医疗机构执业许可证》。

第四十八条 违反本条例第二十八条规定,使用非卫生技术人员从事医疗卫生技术工作的,由县级以上人民政府卫生行政部门责令其限期改正,并可以处以5000元以下的罚款;情节严重的,吊销其《医疗机构执业许可证》。

第四十九条 违反本条例第三十二条规定,出具虚假证明文件的,由县级以上人民政府卫生行政部门予以警告;对造成危害后果的,可以处以1000元以下的罚款;对直接责任人员由所在单位或者上级机关给予行政处分。

第五十条 没收的财物和罚款全部上交国库。

第五十一条 当事人对行政处罚决定不服的,可以依照国家法律、法规的规定申请行政复议或者提起行政诉讼。当事人对罚款及没收药品、器械的处罚决定未在法定期限内申请复议或者提起诉讼又不履行的,县级以上人民政府卫生行政部门可以申请人民法院强制执行。

第七章 附则

第五十二条 本条例实施前已经执业的医疗机构,应当在条例实施后的6个月内,按照本条例第三章的规定,补办登记手续,领取《医疗机构执业许可证》。

第五十三条 外国人在中华人民共和国境内开设医疗机构及香港、澳门、台湾居民在内地开设医疗机构的管理办法,由国务院卫生行政部门另行制定。

第五十四条 本条例由国务院卫生行政部门负责解释。

第五十五条 本条例自1994年9月1日起施行。1951年政务院批准发布的《医院诊所管理暂行条例》同时废止。

3. 中华人民共和国传染病防治法

(全国人民代表大会常务委员会1989年2月21日通过,
2004年8月28日修订)

第一章 总则

第一条 为了预防、控制和消除传染病的发生与流行,保障人体健康和公共卫生,制定本法。

第二条 国家对传染病防治实行预防为主的方针,防治结合、分类管理、依靠科学、依靠群众。

第三条 本法规定的传染病分为甲类、乙类和丙类。

甲类传染病是指：鼠疫、霍乱。

乙类传染病是指：传染性非典型肺炎、艾滋病、病毒性肝炎、脊髓灰质炎、人感染高致病性禽流感、麻疹、流行性出血热、狂犬病、流行性乙型脑炎、登革热、炭疽、细菌性和阿米巴性痢疾、肺结核、伤寒和副伤寒、流行性脑脊髓膜炎、百日咳、白喉、新生儿破伤风、猩红热、布鲁氏菌病、淋病、梅毒、钩端螺旋体病、血吸虫病、疟疾。

丙类传染病是指：流行性感冒、流行性腮腺炎、风疹、急性出血性结膜炎、麻风病、流行性和地方性斑疹伤寒、黑热病、包虫病、丝虫病，除霍乱、细菌性和阿米巴性痢疾、伤寒和副伤寒以外的感染性腹泻病。

上述规定以外的其他传染病，根据其暴发、流行情况和危害程度，需要列入乙类、丙类传染病的，由国务院卫生行政部门决定并予以公布。

第四条 对乙类传染病中传染性非典型肺炎、炭疽中的肺炭疽和人感染高致病性禽流感，采取本法所称甲类传染病的预防、控制措施。其他乙类传染病和突发原因不明的传染病需要采取本法所称甲类传染病的预防、控制措施的，由国务院卫生行政部门及时报经国务院批准后予以公布、实施。

省、自治区、直辖市人民政府对本行政区域内常见、多发的其他地方性传染病，可以根据情况决定按照乙类或者丙类传染病管理并予以公布，报国务院卫生行政部门备案。第五条 各级人民政府领导传染病防治工作。

县级以上人民政府制定传染病防治规划并组织实施，建立健全传染病防治的疾病预防控制、医疗救治和监督管理体系。

第六条 国务院卫生行政部门主管全国传染病防治及其监督管理工作。县级以上地方人民政府卫生行政部门负责本行政区域内的传染病防治及其监督管理工作。

县级以上人民政府其他部门在各自的职责范围内负责传染病防治工作。

军队的传染病防治工作，依照本法和国家有关规定办理，由中国人民解放军卫生主管部门实施监督管理。

第七条 各级疾病预防控制机构承担传染病监测、预测、流行病学调查、疫情报告以及其他预防、控制工作。

医疗机构承担与医疗救治有关的传染病防治工作和责任区域内的传染病预防工作。城市社区和农村基层医疗机构在疾病预防控制机构的指导下，承担城市社区、农村基层相应的传染病防治工作。

第八条 国家发展现代医学和中医药等传统医学，支持和鼓励开展传染病防治的科学研究，提高传染病防治的科学技术水平。

国家支持和鼓励开展传染病防治的国际合作。

第九条 国家支持和鼓励单位和个人参与传染病防治工作。各级人民政府应当完善有关制度，方便单位和个人参与防治传染病的宣传教育、疫情报告、志愿服务和捐赠活动。

居民委员会、村民委员会应当组织居民、村民参与社区、农村的传染病预防与控制活动。

第十条 国家开展预防传染病的健康教育。新闻媒体应当无偿开展传染病防治和公共卫生教育的公益宣传。

各级各类学校应当对学生进行健康知识和传染病预防知识的教育。

医学院校应当加强预防医学教育和科学研究，对在校学生以及其他与传染病防治相关人员进行预防医学教育和培训，为传染病防治工作提供技术支持。

疾病预防控制机构、医疗机构应当定期对其工作人员进行传染病防治知识、技能的培训。

第十一条 对在传染病防治工作中做出显著成绩和贡献的单位和个人，给予表彰和奖励。

对因参与传染病防治工作致病、致残、死亡的人员，按照有关规定给予补助、抚恤。

第十二条 在中华人民共和国领域内的一切单位和个人，必须接受疾病预防控制机构、医疗机构有关传染病的调查、检验、采集样本、隔离治疗等预防、控制措施，如实提供有关情况。疾病预防控制机构、医疗机构不得泄露涉及个人隐私的有关信息、资料。

卫生行政部门以及其他有关部门、疾病预防控制机构和医疗机构因违法实施行政管理或者预防、控制措施，侵犯单位和个人合法权益的，有关单位和个人可以依法申请行政复议或者提起诉讼。

第二章　传染病预防

第十三条 各级人民政府组织开展群众性卫生活动，进行预防传染病的健康教育，倡导文明健康的生活方式，提高公众对传染病的防治意识和应对能力，加强环境卫生建设，消除鼠害和蚊、蝇等病媒生物的危害。

各级人民政府农业、水利、林业行政部门按照职责分工负责指导和组织消除农田、湖区、河流、牧场、林区的鼠害与血吸虫危害，以及其他传播传染病的动物和病媒生物的危害。

铁路、交通、民用航空行政部门负责组织消除交通工具以及相关场所的鼠害和蚊、蝇等病媒生物的危害。

第十四条 地方各级人民政府应当有计划地建设和改造公共卫生设施，改善饮用水卫生条件，对污水、污物、粪便进行无害化处置。

第十五条 国家实行有计划的预防接种制度。国务院卫生行政部门和省、自治区、直辖市人民政府卫生行政部门，根据传染病预防、控制的需要，制定传染病预防接种规划并组织实施。用于预防接种的疫苗必须符合国家质量标准。

国家对儿童实行预防接种证制度。国家免疫规划项目的预防接种实行免费。医疗机构、疾病预防控制机构与儿童的监护人应当相互配合，保证儿童及时接受预防接种。具体办法由国务院制定。

第十六条 国家和社会应当关心、帮助传染病病人、病原携带者和疑似传染病病人，使其得到及时救治。任何单位和个人不得歧视传染病病人、病原携带者和疑似传染病病人。

传染病病人、病原携带者和疑似传染病病人，在治愈前或者在排除传染病嫌疑前，不得从事法律、行政法规和国务院卫生行政部门规定禁止从事的易使该传染病扩散的工作。

第十七条 国家建立传染病监测制度。

国务院卫生行政部门制定国家传染病监测规划和方案。省、自治区、直辖市人民政府卫生行政部门根据国家传染病监测规划和方案，制定本行政区域的传染病监测计划和工作方案。

各级疾病预防控制机构对传染病的发生、流行以及影响其发生、流行的因素，进行监测；对国外发生、国内尚未发生的传染病或者国内新发生的传染病，进行监测。

第十八条 各级疾病预防控制机构在传染病预防控制中履行下列职责：

（一）实施传染病预防控制规划、计划和方案；

(二) 收集、分析和报告传染病监测信息,预测传染病的发生、流行趋势;

(三) 开展对传染病疫情和突发公共卫生事件的流行病学调查、现场处理及其效果评价;

(四) 开展传染病实验室检测、诊断、病原学鉴定;

(五) 实施免疫规划,负责预防性生物制品的使用管理;

(六) 开展健康教育、咨询,普及传染病防治知识;

(七) 指导、培训下级疾病预防控制机构及其工作人员开展传染病监测工作;

(八) 开展传染病防治应用性研究和卫生评价,提供技术咨询。

国家、省级疾病预防控制机构负责对传染病发生、流行以及分布进行监测,对重大传染病流行趋势进行预测,提出预防控制对策,参与并指导对暴发的疫情进行调查处理,开展传染病病原学鉴定,建立检测质量控制体系,开展应用性研究和卫生评价。

设区的市和县级疾病预防控制机构负责传染病预防控制规划、方案的落实,组织实施免疫、消毒、控制病媒生物的危害,普及传染病防治知识,负责本地区疫情和突发公共卫生事件监测、报告,开展流行病学调查和常见病原微生物检测。

第十九条 国家建立传染病预警制度。

国务院卫生行政部门和省、自治区、直辖市人民政府根据传染病发生、流行趋势的预测,及时发出传染病预警,根据情况予以公布。

第二十条 县级以上地方人民政府应当制定传染病预防、控制预案,报上一级人民政府备案。

传染病预防、控制预案应当包括以下主要内容:

(一) 传染病预防控制指挥部的组成和相关部门的职责;

(二) 传染病的监测、信息收集、分析、报告、通报制度;

(三) 疾病预防控制机构、医疗机构在发生传染病疫情时的任务与职责;

(四) 传染病暴发、流行情况的分级以及相应的应急工作方案;

(五) 传染病预防、疫点疫区现场控制,应急设施、设备、救治药品和医疗器械以及其他物资和技术的储备与调用。

地方人民政府和疾病预防控制机构接到国务院卫生行政部门或者省、自治区、直辖市人民政府发出的传染病预警后,应当按照传染病预防、控制预案,采取相应的预防、控制措施。

第二十一条 医疗机构必须严格执行国务院卫生行政部门规定的管理制度、操作规范，防止传染病的医源性感染和医院感染。

医疗机构应当确定专门的部门或者人员，承担传染病疫情报告、本单位的传染病预防、控制以及责任区域内的传染病预防工作；承担医疗活动中与医院感染有关的危险因素监测、安全防护、消毒、隔离和医疗废物处置工作。

疾病预防控制机构应当指定专门人员负责对医疗机构内传染病预防工作进行指导、考核，开展流行病学调查。

第二十二条 疾病预防控制机构、医疗机构的实验室和从事病原微生物实验的单位，应当符合国家规定的条件和技术标准，建立严格的监督管理制度，对传染病病原体样本按照规定的措施实行严格监督管理，严防传染病病原体的实验室感染和病原微生物的扩散。

第二十三条 采供血机构、生物制品生产单位必须严格执行国家有关规定，保证血液、血液制品的质量。禁止非法采集血液或者组织他人出卖血液。

疾病预防控制机构、医疗机构使用血液和血液制品，必须遵守国家有关规定，防止因输入血液、使用血液制品引起经血液传播疾病的发生。

第二十四条 各级人民政府应当加强艾滋病的防治工作，采取预防、控制措施，防止艾滋病的传播。具体办法由国务院制定。

第二十五条 县级以上人民政府农业、林业行政部门以及其他有关部门，依据各自的职责负责与人畜共患传染病有关的动物传染病的防治管理工作。

与人畜共患传染病有关的野生动物、家畜家禽，经检疫合格后，方可出售、运输。

第二十六条 国家建立传染病菌种、毒种库。

对传染病菌种、毒种和传染病检测样本的采集、保藏、携带、运输和使用实行分类管理，建立健全严格的管理制度。

对可能导致甲类传染病传播的以及国务院卫生行政部门规定的菌种、毒种和传染病检测样本，确需采集、保藏、携带、运输和使用的，须经省级以上人民政府卫生行政部门批准。具体办法由国务院制定。

第二十七条 对被传染病病原体污染的污水、污物、场所和物品，有关单位和个人必须在疾病预防控制机构的指导下或者按照其提出的卫生要求，进行严格消毒处理；拒绝消毒处理的，由当地卫生行政部门或者疾病预防控制机构进行强制消毒处理。

第二十八条 在国家确认的自然疫源地计划兴建水利、交通、旅游、能源等大型建设项目的，应当事先由省级以上疾病预防控制机构对施工环境进行卫生调查。建设单位应当根据疾病预防控制机构的意见，采取必要的传染病预防、控制措施。施工期间，建设单位应当设专人负责工地上的卫生防疫工作。工程竣工后，疾病预防控制机构应当对可能发生的传染病进行监测。

第二十九条 用于传染病防治的消毒产品、饮用水供水单位供应的饮用水和涉及饮用水卫生安全的产品，应当符合国家卫生标准和卫生规范。

饮用水供水单位从事生产或者供应活动，应当依法取得卫生许可证。

生产用于传染病防治的消毒产品的单位和生产用于传染病防治的消毒产品，应当经省级以上人民政府卫生行政部门审批。具体办法由国务院制定。

第三章 疫情报告、通报和公布

第三十条 疾病预防控制机构、医疗机构和采供血机构及其执行职务的人员发现本法规定的传染病疫情或者发现其他传染病暴发、流行以及突发原因不明的传染病时，应当遵循疫情报告属地管理原则，按照国务院规定的或者国务院卫生行政部门规定的内容、程序、方式和时限报告。

军队医疗机构向社会公众提供医疗服务，发现前款规定的传染病疫情时，应当按照国务院卫生行政部门的规定报告。

第三十一条 任何单位和个人发现传染病病人或者疑似传染病病人时，应当及时向附近的疾病预防控制机构或者医疗机构报告。

第三十二条 港口、机场、铁路疾病预防控制机构以及国境卫生检疫机关发现甲类传染病病人、病原携带者、疑似传染病病人时，应当按照国家有关规定立即向国境口岸所在地的疾病预防控制机构或者所在地县级以上地方人民政府卫生行政部门报告并互相通报。

第三十三条 疾病预防控制机构应当主动收集、分析、调查、核实传染病疫情信息。接到甲类、乙类传染病疫情报告或者发现传染病暴发、流行时，应当立即报告当地卫生行政部门，由当地卫生行政部门立即报告当地人民政府，同时报告上级卫生行政部门和国务院卫生行政部门。

疾病预防控制机构应当设立或者指定专门的部门、人员负责传染病疫情信息管

理工作，及时对疫情报告进行核实、分析。

第三十四条　县级以上地方人民政府卫生行政部门应当及时向本行政区域内的疾病预防控制机构和医疗机构通报传染病疫情以及监测、预警的相关信息。接到通报的疾病预防控制机构和医疗机构应当及时告知本单位的有关人员。

第三十五条　国务院卫生行政部门应当及时向国务院其他有关部门和各省、自治区、直辖市人民政府卫生行政部门通报全国传染病疫情以及监测、预警的相关信息。

毗邻的以及相关的地方人民政府卫生行政部门，应当及时互相通报本行政区域的传染病疫情以及监测、预警的相关信息。

县级以上人民政府有关部门发现传染病疫情时，应当及时向同级人民政府卫生行政部门通报。

中国人民解放军卫生主管部门发现传染病疫情时，应当向国务院卫生行政部门通报。

第三十六条　动物防疫机构和疾病预防控制机构，应当及时互相通报动物间和人间发生的人畜共患传染病疫情以及相关信息。

第三十七条　依照本法的规定负有传染病疫情报告职责的人民政府有关部门、疾病预防控制机构、医疗机构、采供血机构及其工作人员，不得隐瞒、谎报、缓报传染病疫情。

第三十八条　国家建立传染病疫情信息公布制度。

国务院卫生行政部门定期公布全国传染病疫情信息。省、自治区、直辖市人民政府卫生行政部门定期公布本行政区域的传染病疫情信息。

传染病暴发、流行时，国务院卫生行政部门负责向社会公布传染病疫情信息，并可以授权省、自治区、直辖市人民政府卫生行政部门向社会公布本行政区域的传染病疫情信息。

公布传染病疫情信息应当及时、准确。

第四章　疫情控制

第三十九条　医疗机构发现甲类传染病时，应当及时采取下列措施：

（一）对病人、病原携带者，予以隔离治疗，隔离期限根据医学检查结果确定；

（二）对疑似病人，确诊前在指定场所单独隔离治疗；

（三）对医疗机构内的病人、病原携带者、疑似病人的密切接触者，在指定场所进行医学观察和采取其他必要的预防措施。

拒绝隔离治疗或者隔离期未满擅自脱离隔离治疗的，可以由公安机关协助医疗机构采取强制隔离治疗措施。

医疗机构发现乙类或者丙类传染病病人，应当根据病情采取必要的治疗和控制传播措施。

医疗机构对本单位内被传染病病原体污染的场所、物品以及医疗废物，必须依照法律、法规的规定实施消毒和无害化处置。

第四十条 疾病预防控制机构发现传染病疫情或者接到传染病疫情报告时，应当及时采取下列措施：

（一）对传染病疫情进行流行病学调查，根据调查情况提出划定疫点、疫区的建议，对被污染的场所进行卫生处理，对密切接触者，在指定场所进行医学观察和采取其他必要的预防措施，并向卫生行政部门提出疫情控制方案；

（二）传染病暴发、流行时，对疫点、疫区进行卫生处理，向卫生行政部门提出疫情控制方案，并按照卫生行政部门的要求采取措施；

（三）指导下级疾病预防控制机构实施传染病预防、控制措施，组织、指导有关单位对传染病疫情的处理。

第四十一条 对已经发生甲类传染病病例的场所或者该场所内的特定区域的人员，所在地的县级以上地方人民政府可以实施隔离措施，并同时向上一级人民政府报告；接到报告的上级人民政府应当即时作出是否批准的决定。上级人民政府作出不予批准决定的，实施隔离措施的人民政府应当立即解除隔离措施。

在隔离期间，实施隔离措施的人民政府应当对被隔离人员提供生活保障；被隔离人员有工作单位的，所在单位不得停止支付其隔离期间的工作报酬。

隔离措施的解除，由原决定机关决定并宣布。

第四十二条 传染病暴发、流行时，县级以上地方人民政府应当立即组织力量，按照预防、控制预案进行防治，切断传染病的传播途径，必要时，报经上一级人民政府决定，可以采取下列紧急措施并予以公告：

（一）限制或者停止集市、影剧院演出或者其他人群聚集的活动；

（二）停工、停业、停课；

（三）封闭或者封存被传染病病原体污染的公共饮用水源、食品以及相关物品；

（四）控制或者扑杀染疫野生动物、家畜家禽；

（五）封闭可能造成传染病扩散的场所。

上级人民政府接到下级人民政府关于采取前款所列紧急措施的报告时，应当即时作出决定。

紧急措施的解除，由原决定机关决定并宣布。

第四十三条 甲类、乙类传染病暴发、流行时，县级以上地方人民政府报经上一级人民政府决定，可以宣布本行政区域部分或者全部为疫区；国务院可以决定并宣布跨省、自治区、直辖市的疫区。县级以上地方人民政府可以在疫区内采取本法第四十二条规定的紧急措施，并可以对出入疫区的人员、物资和交通工具实施卫生检疫。

省、自治区、直辖市人民政府可以决定对本行政区域内的甲类传染病疫区实施封锁；但是，封锁大、中城市的疫区或者封锁跨省、自治区、直辖市的疫区，以及封锁疫区导致中断干线交通或者封锁国境的，由国务院决定。

疫区封锁的解除，由原决定机关决定并宣布。

第四十四条 发生甲类传染病时，为了防止该传染病通过交通工具及其乘运的人员、物资传播，可以实施交通卫生检疫。具体办法由国务院制定。

第四十五条 传染病暴发、流行时，根据传染病疫情控制的需要，国务院有权在全国范围或者跨省、自治区、直辖市范围内，县级以上地方人民政府有权在本行政区域内紧急调集人员或者调用储备物资，临时征用房屋、交通工具以及相关设施、设备。

紧急调集人员的，应当按照规定给予合理报酬。临时征用房屋、交通工具以及相关设施、设备的，应当依法给予补偿；能返还的，应当及时返还。

第四十六条 患甲类传染病、炭疽死亡的，应当将尸体立即进行卫生处理，就近火化。患其他传染病死亡的，必要时，应当将尸体进行卫生处理后火化或者按照规定深埋。

为了查找传染病病因，医疗机构在必要时可以按照国务院卫生行政部门的规定，对传染病病人尸体或者疑似传染病病人尸体进行解剖查验，并应当告知死者家属。

第四十七条 疫区中被传染病病原体污染或者可能被传染病病原体污染的物品，经消毒可以使用的，应当在当地疾病预防控制机构的指导下，进行消毒处理后，方可使用、出售和运输。

第四十八条 发生传染病疫情时，疾病预防控制机构和省级以上人民政府卫生行政部门指派的其他与传染病有关的专业技术机构，可以进入传染病疫点、疫区进行调查、采集样本、技术分析和检验。

第四十九条 传染病暴发、流行时，药品和医疗器械生产、供应单位应当及时生产、供应防治传染病的药品和医疗器械。铁路、交通、民用航空经营单位必须优先运送处理传染病疫情的人员以及防治传染病的药品和医疗器械。县级以上人民政府有关部门应当做好组织协调工作。

第五章 医疗救治

第五十条 县级以上人民政府应当加强和完善传染病医疗救治服务网络的建设，指定具备传染病救治条件和能力的医疗机构承担传染病救治任务，或者根据传染病救治需要设置传染病医院。

第五十一条 医疗机构的基本标准、建筑设计和服务流程，应当符合预防传染病医院感染的要求。

医疗机构应当按照规定对使用的医疗器械进行消毒；对按照规定一次使用的医疗器具，应当在使用后予以销毁。

医疗机构应当按照国务院卫生行政部门规定的传染病诊断标准和治疗要求，采取相应措施，提高传染病医疗救治能力。

第五十二条 医疗机构应当对传染病病人或者疑似传染病病人提供医疗救护、现场救援和接诊治疗，书写病历记录以及其他有关资料，并妥善保管。

医疗机构应当实行传染病预检、分诊制度；对传染病病人、疑似传染病病人，应当引导至相对隔离的分诊点进行初诊。医疗机构不具备相应救治能力的，应当将患者及其病历记录复印件一并转至具备相应救治能力的医疗机构。具体办法由国务院卫生行政部门规定。

第六章 监督管理

第五十三条 县级以上人民政府卫生行政部门对传染病防治工作履行下列监督检查职责：

（一）对下级人民政府卫生行政部门履行本法规定的传染病防治职责进行监督

检查;

(二)对疾病预防控制机构、医疗机构的传染病防治工作进行监督检查;

(三)对采供血机构的采供血活动进行监督检查;

(四)对用于传染病防治的消毒产品及其生产单位进行监督检查,并对饮用水供水单位从事生产或者供应活动以及涉及饮用水卫生安全的产品进行监督检查;

(五)对传染病菌种、毒种和传染病检测样本的采集、保藏、携带、运输、使用进行监督检查;

(六)对公共场所和有关单位的卫生条件和传染病预防、控制措施进行监督检查。

省级以上人民政府卫生行政部门负责组织对传染病防治重大事项的处理。

第五十四条 县级以上人民政府卫生行政部门在履行监督检查职责时,有权进入被检查单位和传染病疫情发生现场调查取证,查阅或者复制有关的资料和采集样本。被检查单位应当予以配合,不得拒绝、阻挠。

第五十五条 县级以上地方人民政府卫生行政部门在履行监督检查职责时,发现被传染病病原体污染的公共饮用水源、食品以及相关物品,如不及时采取控制措施可能导致传染病传播、流行的,可以采取封闭公共饮用水源、封存食品以及相关物品或者暂停销售的临时控制措施,并予以检验或者进行消毒。经检验,属于被污染的食品,应当予以销毁;对未被污染的食品或者经消毒后可以使用的物品,应当解除控制措施。

第五十六条 卫生行政部门工作人员依法执行职务时,应当不少于两人,并出示执法证件,填写卫生执法文书。

卫生执法文书经核对无误后,应当由卫生执法人员和当事人签名。当事人拒绝签名的,卫生执法人员应当注明情况。

第五十七条 卫生行政部门应当依法建立健全内部监督制度,对其工作人员依据法定职权和程序履行职责的情况进行监督。

上级卫生行政部门发现下级卫生行政部门不及时处理职责范围内的事项或者不履行职责的,应当责令纠正或者直接予以处理。

第五十八条 卫生行政部门及其工作人员履行职责,应当自觉接受社会和公民的监督。单位和个人有权向上级人民政府及其卫生行政部门举报违反本法的行为。接到举报的有关人民政府或者其卫生行政部门,应当及时调查处理。

第七章 保障措施

第五十九条 国家将传染病防治工作纳入国民经济和社会发展计划,县级以上地方人民政府将传染病防治工作纳入本行政区域的国民经济和社会发展计划。

第六十条 县级以上地方人民政府按照本级政府职责负责本行政区域内传染病预防、控制、监督工作的日常经费。

国务院卫生行政部门会同国务院有关部门,根据传染病流行趋势,确定全国传染病预防、控制、救治、监测、预测、预警、监督检查等项目。中央财政对困难地区实施重大传染病防治项目给予补助。

省、自治区、直辖市人民政府根据本行政区域内传染病流行趋势,在国务院卫生行政部门确定的项目范围内,确定传染病预防、控制、监督等项目,并保障项目的实施经费。

第六十一条 国家加强基层传染病防治体系建设,扶持贫困地区和少数民族地区的传染病防治工作。

地方各级人民政府应当保障城市社区、农村基层传染病预防工作的经费。

第六十二条 国家对患有特定传染病的困难人群实行医疗救助,减免医疗费用。具体办法由国务院卫生行政部门会同国务院财政部门等部门制定。

第六十三条 县级以上人民政府负责储备防治传染病的药品、医疗器械和其他物资,以备调用。

第六十四条 对从事传染病预防、医疗、科研、教学、现场处理疫情的人员,以及在生产、工作中接触传染病病原体的其他人员,有关单位应当按照国家规定,采取有效的卫生防护措施和医疗保健措施,并给予适当的津贴。

第八章 法律责任

第六十五条 地方各级人民政府未依照本法的规定履行报告职责,或者隐瞒、谎报、缓报传染病疫情,或者在传染病暴发、流行时,未及时组织救治、采取控制措施的,由上级人民政府责令改正,通报批评;造成传染病传播、流行或者其他严重后果的,对负有责任的主管人员,依法给予行政处分;构成犯罪的,依法追究刑事责任。

第六十六条 县级以上人民政府卫生行政部门违反本法规定,有下列情形之一的，由本级人民政府、上级人民政府卫生行政部门责令改正，通报批评；造成传染病传播、流行或者其他严重后果的，对负有责任的主管人员和其他直接责任人员，依法给予行政处分；构成犯罪的，依法追究刑事责任：

（一）未依法履行传染病疫情通报、报告或者公布职责，或者隐瞒、谎报、缓报传染病疫情的；

（二）发生或者可能发生传染病传播时未及时采取预防、控制措施的；

（三）未依法履行监督检查职责，或者发现违法行为不及时查处的；

（四）未及时调查、处理单位和个人对下级卫生行政部门不履行传染病防治职责的举报的；

（五）违反本法的其他失职、渎职行为。

第六十七条 县级以上人民政府有关部门未依照本法的规定履行传染病防治和保障职责的，由本级人民政府或者上级人民政府有关部门责令改正，通报批评；造成传染病传播、流行或者其他严重后果的，对负有责任的主管人员和其他直接责任人员，依法给予行政处分；构成犯罪的，依法追究刑事责任。

第六十八条 疾病预防控制机构违反本法规定，有下列情形之一的，由县级以上人民政府卫生行政部门责令限期改正，通报批评，给予警告；对负有责任的主管人员和其他直接责任人员，依法给予降级、撤职、开除的处分，并可以依法吊销有关责任人员的执业证书；构成犯罪的，依法追究刑事责任：

（一）未依法履行传染病监测职责的；

（二）未依法履行传染病疫情报告、通报职责，或者隐瞒、谎报、缓报传染病疫情的；

（三）未主动收集传染病疫情信息，或者对传染病疫情信息和疫情报告未及时进行分析、调查、核实的；

（四）发现传染病疫情时，未依据职责及时采取本法规定的措施的；

（五）故意泄露传染病病人、病原携带者、疑似传染病病人、密切接触者涉及个人隐私的有关信息、资料的。

第六十九条 医疗机构违反本法规定，有下列情形之一的，由县级以上人民政府卫生行政部门责令改正，通报批评，给予警告；造成传染病传播、流行或者其他严重后果的，对负有责任的主管人员和其他直接责任人员，依法给予降级、撤职、开除的处分，并可以依法吊销有关责任人员的执业证书；构成犯罪的，依法追究刑事责任：

（一）未按照规定承担本单位的传染病预防、控制工作、医院感染控制任务和责任区域内的传染病预防工作的；

（二）未按照规定报告传染病疫情，或者隐瞒、谎报、缓报传染病疫情的；

（三）发现传染病疫情时，未按照规定对传染病病人、疑似传染病病人提供医疗救护、现场救援、接诊、转诊的，或者拒绝接受转诊的；

（四）未按照规定对本单位内被传染病病原体污染的场所、物品以及医疗废物实施消毒或者无害化处置的；

（五）未按照规定对医疗器械进行消毒，或者对按照规定一次使用的医疗器具未予销毁，再次使用的；

（六）在医疗救治过程中未按照规定保管医学记录资料的；

（七）故意泄露传染病病人、病原携带者、疑似传染病病人、密切接触者涉及个人隐私的有关信息、资料的。

第七十条　采供血机构未按照规定报告传染病疫情，或者隐瞒、谎报、缓报传染病疫情，或者未执行国家有关规定，导致因输入血液引起经血液传播疾病发生的，由县级以上人民政府卫生行政部门责令改正，通报批评，给予警告；造成传染病传播、流行或者其他严重后果的，对负有责任的主管人员和其他直接责任人员，依法给予降级、撤职、开除的处分，并可以依法吊销采供血机构的执业许可证；构成犯罪的，依法追究刑事责任。

非法采集血液或者组织他人出卖血液的，由县级以上人民政府卫生行政部门予以取缔，没收违法所得，可以并处十万元以下的罚款；构成犯罪的，依法追究刑事责任。

第七十一条　国境卫生检疫机关、动物防疫机构未依法履行传染病疫情通报职责的，由有关部门在各自职责范围内责令改正，通报批评；造成传染病传播、流行或者其他严重后果的，对负有责任的主管人员和其他直接责任人员，依法给予降级、撤职、开除的处分；构成犯罪的，依法追究刑事责任。

第七十二条　铁路、交通、民用航空经营单位未依照本法的规定优先运送处理传染病疫情的人员以及防治传染病的药品和医疗器械的，由有关部门责令限期改正，给予警告；造成严重后果的，对负有责任的主管人员和其他直接责任人员，依法给予降级、撤职、开除的处分。

第七十三条 违反本法规定，有下列情形之一，导致或者可能导致传染病传播、流行的，由县级以上人民政府卫生行政部门责令限期改正，没收违法所得，可以并处五万元以下的罚款；已取得许可证的，原发证部门可以依法暂扣或者吊销许可证；构成犯罪的，依法追究刑事责任：

（一）饮用水供水单位供应的饮用水不符合国家卫生标准和卫生规范的；

（二）涉及饮用水卫生安全的产品不符合国家卫生标准和卫生规范的；

（三）用于传染病防治的消毒产品不符合国家卫生标准和卫生规范的；

（四）出售、运输疫区中被传染病病原体污染或者可能被传染病病原体污染的物品，未进行消毒处理的；

（五）生物制品生产单位生产的血液制品不符合国家质量标准的。

第七十四条 违反本法规定，有下列情形之一的，由县级以上地方人民政府卫生行政部门责令改正，通报批评，给予警告，已取得许可证的，可以依法暂扣或者吊销许可证；造成传染病传播、流行以及其他严重后果的，对负有责任的主管人员和其他直接责任人员，依法给予降级、撤职、开除的处分，并可以依法吊销有关责任人员的执业证书；构成犯罪的，依法追究刑事责任：

（一）疾病预防控制机构、医疗机构和从事病原微生物实验的单位，不符合国家规定的条件和技术标准，对传染病病原体样本未按照规定进行严格管理，造成实验室感染和病原微生物扩散的；

（二）违反国家有关规定，采集、保藏、携带、运输和使用传染病菌种、毒种和传染病检测样本的；

（三）疾病预防控制机构、医疗机构未执行国家有关规定，导致因输入血液、使用血液制品引起经血液传播疾病发生的。

第七十五条 未经检疫出售、运输与人畜共患传染病有关的野生动物、家畜家禽的，由县级以上地方人民政府畜牧兽医行政部门责令停止违法行为，并依法给予行政处罚。

第七十六条 在国家确认的自然疫源地兴建水利、交通、旅游、能源等大型建设项目，未经卫生调查进行施工的，或者未按照疾病预防控制机构的意见采取必要的传染病预防、控制措施的，由县级以上人民政府卫生行政部门责令限期改正，给予警告，处五千元以上三万元以下的罚款；逾期不改正的，处三万元以上十万元以下的罚款，并可以提请有关人民政府依据职责权限，责令停建、关闭。

第七十七条 单位和个人违反本法规定,导致传染病传播、流行,给他人人身、财产造成损害的,应当依法承担民事责任。

第九章 附 则

第七十八条 本法中下列用语的含义:

(一)传染病病人、疑似传染病病人:指根据国务院卫生行政部门发布的《中华人民共和国传染病防治法规定管理的传染病诊断标准》,符合传染病病人和疑似传染病病人诊断标准的人。

(二)病原携带者:指感染病原体无临床症状但能排出病原体的人。

(三)流行病学调查:指对人群中疾病或者健康状况的分布及其决定因素进行调查研究,提出疾病预防控制措施及保健对策。

(四)疫点:指病原体从传染源向周围播散的范围较小或者单个疫源地。

(五)疫区:指传染病在人群中暴发、流行,其病原体向周围播散时所能波及的地区。

(六)人畜共患传染病:指人与脊椎动物共同罹患的传染病,如鼠疫、狂犬病、血吸虫病等。

(七)自然疫源地:指某些可引起人类传染病的病原体在自然界的野生动物中长期存在和循环的地区。

(八)病媒生物:指能够将病原体从人或者其他动物传播给人的生物,如蚊、蝇、蚤类等。

(九)医源性感染:指在医学服务中,因病原体传播引起的感染。

(十)医院感染:指住院病人在医院内获得的感染,包括在住院期间发生的感染和在医院内获得出院后发生的感染,但不包括入院前已开始或者入院时已处于潜伏期的感染。医院工作人员在医院内获得的感染也属医院感染。

(十一)实验室感染:指从事实验室工作时,因接触病原体所致的感染。

(十二)菌种、毒种:指可能引起本法规定的传染病发生的细菌菌种、病毒毒种。

(十三)消毒:指用化学、物理、生物的方法杀灭或者消除环境中的病原微生物。

(十四)疾病预防控制机构:指从事疾病预防控制活动的疾病预防控制中心以

及与上述机构业务活动相同的单位。

（十五）医疗机构：指按照《医疗机构管理条例》取得医疗机构执业许可证，从事疾病诊断、治疗活动的机构。

第七十九条 传染病防治中有关食品、药品、血液、水、医疗废物和病原微生物的管理以及动物防疫和国境卫生检疫，本法未规定的，分别适用其他有关法律、行政法规的规定。

第八十条 本法自 2004 年 12 月 1 日起施行。

4. 护士条例

（国务院 2008 年 1 月 23 日通过，2008 年 5 月 12 日起施行）

第一章 总则

第一条 为了维护护士的合法权益，规范护理行为，促进护理事业发展，保障医疗安全和人体健康，制定本条例。

第二条 本条例所称护士，是指经执业注册取得护士执业证书，依照本条例规定从事护理活动，履行保护生命、减轻痛苦、增进健康职责的卫生技术人员。

第三条 护士人格尊严、人身安全不受侵犯。护士依法履行职责，受法律保护。全社会应当尊重护士。

第四条 国务院有关部门、县级以上地方人民政府及其有关部门以及乡（镇）人民政府应当采取措施，改善护士的工作条件，保障护士待遇，加强护士队伍建设，促进护理事业健康发展。

国务院有关部门和县级以上地方人民政府应当采取措施，鼓励护士到农村、基层医疗卫生机构工作。

第五条 国务院卫生主管部门负责全国的护士监督管理工作。

县级以上地方人民政府卫生主管部门负责本行政区域的护士监督管理工作。**第六条** 国务院有关部门对在护理工作中做出杰出贡献的护士，应当授予全国卫生系统先进工作者荣誉称号或者颁发白求恩奖章，受到表彰、奖励的护士享受省部级劳动模范、先进工作者待遇；对长期从事护理工作的护士应当颁发荣誉证书。具体办法由国务院有关部门制定。

县级以上地方人民政府及其有关部门对本行政区域内做出突出贡献的护士,按照省、自治区、直辖市人民政府的有关规定给予表彰、奖励。

第二章 执业注册

第七条 护士执业,应当经执业注册取得护士执业证书。

申请护士执业注册,应当具备下列条件:

(一)具有完全民事行为能力;

(二)在中等职业学校、高等学校完成国务院教育主管部门和国务院卫生主管部门规定的普通全日制3年以上的护理、助产专业课程学习,包括在教学、综合医院完成8个月以上护理临床实习,并取得相应学历证书;

(三)通过国务院卫生主管部门组织的护士执业资格考试;

(四)符合国务院卫生主管部门规定的健康标准。

护士执业注册申请,应当自通过护士执业资格考试之日起3年内提出;逾期提出申请的,除应当具备前款第(一)项、第(二)项和第(四)项规定条件外,还应当在符合国务院卫生主管部门规定条件的医疗卫生机构接受3个月临床护理培训并考核合格。

护士执业资格考试办法由国务院卫生主管部门会同国务院人事部门制定。

第八条 申请护士执业注册的,应当向拟执业地省、自治区、直辖市人民政府卫生主管部门提出申请。收到申请的卫生主管部门应当自收到申请之日起20个工作日内做出决定,对具备本条例规定条件的,准予注册,并发给护士执业证书;对不具备本条例规定条件的,不予注册,并书面说明理由。

护士执业注册有效期为5年。

第九条 护士在其执业注册有效期内变更执业地点的,应当向拟执业地省、自治区、直辖市人民政府卫生主管部门报告。收到报告的卫生主管部门应当自收到报告之日起7个工作日内为其办理变更手续。护士跨省、自治区、直辖市变更执业地点的,收到报告的卫生主管部门还应当向其原执业地省、自治区、直辖市人民政府卫生主管部门通报。

第十条 护士执业注册有效期届满需要继续执业的,应当在护士执业注册有效期届满前30日向执业地省、自治区、直辖市人民政府卫生主管部门申请延续注册。收到申请的卫生主管部门对具备本条例规定条件的,准予延续,延续执业注册有效期为5年；对不具备本条例规定条件的，不予延续，并书面说明理由。

护士有行政许可法规定的应当予以注销执业注册情形的，原注册部门应当依照行政许可法的规定注销其执业注册。

第十一条 县级以上地方人民政府卫生主管部门应当建立本行政区域的护士执业良好记录和不良记录，并将该记录记入护士执业信息系统。

护士执业良好记录包括护士受到的表彰、奖励以及完成政府指令性任务的情况等内容。护士执业不良记录包括护士因违反本条例以及其他卫生管理法律、法规、规章或者诊疗技术规范的规定受到行政处罚、处分的情况等内容。

第三章 权利和义务

第十二条 护士执业，有按照国家有关规定获取工资报酬、享受福利待遇、参加社会保险的权利。任何单位或者个人不得克扣护士工资，降低或者取消护士福利等待遇。

第十三条 护士执业，有获得与其所从事的护理工作相适应的卫生防护、医疗保健服务的权利。从事直接接触有毒有害物质、有感染传染病危险工作的护士，有依照有关法律、行政法规的规定接受职业健康监护的权利；患职业病的，有依照有关法律、行政法规的规定获得赔偿的权利。

第十四条 护士有按照国家有关规定获得与本人业务能力和学术水平相应的专业技术职务、职称的权利；有参加专业培训、从事学术研究和交流、参加行业协会和专业学术团体的权利。

第十五条 护士有获得疾病诊疗、护理相关信息的权利和其他与履行护理职责相关的权利，可以对医疗卫生机构和卫生主管部门的工作提出意见和建议。

第十六条 护士执业，应当遵守法律、法规、规章和诊疗技术规范的规定。

第十七条 护士在执业活动中，发现患者病情危急，应当立即通知医师；在紧急情况下为抢救垂危患者生命，应当先行实施必要的紧急救护。

护士发现医嘱违反法律、法规、规章或者诊疗技术规范规定的，应当及时向开具医嘱的医师提出；必要时，应当向该医师所在科室的负责人或者医疗卫生机构负责医疗服务管理的人员报告。

第十八条 护士应当尊重、关心、爱护患者，保护患者的隐私。

第十九条 护士有义务参与公共卫生和疾病预防控制工作。发生自然灾害、公共卫生事件等严重威胁公众生命健康的突发事件，护士应当服从县级以上人民政府卫生主管部门或者所在医疗卫生机构的安排，参加医疗救护。

第四章　医疗卫生机构的职责

第二十条　医疗卫生机构配备护士的数量不得低于国务院卫生主管部门规定的护士配备标准。

第二十一条　医疗卫生机构不得允许下列人员在本机构从事诊疗技术规范规定的护理活动：

（一）未取得护士执业证书的人员；

（二）未依照本条例第九条的规定办理执业地点变更手续的护士；

（三）护士执业注册有效期届满未延续执业注册的护士。

在教学、综合医院进行护理临床实习的人员应当在护士指导下开展有关工作。

第二十二条　医疗卫生机构应当为护士提供卫生防护用品，并采取有效的卫生防护措施和医疗保健措施。

第二十三条　医疗卫生机构应当执行国家有关工资、福利待遇等规定，按照国家有关规定为在本机构从事护理工作的护士足额缴纳社会保险费用，保障护士的合法权益。

对在艰苦边远地区工作，或者从事直接接触有毒有害物质、有感染传染病危险工作的护士，所在医疗卫生机构应当按照国家有关规定给予津贴。

第二十四条　医疗卫生机构应当制定、实施本机构护士在职培训计划，并保证护士接受培训。

护士培训应当注重新知识、新技术的应用；根据临床专科护理发展和专科护理岗位的需要，开展对护士的专科护理培训。

第二十五条　医疗卫生机构应当按照国务院卫生主管部门的规定，设置专门机构或者配备专（兼）职人员负责护理管理工作。

第二十六条　医疗卫生机构应当建立护士岗位责任制并进行监督检查。

护士因不履行职责或者违反职业道德受到投诉的，其所在医疗卫生机构应当进行调查。经查证属实的，医疗卫生机构应当对护士做出处理，并将调查处理情况告知投诉人。

第五章 法律责任

第二十七条 卫生主管部门的工作人员未依照本条例规定履行职责，在护士监督管理工作中滥用职权、徇私舞弊，或者有其他失职、渎职行为的，依法给予处分；构成犯罪的，依法追究刑事责任。

第二十八条 医疗卫生机构有下列情形之一的，由县级以上地方人民政府卫生主管部门依据职责分工责令限期改正，给予警告；逾期不改正的，根据国务院卫生主管部门规定的护士配备标准和在医疗卫生机构合法执业的护士数量核减其诊疗科目，或者暂停其6个月以上1年以下执业活动；国家举办的医疗卫生机构有下列情形之一、情节严重的，还应当对负有责任的主管人员和其他直接责任人员依法给予处分：

（一）违反本条例规定，护士的配备数量低于国务院卫生主管部门规定的护士配备标准的；

（二）允许未取得护士执业证书的人员或者允许未依照本条例规定办理执业地点变更手续、延续执业注册有效期的护士在本机构从事诊疗技术规范规定的护理活动的。

第二十九条 医疗卫生机构有下列情形之一的，依照有关法律、行政法规的规定给予处罚；国家举办的医疗卫生机构有下列情形之一、情节严重的，还应当对负有责任的主管人员和其他直接责任人员依法给予处分：

（一）未执行国家有关工资、福利待遇等规定的；

（二）对在本机构从事护理工作的护士，未按照国家有关规定足额缴纳社会保险费用的；

（三）未为护士提供卫生防护用品，或者未采取有效的卫生防护措施、医疗保健措施的；

（四）对在艰苦边远地区工作，或者从事直接接触有毒有害物质、有感染传染病危险工作的护士，未按照国家有关规定给予津贴的。

第三十条 医疗卫生机构有下列情形之一的，由县级以上地方人民政府卫生主管部门依据职责分工责令限期改正，给予警告：

（一）未制定、实施本机构护士在职培训计划或者未保证护士接受培训的；（二）未依照本条例规定履行护士管理职责的。

第三十一条 护士在执业活动中有下列情形之一的，由县级以上地方人民政府卫生主管部门依据职责分工责令改正，给予警告；情节严重的，暂停其6个月以上1年以下执业活动，直至由原发证部门吊销其护士执业证书：

（一）发现患者病情危急未立即通知医师的；

（二）发现医嘱违反法律、法规、规章或者诊疗技术规范的规定，未依照本条例第十七条的规定提出或者报告的；

（三）泄露患者隐私的；

（四）发生自然灾害、公共卫生事件等严重威胁公众生命健康的突发事件，不服从安排参加医疗救护的。

护士在执业活动中造成医疗事故的，依照医疗事故处理的有关规定承担法律责任。

第三十二条　护士被吊销执业证书的，自执业证书被吊销之日起2年内不得申请执业注册。

第三十三条　扰乱医疗秩序，阻碍护士依法开展执业活动，侮辱、威胁、殴打护士，或者有其他侵犯护士合法权益行为的，由公安机关依照治安管理处罚法的规定给予处罚；构成犯罪的，依法追究刑事责任。

第六章　附　则

第三十四条　本条例施行前按照国家有关规定已经取得护士执业证书或者护理专业技术职称、从事护理活动的人员，经执业地省、自治区、直辖市人民政府卫生主管部门审核合格，换领护士执业证书。

本条例施行前，尚未达到护士配备标准的医疗卫生机构，应当按照国务院卫生主管部门规定的实施步骤，自本条例施行之日起3年内达到护士配备标准。

第三十五条　本条例自2008年5月12日起施行。